去唐朝

常华 著

To
the **TANG DYNASTY**

Emperors
and
Their Empire

Tang
Poems

GUANGXI NORMAL UNIVERSITY PRESS
广西师范大学出版社
·桂林·

去唐朝：帝王和帝国事
QU TANGCHAO: DIWANG HE DIGUO SHI

图书在版编目（CIP）数据

去唐朝. 帝王和帝国事 / 常华著. --桂林：广西
师范大学出版社，2022.2（2024.2 重印）
ISBN 978-7-5598-4442-2

Ⅰ. ①去… Ⅱ. ①常… Ⅲ. ①中国历史－唐代－
通俗读物 Ⅳ. ①K242.09

中国版本图书馆 CIP 数据核字（2021）第 229486 号

广西师范大学出版社出版发行

（广西桂林市五里店路 9 号　邮政编码：541004）
网址：http://www.bbtpress.com

出版人：黄轩庄
全国新华书店经销
广西民族印刷包装集团有限公司印刷
（南宁市高新区高新三路 1 号　邮政编码：530007）
开本：880 mm × 1 240 mm　1/32
印张：15.5　　字数：320 千
2022 年 2 月第 1 版　　2024 年 2 月第 5 次印刷
印数：15 001~17 000 册　　定价：98.00 元

序

摆在读者面前的近百万字的煌煌大作，其作者为高级记者、资深电视媒体人常华。常华曾出版《唐诗密码》、《宋词密码》、《诗词里的中国》(三卷本) 等多部专著，多次举办过以"唐诗宋词里的中国"为题的公益讲座，是一位奔波于中古文史学界，勤恳耕耘有年，在国内颇有影响力的诗人、作家。

和常华认识相对较晚。记得2019年元月末收到常华发送的邮件，说是想加入中国唐史学会，介绍人是著名唐五代史专家、中国唐史学会会长杜文玉教授。从邮件中得知常华大学时就出版过《唐诗神韵》一书，后来专注于"以诗证史"，开辟网络论坛专栏，和网友互动，拥有为数众多的读者，在网络新媒体领域极具影响。

当然，在此也应提及常华的家学渊源。他的父亲常万生教授毕业于东北师大历史系，出版有"亦文亦史"的《女皇武则天》《口蜜腹剑李林甫》等十余部著作，在学界形成自己独特的著作风格，深受读者的喜爱。常万生教授上世纪九十年代初加入中国唐史学会，我们在武则天学会及其他唐史学术研讨会上多有见面及交流，获益匪浅。

我本人喜欢学界同人的跨界研究，因其看问题的视角超乎寻常，论证思路也别出心裁，故往往有惊人的见解观点出现。就这样，常华成为中国唐史学会会员，我们不时通过微信互通消息。今年四月初，常华和我联系，并通过广西师范大学出版社编辑部寄来他的新作书稿，说是书稿准备出版，希望我审校稿件后能写一篇序。审校稿件，撰写序言，我当时感到有点为难。其一，本科、硕博生授课时间紧张，学会事务及其他杂事繁多，没有整块时间审阅书稿、撰写序言。其二，书稿以唐诗为主线素材，探讨唐代历史发展演变之规律，审视唐代文人的文化心理和精神轨迹、唐代民俗礼仪和世风流变，而我虽在以往的研习中对唐诗、唐代诗人行迹也有涉猎，但要说研究根本谈不上，所以存有顾虑。然而，常华打电话一再坚持，出版社编辑也耐心有加，我虽推辞再三但难能脱手，最后只好答应暑假抽时间先学习领会著作微言大义，再看能否完成如此命题作文。

暑假异常繁忙，带学生出外考察，出席学术会议，评审稿件，事情也一件接一件，直到七月末才有时间翻看常华的书稿。西安炎炎夏日，看着厚厚的书稿，虽有空调的吹拂，但仍然感到暑气升腾。不过，随着每日学习的深入，酷暑渐消，我也平静下来，逐渐领略到书稿字里行间的诸多新奇。如此，在看完书稿后，我愿意和读者朋友分享我的读书体会。

纵览全书，我认为本书有以下几个特点：

第一，全书分三卷：第一卷在讲唐史过程中穿插诸多唐人诗歌，以诗证史，颇多新意；第二卷从唐代诗人以诗作感应波诡云谲的时代风云，透视体察他们的宦海沉浮、人生旨趣，探讨唐代文人的文化心理和精神轨迹；第三卷从包罗万象百科全书式的唐诗中，找寻开放包容政策层面下大唐帝国多文化交融的现场密码，以及赋予帝国子民丰富多彩的礼仪风俗空间。通过上述三者的铺垫，作者力图展现历史兴衰中蕴含的诗韵、悲欢离合中富有的家国情怀，更有近三百年大唐芸芸众生的群体风尚，是一部区别于学界现有诸多唐史撰述的别样的唐史研究著作。

第二，众所周知，"以诗证史"为史学大家陈寅恪所首创，史学研究的新渠道由此肇启，为学界所敬仰和赞赏。区别于历史学者史料的旁征博引，本书作者以唐诗作为透视探讨唐代历史文化的得力抓手，发掘唐诗中特有的唐代政治、经济、军事、文化信息，追溯唐王朝的兴衰演变历程，寻觅值得我们今天借鉴的蛛丝马迹。如作者引用李世民《望送魏徵葬》《出猎》两首诗，阐述贞观之治开创者唐太宗李世民理政前后的差异，对帝国大厦形同天壤之别的影响；引用杜甫《忆昔》、李商隐《思贤顿》两首诗，反映唐玄宗不同时期的作为。

第三，全书的叙事风格也很有特点。因为作者专注于唐宋文学，不仅对唐诗发展演变历程颇多心得，而且对整个唐代历史多有爬梳，故而行文中以文学的语言阐述历史事件，用语也有别于一般的历史著作，读起来别具趣味和吸引力，有的章节用引人入胜来形容丝毫也不过分。同时，作者善于用优美并富含哲理的语言，分析历史事件涉及的人物心路历程，使读者对事件发展的前因后果有更深入的认识。

当然，由于笔者对以唐诗作为要件，探讨唐代丰富多彩的历史与社会涉及的问题了解有限，本书值得称颂的特点和价值绝非上述这些，其中挂一漏万可想而知，对此，敬请作者和读者谅解！另外，从上世纪末迄今，在唐都城长安、东都洛阳周边，以及其他唐人活动区域，考古工作者发掘清理了数以百计的唐人墓葬，唐人墓室壁画、志盖、志石、其他随葬品等考古资料不断出土面世。如果说能对本书提出一些建议或意见的话，笔者认为，作者可依据所述内容，在本书的某些章节穿插一些考古文物图片、地理分布图表，做到图文并茂，必然能够起到锦上添花的作用，增强论述的力度，有利于读者理解书中所论。

期待作者再接再厉，继续发掘唐诗中无穷无尽的闪光点，咏唱大唐开放包容编织出的繁荣昌盛，出版更多文史兼备的高质量著作，服务读者，造福社会。

拜根兴

2021 年 8 月 8 日于西安南郊陋室

（作者系陕西师范大学东亚历史研究所、唐史研究所所长，中国史博士后流动站站长，教授，中国唐史学会秘书长）

自序：读着唐诗，重返唐朝

中国是泱泱诗国，而唐诗无疑是其中璀璨的瑰宝。中国人的思乡、怀旧、惜别、怀古、言志乃至悼亡，几乎都在唐诗里得到了淋漓尽致的呈现，更是我们无法超越的巅峰：张若虚的月亮被人们反复吟诵，如今，仍是张若虚的；王维的落日也始终是王维的，谁也没能越过公元八世纪的那道地平线；李白的金樽、杜甫的酒杯，直到今天，还在飘散着浓郁的酒香……当然，唐诗的意义又似乎远不止于此，它所蕴含的政治、经济、军事、文化、民俗等方方面面的信息，是我们取之不竭的矿脉。站在这条巨大的矿脉上，我们唯有俯下身去，认真地搜寻尘封千年的时间密码，走进无限深邃的历史秘境。

关于唐诗研究，前人之述备矣。面对这一巨大的文化宝藏，需要我们重新调整审视的目光，寻求不一样的挖掘角度，而这，也是我在研习唐诗的过程中努力坚持的东西。在缄默的卷册中寻找震撼，感悟文字背后的历史风云，你便真的会发现"沉舟侧畔千帆过，病树前头万木春"。

这部《去唐朝》，以三部曲的形式呈现，它们分别为《帝王和帝国事》、《诗人和人间世》和《众生和烟火气》。

《帝王和帝国事》侧重审视唐朝政治格局的最初建构到最后崩塌。从唐高祖李渊晋阳起兵，到年仅十七岁的唐昭宣帝李柷被朱温鸩杀，这个在中国历史上走过近三百年的大帝国，经历了傲然定鼎的肇始，四海升平的盛世，硝烟四起的兵乱，风流云散的末日，最终成为夹藏在史籍里的风声。这样一个浩大的历史弈局，究竟有多少需要观照的细节？一些已成定论的历史细节，又真的那么可信吗？

《诗人和人间世》侧重审视唐代文人的文化心理和精神轨迹。中国文人的大悲喜、大起落，早已缝合进浩如烟海的唐诗中。从初唐到盛唐，从中唐到晚唐，每个时期的诗风有着怎样的不同？每个时期的代表诗人，又和波谲云诡的时代大背景产生了怎样的勾连？他们的宦海沉浮和生命意趣，又是如何走进了他们震古烁今的诗行？

《众生和烟火气》侧重审视唐代社会的民俗礼仪和世风流变。大唐，这个在公元七世纪到公元九世纪的世界版图上立于轴心位置的大帝国，曾是多元文化相互交融相互渗透的大容器。近三百年时间，在这个庞大的帝国之躯上，衍生传承了多少延续至今的民风民俗？生活在这个泱泱大国的子民，又以怎样的方式诠释了他们的存在？

好在有唐诗！好在我可以以唐诗为线索，以百万字的容量，搭建起"唐诗里的帝国"的样貌！唐朝的繁华决定了唐诗的繁华，而唐诗的繁华又记录下了唐朝的繁华。以唐诗为线索，走进唐朝的肇兴、全盛、动荡与衰没，以再发现的精神，审视大唐帝国的政治、经济、军事、文化，成为我写《去唐朝》的初衷。我想，读着唐诗，重返唐朝，也应是当今人们对一段历史风云、一种文化精神进行回溯的快捷方式！

我只是一位历史爱好者，专业的考据和研究自知力有不逮，但我更愿意亦文亦史、文史兼融地走进大唐三百年。循着唐诗的足迹，我愿意用历史随笔的方式，探寻王朝的沉浮起落，梳理史书的蛛丝马迹，表达自己的一孔之见。唐朝，唐诗，一个是历史，一个是文学，两条线索其实始终盘根错节，相伴相生，从来就不是两条平行线，而大历史没有边界，在诗歌与典籍中游弋，我愿乘不系之舟，享受书写的自由。

习近平总书记在2014年考察北京师范大学时，曾说他"很不赞成把古代经典诗词和散文从课本中去掉"，"应该把这些经典嵌在学生脑子里，成为中华民族文化的基因"。生逢盛世，对经典的阅读与传承正在成为题中应有之义，而面对唐诗这座中国传统文化中令人仰止的高峰，我愿意虚心向学，日积跬步，攀登不止！

是为序。

常　华

戊戌初春

目　录

第一章

唐高祖

戎马关山北

烽烟中的旗帜

　　放眼公元七世纪初的中国版图，一个改朝换代的浩大弈局正在全面铺开。纷繁复杂的棋盘上，充斥着箭矢与火光，闪电和雷鸣，躁动不安的逐鹿者们纷纷杀进这场弈局。他们或是出身贵族，周身流淌的贵族血让他们问鼎王座的进程底气十足；或是出身草莽，高喊"王侯将相，宁有种乎？"的陈胜、吴广就是他们揭竿而起的动力。当各方势力共同撕扯一个王朝的华衮，死亡与诞生，开始相向而行。

　　是的，这是隋末，隋炀帝杨广帝王生涯里的最后时光。这位将门之子，以历代皇帝少有的隐忍和伪饰登上了天子之位。为了立为储君，本是次子的杨广有意远离声色，每逢文帝来到他的府邸，他都要屏退美人，将琴弦扯断并刻意撒上一层灰尘；为了博得文帝欢心，每次回扬州任所之前，他都会痛哭流涕，深情辞行。杨广的这些伪装着实蒙蔽了文帝和独孤皇后，再加上他对太子杨勇多次阴谋算计，最终令文帝做出了废杨勇而立杨广为太子的决定。当然，戴着面具行走的杨广并没有太多的耐性，父亲的宠妃令他垂涎，父亲的皇座更是他觊觎已久的目标。仁寿四年（604）七月，仁寿宫跃动起刀光剑影，卧床养病的隋文帝怎么也不会想到，他眼中至德至孝的儿子杨广会勾结朝中重臣杨素，用极端的弑父篡位之举提早结束自己的皇权。这位在乱世烽烟中立马横刀一统天下的隋代开国之君，最终死于自己钦定的太子之手。

八天之后，杨广一身华服，傲然登基，开始全面接掌父亲留下的政治遗产，史称隋炀帝。显而易见，隋文帝留下的政治遗产是丰厚的，在位二十余年，隋文帝的"开皇之治"堪称辉煌。他"躬节俭，平徭赋，仓廪实，法令行"，朝野上下，呈现出"君子咸乐其生，小人各安其业，强无凌弱，众不暴寡，人物殷阜"的昌明气象。当时，隋朝京城大兴（唐长安）及各地的粮仓——大的可储粮千万石，小的可储粮几百万石，都储满了谷物。国库之中，储存的绢帛各有数千万匹，及炀帝即位，天下仓库的积储可供应全国五六十年。

面对这样的政治遗产，隋炀帝压抑已久的欲望最终如汹涌的山洪，一发而不可收。他要做一次空前的补偿，补偿他自在人格的丧失，补偿那段虚伪矫情的岁月。

于是，中国历史上一次声势浩大的迁都，在公元605年宣告开始。确切地说这是在营造一个新都，与关中故都遥相呼应。隋炀帝选择了四通八达的洛阳。在他看来，洛阳"控以三河，固以四塞，水陆通，贡赋等"，坐视天下，没有比洛阳更理想的地方。而洛阳却别无选择：一千多年前，周平王将都城迁到这里时，它没有太多的热情；一千多年后，面对隋炀帝的到来，它仍然沉默。

打夯的号子响起来了，厚重的柱础竖起来了，雄伟的宫殿建起来了，宫瓦在阳光下闪烁着一个帝王的骄傲，洛阳却在沉积的土层中听到了一声痛苦的呻吟。

或许是新都的营建启迪了隋炀帝的灵感。我们可以想象一千四百多年前的某一天，身着华衮的隋炀帝一边望着浩浩荡荡的黄河出神，一边却在想江南。江南的风光太美了，江南的水脉太芜杂了，他要修一条运河，一条连接都城与胜景的运河。皇帝的一个念头往往就这样带动起一项工程，动用了二百二十多万个民工，挖掘了整整六年，绵延五千多里。尽管当下许多学者认为隋炀帝开凿大运河南段通济渠、江南渠、邗沟，是为了更好地控制江南，开凿永济渠也是为了联络北方广大地区，尽管直到今天，大运河在中国的航运中仍在发挥着作用，但谁也无法漠视那些湮灭在河床之下的累累尸骨，它们肥沃起水草，每一朵浪花都浸着血泪。

广陵花盛帝东游，先劈昆仑一派流。
百二禁兵辞象阙，三千宫女下龙舟。
凝云鼓震星辰动，拂浪旗开日月浮。
四海义师归有道，迷楼还似景阳楼。

——许浑《汴河亭》

"百二禁兵辞象阙，三千宫女下龙舟。"运河修到了江都（扬州），宏阔的水面上就出现了一支浩大的船队。这位曾做过扬州总管的皇帝，从即帝位起就在筹划着重游江都。公元605年，他回来了，气派和威仪远远超出了当年的扬州总管。史载，隋炀帝的龙舟高四十五尺，长二百尺，上下四层，牵引龙舟的殿脚千余人，皆穿锦衣彩袍，两根青丝大绦如两根钢弦拦向运河两岸；在他之后便是皇后、宫人、官吏、诸王、公主，甚至僧尼道士，"舳舻相接二百余里，照耀川陆，骑兵翊两岸而行，旌旗蔽野"。这支历经五十日才发尽的龙舟船队与其说是在巡游，莫如说是在张扬，张扬皇权，张扬一个刚刚找回的自在人格。隋炀帝高踞船头，睥睨着运河两岸的子民，却忽视了来自龙舟之下的水声。

拒谏劳兵作祸基，穷奢极武向戎夷。

兆人疲弊不堪命，天下嗷嗷新主资。

——周昙《隋门·炀帝》

唐人周昙的这首咏史诗，道出的是隋炀帝统治期间与开凿大运河一样为人诟病的征伐高句丽的战争。事实上，东征高句丽还要从隋文帝说起。结束了南北朝四分五裂的政治格局，初定天下的隋文帝杨坚夙兴夜寐，不仅让一些割据一方的残余势力最终偃旗息鼓，同时，也让远据辽东的高句丽俯首称臣，他们每年都遣使朝贡，有时甚至一年都要朝贡三次。但高句丽在朝贡的同时，也在积蓄着与强大的隋王朝分庭抗礼的力量，当他们觉得羽翼丰满，城堡坚不可摧，便开始停止朝贡，并不断制造摩擦。对这种不臣之举，隋文帝当然不能容忍。开皇十八年（598），隋文帝发兵三十万，沿辽东半岛直接跨海奔平壤城，结果途中遭遇大风，"船多漂没"，无功而返。也许是慑于隋军的声威，高句丽马上遣使再次恢复了朝贡，两军并没有发生真正的交火，而当杨广即位，三次大规模的用兵便接踵而来。

大业八年（612）正月，迎着凛冽的北风，隋炀帝征调士卒一百一十三万余，号二百万，"旌旗亘千里"，陆军集中于涿郡（今北京），水军集中于东莱（今山东莱州），分水陆两路开始了对高句丽的第一次征伐。史载，当时，作为水陆统帅的隋将来护儿率"舳舻数百里，浮海先进，入至浿水（大同江）"，可谓阵容齐整，声势浩荡。这位隋王朝的开国元老，曾一路斩将夺旗，辅佐文帝开创了统一天下的伟业，这次东征高句丽，更是兵锋锐利，意气风发。当他率军攻至距平壤三十公里处，高句丽军早已列阵数十里，王弟高建率数百敢死队与隋军对峙。隋军诸将皆惧，来护儿却笑道："吾本谓其坚城清野以待王师，今来送死，当殄之而朝食。"遂命其子来整、部将费青奴奋力斩杀高建，大败高句丽军。

初战告捷，来护儿志得意满，觉得拿下平壤只在呼吸之间，于是便不顾老将周法尚之劝，挑选四万精锐死士，兵临平壤城下。高句丽军先派出一支伏兵出城与之交战，不多时便佯败退走城中，来护儿遂纵兵入城大肆劫掠。就在此时，高句丽精锐趁机杀出，隋军大败，死伤惨重，最后来护儿仅率残兵数千人逃出平壤城外。眼见势单力孤，来护儿被迫率军沿海路折返。彼时，陆路隋军也遭遇到了高句丽的顽强抵抗，无法攻下各座城池。隋王朝第一次真正意义上的东征由此匆匆画上句号。

大业九年（613），隋炀帝再次挥剑东指，征伐高句丽，这一次，来护儿仍旧出兵沧海道，负责从海路向高句丽发起进攻。然而，历史在这一年出现了一个拐点，礼部尚书杨玄感见隋军主力水陆齐进，远赴辽东前线，后方空虚，遂诈称来护儿谋反，以讨伐来护儿之名起兵反隋，兵锋直逼洛阳。这是反隋的第一次大叛乱。

杨玄感是杨素之子。按理说，身为襄助杨广即位的重臣，杨素自然荣耀加身，但随着时间的推移，隋炀帝对杨素猜忌心日重，最终杨素抑郁而死，杨玄感由此心生怨气。再加上此时朝野上下对隋炀帝滥用民力穷兵黩武早已是怨声载道，各地相继出现一些反隋义军，杨玄感遂利用鼎沸的群情率部起兵，一时间，各路义军纷纷响应，攻势如虹。

杨玄感幕僚中，有一个重要的谋士名叫李密，史载其"多筹算，才兼文武，志气雄远，常以济物为己任"。贵族出身的李密与杨玄感交往甚厚。此番起兵，李密为杨玄感设计了三条线路：上策发兵东北，使东征的炀帝首尾难顾；中策进击大兴，徐图天下；下策方直抵洛阳。但杨玄感只望速战，遂发兵洛阳。

事实证明了杨玄感决策的错误。接连的胜仗一度让杨玄感心气十足，但铁桶一样的洛阳城还是让这支军队陷入了兵家最忌的僵持之境。而彼时，高呼"洛阳被围，心腹之疾。高句丽逆命，犹疥癣耳"的来护儿已匆匆结束二次东征之旅，率大军折返勤王。最终，在隋军多支部队的围剿下，杨玄感四面楚歌，兵败被杀。这场不到两个月的叛乱起事如风，消逝如风，但掀起的却是更加猛烈的反隋风暴，隋炀帝，其实已经坐在了一个时刻都有可能爆发的火山口上。

金风荡初节，玉露凋晚林。

此夕穷途士，郁陶伤寸心。

野平葭苇合，村荒藜藿深。

眺听良多感，徒倚独沾襟。

沾襟何所为，怅然怀古意。

秦俗犹未平，汉道将何冀。

樊哙市井徒，萧何刀笔吏。

一朝时运会，千古传名谥。

寄言世上雄，虚生真可愧。

——李密《淮阳感怀》

  这首《淮阳感怀》，是李密在杨玄感被杀之后所作。杨玄感被满门抄斩之后，李密也被俘，但在押解途中设计逃脱，隐遁于江湖。写这首诗的缘起，则是一句在民间广泛流传的谶语——"杨氏将亡，李氏将兴"。

  彼时，刚刚平叛的隋炀帝罔顾民怨，发起了对高句丽的第三次东征，这一次，来护儿转从辽南卑沙城突破，一举击败高句丽守军，并长驱直入，兵临高句丽首府平壤。然而，眼看胜利在即，隋炀帝却在此时勒住了来护儿战马的缰绳，面对高句丽使者降服的奏表，隋炀帝欣然接纳。在他看来，这不啻是一个好台阶：首先，他已挽回两败之辱，威服海内的文章已经做足；更重要的是，彼时他已自顾不暇，一条大运河，三次东征，已耗费人力数百万，征调财物无数，大量士兵、民夫死于战场和劳役，各地起义的烽火开始呈现燎原之势，已经危及统治根基。更让这位风流皇帝夜不能寐的，还是因为一句在坊间迅速传开的谶语——"杨氏将亡，李氏将兴"。

据说这句谶语源于隋炀帝做的一个噩梦。一日，他梦见整个大兴都城洪水滔天，眼看有瞬间淹没之危，可一座山头上的三棵李树却枝繁叶茂，毫发无伤。惊出一身冷汗的隋炀帝忙请术士解梦，术士说，此乃凶兆，预示着有李姓之人为祸天下。很快，"杨氏将亡，李氏将兴"的谶语便不胫而走，在民怨四起的隋末大地上迅速传开。

"一朝时运会，千古传名谥。寄言世上雄，虚生真可愧。"流落江湖的李密一定是在得知"杨氏将亡，李氏将兴"的谶语之后，鼓足了写诗的勇气。彼时的隋王朝，早已是一盘散乱的棋局，农民起义的地域已扩散到河南、河北、陕西和江南各地。这其中逐渐形成了三支声势浩大的力量，分别是河南翟让的瓦岗军、河北的窦建德军和江淮的杜伏威军。"杨氏将亡，李氏将兴"这句谶语的传播，无异于推波助澜，成为各方力量逐鹿天下的醒目旗帜。题了反诗的李密很快被人告发，但一路逃亡到瓦岗寨投奔翟让瓦岗军的他却信心满满，在他看来，谶语的流传简直就是在为他的横空出世制造着不断扩大的舆论场。大业十三年（617）二月，当隋末农民政权——"魏"在瓦岗寨建立起来，当李密接受翟让的"禅让"，成为瓦岗军的实际掌舵者，这个据说少时骑牛闲逛连牛角都挂着《汉书》的隋末贵族相信，那个终结杨家天下的人一定是他，那个开创李氏王朝的人，一定是他。

然而，发生在隋廷的一件大事却让李密发现，自己并不是隋炀帝眼中的头等威胁。被谶语吓得寝食难安的隋炀帝听从术士之言，认为和水有关的李姓贵族才是自己最大的梦魇，正因为如此，才有了李浑的满门抄斩事件。

李浑本是隋朝开国功臣李穆之子，按理说李穆死后本应将爵位传给儿子，可不知是何原因，李穆最终将爵位隔代传给了自己的嫡孙李筠。这让身为叔父的李浑大为光火，暗中除掉了李筠；为了能在众多兄弟中承袭爵位，他勾结炀帝宠臣宇文述，希望他在皇帝面前多进美言，并许诺一旦成功，便将爵位封国所得收入的一半分给他。见钱眼开的宇文述很是卖力，最终令李浑顺利地承袭了爵位。然而，富贵加身的李浑并未兑现自己的承诺，这让宇文述怒火中烧，他决定伺机报复。机会来了，当"杨氏将亡，李氏将兴"的谶语在朝野上下传得沸沸扬扬，宇文述便趁机提醒隋炀帝：李浑不仅名中带水，其从子（侄儿）的小名叫洪儿，也是带水。猜忌心日重的隋炀帝将李浑全家捉捕下狱。此后，宇文述又给李浑罗织了个谋逆的罪名。可怜李浑，被满门抄斩。

李浑之死，最受触动的是另一个朝中贵族——李渊。同样姓李，让李渊深感危机。其实盘点一下这位陇西贵族的家谱，我们可以发现，李渊绝对是真正的皇亲贵胄。在《新唐书》的记载中，我们可以看到，李渊的祖父李虎，曾是辅佐宇文泰的八柱国之一。李渊身上融合着汉、鲜卑、突厥的血脉，他的母亲独孤氏与炀帝杨广之母也就是文帝之后独孤氏是亲姐妹，正因如此，当隋文帝一统天下，作为陇西望族世袭祖上唐国公爵位的李渊自然受到恩宠。他先是做了文帝的侍卫——千牛备身；后来又担任过谯、陇二州的刺史；杨广即位，仍被委以重任，先后官拜殿内少监、卫尉少卿等职；当炀帝东征高句丽的马蹄两次踏响，李渊又成了风风火火的督粮官，全力保障着大军的东进；不久，杨玄感发动兵变，李渊又领兵讨逆，和来护儿等几支部队一起剿杀叛军，继而又平灭了一些股匪。为酬其勋劳，炀帝为李渊加官，对其颇为倚重。

在史册中穿行，我们发现，几乎是在加封李渊的同时，隋炀帝就南下他的行都——江都了。各地风起云涌的兵变和民变早令这个荒奢的帝王感到了末世之危，而李渊的忠勇却让他稍感心安，他相信，有一位皇亲镇守着北方门户，他在江都的行宫里还能过一些快活的日子。

然而，流言的扩散还是让隋炀帝将猜疑的目光投向了李渊。在诛杀李浑之后，"杨氏将亡，李氏将兴"的噩梦不但没有消弭，反而加剧了。这个不用自己赐封从祖上起就已雄踞北方的臣子，谁能保证他没有不臣之心呢？隋炀帝日益加重的疑心可以从夹藏在历史缝隙中的一件小事看出来。据说有一次炀帝召见李渊，李渊称病未去，炀帝疑心顿起，把在宫中为嫔的李渊的外甥女王氏找来问道："你舅舅为何不来入宫觐见？"王氏答道："舅舅身体有恙，实在无法上朝。"炀帝大怒道："既然病了，为什么还没死？"

这是一个即将大祸临头的信号，李渊深知，面临危境，稍有不慎，不仅将失去手中的权力地位，更有可能落得个和李浑一样被满门抄斩的下场。很快，人们便看到了一个不一样的李渊：他宴饮终日，府邸之中夜夜莺歌燕舞；他偎红倚翠，新纳的美人个个娇俏可人；他广收贿赂，面对黑金一概来者不拒；不仅如此，他还派人四下搜罗奇珍异宝美女丽姝进献给朝廷，以满足炀帝的淫奢之欲。彼时的隋帝国早已是千疮百孔，杨广作为皇帝的威慑力也在呈锐减之势，但身为皇亲的李渊不愿成为皇帝的眼中钉肉中刺，一系列的自秽行为，只为了保全性命于乱世。

其实这种自秽保身之举，并非李渊的独创，历史上不乏其例，最典型的例子就是西汉开国功臣萧何。定鼎天下的汉高祖刘邦曾云："夫运筹帷幄之中，决胜千里之外，吾不如子房；镇国家，抚百姓，给馈饷，不绝粮道，吾不如萧何；连百万之军，战必胜，攻必取，吾不如韩信。此三者，皆人杰也，吾能用之，此吾所以取天下也。"身为刘邦的后勤部长，萧何一路襄助刘邦西进灭秦、固守后方、挥师伐楚，最终一举平定天下，堪称功勋卓著。但萧何的聪明之处就在于懂得韬光养晦，他深知，当自己功高震主，皇帝除了皇座，已无法再封的时候，实际就是一个臣子的末日。正因如此，在参与剿杀韩信之后，萧何完全变了个人，他不仅大肆收受商人财物，而且还强行低价购买民间的土地房屋，价值数千万之多。一时间，民怨沸腾，声音很快就传进了刘邦的耳朵里，但刘邦只让这个和自己出生入死的老相国受了几天囹圄之苦，就给他放出来官复原职了，而且日后对他更加信任。萧何，凭借这番自污名节，最终得以保全性命，颐养天年。

李渊仿效萧何的做法不久便见了成效。炀帝见李渊贪图酒色钱财，不禁大喜，觉得对自己的皇位已然构不成威胁，便放了心，不再猜疑李渊。再加上李渊此后又在山西一带平灭了以毋端儿、魏刀儿为首的多支农民起义军，一时声威大震，更让炀帝相信，李渊不仅没有政治野心，而且将其全部的军事才能都用在了保卫杨氏江山上。为表彰其忠义，公元617年，炀帝擢升李渊为太原留守，坐镇晋阳，控扼北方。李渊的韬光养晦之术，让自己真正地成了一条隐匿在渊底的蛟龙。当太原留守这一赐封进一步强健起这条蛟龙的筋骨，岌岌可危的隋王朝，已经在悄然酝酿着一场翻天覆地的风暴。

缅想封唐处，实惟建国初。

俯察伊晋野，仰观乃参虚。

井邑龙斯跃，城池凤翔馀。

林塘犹沛泽，台榭宛旧居。

运革祚中否，时迁命兹符。

顾循承丕构，怵惕多忧虞。

尚恐威不逮，复虑化未孚。

岂徒劳辙迹，所期训戎车。

习俗问黎人，亲巡慰里闾。

永言念成功，颂德临康衢。

长怀经纶日，叹息履庭隅。

艰难安可忘，欲去良踟蹰。

——李隆基《过晋阳宫》

"缅想封唐处，实惟建国初。俯察伊晋野，仰观乃参虚。井邑龙斯跃，城池凤翔馀。林塘犹沛泽，台榭宛旧居。"这首《过晋阳宫》，是唐玄宗李隆基于开元十一年（723）巡幸太原晋阳宫时所作。彼时，距离大唐开国已过百年，一个帝国正在走向它的盛年，但浩大的銮舆却对太原这块土地心存敬畏，对华屋连栋的晋阳宫心存敬畏。在庄重的雅乐声中，唐玄宗与其说在融入一场堂皇煊赫的宫廷仪式，莫如说在卷入一场疾风骤雨的帝国记忆。这个记忆，和晋阳有关，和李渊有关。

时光回溯106年，李渊刚刚坐镇晋阳的日子。身为太原留守，李渊有着太多可以挑战中央政权的底牌：首先，太原"控带山河，踞天下之肩背，为河东之根本"，这样的战略位置，可以使其直捣大兴，进而一举攻下洛阳；其次，充足的军用物资，披坚执锐的精兵亲军，是他决胜千里的利器；另外，李渊在太原的良好声望，使其具备了深厚的民众根基；更主要的，是隋炀帝的奢靡无度，已经使这个刚刚传至二世的王朝危如累卵。正是基于这些因素，李渊身边的将佐们纷纷劝其起事，开创一个全新的帝国基业。

然而翻遍两《唐书》和《资治通鉴》，我们看到的却是一个瞻前顾后举棋不定的李渊，看到的是"高祖起太原，非其本意，而事出太宗"（《新唐书·太宗本纪》）这样的简单记录。从正史的记载中，我们知道这位太原留守事事求稳，不敢越雷池一步，最初碍于与隋室的姻亲关系，认为起兵有悖纲常，后来又觉得起兵的时机还远远不够成熟；相反，他时年十七岁的次子李世民和一群谋士将领倒是积极推动兵变的主流。这位血气方刚的公子更像一个执掌全局深谋远虑的棋手：他先是和因与李密有交往而被抓入狱的晋阳令刘文静进行了一次狱中长谈，坚定了起兵反隋的决心；随后，李世民又找到了李渊的好友晋阳宫监裴寂。这晋阳宫是炀帝的行宫，为了逼李渊早做决断，李世民和裴寂设计选了晋阳宫女陪侍李渊，不知就里的李渊一夜春宵之后方知犯了死罪，只得被逼就范，道一句"吾一夕听汝言，亦大有理。今日破家亡躯亦由汝，化家为国亦由汝矣"，同意了李世民起兵的计划。而在晋阳起兵之后反隋统一的数次战役中，少年英武的李世民始终一骑绝尘，主导着兵锋的节奏，被逼起事的李渊则湮没在李唐王朝肇兴发迹的耀眼光芒背后，成为一个依靠儿子坐享其成的开国之君。

好在历史为后世的人们留下了一部《大唐创业起居注》，让我们得以冲破正史的重重迷雾，看到李渊的另一条生命轨迹。温大雅，太原祁（今山西祁县东南）人，《大唐创业起居注》的作者，同时也是晋阳起兵的重要策划人和目击者。在这部书中，以"儒雅清显，为一时之称"的温大雅通过自己的亲身经历，记述了李渊起兵至登基称帝357天中的史事。由此，我们总算可以从正史的诸多曲笔之外，看到李渊作为一代军事家和政治家的风采。按照《大唐创业起居注》的记载，晋阳起兵的主脑不是李世民，而是深谙韬光养晦之道的太原留守李渊。世袭的唐国公爵位，已经让李渊心中暗暗追比古之圣君唐尧，而广为流传的"杨氏将亡，李氏将兴"的谶语，尽管让李渊如履薄冰，但《大唐创业起居注》中记载的这句"吾当一举千里，以符冥谶"的铿锵之声，则让我们看到了一个不甘为人臣的李渊。雄踞太原，眺望着四起的烽烟，李渊，只是在酝酿着一个改朝换代的时机。

时机只属于有准备的人。事实证明，李渊的晋阳起兵颇为周密，他采纳了刘文静、裴寂等一班顾问"乘虚入关，号令天下"的建议，而在具体的谋划中，他布下的三招棋堪称绝妙。

首先，是如何招兵买马的问题。起事没有军队不行，尽管李渊手握重兵，但若与隋王朝的大军抗衡，自己的兵力显然不足，而大张旗鼓地召募兵士，又势必引起怀疑。尤其是两位副留守王威和高君雅，这两人与其说是来协助李渊镇守太原的，莫如说是隋炀帝派来监视他的眼线。尽管李渊的一系列自秽行为已经让隋炀帝有所放松，但猜忌之心并没有完全解除，安插王威和高君雅，就是要这二人在非常时刻行使先斩后奏的权力。面对横亘在面前的这两个人，李渊自然投鼠忌器，而"天时"恰恰就在这位太原留守一筹莫展之际出现了——隋将刘武周拥兵自立，投靠了突厥始毕可汗，并挥师攻下了汾阳宫。这一回，李渊终于找到了一个光明正大的招兵买马的理由。他对两位副留守王威和高君雅说，汾阳宫是皇帝行宫，皇帝一旦怪罪下来，大家都脱不了干系，而以现有兵力对抗刘武周叛军显然不够，必须马上募兵。

王威和高君雅不知是计，深以为然，于是，李渊马上派出李世民和刘文静等人到各处征兵。由于李渊素有声望，因此征兵令一出，应者云集。据《大唐创业起居注》记载，李渊让部下开仓赈济贫民，公开募兵，每天都有千余人来投军，"二旬之间，得众数万"。这些兵士统一驻扎在太原兴国寺内，由亲信刘弘基和长孙顺德亲自操练。时隔一千四百年，我们仍然可以想象这样一幅画面：

香烟缭绕的兴国寺内，一面是僧众们的诵经之声，一面是兵士们的操演之声。位于公元七世纪初中国北方的这处佛国圣地，就这样将两种截然相迥的声音有机地融合起来，而它的操作者，正是太原留守李渊。

兵源问题得到解决了，接下来的问题便是稳定后方。李渊深知，山西紧邻突厥，其早就对中原虎视眈眈，自己起兵杀向大兴，很有可能与隋军呈胶着状态，这时突厥如果突然率大军长驱直入，杀奔太原，自己就会陷入进退维谷的境地，后果不堪设想。因此，发兵之前，先稳住突厥，是极为关键的一步。那么，又当如何稳住突厥呢？早在筹划这次兵变之前，李渊已经与突厥骑兵有过数次交手，双方互有胜负。及其出任太原留守，这位追尊龙城飞将军李广为先祖的陇西贵族，不仅巧妙地利用人们对突厥的恐惧，设计以"通敌"之名除掉了王威和高君雅这两个眼线，而且还效仿三国诸葛亮，用空城计吓退了突厥数万骑兵。但马上就要挑起义旗的李渊最终对突厥采取的姿态却是——和。彼时，包括刘武周在内的许多地方豪强在拥兵自重之后，都选择了投靠突厥作为自己的靠山，为了稳住后方，李渊同样也对突厥收起了兵戈。他亲自写信给突厥始毕可汗道："我今举义兵，欲宁天下，远迎主上（指隋炀帝）还，共突厥和亲。……若能从我，不侵百姓，征伐所得，子女玉帛，皆可汗有之。"在这封信的题封上，他特意署称了"启"字，以表示对始毕可汗的恭敬。始毕可汗得书大喜，遂让李渊称臣，李渊为从长计议，假意应允。北结突厥，不仅使酝酿起兵的李渊免除了后顾之忧，更壮大了兵力，为了向"俯首称臣"的李渊表示诚意，突厥始毕可汗送来战马千匹，兵士千人。这支骁勇的骑兵的加入，无疑为此后李渊的率军南下增添了重要的筹码。

兵源有了，突厥稳住了，李渊开始实施他的第三步方案——东和李密。回望晋阳起兵的过程，我们可以看出，李渊一直采取的都是示弱的态度，对隋炀帝是示弱，对突厥是示弱，而对落草河南的李密起义军，李渊仍然是示弱。面对这支已云集30万人马、战将千员的军事力量，李渊深知，如果他们成为自己进兵关中的掣肘，势必破坏整个起事的进程。为此，李渊特遣温大雅带了一封亲笔信去瓦岗寨见李密，在这封充满谦卑之词的书信中，他将自己重建一个帝国的野心隐藏了起来，只是说自己的起兵不过是为了重新整饬一下自己所辖地盘的秩序。不仅如此，他还极力劝说踞守一方、兵锋正盛的李密早早称王，夺取天下。"天生蒸民，必有司牧：当今司牧，非子而谁！"善于示弱的李渊将马嘶弓鸣声收伏在极尽吹捧的字里行间，李密手抚长须，不饮自醉，同意对李渊南下的军队不加阻拦。作为当时势力最大的一支义军的首领，李密已经开始梦想自己登基称帝的画面，他绝然不会想到，正是这封措辞如蜜的书信，让他放走了吞噬江山的蛟龙，而他自己也在日后陷入了无可挽回的败局。

公元617年，在一切准备就绪之后，李渊在晋阳设起义堂宣布起兵。猎猎旌旗之下，被部将尊为"大将军"的李渊雄姿英发，目光炯然。他历数了隋炀帝杨广的荒淫无道，高呼"兴甲晋阳，奉尊代邸，扫定咸洛，集宁寓县"。他在紧邻晋阳宫的附近设立大将军府，以长子李建成为陇西公、左领军大都督，统率左军；以次子李世民为敦煌公、右领军大都督，统率右军；以四子李元吉为姑臧公，统率中军；以裴寂为大将军府长史，刘文静为司马，殷开山为掾，刘政会为属，长孙顺德、王长谐、刘弘基、窦琮为左右统军、副统军。

一旦这个军事指挥架构运作起来，便立刻形成了排山倒海的气势。很快，李渊和长子李建成、次子李世民先是攻破了霍邑，击溃了隋将宋老生的部队，此后一路南下，渡过黄河，占领了永丰仓等官仓。当开仓放粮的消息传出，各州郡百姓对这支义师表现出热烈的拥护，他们奔走相告，纷纷来投，队伍迅速壮大。稍做休整之后，李渊命长子李建成驻守永丰仓，控扼潼关咽喉，自己则和次子李世民率主力部队继续向隋都大兴进发。在行军途中，李渊又与自己的女儿平阳公主集结的人马会合，一路攻城拔寨，直逼大兴城下。起事前的周密谋划，起事后的风驰电掣，让隋王朝完全陷入了大厦将倾的窘境。

彼时，隋炀帝还在江都巡幸，留守大兴的是他的孙子——代王杨侑。少不更事的杨侑面对兵临城下的李渊部众全无主意，再加之城中守备不足，很快便被迫献城投降。当李渊将水一样的马蹄声冲进这座帝王之都，他并没有急着抚摸雕金刻玉的皇座，而是恭请战战兢兢面白如纸的杨侑就座，自己率部众行三叩九拜之礼。善于示弱的李渊在攻陷大兴之后再一次示弱了，他宣布：遥尊隋炀帝为太上皇，拥立炀帝孙代王杨侑为帝，改元义宁，是为隋恭帝。当然，这位刚刚被拥立起来的傀儡皇帝也必须"识时务"，他加封李渊为唐王，"加九锡，赐殊物，加殊礼"，同时，以李建成为唐王世子；李世民为京兆尹，改封秦国公；封李元吉为齐国公。至此，一个王朝的气数进入奄奄一息的倒计时，而一个新的政权已经只差一个名分。

事实上，这个名分的到来并没有用上多长的时间。就在李渊部众一路攻城拔寨势如破竹的同时，远在大运河另一端江都的隋炀帝杨广已是惶惶不可终日。他不间断地用一派沉歌醉舞麻痹着自己的神经，偶尔，宫人们还会看到这个曾经风流倜傥的皇帝系着头巾，穿着短衣，策杖站在花园中，一站就是几个时辰。对着铜镜，他曾怅然一叹："好头颅，谁当斫之？"听着颤婉的丝竹之声，他又会自嘲一笑："贵贱苦乐，更迭为之，亦复何伤？"在凄冷的朝堂上，他曾戚戚地对文武百官表示要据守江都，大家沉默不语。事实上，这些沉默不语的末世臣子都在打着自己的算盘，一些人早已被李渊的气势吓倒，觉得跟着这个末世皇帝苟且一天是一天，但还有一些人已经在暗暗酝酿着一场逼宫的阴谋。公元618年4月的一个深夜，以宇文化及为首的一班叛将以通天的火光为号，率兵包围了隋炀帝的寝宫，失魂落魄的杨广眼睁睁地看着年仅十二岁的小皇子杨杲被叛军一刀斩杀，只能走向终结自己生命的练巾。

入郭登桥出郭船，红楼日日柳年年。

君王忍把平陈业，只博雷塘数亩田。

——罗隐《炀帝陵》

十四年的执政，五十岁的人生，死于乱军之手的隋炀帝身后异常凄凉。他的萧皇后和几个宫人拆了床板将其收殓，草草埋葬，没有举国致哀的葬礼，没有高大的陵寝——"君王忍把平陈业，只博雷塘数亩田"。文献记载，隋炀帝灵柩曾被数度迁移，在扬州应该至少有三处葬地，分别是流珠堂、吴公台和雷塘。2014年，随着隋炀帝陵墓最新考古发掘报告公之于众，我们知道，隋炀帝的最终归宿，并不在雷塘，而是在与其相距五公里远的曹庄。当然，无论是在雷塘也好，曹庄也罢，这位曾经的扬州总管一定不会想到，在其短暂的帝王生涯中，扬州，既是其辉煌的起点，也是其落幕的终点，他只是匆匆画了一个圈，就被湮掩进了历史的尘埃。

新的历史在继续，就在江都兵变的当月，宇文化及拥立杨浩为帝，不久废帝自立，建立了许国；另一个盘踞河南的隋将王世充也随之在洛阳拥立杨侗为帝，很快也急不可耐地自己当起了皇帝，国号为郑。

当新皇帝们一个个地出现，李渊改朝换代的步伐终于不再小心翼翼。公元618年6月，杨侑"识趣"地将帝位禅让给李渊，李渊起初还是拒辞不受，但群臣再三劝谏，李渊这才"顺应天命"，在太极殿登基称帝，国号为唐，建元武德，将大兴改名为长安，定为唐都。不久，又立李建成为皇太子，封李世民为秦王，李元吉为齐王。至此，这位史称唐高祖的陇西贵族终于践行了自己"吾当一举千里，以符冥谶"的誓言，在山头林立的隋末大地高高挑起自己的旗帜，建立起李唐的政权。当然，这只是一个开始，真正的群雄逐鹿争霸天下，对于李氏父子而言，还有一段浴血的征程要走。

霸业初成

李渊在长安登基称帝之后，庆典的钟磬还余音未歇，便开始打起十二分的精神，面对一支来自西北的强敌——薛举、薛仁杲父子。

这是一对和李渊父子一样颇富政治野心的乱世枭雄。几乎和李渊父子晋阳起兵同时，身为金城府（今甘肃兰州）校尉的薛举也在短短几年时间，啸聚起一支割据一方的力量。眼见隋王朝摇摇欲坠，薛举和他的儿子薛仁杲联合策动金城县令郝瑗发动叛乱，收编了当地起义军首领宗罗睺、羌人钟利俗等人，召集起一支十余万人的军队，几个月内便连克数郡，占据了今天的甘肃大部及青海的一部分。这些地方盛产战马，兵士又多精通骑术，一时间，成为又一支凶悍的"突厥"。随着势力不断扩大，薛举最终振臂一呼，宣告称帝，国号为"秦"，自称"西秦霸王"。跃马扬鞭的"西秦霸王"相信，自己会功追秦始皇，成为隋末大地上笑到最后的人，而他首要的目标，就是要拿下李渊刚刚占领的长安——这座自古以来的帝王之州。

很快，"西秦霸王"之子薛仁杲和唐帝李渊之子秦王李世民交兵于距长安仅三百多里的扶风。两面帅旗，都是一个"秦"字，两个政权，都是刚刚建立，扶风一战，注定你死我活。和沉稳老成的李世民相比，薛仁杲脾气暴躁，因此虽在军中以力大擅射号称"万人敌"，但由于一路劳师远征，心急气傲，被李世民杀得大败，铩羽而归。李世民虽与这支来自陇西的势力初战告捷，也不敢穷追猛打，赶紧班师回到了长安。

但薛举父子南下牧马的念头却并未就此熄灭。在养精蓄锐一段时间之后，薛举再次率军出征，向高墌（今陕西长武北）方向进发。李渊得到战报，马上派出李世民前往御敌。历史在这时和刚刚肇兴的李唐政权开了一个小玩笑，就在李世民率部赶赴高墌，正厉兵秣马之际，这个军中少帅却因水土不服，突然病倒了。无奈之下，李世民召来自己的亲随刘文静、殷开山，特意叮嘱二人，不可轻易与薛举对阵，薛举劳师远征，必定补给不足，只需以逸待劳，定能取胜。可是刘文静、殷开山二人却不以为然，他们将队伍拉到了高墌附近的浅水原上，只望速战速决，一举全歼薛举的大军。

这样一来，正中了薛举的下怀，他派出一支精锐快马，神不知鬼不觉地绕到了唐军的后方，发起猛攻。薛举的骑兵凶悍骁勇，战马又健硕善奔，一时间，将唐军冲得七零八落，四散溃逃。大将慕容罗睺、李安远战死，刘弘基被俘，李世民被迫率残部连夜逃回长安。

浅水原一役，唐军折损大半，薛举拈须长笑，吩咐手下立即整顿兵马，乘胜出击，意图直捣长安，灭掉李唐。在这位"西秦霸王"眼里，夺取长安只在呼吸之间，攻克长安，则霸业可成。

人算不如天算，薛举的马鞭刚刚举起，却突然暴病而亡，李渊由此获得了一次难得的喘息之机。利用这个间隙，李渊抓紧整饬兵马，大修战具。在这位新君看来，"西秦"的哀乐只是进击的前奏，刚刚即位的薛举之子薛仁杲亡唐之心不死，他虎视眈眈的目光从来就没有移开。

果然，就在武德元年（618）中秋，薛仁杲兵锋再起。这一次他更加来势汹汹，先是攻下了秦州（今甘肃天水），继而又克泾州（今陕西泾川）、宜禄（今陕西长武），当他再次来到高墌，面对的却是一片深沟高垒。薛举病死之后，薛仁杲曾被迫撤兵，唐军抓紧机会，收复了高墌一带，随着战事告急，这里再次成为两个政权的较量之地。受李渊之命率军赶来的李世民一到高墌，就准备和薛仁杲打一场持久战，命军士深挖壕沟，加高城池。面对秦军的叫阵，他严令麾下将士坚守不出，等待战机。在两军僵持近两个月后，秦军最初那股锐不可当的士气开始渐渐委顿下来。看到此景，李世民果断拨给行军总管梁实一哨人马开赴浅水原，在那里，他命梁实挑战秦军是虚，坚守不出是实。擅打野战的秦将宗罗睺等人本以为可以再次上演不久前的浅水原好戏，没想到梁实守险不出，数次叫阵下来，秦兵不仅未占到任何便宜，反而弄得人困马乏，粮草不济。眼见时机已到，李世民率几十名精骑迅速由高墌杀出，与驻扎在浅水原的庞玉一起形成掎角之势，围猎秦军。一时间，"表里奋击，呼声动地"。秦军早已疲惫不堪，加之唐军两面夹攻，当即士气全无，溃不成军，主将宗罗睺仓皇败逃折墌城，李世民则是穷追不舍，率大军直压城下。彼时，困守折墌城的薛仁杲早无半点反击之力。这个残忍好杀的枭雄在首战浅水原获胜之后，曾将唐军战俘割舌枭首，对待自己的手下同样阴狠暴戾。眼见秦军失势，兵士们纷纷倒戈。当整座城池被李世民的部众围得水泄不通，他只有自缚而出，拱手投降。一个刚刚建立的陇西政权在历经两次浅水原之战后，最终化成一阵历史的轻飔，掠过离离原上草，无痕无声。

> 昔年怀壮气，提戈初仗节。
> 心随朗日高，志与秋霜洁。
> 移锋惊电起，转战长河决。
> 营碎落星沉，阵卷横云裂。
> 一挥氛沴静，再举鲸鲵灭。
> 于兹俯旧原，属目驻华轩。
> 沉沙无故迹，减灶有残痕。
> 浪霞穿水净，峰雾抱莲昏。
> 世途亟流易，人事殊今昔。
> 长想眺前踪，抚躬聊自适。
>
> ——李世民《经破薛举战地》

这首《经破薛举战地》，是李世民坐拥天下故地重游时，有感而发。彼时的浅水原，早已不见了刀光剑影——被俘的薛仁杲押回长安不久，即被李渊斩首示众，但浅水原显然再也走不出李世民的记忆。有史家认为将浅水原首战失利归罪刘文静、殷开山存在颇多可疑之处，这很有可能是李世民对自己戎马生涯中少有的一次败绩的刻意掩饰。但在同样的地点，与同样的对手扳回一局之后，李世民绝对应该骄傲一生，因为，正是这有力的一扳，奠定了他在父皇李渊心中的地位，平添了自己的政治本钱，也为日后在中原的继续逐鹿提供了可资借鉴的战术范例。

薛举、薛仁杲父子被平灭之后，李渊征伐天下的脚步按理说应该乘胜加快，毕竟军士们的士气已经被激发出来，而环伺于长安周围的几股势力也在磨刀霍霍。然而，就在武德二年(619)初，也就是唐军浅水原大捷不久，李渊却毫不留情地诛杀了一位有功之臣，落下个"天下未定，先诛功臣"的骂名，这个被杀的功臣就是刘文静。

说刘文静是大唐的功臣并不为过。在大唐帝国的记忆里，"晋阳起兵"带给李渊父子的，是无上的荣光，但促成这次起兵的关键人物，正是时任晋阳令的刘文静。"天下大乱，非有商汤、周武、高帝（刘邦）、光武（刘秀）之才不能平定。"因与李密过从甚密下狱的刘文静，曾对前往探监的李世民说出了上面这句话，而正是这句话，如同暗夜里的火把，照亮了还在纠结犹豫的李渊父子，让他们最终下定决心，与隋王朝分庭抗礼。在随后的征伐中，刘文静也是披肝沥胆，出谋划策，直到李渊坐拥长安，建立李唐政权。

为什么统一战争仍在继续，作为开国功臣的刘文静却必须被诛杀呢？究竟是什么样的罪名，让李渊在面对这位股肱之臣时，心头竟没有出现一丝的颤动？

事情还要从晋阳起兵的另一个核心人物说起，他就是裴寂。晋阳起兵之前，他还仅仅是晋阳宫的一个宫监，因为让不知就里的李渊享用了几个只有皇帝才能碰得的宫女，生米煮成了熟饭，才有了日后摧枯拉朽的晋阳兵变。起兵之初，李渊对刘文静和裴寂还是视同左右手的，他封刘文静为司马，裴寂为长史，官职俸禄不相上下。但随着时间的推移，刘文静渐渐感到自己在这位开国皇帝眼中的地位越来越赶不上裴寂了。起兵之前，裴寂和李渊就是无话不谈的故交，待做了皇帝之后，李渊对其更加重视，曾当着群臣的面，夸奖裴寂是开国第一功臣，有时谈得兴起，甚至让裴寂坐在龙床上。想想当年都是共同起事的兄弟，李渊却厚此薄彼，眼看着裴寂平步青云，自己还是原地踏步，刘文静郁闷不已，于是便经常在朝堂上和裴寂对着干，只要裴寂认为对的，刘文静一定反对，曾经并肩作战的战友就这样一下子成了水火不容的仇人。

刘文静的愤怒最终在一次家宴中爆发出来。一日，刘文静心中烦闷，便找来兄弟刘文起喝酒聊天。原本就憋了一肚子火，喝过几杯酒后，刘文静便酩酊大醉，猛地抽剑出鞘，向着廊柱砍去，并大呼道："必当斩裴寂之首！"本来，这仅仅是兄弟二人在家中的酒话，可偏偏这件事让刘文静府中一个不得宠的小妾听了去，她有心要报复刘文静，便将此事告诉了自己的哥哥，让他去朝中告发。

刘文静很快就因"谋逆罪"和自己的弟弟双双被捕入狱。这是刘文静第二次成为阶下囚，更戏剧性的是，两次入狱的罪名竟然都是谋逆之罪，而他要"谋逆"的对象，一个是惶惶不可终日的隋炀帝杨广，另一个，竟然是自己全力辅佐的唐朝开国皇帝李渊。这样一个罪名，刘文静无论如何也想不通。

想不通的不止刘文静自己，负责和裴寂一同审理此案的中书令萧瑀也颇感不平。这萧瑀为人刚正不阿，光明磊落，李世民即位后，对其委以重用，并曾经专为其赋诗一首：

> 疾风知劲草，板荡识诚臣。
>
> 勇夫安识义，智者必怀仁。
>
> ——李世民《赐萧瑀》

和当朝红人裴寂共同审理这桩"谋逆"大案，净臣萧瑀不卑不亢，不平则鸣。在他看来，刘文静不过是酒后失言，况且又无任何谋反的迹象，实在罪不至死。持同样看法的还有秦王李世民。他认为刘文静"义旗初举，先定非常之策，始告寂知，及平京城，任遇悬隔，止以文静为觖望，非敢谋反"。有这样一位小王背书，按理说刘文静死罪可免了，可偏偏裴寂不依不饶，他对李渊的一番说辞是：刘文静这个人才略甚高，手段又极其阴险，现在他口出狂言，已有反意，此时不除，必定养虎为患！

任何一个皇帝最怕听到的两个字就是"谋逆"，对于尚未坐稳江山的李渊而言，"谋逆"更是一个敏感词。当裴寂添油加醋的谗言充斥李渊的耳鼓，李渊最终痛下了杀手。武德二年八月，刘文静和其弟刘文起以谋反罪名被押赴刑场斩首示众。"高鸟逝，良弓藏，故不虚也！"

对于李渊诛杀刘文静这一唐初重案，史家有多种揣测，而其中主流的说法就是，李渊此举，其实是要剪除李世民的羽翼。早在晋阳狱中，李世民实际就已将"伟姿容，有器干，倜傥多权略"的刘文静划入自己的阵营，此后一路征战，刘文静更是成为其左膀右臂，贴身亲随，即便浅水原首战失利，李世民也不过是做了个样子将其削官，不久又官复原职。时年二十二岁的李世民再清楚不过，钦定的太子并不是他，他只是个替父皇冲锋陷阵的秦王，而要真正赢得皇位继承权，没有自己的势力集团是万万不成的。正因如此，弓马沙场之上，他在一步步用胜利的战果夯实自己的威信的同时，也笼络了一大批忠心于自己的将相之才，刘文静，正是其中极为出色的一位。然而，李世民的野心终究逃不过李渊的眼睛，他不希望历史上的皇位之争在自己的儿子们身上重演，而刘文静与裴寂之间的龃龉恰恰给了他一个敲山震虎的机会，尤其是看到李世民都站出来为刘文静求情，李渊更是不再迟疑。他没有深究刘文静"谋逆"的动机和细节，他只知道，这个晋阳起兵的功臣必须死在这个再好不过的罪名上，而刘文静被砍下的头颅所起的作用，就是要告诉自己摩拳擦掌的次子：太子之位是你的哥哥李建成的，你就不要惦记了。

显然，刘文静事件对李世民是一次重击，在父亲李渊的目光中，李世民看到了危机，但同时也握紧了拳头。当然，他知道自己的羽翼还远未丰满，还需等待机会，但有一点他已深信不疑：从此，李渊不仅是父亲，更是皇帝，是皇帝，就有了君臣之别，是皇帝，就有了生杀予夺之权，即便是自己的亲生儿子，也不过是帝国弈局的一枚棋子！年轻的李世民想到这里，决定人不解甲马不离鞍了，他要继续不动声色地做一枚冲锋陷阵的棋子，而真正的翻盘，也许就在李唐政权一统天下之后……

这枚棋子再次被启动的时间，是在武德二年十月，也就是刘文静事件发生两个月之后。这一天，李世民接到了来自长春宫李渊的手敕："贼势如此，难与争锋，宜弃河东之地，谨守关西而已。"寥寥几字，透着一位皇帝的无奈和无助，这纸手敕究竟因何而起呢？

还记得当年那个刘武周吗？这个曾经的隋朝鹰扬府校尉，因与马邑太守王仁恭的侍儿通奸，为防事泄，遂先发制人，杀了王仁恭，投奔突厥做了自己的靠山。此后，他又举着突厥可汗赐予的狼头纛，打着定杨可汗的名号，渐成雄踞一方的势力。也正是这个刘武周，给了李渊平定叛乱的口实，成为晋阳兵变的助燃剂。隋失其鹿，群雄逐之，当兵锋炽盛的刘武周收编易州起义军首领宋金刚，继而宋金刚又以一条"入图晋阳，南向以争天下"的建议充胀这个新主子的野心，刘武周再也坐不住了，武德二年四月，他集结大军，将战火烧向了李渊的地盘。

面对刘武周的猛攻，李渊渐渐开始感到有些招架吃力，先是丢了榆次，继而又丢了平遥、介州、石州。纳入刘武周麾下的宋金刚果有金刚之勇，而另一员大将尉迟敬德也是相当了得，几路大军分兵合围，连挫唐军锐气，已然对晋阳形成包抄之势。

忧心如焚的李渊火速派遣左武卫大将军姜宝谊和行军总管李仲文前去迎敌，哪知二人刚一交手，即被掳获。就在这时，尚在审理刘文静案的裴寂觉得是个崭露头角的机会，于是主动请缨退敌。然而裴寂毫无统兵打仗之能，介州城下，宋金刚先是率一支快马切断唐军水源，使唐军军心涣散，后乘势冲出，杀得唐军狼奔豕突，几乎全军覆灭，裴寂被迫逃往晋州（今山西临汾）。彼时，这个李渊的故交已经让李唐政权颜面扫地，晋州以北，除了西河（山西汾阳），已尽归刘武周。

作为李渊的起家之地，晋阳也是岌岌可危。李渊定都长安时，特命四子李元吉镇守晋阳，满心以为他能恪尽职守，将晋阳这座龙兴重地视若生命，没想到这李元吉在晋阳却骄奢淫逸，无恶不作，不仅大兴田猎，践踏农人庄稼，而且对辅官宇文歆等人的劝阻听而不闻。当晋阳城外鼓声震天，这位公子哥对守官们谎称派兵出战，实则带着妻妾一路逃回了长安。主帅临阵脱逃，晋阳焉有不丢之理，宋金刚未费吹灰之力，便拿下了这座李唐王朝的后院。此后，他又乘势直捣龙门，逼得裴寂节节败退。新兴的大唐实际仅仅保有晋西南一隅。当刘武周大军压境，势不可当，李渊寝食难安，那纸给李世民的手敕，透出一声无奈的叹息。

其实，细细回味这纸在大唐初年发出的手敕，我们好像更能看出一个棋手的权谋。李渊真的只是在向自己的儿子显示自己的手足无措吗？"贼势如此，难与争锋，宜弃河东之地，谨守关西而已。"浴血打下的基业没有人会甘心放弃，但真正具备统兵之能的儿子却刚刚和自己有过一次不愉快的暗斗，在这种背景下，李渊发出的手敕与其说在示弱，莫如说在激将。长春宫的珠帘之后，李渊，其实在静静地等待着李世民的反应。

果然，李世民的反应相当激烈，"太原，王业所基，国之根本，河东殷实，京邑所资。若举而弃之，臣窃愤恨。愿假精兵三万，必能平殄武周，克复汾晋"。彼时的李世民已将夺取天下视为第一要务，而这段铿锵表白也正是李渊热烈期盼的，他马上将关中兵马尽数拨给李世民。刘武周的叫阵之声好像就在耳边，但李渊已经有了一张可以决胜的底牌。

由此，一场柏壁之战注定成为刘李对决的分水岭。此前，刘武周已几近鲸吞李渊，但当李世民于武德二年十一月率众渡过黄河，驻扎柏壁，与来势汹汹的宋金刚对阵，情势开始悄然发生逆转。长途奔袭的宋金刚希望速战速决，一举攻下长安，而李世民却稳坐军帐，按兵不动，重新演绎起不久前在浅水原的战术。他一面固守不出，意在拖垮宋金刚，一面出榜安民，挽回因裴寂战败而失去的民心，并广积粮草，做好了打持久战的打算。

这个战术显然是奏效的。相持不足一月，宋金刚部便人心浮动，李世民遂瞅准时机，亲率精骑果断出击，斩获敌军两千余人。宋金刚帐中猛将尉迟敬德在唐军的几路夹击之下，一路败逃，最后只有自己孤身突围。

将帅用兵，冷静为先。就在军士们纷纷请缨，打算和宋金刚一决高下时，才二十出头的李世民却断然勒住了战马的缰绳："金刚悬军千里，深入吾地，精兵骁将，皆在于此，刘武周自据太原，专倚金刚以为捍蔽。金刚虽众，内实空虚，虏掠为资，意在速战。我坚营蓄锐，以挫其锋；分兵汾、隰，冲其心腹，彼粮尽计穷，自当遁走。当待此机，未宜速战。"这段录入史书的文字彰显的是李世民高超的用兵才能。彼时，尽管柏壁大风凛冽，但这位跃马提枪的少帅却目光如电，谛视着黄河两岸的骇浪惊涛。

当然，胜利并不只是等待战机，还要制造战机，而李世民制造的这个战机，就是派出小股兵马，迅速切断刘武周为宋金刚铺设的补给通道。他令大将刘弘基和张纶率精骑出其不意杀入刘军控制的西河，抢占这处交通要枢，继而又从浩州强渡汾水，扼住宋金刚的粮草咽喉，使其不得不挥师北撤。眼见时机成熟，李世民果断下令，率三军全力出击，昼夜行军，一日之中粒米未进，仍士气高涨，最终将宋金刚逼入雀鼠谷。

彼时的宋金刚因多日缺粮，士气已经严重受损，再加上一路北撤，惶惶如过街之鼠；而李世民所率军队尽管也是一路披星戴月，却有如燕雀一般，牢牢盯着宋金刚不放。就是在这个雀鼠谷，李世民三日不解甲，在军中仅有一只羊的情况下，和将士们分而食之，最终，燕雀成为鹰隼，"一日八战，皆破之，俘斩数万人"。宋金刚手下战将尉迟敬德降唐，宋金刚仓皇败走，和失去倚仗的刘武周一起，远遁突厥。然而，这支已是强弩之末的势力对突厥而言，已无半点利用价值，很快，刘武周、宋金刚两人便双双被突厥斩杀。

塞外悲风切，交河冰已结。

瀚海百重波，阴山千里雪。

迥戍危烽火，层峦引高节。

悠悠卷旆旌，饮马出长城。

寒沙连骑迹，朔吹断边声。

胡尘清玉塞，羌笛韵金钲。

绝漠干戈戢，车徒振原隰。

都尉反龙堆，将军旋马邑。

扬麾氛雾静，纪石功名立。

荒裔一戎衣，灵台凯歌入。

——李世民《饮马长城窟行》

　　据说李世民的这首《饮马长城窟行》，是其在击溃宋金刚之后，濡笔马上而作。这首充满豪情的长诗，一扫六朝以来的绮靡和宫廷诗的艳丽，堪称唐诗的辟荒之作。经此一役，刘武周所占失地被尽数收复，当关内残余势力迎风而倒，李世民高踞马上，再度以一个胜利者的姿态回望长安。他知道，在那里，他的父皇李渊在等他，而他，已经成为千秋帝业中一枚不容置换的棋子。

　　在隋末几大势力的竞逐中，李密和他率领的瓦岗军绝对是一支不容小觑的力量。这支由最底层的农民构成的绿林队伍，曾一度让摇摇欲坠的隋王朝为之胆寒，更被李渊视为统一进程中一枚不易拔除的钉子。然而，二李终究没有形成势均力敌的对峙局面，李密政治人格的缺陷，最终让他功败垂成，风流云散。

李密的起事算是比较早的，在杨玄感的反隋大军中，他对局势的研判，对敌手的分析堪称精准。他曾对杨玄感提出过三条建议，即上策发兵东北，使当时东征的炀帝首尾难顾，中策进击大兴，徐图天下，下策才是杀入东都洛阳。假如杨玄感采用了李密的上策，也许真的就不会有后来李渊什么事儿了，但遗憾的是，心浮气躁的杨玄感最终却凭着蛮力杀向了洛阳，结果落得个身首异处，并未形成多大的气候。此后，当一路潜逃的李密被逼上瓦岗寨，加入到翟让领导的瓦岗军，并通过若干小胜树立起自己的威望，令翟让甘愿交出整个瓦岗军的领导权，在隋末群雄并起的烽烟里，李密事实上已经成为可堪问鼎王座的第一人选。

但为什么这支当年最大的反隋力量的领军人物，没能笑到最后，黄袍加身呢？当我们回望一下李密最后的生命轨迹，就会发现，他的败亡，和自己有关，与他人无关。

李密输在优柔寡断。大业十三年四月，在他刚刚接过瓦岗军领导权不到两个月后，便向当时隋东都洛阳发动了猛攻。按理说，杨玄感攻打洛阳的教训就在昨天，李密当有切肤之痛，他的本意也是要先拿下大兴（后称长安），但两个因素又让他变得犹豫不决起来：其一，他刚刚接手的瓦岗军兵强马壮，"道路降者不绝如流"（司马光语），在这种背景下，他又信心爆棚，以为拿下洛阳应不在话下；其二，瓦岗军大部分人属河南籍，西征大兴，李密担心不能说服众人，而攻打洛阳却是近在咫尺。踌躇再三，李密还是下了攻打洛阳的决定，而正是这个错误的决定，让李密陷入了胶着困乏的窘境。彼时，尚在江都的隋炀帝听闻洛阳被围，慌忙派出江都郡丞王世充前往救急。这王世充本是西域胡人，颇具统兵之能，到达洛阳后，与瓦岗军数次交战，胜多败少，令本欲速决的李密损兵折将，如入泥淖，不得脱身。而正是趁着这个当口，李渊一边修书安抚住李密，一边发动晋阳兵变，直取大兴。李密优柔寡断下的一次误判，坐失的不仅是一次战机，更是一次改变历史的可能。当李渊在大兴高唱起凯歌，李密只得默默把那本曾经高挂在牛角上的《汉书》藏进怀里，注视着铁桶一般的洛阳城。

　　然而，多疑的政治人格却再一次拉开了他和李渊的差距。就在李密于洛阳城下与王世充对峙而进退两难之际，瓦岗军内部开始出现了分裂。早已让贤的瓦岗军创建者翟让再次成为一些将士们的倚仗，一个叫王儒信的司马就曾撺掇翟让收回兵权，重掌帅印，而翟让的哥哥翟弘甚至公开放言："天子汝当自为，奈何与人！汝不为者，我当为之！"彼时，史书中的翟让好像并未发声，这个农民起义领袖也许在纠结，也许压根儿就是付之一笑罢了，毕竟，当初是他自己主动交出的权力，而今反悔，岂不让绿林耻笑？然而，听到风声的李密却坐不住了，本来他这个位置就是"让"来的，而今在洛阳城下又军心动荡，他愈发觉得身边的危机已经远远大于两军对阵的危机。当猜疑和恐惧占了上风，这个一度思路明晰的乱世帅才终于祭出了昏招，那就是：扑杀翟让，以绝众人之口！

　　这是一次和鸿门宴有一拼的宴席。一天，翟让接到了李密的盛邀，说是要叙叙兄弟之情，翟让未做多想，欣然前往。进入帐中，李密借故支走了翟让的两个得力亲随单雄信和徐世绩，并拿出一张宝弓请翟让过目，翟让哪知是计，刚刚弓拉满月，就被李密手下大将蔡建德拦腰斩为两段。可怜翟让，一手点燃了隋末的大火，却被自己的兄弟化成了一缕青烟。这次"鸿门宴"，尽管表面上遏制了一场"篡位阴谋"，但本来就出师不利的瓦岗军内部却已经开始离心离德，李密的多疑和阴狠实际上正一步步将自己推向绝地。

给李密生命最后一击的，其实是他多变的性格。就在李密先下手为强，铲除了"内部隐患"之后，整个隋末的战局也开始发生变化。公元618年4月，宇文化及将隋炀帝缢死于江都，随后便率大军杀奔洛阳。王世充眼看情势不妙，赶紧拥立越王杨侗为帝，组建起洛阳小朝廷。按理说，在这样的一个两面夹击的棋局中，李密应该提振士气，一举拿下动荡的洛阳城，可偏偏这时的李密却接受了"招安"。作为这个隋末小朝廷的皇帝，杨侗和群臣商议，不如和李密息兵，对他封官许愿，然后再让他率军击退宇文化及。当使者到李密军中拜任其为"尚书令"，李密竟然大喜过望，马上和洛阳小朝廷结成了战略同盟。他再次领着瓦岗军们披挂上阵了，只不过这一次他已将枪头对准了一路绝尘而来的宇文化及。经历童山一天一夜的血战，宇文化及部众大败，被迫北上，但李密的瓦岗军也是损失惨重，"其劲卒良马多死，士卒疲病"。更郁闷的是，充当炮灰的李密本以为可以就此在洛阳小朝廷谋得个席位了，偏偏天意弄人——王世充发动政变，掌控了朝政，杨侗成了傀儡。这不仅意味着杨侗以前对李密的加封全不算数，更意味着损兵折将的瓦岗军再次成为被王世充追杀的对象。当李密率领的这支曾经搅动起历史风云的队伍土崩瓦解于偃师大战，性格多变的李密最终让瓦岗军画出一道多变的轨迹，如强弩之末，消隐于无形。

万般无奈之下，李密和亲随王伯当率残部投奔李渊。彼时的李渊，早已坐殿登基，刚刚占领的隋都大兴也改为了长安。面对李密这个曾经叱咤风云的对手，如今两手空空灰头土脸地过来俯首称臣，李渊自然志得意满。他封李密为光禄卿，还赐予他邢国公的爵位，其他前来归顺的瓦岗将领也一并封赏。但性格多变的李密却并未终老在这个爵位上，就在归顺不久，他向李渊提出前往关东安抚自己的旧部。起初李渊并未做多想，但李密起程之后，他却预感了不祥，忙召李密回朝。本欲召集旧部东山再起的李密接到这纸诏命，以为动机败露，遂一不做二不休，杀了使者，重挑战旗。然而，彼时的瓦岗军早已被他的反复多变折腾成一盘散沙，再也没有当年振臂一呼应者云集的号召力。李密仓皇逃到熊耳山，被追赶过来的唐军斩杀于马下。这个最早举起义旗的乱世豪雄，由于政治人格的诸多短板，在数次决定命运的拐点上，不断出错，自行矮化，最后竟可怜到成为一只可以随时被李渊踩死的蝼蚁，岂不悲哉！

灭掉李密之后，李渊统一全国的步伐开始加快。彼时的大唐政权，已经控制了甘肃、陕西及山西大部，但这远远不是李渊的最终目标。在河南河北的广袤平原上，拥有着天下最富庶的粮仓，而在大运河连通的江南，更是水道纵横的鱼米之乡。一统天下的宏愿，激励着李渊在长安放眼远眺，他要一个一个吃掉对手，直到真正地包举宇内，操控全国。

他的马鞭首先指向占据隋的另一个都城——洛阳的王世充。

这个骁悍的隋末军阀彼时早已逼迫洛阳小朝廷的皇帝杨侗让出皇位，自改国号为郑，急不可待地当起了皇帝。莺歌燕舞之中，王世充全无荡平天下的抱负。坐拥洛阳这座繁华之地，外加数座拱卫于洛阳周边的重镇，王世充只想盘踞一方。他天真地认为，定都长安的李渊会和自己一样，安于现状，划片而治，谁都不先举刀兵，在隋末的版图上，快乐地做个小王，也就知足了。

正因如此，当李世民奉李渊之命，率重兵主动出击，一路拿下洛阳周边重镇，最终将洛阳包抄成一座孤城时，王世充在城头上对李世民的质问才显得如此可笑："隋室倾覆，唐帝关中，郑帝河南，世充未尝西侵，王忽举兵东来，何也？"王世充希望和李世民"相与息兵讲好"，而李世民投给他的却是震天的喊杀声。当整座洛阳城被围得水泄不通，城中粮草短缺，最后闹起饥荒的时候，王世充再也无法偎红倚翠了。他派出了使者星夜奔向河北请求援兵，这支援兵的首脑，就是声震河北刚刚建立夏朝的窦建德。

和李世民的贵族出身不同，窦建德是个彻头彻尾的农民。如果不是处在隋末乱世的波峰浪谷之间，他永远只能是一个在东征高句丽的隋军中寂寂无名的三百人长，但历史却给了他一次亮相的机会。当他因为帮助一个叫孙安祖的绿林好汉，致使全家惨遭屠戮，被逼上梁山，挑起义旗，窦建德这个名字便成为响彻河北令隋军闻之胆寒的草莽英雄。在与隋军的数次交手之中，窦建德用兵神勇，加之为人忠厚，迅速集结起一支堪与朝廷抗衡的力量。大业十三年，窦建德在乐寿称长乐王，隋炀帝死后，他又自立为夏王。一时间，李渊、王世充与窦建德，分割了中国北方的大部分地区，俨然形成鼎足之势。

洛阳使者急如星火赶到乐寿的时候，正值窦建德刚刚剿灭宇文化及的当口。这个终结隋炀帝生命的武将，在洛阳城外，曾被王世充和李密联军杀得大败，被迫北走河北魏县。在那里，他鸩杀了傀儡皇帝杨浩，自己忙不迭地称孤道寡，建立了许国，但很快就被窦建德的大军狼狈追杀。这个弑君自立的莽夫怎么也不会想到，他会被一群草根生擒活捉，以至于他的国号还没等隋末群雄记住，就成为蒸发的水汽，无影无踪。

窦建德接到来自洛阳的告急文书之后，没做过多考虑就答应出兵了。他的想法似乎有些道理，那就是唇亡齿寒，如果此时不施以援手，唐军拿下洛阳之后，必将兵锋引入河北。殊不知，历代兵家权谋和政治博弈还需相时而动，当李王两大势力火拼相持之时，其时正是自己养精蓄锐坐山观虎斗之际。洛阳毕竟是一座有根基的城池，双方僵持日久，势必两败俱伤，到那时，窦建德完全可以坐收渔利，而一统天下也未可知。

然而，窦建德还是派出了援军，不仅派出了援军，而且是自己策马扬鞭一路征尘地跑在最前面。和王世充在洛阳城下僵持不下的李世民一听窦建德打马赶来，着实吃惊不小，但很快，这位年轻的少帅就稳住了心神。为防止双方势力合兵一处，他将大军分成两路，一路由其弟李元吉统领，继续围困王世充，不与决战；另一路精锐他则亲自挂帅，在中途截击窦建德。历经几次正面交锋，李世民挫其锐气，而后便在虎牢关以逸待劳，坚守不出。窦建德军马劳顿，看到唐军暂时休战，遂放松戒备，可就在他们解甲争饮之际，唐军却意外杀出。顿时，山谷间马嘶弓鸣声起，窦建德的"援军"还没和王世充会师，就被李世民悉数剿杀，而担心"唇亡齿寒"的窦建德自己也"唇亡"之前"齿"先"寒"，成了唐军的俘虏。当这个噩耗传至洛阳城，王世充再无斗志，一声长叹之后，也随之拱手投降。这两支称霸中国北方的势力其兴也勃其亡也忽，一纸求援信，却让李世民一锅端，三方的政治智慧和军事智慧可谓高下立判。

慨然抚长剑，济世岂邀名。

星旗纷电举，日羽肃天行。

遍野屯万骑，临原驻五营。

登山麾武节，背水纵神兵。

在昔戎戈动，今来宇宙平。

——李世民《还陕述怀》

"登山麾武节，背水纵神兵。"这首《还陕述怀》是李世民在平定王、窦回师关中路上即兴而作。时年二十三岁的李世民英姿勃发，再次用自己的实力锁定了父皇李渊和满朝文武的目光，而囚车上的两个人在被押抵长安后并未得到善终：李渊下旨将窦建德当即斩首，王世充则在流放蜀地途中被杀。

当然，天下并未太平。在此后的岁月中，李渊和他的儿子们以关中为中心，不断平灭各方势力。北方，窦建德旧部刘黑闼没能挡住唐军汹涌的马队；南方，萧铣、辅公祏的小朝廷也在唐军的兵锋之下偃旗息鼓。武德元年到武德七年（624），历经七年南征北战，一个大一统的帝国终于建立起来。李渊，这个从晋阳兵变中一路浴血走来的大唐开国皇帝，熟稔老练地操控着棋局，最终，让"天下"成为自己宏伟的家业。

王朝肇始

在初定天下之后，李渊开始和他的臣僚们进行顶层设计，研究一个帝国的政治架构和国家机器的运转体系。彼时，王朝的气脉刚刚形成，一切都是新的，如何在战火烧焦的废墟上重新启动一套能够行之有效的政策？怎样才能让背井离乡饱受战乱之苦的人们回归稼穑，重拾生计？在法度废弛民心动荡的背景下，又如何整饬秩序，树立王朝的威严？这一连串问题，对于任何一个开国之君而言，都是绕不过去的关口。这个关口闯过去了，也就夯实了帝国的基石；在这个关口前怠惰了，或是缺乏应有的政治智慧，王朝的短命和速朽也就成为必然。昨天还是太原留守的李渊，做好应对的准备了吗？

事实证明，李渊给出的答案堪称稳、准、狠。这位常被后世误读为平庸之主的唐朝开国皇帝，其实有着高超的政治秉赋。建国之初，他的一系列旨在强化中央集权的政治、经济、军事制度架构，直接奠定了唐帝国三百年的国祚。他的子孙正是在他所创建的这套制度之上，不断加以改进和完善，从而呈现了彪炳史册的"贞观之治""开元之治"。

李渊首先要完成的是一个强大的中央政府和一个高效运转的行政格局。这其实是一个相当棘手的问题。一个在各方割据的背景下诞生的政权，其根基的脆弱可想而知。据说当时在唐廷，政令公文用纸全部都是用的隋朝和北周文卷的反面，当墨迹透过纸背，和前朝的文字交叠在一起，李渊必须面对周遭怀疑的目光：这个仓促建立的政权能长久吗？维系中央政权的稳固需要太多条件，作为开国之君，他治国理政的抓手又是什么呢？

在承袭的基础上创新，这是李渊面对艰难的开局，做出的一个重要决定。从太原留守位置上一路杀向皇座的李渊，太清楚隋朝的政权架构了。作为隋朝的中央机构，五省制度，无疑是一个可以直接"拿来"的范本。这套比秦汉以来历代都细致完整的中枢官制，分为尚书省、门下省、内史省、秘书省和内侍省，并称"五省"。其中，尚书省掌管一切政令，长官为尚书令和左、右仆射，下属吏、礼、兵、都官、度支、工六部，实为机构完整的中枢政务部门；门下省是对施政方案和具体执行进行监督，并且随时提出修正意见的部门，长官为纳言，下属有给事黄门侍郎、散骑常侍、谏议大夫等官；内史省是协助皇帝制订治国方略和施政方案的机构，长官称内史监，下属官员有内史令、侍郎等；秘书省掌管图书、档案，长官为秘书监，下属秘书丞、秘书郎、校书郎等；内侍省是掌管宫廷内部事务的机构，长官有内侍、内常侍、内给事等。

在隋的五省制度中，真正发挥作用的当属尚书省、门下省和内史省，而李渊正是依托这样的一个前朝架构，设计出由尚书、中书、门下三省掌握主要行政权力，其中中书制策、门下审议、尚书执行；尚书省的执行部门又分为六部，形成了唐初的"三省六部制"。为了实现权力制衡，除尚书省，李渊把每个省的长官都定为两人，谏官也分为左右两大体系；在顶层设计完成之后，这位新朝皇帝随后又雷厉风行地建立了一套地方官体系，地方分州、县两级，州设刺史或尹，县设县令或县长。在隋朝的"模板"上进行官僚体系的创新，熟谙政治的李渊从一个王朝的肇兴之日起，就将中央集权的完善与强化作为其全面布局的第一步。

体系的建立需要人的支撑，当"三省六部制"成为唐初政治的一道风景，李渊对身边亲信老臣的安排也成为一件必做之事。这些老臣大多是和他一起发动兵变的隋朝旧部，是这位开国皇帝可以信任和倚重的力量，对他们的封赏和重用，与其说是对他们军功战绩的褒奖，不如说是李渊用他们更放心。

由此，我们看到，在"三省六部"之中，乡土观念和江湖情义可能更是融入"圈子"的砝码。唐初十二名宰相，至少八人都同隋室或唐室有着姻亲关系。在他们当中，裴寂权柄最重，他被任命为右仆射，知政事。尽管此人并无将才，但因为是晋阳起兵的主脑，不仅封赏甚厚，而且还常被李渊引与同坐。另一位实权人物是萧瑀，这位后梁明帝之子、隋炀帝皇后之弟，虽说不是李渊起兵时结下的至交，但当唐军攻破隋都之后，正是他率领着一众老臣前来归顺。李渊早知其名，立即委以重任，而萧瑀也确实不负所托，忠心耿耿，兢兢业业。还有曾经的隋室成员杨恭仁。他曾率领隋军镇压过杨玄感叛乱。此人生性耿直，不贪财贿，投奔唐廷之后，被李渊官拜中书令。另外，北齐显宦后代封德彝也是李渊核心顾问团队中的重要一员，在投唐以前，他曾长期身处中央决策机构，有着丰富的经验。尽管此人为人左右逢源，但在中书令任上，他还是做出了一些成绩。

念旧，显然是大唐帝国建国初期在用人上的一个重要考量，而李渊对前朝故旧的信任，也让他迅速积聚了人气，实现了稳定。有一则轶闻很有趣，说是隋朝时，有个叫苏世长的，曾任隋都令，后来又当过割据称帝的王世充的太子太保。当时，曾同朝为官的李渊和这位苏世长有些交情，曾多次劝他归降，他始终都摇摆不定。及至后来，王世充被平灭，苏世长再次见到李渊，李渊根本就没给他什么好脸色，但这位苏世长却镇定地稽首道："自古帝王受命，为逐鹿之喻。一人得之，万夫敛手。岂有猎鹿之后，忿同猎之徒，问争肉之罪也！"意思是说自古帝王登基，如群雄逐鹿，一个人得到了，其他人也就放手了，哪有捕到鹿之后，还愤恨其他同猎的人，追究他们争夺鹿的罪名呢？这句辩解让李渊反怒为笑，又念其旧情，给他封了个玉山屯监的官职。当然，李渊对苏世长还是有所不满的，这种心情从下面这首诗中就已经流露了出来：

名长意短，口正心邪。

弃忠贞于郑国，忘信义于吾家。

——李渊《嘲苏世长》

这首诗大意是嘲笑苏世长尽做背叛之事，还假装正直。被一个皇帝这样嘲讽，一般人早就找根绳子吊死了，可苏世长却毫不理会，说名长意短，确如圣上所言。口正心邪，臣万万不敢领旨。过去窦融率领河西归降汉朝，十世封侯，我带领山南来归顺你，却只封了个屯监。李渊本意是要拿苏世长开个玩笑的，可没想到苏世长反倒将了他一军，李渊一高兴，还真就封他个谏议大夫。而苏世长在此后的宦海生涯中，也确实不负圣望，敢于直言，多次劝说李渊以隋为鉴，惩其奢淫，不忘俭约。到了太宗年间，他又与杜如晦、房玄龄等齐名，画像立于秦王府文学馆内，成为唐太宗智囊团的"十八学士"之一。

当然，在李渊所建立的官僚体系中，除了故旧乡党，他也在广开贤路，延揽八方之才，而发现人才选拔人才的重要手段，就是恢复自隋以来的科举选官制度。

科举制度产生于隋朝，这个不分门第贵贱用考试成绩说话的做法，是对既往官吏选拔制度的彻底颠覆。先秦时期，中国社会选士主要依靠世袭制度。到了汉朝，有了一点进步，开始实行察举制，即由各级地方举荐民间贤能入朝为官。但这种制度由于缺乏具体约束和统一标准，很快就被当时的豪门世族所把持。汉明帝就曾对这种变味儿的察举制怒斥道："今选举不实，邪佞未去，权门请托，残吏放手，百姓愁怨，情无告诉。"到了魏晋时代，察举制演变成九品中正制，但门阀等级仍旧壁垒森严，以至出现"世胄蹑高位，英俊沉下僚""上品无寒门，下品无势族"的局面。隋开皇年间废除了"九品中正制"，代之而起的是以考试选士的科举制度，促成了社会阶层的流动与交融。

如果说科举制肇始于隋，那么它真正走向完善，则要归功于唐高祖李渊。《新唐书·选举志》载："唐制，取士之科，多因隋旧，然其大要有三。由学馆者曰生徒，由州县者曰乡贡，皆升于有司而进退之。其科之目，有秀才，有明经，有俊士，有进士，有明法，有明字，有明算，有一史，有三史，有开元礼，有道举，有童子。而明经之别，有五经，有三经，有二经，有学究一经，有三礼，有三传，有史科。此岁举之常选也。其天子自诏者曰制举，所以待非常之才焉。"从这段文字中，我们可知唐代科举考试已经有了更细的分级，取士的范围也越来越广。当然，这样细致的划分，并非李渊一人之力，唐代科举制度的完善是一个不断积累校正提升的过程，但不得不承认的是，正是因为李渊在开国之初重新启动了科举取士制度，才突破了贵族豪强按门第出身保持政治优势的樊篱，让更多的寒微之士有了一个狭窄的晋升通道。

据说李渊在决定恢复科举制度时，对隋炀帝以文取士的做法并不以为然，他采取的是注重解决实际问题的"试策"。在秀才科考试时，就以"方略策"为考试内容；到了进士科，更是以讨论国家大事为主要内容。当一系列创造性的改变酝酿成熟，李渊遂于武德五年（622）三月正式下了科举诏令：

"择善任能，救民之要术；推贤进士，奉上之良规。自古哲王，宏风阐教，设官分职，惟才是与。然而岩穴幽居，草莱僻陋，被褐怀珠，无因自达。实资选众之举，固藉左右之容……招选之道，宜革前弊，惩劝之方，式加常典，苟有才艺，所贵适时，洁己登朝，无嫌自进。宜令京官五品以上及诸州总管、刺史举一人。其有志行可录，才用未申，亦听自己。具陈艺能，当加显擢，授以不次。"

当这样一纸激励人心的诏令出现在大唐帝国的初年，悬梁刺股寒窗苦读的士子们无疑是欢呼雀跃的，而从这纸诏令中脱颖而出的佼佼者，一旦"朝为田舍郎，暮登天子堂"，他们的能量也便得到最充分的释放。

昔日龌龊不足夸，今朝放荡思无涯。

春风得意马蹄疾，一日看尽长安花。

——孟郊《登科后》

这首妇孺皆知的《登科后》，是诗人孟郊于唐贞元十二年（796）金榜题名时即兴而作。在跳跃的文字中，我们可以看到孟郊喜极而泣的泪眼，在他的眼中，长安是如此模糊，又是如此光鲜。当春风得意的登第举子们集体赶赴朝廷在杏林为他们专设的飨宴，并无比荣耀地在慈恩寺内的大雁塔下写上自己的名字，科举取士，已经以一种渗入民间的力量，成为寒门学子潜心苦读的动力，成为每一位读书人心中最瑰丽的梦。而李渊创造性地恢复科举，不仅为方兴未艾的大唐积蓄了大量人才，更为自己赢得了求贤若渴的声名。

就在大唐的官僚体系、人才选拔体系全面建构的同时，李渊也在搓动着一个帝国的纲纪之绳。"万邦之君，有典则有则"，一个君主的权力与威严，一个国家的秩序与道统，都离不开法律的支撑，可以说，"禁暴惩奸，宏风阐化，安民立政，莫此为先"。那么，刚刚定鼎的李渊又将以一部什么样的律令颁行天下呢？

沿着大唐的印记一路回溯，我们可以清晰地看到，《武德律》俨然一道耀眼的路标，矗立并贯穿于李渊的帝王生涯。在考察了秦汉以降的各朝律令之后，李渊将"务使宽简"这四个字高高悬挂在以裴寂、萧瑀为主脑的编撰团队的门扉。这四个字的提出，绝不是简单的脱口而出，而是对前朝严刑峻法的深刻反思。事实上，在每一个新王朝的初始，都会经历这样的反思：秦的灭亡，源于恣意而为的酷刑，汉高祖刘邦以秦为鉴，"务从约法"，却仍旧保留了把人剁成肉酱的"俎醢"之刑。魏晋宽猛失度，终成一盘散沙，隋以之为鉴，推行《隋开皇律令》，意在厘革流弊，但至隋文帝晚年，刑罚比前朝更甚，诏令盗一钱者即判死罪，而到了隋炀帝执政，更是任意为法，滥杀无辜，终至大厦崩塌。李渊的难能可贵之处，恰恰在于他对律令修订的彻底和宽简政策的坚持。这位刚刚即位的皇帝在令人编修唐律的时候，将《隋开皇律令》作为蓝本，但与此同时，他又提出了自己的要求。在他看来，这个前朝蓝本律令语言过于隐晦复杂，相当多的条款过于烦峻，因此，他的原则是"本设法令，使人共解"，"宜更刊定"，"务在宽简，取便于时"。正是基于这样一个宗旨，这部颁行于大唐武德年间的律令，让饱受严刑峻法的黎庶百姓看到了一个可以聊生的未来。

《武德律》与《开皇律》相同，也分12篇。第一篇名例，即总纲，陈述了有关犯罪、刑罚、诉讼等方面的通例和特例及刑法原则。第二篇卫禁，主要是警卫皇帝的宫殿庙苑和保卫州、镇、关、津等方面的律令。第三篇职制，为有关官员的设置、职责、失职、受贿以及驿传等方面的规定，旨在提高官僚体系的执行效率，明确职责，惩治腐败。第四篇是户婚，主要针对户籍、田宅、徭役、赋税、家庭、婚姻等方面做出规定。第五篇厩库，是关于牲畜、仓库管理方面的规定。第六篇擅兴，主要是关于军队征募、调动及兴造等方面的规定，严禁擅发兵，严惩贻误、泄漏军机者。第七篇贼盗，是关于反叛、抢劫、偷盗、杀人等方面的律令。第八篇斗讼，是关于斗殴和控告方面的规定。第九篇诈伪，有关伪造御宝，诈取官方印信、文书、符节等侵犯皇权的律令。第十篇杂律，凡不能编入其他篇的罪，都归入此篇。第十一篇捕亡，是关于追捕逃犯的律令。第十二篇断狱，是关于审讯、判决、执行、监狱管理等方面的律令。

《武德律》的十二个篇章，"除苛细五十三条"，"又制五十三条格"。在这新颁的五十三条"格"中，宽简原则有着清晰而明确的量化标准。史载，早在武德四年处理益州、夔州辖区的囚徒疏理问题时，李渊曾说"所有囚徒，悉行覆察，务使宽简，小大以情"。体现在具体的执行上，《武德律》的宽简原则也是一以贯之。李渊在位期间，曾有过四次大赦：即位，平王世充，平江南，立李世民为太子。在这四个时间节点上，饱受离乱之苦的百姓看到了一个王朝的宽简之心。除此之外，李渊还曾于武德四年、武德八年两次亲审囚徒，多有宽恕。据说曾有个叫严甘罗的人，因抢劫被捕，李渊亲自审问他，这个严甘罗直言不讳道："饥寒交迫，所以为盗。"李渊听了，遂说道："吾为汝君，使汝穷乏，吾罪也！"竟命有司将其释放。这则轶事的流传多少有点新君收买人心的嫌疑，但不管怎么说，体现一直秉持的宽简原则，还是让《武德律》彰显了一个新兴帝国治世济民的信心。

当然，更重要的，还是李渊"务使宽简"这一宗旨在他的后代身上的有效传承。秉承《武德律》确立的法治精神，唐太宗即位之后，便对这一开国之法进一步做出修订，"比古死刑，殆除其半"，"于隋代旧律，减大辟入流九十二条，减入徒者七十一条"，是为《贞观律》；及至高宗，长孙无忌等人又以《武德律》《贞观律》为蓝本，再行宽简之法，是为《永徽律》。此后，高宗又着人对《永徽律》做出具体解释，形成《唐律疏议》。一部《唐律》，历经三朝，终至完善。

毫无疑问，《唐律》在中国法制史上的地位是非常重要的。清人纪昀曾云："论者谓《唐律》一准乎礼，以为出入得古今之平，故宋世多采用之。元代断狱，亦每引为据。明洪武初，命儒臣同刑官进讲《唐律》。后命刘惟谦等详定《明律》，其篇目一准于唐。"当宋元明清的律文尽以《唐律》为蓝本，站在《唐律》的开端，李渊，作为大唐法治精神的制定者和后世法治精神的肇建者，应当会生出一丝骄傲！

故人具鸡黍，邀我至田家。

绿树村边合，青山郭外斜。

开筵面场圃，把酒话桑麻。

待到重阳日，还来就菊花。

——孟浩然《过故人庄》

这首《过故人庄》，是盛唐诗人孟浩然的一首名作，短短四十个字，看似简单地白描，为我们勾勒的却是一幅悠闲自得的农家图景。彼时的大唐刚刚步入开元时代，正是物阜民丰的盛世，而孟浩然的这首诗所呈现的，恰恰是历经数十年的土地税收政策，在广大农村的直接成果。这个"开筵面场圃，把酒话桑麻"的成果，得益于唐初一个重要的决策，做出这个决策的人，正是大唐开国皇帝李渊。

和历代统治者一样，在李渊及其僚属的"顶层设计"之中，税赋是相当重要的一项。税赋的多寡，关系着皇权的威严，更关系着国计民生。历经隋末的兵荒马乱，民生之凋敝早已是无以复加，面对这样的执政窘境，李渊必须制定出一套迅速恢复民生同时又能涵养税源的办法，于是在公元七世纪初的中国，均田制和租庸调制，成为一道特别的治世景观。

均田制和租庸调制这两项赋税制度当然不是李渊的独创。北魏太和九年（485），北魏孝文帝面对的是比李渊更严峻的困境：连年战争，使北魏境内出现了大片无人区，土地大面积撂荒，而各路豪强又在大肆抢占土地的所有权，国家赋税难以为继，整个北魏王朝更是处于风雨飘摇之中。忧心如焚的孝文帝遂采纳了汉人李安世的建议，在北魏原已实行的"计口授田制度"的基础上，全面推行一种新的土地赋税政策——均田制。这项制度，既没有得罪当时的贵族公卿，同时，也让农民手中的土地数量有所增加。通过《魏书》中的数字，我们也许可以感知当时北魏均田制的治世表情：

> 诸男夫十五以上，受露田四十亩，妇人二十亩，奴婢依良，丁牛一头受田三十亩，限四牛。所授之田率倍之，三易之田再倍之，以供耕作及还受之盈缩。
>
> …………
>
> 诸初授田者，男夫一人给田二十亩，课莳余，种桑五十树，枣五株，榆三根。非桑之土，夫给一亩，依法课莳榆、枣。奴各依良。限三年种毕，不毕，夺其不毕之地。

这种方式让农民的压力相对有所减轻。

> 其民调一夫一妇帛一匹，粟二石。民年十五以上未娶者，四人出一夫一女之调。奴任耕，婢任绩者，八口当未娶者四。

按当时社会生产力水平，一夫一妇之家可得田一百六十亩左右，除去二十亩桑田，每年生产粮食应在一百二十石以上，承担二石租粮负担，应当可以接受，如无太多徭役，农民生活会有一定保障，生产积极性也会相应提高。

取自《魏书》的这几段看似枯燥的数字，只是对北魏施行的均田制管中窥豹，这项制度推行之后所带来的效果让这个中国北方少数民族政权起死回生。均田制的颁行原则是土地归皇帝所有，各人只因皇权恩赐而有使用权，这些有着使用权的土地，供耕种米麦之用的，老免及身没要归还政府，其他种植桑麻蔬果则另辟一畴，可以继承且在限制之内得以买卖。均田令一经颁行，北魏的农业经济迅速得以恢复，民生也得以改善，正因如此，均田制也成为此后北齐、北周、隋朝沿袭的范本。

李渊即位之后，熟谙隋朝政令的他首先想到的正是这项延续了一百多年的土地税收政策，当然，在前朝的基础上，李渊和他的班底也做出了适当的调整，《唐会要》记载：

> 凡天下丁男，给田一顷；笃疾废疾，给四十亩；寡妻妾，三十亩，若为户者，加二十亩。所授之田，十分之二为世业，余以为口分。世业之田，身死则承户者授之。口分则没入官，更以给人。

从这些细则中，我们可以看出李渊推行的均田制尽管依托于前朝，但也做出了一些调整，其中一个明显的调整就是百姓口分田可以在律令允许的前提下进行买卖了，而在此前，百姓的口分田限制极严，不允许买卖；此外，均田令还对隋末战争中的荒地做了规定，这些荒地一部分收归国家，一部分则分给了百姓，没有土地或土地不足的百姓还可以向朝廷申请开荒。显然，这些调整会调动起百姓的热情，一度因战乱而被破坏的农业生产也得以迅速恢复起来。

当然，在修改颁行均田制的时候，李渊对他的官僚集团还是有倾斜的。翻开《唐六典》卷三《尚书户部》，我们可以看到，仅永业田一项，就有一系列详细的规定：

> 凡官人受永业田，亲王一百顷，职事官正一品六十顷，郡王及职事官从一品五十顷，国公若职事官二品四十顷，郡公若职事官从二品三十五顷，县公若职事官正三品二十五顷，职事官从三品二十顷，侯若职事官正四品十四顷，伯若职事官从四品十一顷，子若职事官正五品八顷，男若职事官从五品五顷。上柱国三十顷，柱国二十五顷，上护军二十顷，护军十五顷，上轻车都尉十一顷，轻车都尉七顷，上骑都尉六顷，骑都尉四顷，骁骑尉、飞骑尉各八十亩，云骑尉、武骑尉各六十亩。其散官五品以上同职事给。

除此之外，官吏还有依照职位高低配给的职分田和公廨田。

从隋末农民战争的马嘶弓鸣中走上帝位的李渊，当然知道休养生息的道理，为了和均田制配合，李渊又适时启动了租庸调制。租庸调制依然借鉴了隋朝的租调力役制，但他没有照搬照抄，和均田制一样，也做出相应的改变。《唐六典》载：

> 凡赋役之制有四：一曰租，二曰调，三曰役，四曰杂徭……课户每丁租粟二石。其调随乡土特产。绫、绢、絁各二丈，布加五分之一。凡丁岁二旬，无事则收其庸，每日三尺。

有事而加役者，旬有五日免其调，三旬则租调俱免……

从上面这段记载，我们可以看到，唐初每个百姓的纳税定额负担和劳役内容都有了具体量化的规定。为了保护农民的利益，租庸调制中还明确指出，一旦遇有水旱虫霜等自然灾害，则可以视情况免租、免调甚至杂役等。

随着均田制和租庸调制双管齐下，饱受战乱之苦的老百姓可以安居乐业，社会也趋于稳定，而随着时间的推移，唐朝也越来越有了帝国的模样，涵养起来的税源支撑起大唐的经济，一幅物阜民丰的画卷开始在设计师李渊的手中徐徐展开。

作为一个在马背上得天下的皇帝，李渊当然知道军队对于一个新兴王朝的重要性。当年，他率部起兵的时候，如果不是因为拥兵自重，以四万兵马独据一方，无论如何是不能在群雄逐鹿的隋末大地上分得一杯羹的。及其即位建立唐朝，面对强敌环伺的周边，这位行伍出身的皇帝尽管已经收编各路兵马，拥有了一支二十余万人的军队，但这样的数量对于新兴的唐王朝来说，还是太少了，他仍旧充满了危机意识。就在他搭建官僚体系、推行均田制的同时，强军，一直是他常抓不懈的工作。

府兵制，正是李渊找到的一把富国强军的钥匙。和均田制一样，府兵制同样也不是李渊的独创，而是由西魏权臣宇文泰创建的。史载，西魏大统八年，宇文泰仿周典置六军，每军统以一柱国，称为六柱国，六柱国各管两大将军，是为十二大将军，每一大将军统二府，共为二十四开府，由宇文泰统领，成为中央集权化的府兵制度。《邺侯家传》又云："初置府兵于西魏大统中，周文帝与度支尚书苏绰之谋也。自三代之后，无与为比；虽战国之教士卒武技击皆不及。……初置府不满百，每府有郎将主之，而分属二十四军，每军以开府一人将焉，每二开府属一大将军，二大将军属一柱国，大将军仍加号持节大都督以统之。"

创自西魏的府兵制的一个重要特点就是兵农合一，和平时期，府兵都是躬耕垄亩的农民，农隙训练，战时召集到一起。这种兵制，不仅保证了国家兵源，节省了军费开支，还保障了农耕经济的正常运行。府兵具有中央禁卫军性质，番上宿卫的府兵"十五日上，则门栏陛戟，警昼巡夜；十五日下，则教旗习战。无他赋役"。随着中央集权制的加强，北周武帝建德二年至建德三年间（573—574）改府兵军士为"侍官"，意思是侍卫皇帝，表明府兵是皇帝的亲军，不隶属国。同时，又广募汉民入伍，免其服役，一人充当府兵，全家即编入军籍，不属州县。军人及其家属居城者置军坊，居乡者为乡团，置坊主、团主以领之。这种军民异籍的制度直到隋代才改变。隋文帝杨坚开皇十年（590）下诏："凡是军人可悉属州县，垦田籍帐，一与民同，军府统领，宜依旧式。"应该说，这个改变是一次真正落到实处的改变，它标志着兵农合一的演进基本完成。他们受田耕作，变军籍为民籍，兵士本人则由军府统领。这一措施不但使农业户口大增，促进了农业的发展，而且更适应了民族融合和时代趋势，有利于民族团结和国家统一。

初登皇位的李渊太熟悉府兵制了，但这个新王朝的领军者并不想将前朝的东西一味地"拿来"。夺取天下剪除豪强的进程中，他将大量绝户膏腴之地，分给府兵之家作为永业田，在经济待遇方面明显高于普通农民，收获了大量府兵的民心，使他们在李渊统一战争的棋局上能够拼死冲杀。与此同时，为了强化对军队的管控，李渊又将关内各军府分隶十二军，每军设有"坊"，置坊主一人，由本坊五品勋官担任，任务是检查户口，劝课农桑。这些军队分地驻扎，就地农耕和训练。与此同时，这些府兵在均田制中得到实惠，府兵之家租庸调制的压力也小很多。这些，都无形中增强了唐王朝的军队实力，而青壮年投军报国的热情也被充分调动起来。

> 烽火照西京，心中自不平。
> 牙璋辞凤阙，铁骑绕龙城。
> 雪暗凋旗画，风多杂鼓声。
> 宁为百夫长，胜作一书生。
>
> ——杨炯《从军行》

"宁为百夫长，胜作一书生。"身为"初唐四杰"之一的杨炯，正是在唐初经过进一步改良的府兵制的鼓舞下，激发出了投笔从戎的豪情。尽管他最终并未浴血沙场，但其创作的大量边塞诗却别开生面，成为唐初军事构建的一个重要注脚。当然，府兵并非唐代唯一的兵种，而随着玄宗后期土地兼并现象日趋严重，均田制被破坏，府兵征点制失去了赖以实行的前提，从而导致府兵制渐渐有名无实，被募兵制所取代。

但是，谁也无法否认，大唐开国之君李渊在政治、经济、军事、文化等一系列棋局上的深远谋划，奠定了统一战争的胜局，稳定了饱经战乱的民心，夯实了王朝发展的基石，为他的后世子孙开辟了一个河清海晏的时代。这个时代，夹藏在两《唐书》星星寥寥的文字中，有着不容忽视的分量。

玄武门惊变

在陆续完成大唐帝国的一系列顶层设计之后，李渊开始收获来自朝野的称誉之声。他早就将隋都大兴改回了长安，这个名字曾代表了泱泱汉风，更是一个煌煌盛世的原点，从晋阳一路杀向这个原点的李渊当然希望追比大汉之风，以更开明的执政更宏阔的格局载入史册。但是，历史没有给他这样的机会，一场血雨腥风的夺嫡之争，让他在皇位上仅仅坐了八年，最终打散他的弈局的，正是他的次子——李世民。

李世民问鼎皇权的羽翼是在南征北战的数次拼杀中一点点丰满起来的。这个隋末贵族之后，从跨上战马的那一天起，就在积蓄着力量。不管史书的迷雾也好，讳饰也罢，作为晋阳起兵中一个重要的支点，李世民刚毅果决的性格还是使其成为李渊最倚重的儿子。晋阳起兵之初，还透着少年稚气的李世民已经懂得用自己的勇力与智谋增加在父亲心中的砝码。他联络结交了刘文静，通过一番狱中长谈，让刘文静引为知己，使之心甘情愿地效力军前，成为晋阳起兵成功的重要一环。刘文静表面上是李渊的帐下谋臣，但说到底，却是李世民的人。李世民的宽仁重义，骁勇有谋，让刘文静心生敬佩，而刘文静的运筹帷幄，沉着冷静，也让李世民颇为欣赏。也许是看到儿子与自己的部下走得太近，有结党之嫌，自打攻入隋都之后，李渊就没给刘文静这位"元谋功臣"什么好脸；不仅如此，还通过重用同时起事的裴寂来刺激刘文静，以至刘文静牢骚满腹，最终被人告发下狱。按理本来罪不至死，但李渊却给这位昔日功臣来了个斩立决，其用意再明显不过，那就是给李世民这个有着政治野心的次子当头泼上一盆冷水！

　　然而，这对在公元七世纪的马嘶弓鸣声中并辔而行的父子，从来就没有停止过暗中的角力。几乎和结交刘文静同时，李世民的帐中常客的名单里，还有武将左骁卫大将军长孙顺德、右骁卫大将军刘弘基等一批重量级人物。攻入隋都后，李世民由于战功卓著，被封为秦王，不但官拜尚书令，同时还兼任右武侯大将军，这样的一个角色，自然成为李世民延揽八方之才的重要招牌。《旧唐书·太宗本纪》载："时隋祚已终，太宗潜图义举，每折节下士，推财养客，群盗大侠莫不愿效死力。"房玄龄，正是在这样的背景下，走进了秦王府。房玄龄是在唐军攻克隋都后，从渭北投奔李世民的，这位隋末进士，不仅博览经史，写得一手好字，而且胸怀治国之才。经过好友温彦博的举荐，房玄龄得以和李世民相识。李世民与之相见恨晚，当即在秦王府给了他一个记室参军的职务。房玄龄得遇知己，也是"罄竭心力"，在随同李世民东征西讨的过程中，尽心竭力筹谋军政事务，成为李世民帐下的第一谋士。据说每当平灭一方势力之后，军人将士都全力搜求奇珍异宝，唯独房玄龄却急着收拢人才，将一大批有勇有谋之士介绍到李世民幕府。在击溃王世充后，房玄龄认为张亮"倜傥有智谋"，于是推荐给李世民，任秦王府车骑将军，"委以心膂"；战败刘武周，又是在房玄龄的建议下，李世民收了尉迟敬德，引为右一府统军；其他诸如才思敏捷的薛收，有"王陵、周勃节，可倚大事"的李大亮等这些敌军降将，日后都成为忠于秦王的私党。他们和房玄龄一样，随着年轻的秦王李世民驰骋疆场，在平定群雄夯实李唐江山的同时，丰满壮大成李世民最后争夺皇位之战的重要羽翼。

说到房玄龄，自然要提及杜如晦。和房玄龄一样，杜如晦也是"少聪颖，好谈文史"，大业中，为隋吏部侍郎高孝基器重。唐军攻入长安后，杜如晦很快就被李世民发现，召入秦王府任兵曹参军，成为自己幕府中的一位幕僚。不久，杜如晦被李渊调离秦府，迁升为陕州总管府长史。房玄龄听说后，赶紧找到李世民，对他说："府僚去者虽多，盖不足惜。杜如晦聪明识达，王佐才也。若大王守藩端拱，无所用之；必欲经营四方，非此人莫可。"李世民听后大惊道："尔不言，几失此人矣！"遂奏请李渊留在府中。事实证明，正是因为房玄龄的积极保荐，才让杜如晦成为李世民心中的一枚重要的棋子，这位不甘于"守藩端拱"的小王，从此带着杜如晦杀奔南征北战的数个战场，而杜如晦也确实不负所望，"参谋帷幄，剖断如流，深为众服"。当然，杜如晦和房玄龄的配合也颇为默契，他们共同成为秦王李世民的左膀右臂，而在日后的征程中，"房谋杜断"更是成为唐初政坛的一段佳话。

吾爱房与杜，贫贱共联步。

脱身抛乱世，策杖归真主。

纵横握中算，左右天下务。

肮脏无敌才，磊落不世遇。

美矣名公卿，魁然真宰辅。

黄阁三十年，清风一万古。

巨业照国史，大勋镇王府。

遂使后世民，至今受陶铸。

粤吾少有志，敢蹑前贤路。

苟得同其时，愿为执鞭竖。

——皮日休《七爱诗·房杜二相国（玄龄、如晦）》

    "吾爱房与杜，贫贱共联步。脱身抛乱世，策杖归真主。"皮日休的这首诗可以说是对房杜二人友谊的注脚，同时，也是对李世民擅于网罗人才的一个诠释。随着"脱身抛乱世，策杖归真主"的各路英才纷至沓来，秦王李世民开始建立长安之外属于自己的"根据地"。此前，他先是在自己的幕府中开设了文学馆，将房玄龄、杜如晦、虞世南这些饱学之士组织起来，表面上成为"秦王府十八学士"，"每更直阁下，降以温颜，与之讨论经义"，实则是一个脑力激荡的智囊团，酝酿着夺取天下的力量。及至后来他战败王世充，攻占洛阳，已经下定决心将这座"崤函帝宅，河洛王国"看作自己积蓄势力的大后方。正因如此，我们看到，当洛阳城的铜墙铁壁被李世民的战马訇然冲开，李世民除了和攻陷其他城池一样，对人才掘地三尺，还着意在收买人心上狠下了一番功夫。他"分散钱财，以树私惠"，以至洛阳所有百姓都对这个丰神俊朗的秦王心存感激。夯实了洛阳的"群众基础"之后，他又先后派自己的心腹屈突通和温大雅前往洛阳监守。当年，将洛阳作为陪都重镇的隋炀帝不会想到，在他为洛阳城打下迁都的柱础的十几年之后，一个年轻的关陇贵族，又在这里奠定了他最初的王气。

当然，秦王李世民在洛阳城悄然布局的同时，目光从未离开过长安。他锁定了几位朝中重臣，将他们拉入自己的阵营，以期在关键时刻能为自己说话。与此同时，他深知"枕边风"的威力，通过自己的王妃长孙氏，和后宫建立起了联系。更主要的，通过一番苦心经营，李世民培养集结起了一支精锐部队。这支部队没有招摇的阵容，只有八百余人，却个个身手不凡。他们护卫起长安城中秦王府的安全，更在为李世民多年打造的秦王集团保驾护航。这个秦王集团，从隋末统一战争的刀光剑影中走来，拥有着以房玄龄、杜如晦、长孙无忌、高士廉、尉迟敬德、侯君集、秦琼、程知节这些名字为核心的强大阵容。在各方势力逐渐消弭的时候，一身便装的李世民打开了秦王府的大门，看着车水马龙从自己的身边川流而过，他知道，丝毫不亚于沙场的另一种较量，正在悄悄地拉开帷幕。

李建成是在秦王府前李世民的目光中打马而过的。对于这个风头正盛的胞弟，身为太子的李建成每每和他目光相对的时候，都会感到脊背发凉。在攻下隋都之前，他曾和李世民分统左、右两支大军，一路斩将夺旗，攻势如虹，与其说他们是李渊战略布局的两枚棋子，莫如说他们更像李渊投放到战场上的两匹快马，他们在同一条起跑线上出发，以风驰电掣的速度相互角力，即便流矢鸣镝从身边呼啸而过，他们也从没有忘记向对方投去警惕的目光。李建成尽管比李世民大了八岁，但他深知，这个一母同胞的弟弟必定是个狠角色。

李建成愈发感到危机的重要节点正是在李渊称帝之后。随着自己的父亲拉开一个王朝的帷幕，李建成作为嫡长子，自然而然被立为太子，成为储君，古语有云："君之嗣嫡，不可以帅师。"成为太子的李建成就这样被保护起来，他不用再征战疆场。虽然自己彼时的太子之位也是在一路冲杀中赢得的，但一朝成为太子，他就要留在京师，协助父皇处理更多的军国大事。一方面，他不再有生命之虞，另一方面，身为太子，他也要逐渐开始由冲锋陷阵向治国理政转型。

事实上，李建成在协助李渊处理朝政的这段时间，虽无更多可圈可点的记载，但也没有出现明显的纰漏和失误。历史的书写往往容易渗透进胜利者的倨傲，存在于两《唐书》中的李建成，是个耽于酒色、喜欢狩猎、荒淫无度的公子哥，资质平庸，毫无治国之才，而其实李建成在辅佐李渊的过程中，还是显示出自己的才能的，决非碌碌无能之辈。长安城的潇潇暮雨，一齐追打着这个大唐太子的背影，他周身寒彻，却无法言说。

也就是在这段时间，李世民的人气与威望渐渐压过了李建成。平灭薛举父子，李世民跃马扬鞭，将对手的征袍隳突成了血色的黄昏；迎击刘武周，李世民一骑绝尘，叩碎了一方诸侯的迷梦；

大战王世充，李世民拉圆角弓，曾经的隋廷悍将最终变成了一缕轻飔；追剿窦建德，李世民更是让自己的名字在中原大地上炸响……当这些捷报如雪片般传到长安的时候，满朝文武一片颂扬之声。李渊对这个智勇双全的儿子也更加倚重，他认为前朝官职都已经不足以表彰李世民，遂特意设置了天策上将一职。这是个位列王公之上的官职，当李渊除了太子之位，对李世民再无可封，天策上将，更像是一种权力的平衡，它在政治地位上稍逊太子之位，但其军事地位却更显强劲；不久，李渊再给李世民一道赏赐，在长安城西为之建了弘义宫，专供李世民居住。

当这些荣宠集于秦王李世民一身，太子李建成再也坐不住了，尤其是自己帐中幕僚的撺掇拱火更是让他郁闷不已。早在武德二年，李世民刚刚灭掉薛举父子，时任太子洗马的魏徵曾警示李建成道："秦王功盖天下，中外归心。"而另一位时任太子中允的王珪更是力劝李建成早早壮大自己的势力，否则只能接受束手待毙的命运。在《全唐诗》中，王珪以这样一首诗闯入了我们的视野：

汉祖起丰沛，乘运以跃鳞。

手奋三尺剑，西灭无道秦。

十月五星聚，七年四海宾。

高抗威宇宙，贵有天下人。

忆昔与项王，契阔时未伸。

鸿门既薄蚀，荥阳亦蒙尘。

蚍虮生介胄，将卒多苦辛。

爪牙驱信越，腹心谋张陈。

赫赫西楚国，化为丘与榛。

——王珪《咏汉高祖》

世事如白云苍狗，王珪的这首《咏汉高祖》，我们已经很难知悉当时的写作背景，但我们从这首诗的字里行间，却能够看出王珪对楚汉相争那段历史的缅想与感怀。也许，在他眼中，唐宫的"楚汉相争"就在眼前，李建成与李世民之间，不仅是实力的角逐，更应是智力的厮杀。

李建成当然比他的东宫僚属还要着急，那么，他又是如何与自己的亲弟弟一步步展开较量的呢？

首先，当然是招兵买马。李世民的秦王府不是汇聚了天下英豪吗？李建成也毫不示弱，除了帐下谋士魏徵、王珪等人，还网罗了众多隋朝旧臣，其中最有名的要数曾任隋虎贲郎将的罗艺。这个罗艺武功高强骁勇无比，降唐之后，在大大小小多次战役中更是立下汗马功劳，李建成见此人勇武，遂拉入自己的东宫阵营。随着东宫与秦王府的角力日趋白热化，李建成急于扩充东宫集团的军事实力，私下派罗艺去幽州调遣了三百骑兵来护卫东宫。尽管此事不久便被李渊知晓，招致了严厉的责罚，但他并未罢手，而是又私募了两千多勇士进驻东宫，号称"长林兵"。这些气势汹汹的"长林兵"和蓄养在秦王府的八百猛士形成剑拔弩张的对立之势，只等双方的宫门打开，奔泻而出，一决雌雄。

在招兵买马的同时，李建成没有忘记在朝堂和后宫拉拢更多的同党。他首先争取的，是自己的另一个胞弟——李元吉。史载李元吉颇有勇力，可"力敌十夫"，随同父兄南征北战的过程中，他也曾立下赫赫战功。在攻打洛阳王世充时，他随次兄李世民出战。彼时，河南窦建德率军驰援，李世民与李元吉兵分两路，李世民负责阻击窦建德，李元吉则继续攻打洛阳，"世充出兵拒战，元吉设伏击破之，斩首八百级，生擒其大将乐仁昉、甲士千余人"。按理说，多次并肩作战，李元吉应该和次兄李世民结下深厚的战斗友情，可事实并非如此。李世民统兵严明，而元吉行为放纵，最初据守太原老家时，甚至还曾弃城而逃，这使得李世民骨子里就没瞧上这位小弟，更不可能引为同道中人。正因如此，当不受二哥待见的李元吉看到立为储君的大哥李建成向自己伸出了橄榄枝，他没有理由不迎上前去。他知道，和太子结盟，就是和大唐王朝的未来结盟，这又何乐而不为呢？

由此，在史书中呈现的李元吉，必然成为一个"凶狂"之徒，和李建成"沆瀣一气"，"狼狈为奸"。同样加入这个"乌合之众"的，还有一位朝中的重臣——裴寂。如果说，拉李元吉入伙，李建成是在自己的兄弟中寻求支持，那么，联络上裴寂，则是在父皇与老臣间再加上一个获胜的砝码。裴寂是个可以和李渊同坐一榻的"元谋之臣"，他在朝中的话语权，既左右着这个新兴帝国臣僚们的判断，同时，也影响着李渊在皇位继承人问题上的最终决策。正因如此，当李建成数次拉拢终获成功，裴寂把宝押给了东宫集团的时候，李建成不禁喜形于色，对自己储君地位的巩固更有信心了。

当然，后宫同样是李建成另外一个必须争取的阵营。高祖李渊登基后，后宫妃嫔众多，其中最受宠爱的两个美人，一个是张婕妤，一个是尹德妃。由于自己的太子身份，李建成对后宫情况非常了解，遂不惜重金，买通了张婕妤、尹德妃这两个美人，而她们要做的，无非是在李渊面前大吹枕边风，对李建成大加赞许，对李世民恶言诋毁。史书上说李建成背着李渊秽乱后宫，与张婕妤、尹德妃大行乱伦之事，姑且一听，未必可信；又云张、尹二美人与李世民结怨，是因为李世民经常在李渊面前怀念其生母窦太后，担心其做了皇帝不会善待她们，这似乎也不足为信。但有一点还是合乎情理的，那就是李建成的太子身份！这个身份，是正宗嫡传的身份，无论裴寂所代表的外廷也好，还是张、尹所代表的后宫也罢，都看到了这个身份的重量，历史上夺嫡逆袭成功的毕竟是少数，怎么可能这个故事就发生在大唐呢？

　　李建成当然也是持着这样一种心态，不断壮大自己的东宫集团的。他开始信心满满，毕竟此时的李世民还需要继续奉皇命东征西讨，正是进一步夯实自己储君基础的好时机；他已经志在必得，在占据了外廷和内廷的主动后，他只需一步步按计划出牌，就不愁把与之争坐大唐江山的对手赶进死穴，逼入墙角！

　　　　　　　　溪回松风长，苍鼠窜古瓦。

　　　　　　　　不知何王殿，遗构绝壁下。

　　　　　　　　阴房鬼火青，坏道哀湍泻。

　　　　　　　　万籁真笙竽，秋色正萧洒。

美人为黄土，况乃粉黛假。

当时侍金舆，故物独石马。

忧来藉草坐，浩歌泪盈把。

冉冉征途间，谁是长年者。

——杜甫《玉华宫》

杜甫的这首《玉华宫》，创作于唐肃宗至德二年（757）。彼时，正值安史之乱，唐帝国正处于风雨飘摇之中，颠沛流离的杜甫自长安回陕北鄜州探视妻子，路过残破的玉华宫，触景生情，写下了这首诗。

其实，沿着这首诗的轨迹回溯一百三十年，我们便会发现，当年的玉华宫，绝不是诗人笔下"阴房鬼火青，坏道哀湍泻"的凄惨景况，而是一座金碧辉煌的皇家避暑离宫。史载，唐武德七年，这座宫殿在玉华山凤凰谷仅历"一月而成"。李渊当时将其命名为"仁智宫"，后于贞观年间不断扩建，更名为"玉华宫"。世事变迁，如今我们已不得而知，当年李渊将这座避暑离宫命名为"仁智宫"，是否缘出"仁者乐山，智者乐水"之意，但这座坐落于深山中的幽静之所，显然并没有给唐高祖李渊消解掉多少暑热，相反，他的儿子们剑拔弩张的紧张气氛惊得这位大唐开国皇帝大汗淋漓。

事情的发生是这样的。武德七年六月，也就是在仁智宫刚刚竣工一个月之后，唐高祖李渊领着他的儿子李世民、李元吉，在大批随从的簇拥下，来到这里避暑。流红叠翠的仁智宫对应着流红叠翠的玉华山，更对应着李渊的好心情。彼时，残存的刘黑闼势力刚刚被李世民剿灭，大唐正逐渐进入河清海晏的时节，这个时候，领着英武的儿子们进山避暑，既是在休整身心，也是在加深父子之情。当然，长安城中的朝政还是要有人处理的，李渊将其交给了太子李建成，他相信，让李建成做一次短暂的监国，应是对未来皇位继承人最好的历练。

然而，事态的发展却出乎李渊的意料。留守长安的李建成看到李世民单枪匹马随李渊去了仁智宫，觉得机会来了。他密示李元吉与庆州都督杨文干会合，欲置李世民于死地，并云："安危之计，决在今岁。"为了一战而胜，他又派了自己的两个心腹尔朱焕、桥公山去庆州（今甘肃庆阳）给杨文干送兵器铠甲。李建成安排停当后，本心以为很快就能见到李世民的人头，可没想到等到的却是李渊让其速赴仁智宫的手诏，内中严厉的措辞，更让李建成惊出一身冷汗。原来，他的那两个心腹尔朱焕、桥公山接到命令后，越想越后怕，走到半路，索性向当地官员告发了此事。很快，这个被捅破的阴谋便传到在玉华山避暑的李渊耳中，李渊怒不可遏，马上传旨诏李建成赴仁智宫问罪。

李建成一到仁智宫，慌忙向父皇辩解，跪倒伏地大哭，奋身自掷认罪求恕。盛怒的李渊当然听不进去，将其软禁起来，并马上派人缉拿这起阴谋的另一个当事人——杨文干，恰在此时，杨文干竟然在庆州起兵造反了！这让李渊大惊失色。每到这个时候，李渊总会想到他的次子李世民，这一次，李渊再次把讨伐杨文干的任务交给了李世民。不仅如此，这个原来从未在储君之位上有过任何摇摆的皇帝，第一次对自己的次子许下了重诺："文干事连建成，恐应之者众，汝宜自行，还，立汝为太子。吾不能效隋文帝自诛其子，当封建成为蜀王。蜀兵脆弱，他日苟能事汝，汝宜全之；不能事汝，汝取之易耳！"

两《唐书》的历史迷雾实在太多，而关于杨文干反唐一案，更是疑点重重。这个叛军首领自然不堪一击，还没等李世民起兵围剿，就被其部下杀死。但这场在史书中草草收场的叛乱却总有太多令人不可思议之处："刺杀"和"谋反"差之千里，杨文干这样铤而走险，对自己究竟有多大意义？李建成本已是太子，策划这起刺杀事件，到底有何必要？尔朱焕、桥公山的任务是给杨文干运铠甲，刺杀之事，经历的环节越少越好，这个环节存在的合理性又是什么？当我们在两《唐书》的字缝中抛出这些疑问，李世民，这个在夺嫡之战中笑到最后的对手，已经有太多的东西不言自明。

当然，尽管如此，李渊在两个儿子身上的左右摇摆，无疑是让夺嫡之战最终白热化的导火索。让我们的视线再次回到仁智宫。按理说，叛乱已平，李渊就该兑现承诺了，但一众被李建成买通的妃嫔争相求情，却还是乱了李渊的心神，最终，李建成被放了出来，改易储君的事不了了之。李建成整一整衣袖，拜别正在纳凉避暑的父皇之后，策马回到长安，继续他的监国工作。先失一计的李建成当然不能坐视李世民的势力日益壮大，很快，他又寻找到了一个报复的机会。

这起事件发生在仁智宫事件之后不久。因为突厥入寇，李世民再次披挂出征，史书上是这样记录李渊对他的次子的心理活动的："上每有寇盗，辄命世民讨之；事平之后，猜嫌尤甚。"其实，

"功高震主"的历史迷局存在于君臣之间，同样也存在于父子之间，战功赫赫的李世民是李渊的皇权倚重，同时，也是李渊的皇权威胁。正是看到了这样一种矛盾的心态，李建成遂借李世民平定突厥，向李渊诬告李世民串通突厥可汗，欲图谋不轨。早就对李世民不放心的李渊好像突然找到了一个坐实自己判断的契机，不由分说就要逮捕自己的二儿子，亏了朝中有不少像陈叔达这样的老臣，极力上书劝谏道："秦王有大功于天下，不可黜也。且性刚烈，若加挫抑，恐不胜忧愤，或有不测之疾，陛下悔之何及。"李世民最终没有锒铛入狱，但李渊担心李世民在长安日久，迟早兄弟阋墙，刺刀见红，于是又想效仿汉梁孝王故事，让李世民去洛阳，李世民当时痛哭流涕，不愿离开长安，这个动议最终搁浅了。颇有意味的是，这个动议之所以搁浅，并不是因为李世民的"痛哭流涕"，而是缘于建成、元吉二兄弟的密告："秦王左右闻往洛阳，无不喜悦，视其志趣，恐不复来！"

一千三百多年过去，潜藏在历史中的很多信息，后人早已真假难辨，但有一点却是毋庸置疑的，那就是：唐高祖李渊在立储问题上暧昧的态度，直接导致了他的儿子们的最后决裂，而李渊的出尔反尔，以至后来在保太子建成上表现出的明显倾向，更加剧了这场兄弟夺嫡之战的酷烈。自那个夏天之后，李渊已经没有心情再去仁智宫避暑，而更让他想象不到的是，仅仅不到两年时间，他，已经再无资格以九五之尊的身份，走进玉华山仁智宫的宫门！

东宫太子集团是在向李渊告密之后，开始迅速剪除秦王集团羽翼的。李建成不能坐视李世民府内强手如林，他必须要拆散这个铁桶一样的阵营。他首先找到了尉迟敬德，着人给他送去了一车金银，以期拉这员秦王帐下猛将入伙。但这个曾在宋金刚军中被李世民收降的武人，不忘知遇之恩，不为厚贿所动，义不背主。不仅如此，在拒绝了李建成的收买之后，他还据实以告，提醒李世民防备李建成挖墙脚。眼见拉拢收买这招不灵，李建成和李元吉这哥俩儿再生一计，那就是以堂皇的理由上奏父皇，支走秦王府的左膀右臂！

这一招很快就打到了李世民的腰眼上。在李渊的干预下，房玄龄、杜如晦这两个重要谋臣被逐出秦王府，而随着突厥再次进扰，李元吉请缨出战，向李渊提出要调秦王府骁骑尉迟敬德、程知节、秦琼随行，以期彻底打散秦王集团的势力。彼时正值武德九年（626）六月，长安的空气已经燠热起来，而整个秦王府也已经坐在一个巨大的火山口上。

如今，翻开两《唐书》，当年秦王府里的对话依然透着即将分崩离析的焦虑和必欲先发制人的豪气。"祸机垂发，而王犹晏然不以为忧。大王不用敬德之言，敬德将窜身草泽，不能留居大王左右，交手受戮也！"这是尉迟敬德在建议李世民抢先下手没得到回应之后，抛出的一句狠话；"不从敬德之言，事今败矣。敬德等必不为王有，无忌亦当相随而去，不能复事大王矣！"这是长孙无忌在进一步"拱火"；"敕旨不听复事王；今若私谒，必坐死，不敢奉教！"这是拖延留京的房玄龄、杜如晦在接到秦王密召之后以托词敦促李世民当断则断……官方正史记录下了端坐在群情激昂声浪里的李世民的表情变化：不忍——犹豫——决绝！秦王府的这场客厅对话，让"不忍骨肉相残"的李世民最终下定了决心：在马上被解除武装的关键当口，反戈一击，也许才会杀出一条血路！

这是一个血色的黎明。武德九年六月四日，一队披坚执锐的轻骑在玄武门前排成严整萧森的阵形，为首的年轻人穿戴铠甲，骑着战马，眉宇间透着一股英气，正是秦王李世民。在此前一天，他曾被父皇急召入宫，原因竟是因为太史令向李渊上了一道密奏："太白见秦分，秦王当有天下。"这个星象所带来的谶示再次让李渊将怀疑的目光投向了李世民，而此时的李世民显然对来自父亲的怀疑已经彻底绝望，"臣于兄弟无丝毫负，今欲杀臣，似为世充、建德报仇。臣今枉死，永违君亲，魂归地下，实耻见诸贼！"在以赫赫军功让父皇无言以对的同时，他没有忘记对李建成、李元吉进行最后一击。他对李渊说，此二人勾结后宫已经多日，是否做出不伦之事亦未可知！本想要治二儿子的罪，结果注意力反倒被引到了长子和四子身上，满脸狐疑的李渊决定，次日早朝，当着朝中诸臣工的面，和太子建成、齐王元吉当庭对质。当晚，秦王府各路人马就开始了紧张的布置，而伏杀李建成、李元吉的地点，就选在了玄武门！位于宫城北门的玄武门，是内廷警卫的驻扎重地，也是进入内宫的必经之地。此前，值守玄武门的北军将领常何已经被李世民由东宫集团拉到了秦王集团，这枚棋子，在公元626年7月2日的早晨，成为决定大唐帝国未来走向的关键一子。披挂上马的李世民更是一夜未眠。他知道，之前所有的战功，在这个早晨必将走向两极：要么，威加海内，位极人主；要么，灰飞烟灭，一切成空！

太子李建成、齐王李元吉策马而来的时候，决然没有想到这一天会是他们的死期。眼看着秦王集团被一点点削弱，他们只需再找一个时机，就可置李世民于死地。然而，历史永远垂青于最早出鞘的勇者，当兄弟二人并辔走到玄武门，看到高踞马上的李世民，他们才发现，夺嫡之战的大结局即将提前上演。仓皇之中，李建成、李元吉拨马掉头逃遁，李世民挺枪紧追，李元吉回首连射三箭，竟因为紧张控弦不开，皆未射中。相比之下，李世民却从容淡定，他弓拉满月，只一箭便将李建成射落马下。尉迟敬德带领的七十余骑早已杀来，射中李元吉坐骑。李元吉弃马向树林奔逃，李世民纵马直追，不想被树枝挂住衣服，坠马之际，李元吉趁机反扑，将李世民压于身下。危急时刻，尉迟敬德率军赶赴，将李元吉乱箭射杀。当李建成和李元吉的头颅被高挑着出现在闻讯赶到的两千东宫卫士面前，玄武门顿时响起一片兵刃落地之声，英武果决的李世民马鞭一甩，还没有等到朝露蒸发，就完成了中国历史上最著名的皇权争权战。

玄武门杀声震天之时，李渊还在宫中和一班大臣泛舟，等着和三个儿子对质秽乱后宫之事。然而，李渊无论如何不会想到，他等来的，竟是身着甲胄手提长矛的尉迟敬德！"秦王以太子、齐王作乱，举兵诛之，恐惊动陛下，遣臣宿卫。"当尉迟敬德对着李渊以近乎传达命令的语气说出这番话的时候，李渊深知，自己的棋局终于到了无法掌控的地步。这个曾经在隋末群雄逐鹿的进程中笑到最后的关陇贵族，经历过南征北战的刀光剑影，经历过统一天下的狂风骤雨，但眼前如此酷烈的一幕还是让他大惊失色。

这是他最担心出现的一幕，也是他最不愿看到的一幕。湖心波澜骤起，当李渊在众大臣的搀扶之下弃舟登岸，他已经成为一个丧失话语权的父亲，一个无法控制唐廷潮流的出局者。

玄武门之变仅过三天，秦王李世民就接到了被立为太子的诏书。诏书中说，军国庶事，无论大小悉委太子处决。时隔两个月，即公元626年9月，唐高祖李渊退为太上皇，逊位于太子。自此，秦王李世民踩过玄武门的血渍，成为唐王朝的第二任统治者。这位时年29岁庙号为太宗的皇帝，在身下的坐骑打出漂亮的响鼻之后，信心满满地开始了一个在中国历史上登峰造极的年号——"贞观"。

> 韶光开令序，淑气动芳年。
>
> 驻辇华林侧，高宴柏梁前。
>
> 紫庭文珮满，丹墀衮绂连。
>
> 九夷簉瑶席，五狄列琼筵。
>
> 娱宾歌《湛露》，广乐奏钧天。
>
> 清尊浮绿醑，雅曲韵朱弦。
>
> 粤余君万国，还惭抚八埏。
>
> 庶几保贞固，虚己厉求贤。
>
> ——李世民《春日玄武门宴群臣》

"韶光开令序，淑气动芳年。驻辇华林侧，高宴柏梁前。"这首洋洋洒洒的诗歌，是唐太宗李世民于若干年后的一个春日，在玄武门的一次国宴上即兴而作。诗中描绘了国力昌盛、官员贤能、四夷宾服的盛景，同时也表达了唐太宗礼贤下士、勤政安邦的治世雄心。这位玄武门夺嫡之战最后的胜利者，相信每次登临玄武门，都会生出一份吟诗作赋的豪情；作为他的父亲，一个匆匆内禅的太上皇，曾经的晋阳兵变的策动者，帝国的肇建者，武德之治的开创者，李渊眼中的玄武门，早已血光遍地，成为他终生不愿踏足的禁域。贞观九年（635）年五月，李渊死在皇城西部狭窄的大安宫内。这座寝宫与李世民的寝宫不过咫尺之遥，但是据说李世民很少省视。事实上，李氏父子间的这股怨气，自玄武门之变后从未消弭。李渊，在将封号变成光耀历史的王朝的名字之后仅仅十几年，便将自己包裹成一个谜，埋藏在了献陵的夯土层中，同时，也埋藏在了史书的夹缝之中，不见刀光，只闻风声。

第二章

唐太宗

风尘三尺剑

人主的器局

公元626年9月4日，在响彻长安城的鼓乐声中，李世民登基了。经历过风驰电掣的晋阳起兵，攻城拔寨的一路征伐，玄武门的血色夺嫡，高祖李渊的匆匆禅位，昔日浴血沙场的秦王勒住身下的坐骑，一个潇洒的转身，已经位居人主，成为广有四海俯视天下的大唐第二代皇帝。时年28岁的李世民，有着充沛的精力和经略一个帝国的远大梦想，他只需要一点时间，从玄武门之变中稍微凝神定气的时间。

然而，让他意想不到的是，庆典的鼓乐还未散尽，他就必须面对一个巨大的考验。就在李世民刚刚即位的第十二天，汹涌而来的突厥骑兵在颉利可汗的率领下，逼近了渭河便桥。便桥是进入长安的重要通道，在颉利可汗看来，选在新君初立时举全族之兵攻唐，渡过渭河直捣长安应该只在瞬息之间。然而，不可一世的颉利很快就领教了这位新皇帝的厉害，当派去叫阵的执失思力被扣在唐廷，他吃惊地看到，这位年轻皇帝竟然只率区区六骑，出现在了杀气腾腾的便桥。事实上，与其说这样的见面是一次军事的对峙，莫如说是一次双方心理的博弈。轻骑简从的唐太宗用泰然自若的出场让求胜心切的颉利一下没了底气，他无论如何不能想象，堂堂一国之君会涉险亲自披挂出征，而所带的随从竟然几乎可以忽略不计。当便桥后的树丛中影影绰绰地闪过一面面旌旗，颉利已经无法猜出这个刚刚建立的王朝真正的军事实力；而这，恰恰是唐太宗李世民掷出的一枚险棋，这位一路金戈铁马冲杀过来的"马上天子"，深谙"不战而屈人之兵"的兵家要义。他硬是让平静的渭河掀起了巨浪狂澜，并在便桥之上高昂马首，宣示着他对这座桥的不二主权。终于，颉利可汗的心理防线彻底瓦解，在签过一纸盟约之后，突厥骑兵如洪峰一般退去。

咸阳桥上雨如悬，万点空濛隔钓船。

还似洞庭春水色，晓云将入岳阳天。

——温庭筠《咸阳值雨》

温庭筠的这首《咸阳值雨》，是一首脍炙人口的七绝。他所说的咸阳桥，又称西渭桥，因与长安城便门相对，也称便桥或便门桥，唐人送友西行多于此相别。擅于写景状物的温庭筠在这首诗中可谓意趣闲适，但这位唐初宰相温彦博之后，彼时站在便桥之上，手抚栏杆，一定会想起祖上当时所辅佐的皇帝——唐太宗李世民，想起惊心动魄的"便桥退兵"，这是新兴帝国最初的光荣与骄傲，也是贞观天子雷厉风行地驾驭着他的帝国一路驰骋的最初亮相。从便桥开始，"贞观"，已经不仅仅是一个简单的年号，它成为后世帝王争相研究的"模板"，它的缔造者李世民，更是从此开始，以一个人主深邃高远的器局，赢得了后世的掌声。

　　毫无疑问，深深的忧患意识正是唐太宗开启"贞观之治"的前提。经历过隋末的刀光剑影，唐太宗李世民时刻都在警醒着自己，接受隋亡的教训，不能重蹈前朝的覆辙。他曾对臣下说："我读过《隋炀帝集》，文辞很是深奥广博，看得出，隋炀帝本人是知道以尧舜为是，以桀纣为非的，可他为什么真正做起来却相反呢？"魏徵在一旁答道："人君应虚己受人，这样，臣下才会效忠尽力。炀帝恃其俊才，骄矜自用，口里说着尧舜之言，行动上却干着桀纣的事，且不自知，因而导致覆亡。"唐太宗深以为然，叹道："前世不远，吾属之师也。"

　　事实证明，以亡隋故事作为自己治国理政的鉴戒，以隋炀帝这个荒奢之君作为约束自己行为的"反面教材"，让唐太宗从执政伊始，就朝乾夕惕，如履薄冰。翻开两《唐书》和《资治通鉴》，我们可以看到这个年轻皇帝在自我约束方面所做出的努力，而这种努力，这种克制，对于统驭万民、号令四方的人主而言，并不容易。

　　这是一个发生在贞观二年（628）的故事。某日，唐太宗正和黄门侍郎王珪交谈，旁边有一美貌女子侍立身边，太宗得意地指着她对王珪道："这是庐江王李瑗的爱姬，李瑗杀了她的丈夫而娶了她。"王珪离席道："陛下认为庐江王强娶人妻对还是不对呢？"太宗遂答："杀人而强娶人妻，是非甚明，还用问吗？"王珪马上说："关键是知道对了而不效仿，知道错了而不改正，现在美人正在陛下身边，臣还以为陛下肯定李瑗的行为呢！"唐太宗听罢，恍然大悟，深觉自己明知故犯，很快就忍痛割爱，将这个美人归还其亲族。

对于拥有六宫粉黛的皇帝而言，完全的戒色并不现实，但唐太宗接受隋炀帝前车之鉴，不过度沉湎声色却是事实。据说他曾于武德九年八月即位伊始和贞观二年九月两次遣散宫女，准其婚嫁，共计五千人之多。当这些深锁宫闱的妙龄女子纷纷回到民间，开始崭新的生活，唐太宗的自我约束之举已经深入人心。

如果说戒色控制的是性欲，那么戒奢控制的则是物欲。唐王朝定都长安后，所使用的都是隋朝的宫殿，到了贞观初年，唐太宗即位，大兴土木另建新宫之事，仍是不可提及的禁令。贞观二年，有大臣上奏："遵依《礼记》，仲夏之月，可以居台榭。而今，夏日的暑气还未退去，秋天的霖雨已经开始，宫中地势低，很潮湿，请营造一阁供陛下居住。"太宗道："朕有气疾，怎适合住潮湿的地方呢？只是如果应准了你的上奏，一定会花费很多钱财。过去，汉文帝将建露台，因吝惜十家之产而停建，朕的德行不及汉帝，耗费却超过了他，这难道是为君之道吗？"臣下又再三奏请，唐太宗仍坚持不许。

当然，唐太宗所倡导的节俭之风并不局限在对土木工程的控制上，史载他出巡蒲州时，曾对大费周章迎驾的当地刺史赵元楷厉声痛斥，以致这位刺史不久竟担惊受怕而死。在丧葬问题上，唐太宗也严禁自隋以来愈演愈烈的厚葬之风，对自己的陵寝要求只在九嵕山因山为陵，不另起坟，这样一来，贵族宗亲们也不敢擅自铺张了。

由于唐太宗比较注重节制自己和臣僚们的奢侈之风，一时间，上行下效，风气井然，史称二十年间"风俗简变，衣无锦绣，财帛富饶，无饥寒之弊"。当一系列约束自己的行为构成一个帝王难能可贵的品质，"贞观之治"所带动的，必然是大唐社会懂得节制善于节制的良好风尚。

> 崇文时驻步，东观还停辇。
>
> 辍膳玩三坟，晖灯披五典。
>
> 寒心睹肉林，飞魄看沉湎。
>
> 纵情昏主多，克己明君鲜。
>
> 灭身资累恶，成名由积善。
>
> 既承百王末，战兢随岁转。
>
> ——李世民《赋尚书》

"纵情昏主多，克己明君鲜。灭身资累恶，成名由积善。"唐太宗的"克己"之举，源自担心步隋亡之后尘，而这种担心的核心其实是"畏民"。这位在统一战争的烽烟里亲自与窦建德、刘黑闼等队伍交手的皇帝，太知道百姓的力量了。他曾对他的儿子李治说："舟所以比人君，水所以比黎庶，水能载舟，亦能覆舟。"这种畏民心理，几乎贯穿了唐太宗执政的始终。因为"畏民"，喜欢狩猎的唐太宗尽量选择农闲出猎，并没有驱使着他的骏马无休止地狂奔；因为"畏民"，唐太宗对隋炀帝命百姓千人"捉取萤火虫照明"之事一直嗤之以鼻；还是因为"畏民"，"抑损嗜欲"的唐太宗，将明德宫和飞山宫的玄圃院拆掉，将所有建筑材料全部赈济给了河南遭遇水害的百姓……

　　有一个例子一直为史家津津乐道。贞观二年，长安地区大旱，后来京郊大片农田竟出现了严重的蝗灾，当密密麻麻的蝗阵铺天盖地而来，庄稼瞬间便被啃噬一空。这天，唐太宗出玄武门入禁苑，看到遍地蝗虫，随手捉起一只咒道："人以谷为命，却让你吃掉了，这是害了百姓啊，百姓有罪过，全在我一人，你如有灵，可蚀我心，不要害百姓！"说着就要将蝗虫吞掉，左右见状忙劝道："吞食蝗虫会生病，陛下万万不可！"可太宗坚持说，他只希望将灾祸转到自己身上，即使染病也在所不惜，随即，不听劝阻竟真的吞下了蝗虫！

　　这个故事经过历代的渲染，其真实性早已变得可疑，但有一点似乎又不容置疑，那就是唐太宗李世民在贞观初年所表现出来的居安思危精神！尽管他是大唐帝国的第二任君主，但他治下的江山，还远没有达到可以做守成之君的程度。他深知，隋鉴不远，不自我约束，不对百姓心存敬畏，这个刚刚起步的王朝就可能成为一座瞬间爆发的火山，这绝对不是他要看到的结局。长安的秋天来得太早，这个年轻的皇帝在注重正身修德仁民爱物的同时，必须寻找到一套长治久安的办法，唯其如此，唐王朝才会不惧秋冷，不畏霜寒！

　　627年，正月初三唐宫上下张灯结彩，朝服冠冕的李世民在朝堂之上，大宴群臣。这一年，是贞观元年，按照即位次年改元的古制，这一年才是一个新皇帝真正改朝换代的开始。恢宏的鼓乐声中，《秦王破阵乐》缓缓升起，张扬着曾经的秦王如今的皇帝最可炫耀的骄傲。"受律辞元首，相将讨叛臣。咸歌《破阵乐》，共赏太平人。""四海皇风被，千年德水清。戎衣更不著，今日告功成。"这首大歌，曾是李世民击败刘武周之后，由将士们创作的军歌，经过宫廷艺术家的加工、整理，成为一场气势雄浑富丽堂皇的大型乐舞，尤其是特别加入的龟兹曲调，高昂而极富号召力，声传百里的大鼓，更彪炳着唐太宗的赫赫武功。随着这支大型乐舞首次在贞观元年绽放，整座唐廷都被带入到了金戈铁马的征伐岁月之中。

　　就在人们沉醉于宏大的乐阵中时，唐太宗却保持着一份难得的清醒，他对大臣们说，过去受命专征，民间遂有此曲，虽非文德之雍容，然功业由此而成，今陈此乐，是为了追思创业维艰，以示不敢忘本。唐太宗话音刚落，素善逢迎的右仆射封德彝接上来说："陛下以神武平定海内，怎是文德所能比呢？"唐太宗听罢却摇了摇头说："戡灭战乱需靠武功，但守成还应赖文德。文武之用，各随其时。你说文不及武，此言大错！"封德彝面红耳赤，立刻叩首谢罪。

　　唐太宗的这番话，堪称贞观元年的转型号令！如果说在此之前，身为秦王的李世民还在马背上左冲右突，那么彼时，身为皇帝的李世民已经在《秦王破阵乐》的弦歌声里，开始由昔日的以武立国转向以文治国，而他本人，也在向着卓越的政治家转型。他不再陶醉于自己当年的煌煌战绩，相反，更多地和文臣们打交道，则成为唐太宗乐而不疲的功课。

　　由此，他的勤于学问、孜孜不倦，便成为"贞观之治"的一抹亮色。"每一思政理，或三更方寝"，他首先从大臣们的奏章中学习政教之道，治国之术。据说勤勉的唐太宗经常将论理深透、文辞华美的奏章贴在墙上，反复琢磨，经常到深夜；有时自己不能亲执书卷，就让人代读。当烛影拉长一个皇帝对知识的渴求，我们看到的，其实是一条由军事人格向政治人格嬗变的强劲轨迹！

有一个故事可以诠释唐太宗的虚心向学。话说这位马上天子颇爱兵器，尤其对弓箭更是情有独钟，收藏了十几张良弓，认为天下良弓已尽在掌握。这一天，他得意地将这些良弓出示给经验丰富的弓匠，弓匠审视良久道："这十几张弓所用材料都不甚好。"唐太宗十分惊讶，忙问其故，弓匠说，这些弓的木心不正，脉理都是斜的，这样虽然强劲，但发出的箭却不直。唐太宗听后，深觉弓匠所言在理。事后，他对左仆射萧瑀很有感触地说：听弓匠一言，方知自己并不是真正的识弓者。我用弓箭打天下，尚未真正懂弓，何况天下的事物，怎能都懂？

就在说过这番话之后，唐太宗做出了一个决定，那就是命令五品以上的京官轮流到中书省值班，以便自己向他们请教政务得失，学习治国之道。当然，官员值班并非唐太宗的独创，早在春秋时期就已出现，但将其变成非常严格的成文的值班制度，却始自唐太宗。史载当时中书省有一个职务叫"直令史"，就是专门管理值班事务的秘书官。朝中除尚书左右丞、御史中丞以上的高级官员外，都要值夜班。唐太宗在贞观五年(631)还曾下过一道敕令："文武官妻娩月，免宿值。"从这道敕令中，我们可以看到唐太宗对臣子的关爱——妻子分娩期间丈夫可以免值夜班，但从侧面看，却能够发现官员值班制度的严格。

> 花隐掖垣暮，啾啾栖鸟过。
>
> 星临万户动，月傍九霄多。
>
> 不寝听金钥，因风想玉珂。
>
> 明朝有封事，数问夜如何。
>
> ——杜甫《春宿左省》

诗人杜甫写下这首以值夜班为题材的诗歌时，大唐帝国已运行百余年，进入肃宗时代，而这项严格的夜班制度仍然保留着太宗贞观朝的影子。我们可以想象这样的画面：当夙兴夜寐的唐太宗突然对某一个治国理政问题陷入沉思，轮值的大臣便应召而来。夜凉如水，君臣如同知音般的交流却驱走了夜的寒意。这样的画面，已然成为贞观君臣间习以为常的风景！

由于唐太宗在以文治国道路上的身体力行，他很快就适应了即位之初的形势，补上了自己少小荒学的一课，由征战沙场的武人迅速转变成一位颇具文化素养的君主。终其一生，唐太宗写了不少诗文，今存有文7卷，赋5篇，诗一卷69首，载于《全唐文》和《全唐诗》中。《全唐诗》的编纂者在评价唐太宗的文学素养时说："初建秦邸，即开文学馆，召名儒十八人为学士。既即位，殿左置弘文馆，悉引内学士，番宿更休，听朝之间，则与讨论典籍，杂以文咏。或日昃夜艾，未尝少息。……有唐三百年风雅之盛，帝实有以启之焉。"这并非过誉之词，在唐太宗的诗歌中，我们可以看到当年他驰骋疆场时的冲天豪气，也可以看到他在成为一国之君后的宏阔视野。在飞扬的文字中，戒奢、防骄、纳谏、任贤、王道，成为重要的主题，而他的许多登临状物之作，更是融入了其丰富的治国经验和恢宏奋扬的家国梦想！

秦川雄帝宅，函谷壮皇居。

绮殿千寻起，离宫百雉馀。

连甍遥接汉，飞观迥凌虚。

云日隐层阙，风烟出绮疏。

——李世民《帝京篇（其一）》

这首诗，是唐太宗李世民著名的《帝京篇》中的一首，他以此为题，一共创作了十首。在序中，这位目光远大的皇帝是这样说的："予以万机之暇，游息文艺，观列代之皇王，考当时之行事，轩昊舜禹之上，信无间然矣。至于秦皇、周穆、汉武、魏明，峻宇雕墙，穷侈极丽。征税殚于宇宙，辙迹遍于天下。九州无以称其求，江海不能瞻其欲，覆亡颠沛，不亦宜乎？予追踪百王之末，驰心千载之下，慷慨怀古，想彼哲人。庶以尧舜之风，荡秦汉之弊；用咸英之曲，变烂漫之音。"事实上，"以尧舜之风，荡秦汉之弊；用咸英之曲，变烂漫之音"，既是唐太宗的文学宣言，也是其治国宣言。尽管他的诗歌还未完全跳脱齐梁浮华绮丽的文风，但我们必须承认，挟帝王之威的唐太宗，正是以他的率先垂范，积极倡导，以文载道，以文治国，开启了中国泱泱唐诗的精彩序幕！

如果说为诗为文让唐太宗找到了一个酣畅淋漓地表达胸臆的载体，那么修史则是给自己提供了一面可正衣冠的镜子。贞观三年（629），他下诏命令狐德棻修《周史》，李百药修《齐史》，姚思廉修《梁史》《陈史》，魏徵修《隋史》，历经八年，于贞观十年（636）修成，称《五代史》（前五代史），后又改称《周书》、《齐书》、《梁书》、《陈书》和《隋书》。贞观十八年（644），他又再次诏令房玄龄、褚遂良等人重撰《晋书》；唐太宗还亲自参加了编撰工作，其中的《宣帝纪》《武帝纪》《陆机传》《王羲之传》据传都出自太宗之手。

　　修史向来是帝王的盛事，古来有为之君多注重修史，因为史学的政治性很强，浩瀚的史书记录着王朝的兴衰，政治的变革，经济文化的发展和各色人等特别是那些被认为是主宰历史的帝王将相们的活动，从中可以悟出许多治国的道理，总结出许多有益的经验。诚如唐太宗所说："以古为镜，可知兴替。"唐太宗对修史的重视，其实折射的正是他借鉴前史、治理国家的愿望。当整个大唐帝国一洗建国之初的征尘，转而以充满思辨精神的文风和缜密严谨的史观融入治国安邦的轨道，我们看到，彪炳史册的"贞观之治"，从一开始上路，就不是仅仅怀抱激情的出发，而是一次有着充足准备立足于基业长青的远行！

　　一个帝王的远行，当然离不开僚属们的伴随，那么，陪伴在唐太宗李世民身边的，又是怎样的一支队伍？建立这支队伍之初，这位贞观天子又秉持了怎样的标准？一代人主的观念和素质又怎样左右了这个标准的制定和施行呢？当我们翻开尘封的历史卷册便会发现，正是唐太宗在贞观初年的宏略大度，夯实了一个能够和自己同心同德的稳定班底。

在这个臣僚构成中，早先秦王集团的核心成员当然率先受到重用。房玄龄、高士廉、杜如晦、长孙无忌等这些在玄武门之变中立下汗马功劳的首谋，都被安排在了重要的岗位，房玄龄、高士廉为宰相，杜如晦、长孙无忌则执掌兵部和吏部大权。这些人曾经和李世民出生入死，对其忠心不二，给他们厚重的封赏，让他们在自己的帝国发挥更大的作用，当然是题中之义。

最难能可贵的其实是唐太宗对敌方阵营的僚佐们的重用。这个敌方阵营，包括内敌，也包括外敌，他们曾是一群誓将李世民碎尸万段的"乱臣贼子"，但最终，却因为唐太宗的宽容大度，成为贞观一朝的政治明星。

先说说内敌中的几个重要成员：魏徵、王珪、薛万彻。这三人，都曾在东宫太子李建成集团中担任重要角色。彼时，魏徵是太子洗马。"洗马"一职，自秦而置，汉时又被称作"先马"，是太子的侍从官，因出行时为前导而得名。东汉以后，洗马的职责改为掌管东宫图籍。身为太子李建成的洗马，魏徵在夺嫡之争中积极地献计献策，几次差点置李世民于死地。玄武门之变后，李世民见到他劈头就问："你为什么离间我们兄弟！"魏徵却不卑不亢道："先太子早听我言，必无今日之祸！"他还援引了春秋时管仲射中公子小白带钩的故事，说明人为其主，自己也是这样。果然，李世民听罢，不但不恼，反而觉得魏徵刚正不阿，马上"改容礼之"，并将正流放在外的李建成的另一个谋士王珪召回，和魏徵一起，封为谏议大夫。至于薛万彻，唐太宗同样不计前嫌。在玄武门之变中，薛万彻曾率东宫、齐王府两千余人前来救援李建成和李元吉，事败后，仓皇逃入终南山中。李世民当时发出了"凶逆之罪，止于建成、元吉，自余党羽，一无所问"的号令，薛万彻仍藏匿不出。李世民又几次派人进山向其说明情况，薛万彻终于被感动，出山效力。贞观朝，这位曾将枪尖对准李世民的武将，最终以右武卫大将军的身份，一次次在攻伐西突厥、吐谷浑和薛延陀的战争中冲锋陷阵，立下汗马功劳。唐太宗赐宴于丹霄殿，并以貘皮赏赐，并云："当今名将，唯李勣、道宗、万彻三人而已。"

　　玄武门之变后得到赦免并被委以重任的当然并不止魏徵、王珪、薛万彻三人。声称为太子复仇的冯立被授以左屯卫中郎将；东宫集团的另一重要谋士韦挺，则被授为谏议大夫。不仅如此，李世民还下令：凡与建成、元吉有牵涉者，概不追究！在这些被史家记录在案的细节背后，也许是唐太宗玄武门之变后的收买人心策略，但不论怎样，一个掌握生杀予夺大权的皇帝，面对一群曾经和自己拔刀相向的仇敌，能够平心静气，不以胜利者的倨傲肆意滥杀，这本身就是对人主气度和心胸的一种考验，而对这些人委以重任，使其成为充分信任的股肱之臣，更需要有着超凡的大智慧和大格局！

　　如果说，在对待内敌的态度上，唐太宗的宽容彻底瓦解了东宫太子集团的残余势力，消弭了"后玄武门时代"的诸多隐患和坊间舆论，那么，在对待外敌的态度上，唐太宗同样的大胸襟，更是让其有了可以笑傲历史的资本。

　　还记得那个叫执失思力的突厥人吗？唐太宗登基没过多久，

突厥人便打算给新君来个下马威，当时被派到唐廷叫阵的，正是这位执失思力。身为东突厥执失部酋长，又是颉利可汗的心腹大将，执失思力面对唐太宗时牛气冲天，他大肆鼓吹道："颉利可汗与突利可汗两人率领着百万大军，现在已经来到。"想以此恐吓唐太宗，结果被扣押起来。此后，随着便桥之围解除，执失思力获释，跟随颉利可汗北撤。但没过几年，当东突厥被唐军剿灭，执失思力再次被俘。这位骁勇的武人本以为必死无疑，没想到却被唐太宗授为左领军将军。不仅如此，唐太宗还将自己的妹妹九江公主许配给了他。由一个落魄的败军之将转而成为驸马都尉，执失思力可谓荣耀一时。感恩戴德的执失思力自此心甘情愿地为唐廷效力，凭着自己在突厥的威望，成功地招降了浑、斛萨等部族。此后，他又多次率军征战，先后大败吐谷浑、吐蕃、薛延陀。这个最终陪葬昭陵的少数民族将领，以罕有的荣宠告诉更多的后来者，在唐代，在贞观年间，有一位皇帝用一种怎样的气度和胸襟征服了他，让他即便肝脑涂地，马革裹尸，也在所不惜！

唐太宗的虚怀若谷最突出的体现是在他对批评意见的态度上。他曾对臣下说，人要正确认识自己确实是一件难事。比如那些会写文章的人，有手艺的人，自夸其能，别人不及。可是，如果让高明的工匠或文士商量讨论，寻找缺陷，那些杂乱的词句和拙劣的痕迹就都出来了。由此看来，当君主的需要敢于直言规劝的臣子，来帮他举出自己的过失，一日万机，一人听断，怎能尽善尽美呢？人想看见自己的样子，必须借助于明亮的镜子；君主要想知道自己的缺点，必须靠忠直的臣下。如果君主自以为是而拒绝批评，大臣们也不去指出，国家不危败是不可能的。君主既亡其国，臣子也难保全。英明的君主能够认识到自己的不足所以更加明达，昏庸的君主掩饰自己的缺点所以才永远愚钝。隋炀帝就是喜欢自我夸耀，大臣们不敢讲话，才恶积祸盈，终至亡国。如果君主的行为不当，臣下也不批评指出，只是一味地苟且阿谀，顺情说好话，君主就是昏庸之主，大臣就是阿谀之臣。君暗臣谀，危亡就不远了。

透过原文出自《贞观政要》中的这段文字，我们仿佛可以看见端坐在朝堂上的唐太宗深邃的目光。隋亡的教训就在眼前，他说出这番话，不是在文武百官面前作秀，确实发自肺腑。为了听到更多的批评之声，他很注意放下自己的架子，做出虚心聆听的表情。这个一路绝尘地从沙场奔向御座的皇帝，彼时更愿意把自己定位为一个安静的倾听者。他不想因为自己的正襟危坐，而让进谏者心怀战惧。他要听完臣下的发言，即便有些意见明显偏颇，他也要给臣下们表达的空间。为了听到更多的真知灼见，唐太宗从来不吝赏赐。贞观二年（628），大理少卿孙伏伽见唐太宗要去打猎，便劝说道："天子居住在九重宫阙，戒备森严，出行则前呼后拥，这并不是自己想故作威严，而是考虑到国家和百姓的利益。陛下喜欢骑马射箭和群臣取乐，这是王公们干的事，并不是天子所应该做的。既然不是为了强壮陛下的身体，也不是给后人做榜样，臣以为陛下不该如此。"这位武德年间的旧臣，尽管劝谏不尽正确，但唐太宗听后却很高兴，不久便提升他为谏议大夫。

提升与奖掖的意义，不仅是为了鼓励进谏者本人，更是为了在臣僚中树立起可以示范的标杆。纵观整个贞观朝，这样的标杆人物层出不穷，诸如魏徵、王珪、房玄龄、杜如晦、长孙无忌、马周这些官僚集团中的重要角色，始终在以他们的抗颜直谏为他们的皇帝校正着前行的方向；而唐太宗本人的从善如流，闻过则喜，则最终营造出一派昌明的政治气象。

> 旧俗疲庸主，群雄问独夫。
>
> 谶归龙凤质，威定虎狼都。
>
> 天属尊尧典，神功协禹谟。
>
> 风云随绝足，日月继高衢。
>
> 文物多师古，朝廷半老儒。
>
> 直词宁戮辱，贤路不崎岖。
>
> 往者灾犹降，苍生喘未苏。
>
> 指麾安率土，荡涤抚洪炉。
>
> 壮士悲陵邑，幽人拜鼎湖。
>
> 玉衣晨自举，铁马汗常趋。
>
> 松柏瞻虚殿，尘沙立暝途。
>
> 寂寥开国日，流恨满山隅。
>
> ——杜甫《行次昭陵》

在杜甫的这首《行次昭陵》中，我们看到的是"贞观之治"的恢宏画卷，是"天下英雄，尽入吾彀中"的人才政策。"直词宁戮辱，贤路不崎岖"，正是由于唐太宗本人的积极倡导，贞观一朝，直言切谏才蔚然成风，臣子们纷纷以诤谏为己任，而这样的诤谏之风也深深影响着太子诸王。史载，太宗有一次曾迁怒于苑西监穆裕，命令在朝堂斩首。这时，已是皇太子的李治立刻犯颜而谏，太宗冷静下来，最终赦免了穆裕。事后，太宗感慨万分："和什么样的人相处久了，就会受到什么熏染。自从我君临天下，先有魏徵朝夕进谏，后有刘洎、岑文本、马周等人继续。皇太子自幼在我身边，见我喜欢批评朝政者，因而受到熏染，才有今日之事。"

"以人为镜"的唐太宗在其当政的贞观年间，尤其是"贞观之治"的前半段，正是以这样一种居安思危、宏略大度的心态，经营着自己的社稷江山。《贞观政要》赞其"屈己而纳谏，任贤而使能，恭俭而节用，宽厚而爱民，亦三代而下，绝无而仅有者也"。当唐太宗通过三省六部制实现分权原则，规定自己的诏书必须由门下省"副署"方可生效，这位开明的皇帝在心甘情愿地为自己设定"紧箍咒"的同时，已经骄傲地成为中国历史上唯一一个通过制度约束时刻警醒自己的封建君主。这种独步历史的人主器局，当然少不了史家们的溢美之词，但史家们的溢美之词又更像是锦上添花，作为彪炳史册的"贞观之治"的核心当事人，唐太宗李世民应当获得这样的点赞之声。当他以政治家的智慧驾驭着他的"贞观之治"穿云破雾追风逐电，当年那个驰骋沙场有着强健的军事人格的秦王，已经强健起了自己的政治人格，在公元七世纪的中国，展开了一场全新的人生弈局！

君臣蜜月

　　翻开中国历史，我们发现，"贞观之治"无疑是君臣关系最和谐的"蜜月期"，这个新生的王朝刚刚看到了隋亡的教训，无论从君到臣，都同心同德，希望将大唐帝国打造成一个河清海晏的盛世。有人说，是"玄武门之变"的"一日之恶"成就了贞观的"三年之善"，是血腥夺嫡这种来自内心的恐惧，让唐太宗不敢懈怠，不愿重蹈隋炀帝覆辙，进而激发出了一颗治世雄心。但历史永远给朝乾夕惕者更多的机会，接过父辈的家底儿，唐太宗开启的"贞观之治"与其说是被动地抵消内心的忧惧，不如说是一次主动的出击。当然，单靠提升自己的政治人格和政治视野还不够，他还需要和自己身边强大的智囊团形成合力，正是和这个充满政治智慧的人才群体的和谐相处，通力合作，才最终创造了彪炳史册的"贞观之治"。

　　这个"蜜月期"的营造，首先得益于朝堂上下的君臣共治氛围。唐初广开言路的政治环境让更多的臣子敢于直抒己见，表达自己的观点，而不是唯唯诺诺。《孝经》有云："天子有诤臣，虽无道，不失其天下。"回望贞观一朝，直言进谏的诤臣可以说比比皆是，而如果唐太宗是个拒谏饰非、独断专行的君主，当然不会有人冒着被砍头的危险，出来"批龙鳞，逆圣听"。

魏徵曾和唐太宗做过一番"良臣"和"忠臣"的讨论。当时是在一次比较轻松的谈话场合中，魏徵请求唐太宗让自己做良臣而不要做忠臣。太宗十分不解，就询问忠臣和良臣有何区别，魏徵答道："所谓'良臣'，应该像稷、契、皋陶那样，身获美名，君受显号，子孙传世，福禄无疆；而所谓'忠臣'，只能像龙逄、比干那样，身受诛夷，君陷大恶，家国并丧，空有其名。以此而言，二者相去甚远。"太宗点头称是。追溯魏徵的仕晋之路，我们可以清楚地看到，做一位"良臣"正是魏徵的为官标准。早年的魏徵曾是隋末农民起义领袖李密的智囊；后来又一度被太子李建成引为东宫僚属；当"玄武门之变"拉开大唐盛世的帷幕，魏徵的服务对象已经换成了贞观天子李世民。如果用比干的死忠标准衡量魏徵，魏徵绝对称不上是一位忠心事主的臣子，但是谁又会去指责他呢？良禽择木而栖，正是因为唐太宗接受了魏徵"兼听则明，偏信则暗"的建议，才开始了魏徵与唐太宗之间的"诤臣"与"明君"的交往史。没有唐太宗纳谏如流的胸怀，不可能成就魏徵的旷世之才；而缺少了魏徵这面镜子，离开了魏徵的犯颜直谏，或许唐太宗的英名也会失色不少。

关于魏徵与唐太宗的故事，两《唐书》俯拾皆是，不妨再讲一两个例子。据说有一次，唐太宗得到了一只鹞子，他爱不释手，非常喜欢。这一天，太宗正将小鹞子放在手臂上把玩，内侍忽报：

魏徵求见。太宗生怕魏徵批评自己玩物丧志，荒疏国政，于是赶紧将鹞子藏在怀中。魏徵进来后，一眼就瞧见了太宗怀中露出的羽毛，但他没有说破，而是继续郑重其事奏起事来。魏徵讲得滔滔不绝，太宗却心急如焚，但又不好中断魏徵的奏报。就这样，好不容易等到魏徵下殿，他赶紧从怀中掏出鹞子，结果已经被闷死了。

其实，一个皇帝对一个臣子"怕"到这种程度，正是缘于君臣共治氛围的形成。做臣子的知无不言，言无不尽，每当皇帝有差错，总是切中要害当面尖锐地指出，而做皇帝的所谓的"怕"，恰恰是因为不想做一个独夫寡人，需要听到不同的声音，以便及时校正自己的治世之舟的航向。

当然，位居九五之尊的皇帝也有面子挂不住的时候。太宗第四子李泰，封越王，是长孙皇后所生，聪敏过人，太宗甚是喜爱。有一天，他听说朝中三品以上官员都看不起越王，非常生气，于是就把三品以上官员都召来，当着他们的面大发雷霆道："从前的天子是天子，现在的就不是了吗？从前天子的儿子是天子的儿子，现在就不是了吗？你们食禄不忠，傲视越王，眼里还有我这个一国之君吗？"

太宗怒视群臣的时候，众大臣都噤若寒蝉，可魏徵却镇定地说道："臣以为群臣之中并无人敢轻视越王。古书上说，大臣和王子同等地位，如今，三品以上官员都位列公卿，即便对诸王稍有不是，也不该这样斥责大臣。过去隋文帝对诸子很放纵，结果最后亡了国，这是前车之鉴啊。"太宗冷静地沉思了一下，最终平息了怒气，他对群臣道："我的话只是出于私爱，而魏徵之言却本于国家大法。方才我发怒，自以为有道理，现在听魏徵一言，才知道错了。"说罢，竟当场奖励魏徵绢一千匹。

和魏徵一样，身为大理寺少卿的戴胄，也是在"贞观之治"这段"君臣蜜月"中值得一提的人物。太宗执政后，大力选拔官员，于是有人就浑水摸鱼，编造资历以图蒙混过关。太宗知道后非常恼火，下令凡伪造资历者即处死刑，可到了戴胄这里，他却依照法律条文将这些人判了流放，并将此判决上奏了朝廷。太宗知道后怒道："我都说了将这些造假者处以死罪，你却断为流放，这不是向天下人表示信义，你是不是收受了贿赂才这样做呢？"面对太宗的质问，戴胄道："陛下实在要杀他们，我也不能阻止，只是臣身为法官，受陛下和天下人之托，不敢不依法律。"太宗道："你要恪守法律，却让我失信于天下！"戴胄不卑不亢道："臣不这样认为，法律本身就是表明行大信于天下的，而言语往往因一时喜怒而发。陛下因一时之怒而要杀掉造假之人，这并非依法办事；既已知这不合法律而改为按法处理，这才是示信于天下，又有何不好呢？如果陛下坚持迁就自己的情绪而有法不依，臣也无可奈何！"太宗听后恍然大悟："卿能如此严格地依法办事，我还有什么忧虑的呢？"随后这件事就按戴胄的裁处办了。

上苑桃花朝日明，兰闺艳妾动春情。

井上新桃偷面色，檐边嫩柳学身轻。

花中来去看舞蝶，树上长短听啼莺。

林下何须远借问，出众风流旧有名。

——长孙氏《春游曲》

在以男性创作者为主的唐诗世界，长孙皇后的这首《春游曲》以一种婉约的姿态跃入我们的眼帘。"上苑桃花朝日明，兰闺艳妾动春情。"在姹紫嫣红的花园中款款踱步，长孙氏，这位十三岁嫁给李世民，二十五岁就成为一国母仪的女人，不仅姿容妍丽，举止贤淑，更精通经史，满腹才学。她的诗作常常被唐太宗拿来高声朗诵，赞不绝口。更重要的是，在"贞观之治"的"君臣蜜月"中，她和魏徵等众多忠直的谏臣一样，孜孜不倦地匡正着唐太宗的治世之鞭，只不过，她进谏的地点是后宫。这个深明大义的女人，没有在后宫这个向来妒火熊熊的地方点起一丝烈焰，却以另一种温婉得体的"枕边风"，吹走了冲动，吹开了理智，吹融了冰墙，成为唐太宗引以为豪的"贤内助"。

这是一个被载入史册的故事。有一次，唐太宗罢朝归来，怒气冲冲地说："我早晚要杀了这个乡巴佬！"长孙皇后忙问这个乡巴佬是谁，太宗没好气地说："还用说吗？就是那个魏徵！他总是在众人面前侮辱我，一点面子都不给我！"长孙皇后听罢，没有说话，悄悄退了下去。少顷，她又重新出现在了太宗面前。但这次出现却让太宗吃惊不小，因为长孙皇后已是身着盛装，这种盛装，只有在受册、朝会等国家大典时才会穿出来！就在太宗满脸疑惑之际，长孙皇后郑重地跪下来说："臣妾穿上朝服，是来向万岁祝贺的。"这一跪，更让唐太宗诧异，忙问："喜从何来呀？"长孙皇后说：

"臣妾听说，君主圣明，臣子才能耿直。魏徵敢犯龙颜，无惧无畏，是因为陛下开明豁达，不因逆耳之言而怒，不视直言之臣为仇敌。没有陛下的圣明，就没有魏徵的率直。国有良臣，是明君之德；国有明君，是万民之福。如此，臣妾怎能不贺呢？"唐太宗听后，立即转怒为喜。他深知，这样及时的规劝与提醒，是对自己帝王生涯的有效纠偏，而这样充满智慧的劝谏方式，更让唐太宗对长孙皇后生出了一份敬意：当帝国的马车一路纵横驰骋，朝中的文臣武将无疑是自己重要的依托，而放眼后宫，能够有这样一位知书达礼明辨是非的皇后，又是多么的重要！

正因如此，当长孙皇后香消玉殒于三十六岁的韶华之年，李世民"亲临宵载，义追深远"。他亲自为长孙皇后撰写碑文，泣不成声地对近臣们说："皇后在世时，每对我规谏，都能弥补我的过失，现在，再也听不到她的良言了，我失去了一位后宫良佐，怎不令人悲痛！"

如果说，从谏如流的风气让贞观君臣的关系变得亲密和谐，那么信任，则更像是这段蜜月里的一块重要基石。"用人不疑，疑人不用"，当一个皇帝能心怀坦荡，充分信任他的臣子，臣子们也便有了实干的底气和前行的动力。

作为"玄武门之变"的重要谋划者，房玄龄、杜如晦在贞观一朝所起的作用，堪称中流砥柱；而在"房谋杜断"成为"贞观之治"中一个重要关键词的背后，正是唐太宗对此二人的高度信任。贞观三年二月，房玄龄、杜如晦分别就任左、右仆射。仆射是一个起源相当早的官职，其称谓在秦律中就已出现，到了汉代，已经成为一个广泛的官号，自侍中、尚书、博士、谒者、郎以至军屯吏、驺、宰、水巷宫人皆有仆射。仆是"主管"的意思，古代重武，主射者掌事，故诸官之长称仆射，后来只有尚书仆射相承不改。到了唐代，因为唐太宗未即位前曾任过尚书令，所以此官轻不授人，以左右仆射代居尚书令之位，与中书令、侍中同为宰相。唐太宗对这两个职位是相当看重的，在房、杜二人走马上任之时，他曾语重心长地对二人说："你们既为仆射，就应当为朕广纳贤良，这是为宰相的本分。如果整日碌碌无为，怎能为朕求贤呢？"为了让二人专心选拔人才，太宗还专门下了一道敕令，将尚书省的许多细务都交由了左右丞管理，只有大事应奏，方用仆射。将为国选才之事悉数托付给房玄龄、杜如晦这两位一路从玄武门走到贞观朝的臣子，没有十足的信任，是万万做不到的。

房玄龄、杜如晦二人确实没有辜负唐太宗对他们的信任。房玄龄达于政事，尽心尽责；杜如晦引拔贤能，悉出公心。他们二人搭档，没有勾心斗角，配合默契，同心为国，堪称良相。曾有一个叫陈师合的监察御史，向太宗上《拔士论》，说一人不可总兼数职，矛头直指房、杜二人，可太宗却说："玄龄、如晦并非以勋亲故旧而居要位，而是因为其才能可以治理天下，你难道要离间我君臣吗？"不久即将陈师合流放岭外。皇帝自古多疑，周围人的一个"提醒"往往就能改变一个决定，尤其是当房、杜二人的权力过于集中，为皇帝的有被架空的担心亦属正常，但唐太宗的器局恰恰在此：既然我看准了你是治世之才，就给你充分的展示才能的空间，心无旁骛，不改初衷！

皇帝磊落如此，臣子还有什么可犹豫的呢？当这两位大唐贞观年间的"实权派"，不仅决定着当朝官员的晋升，而且，其他有关军国大事、行政事务，"每筹事"，太宗也"莫不从之"，房玄龄、杜如晦所表现出的，不是凌驾于众臣之上的洋洋自得，而是重达千钧的国家使命感。在这样一种使命感的带动下，房、杜二人日理万机，殚精竭虑。贞观四年（630），杜如晦最终积劳成疾，英年早逝，年仅四十六岁。太宗十分悲痛，废朝三日，过了很久，念念不忘，每当提及杜如晦，仍潸然泪下。他对房玄龄说："公和如晦共同辅佐我，现在只见到你，却见不到如晦了。"这是一个皇帝发自肺腑的声音，千载而下，我们仍然能听得很清晰。

杜如晦去世后，房玄龄少了一位默契合作的伙伴，其兢兢业业却更甚于前。贞观十一年（637），房玄龄受命修定大唐律令，他夙兴夜寐，对隋律和《武德律》进行了深入研究，"削烦去蠹，变重为轻"，定律五百条，立刑名二十等，比隋律减大辟九十二条，减流入徒者七十一条。又定令一千五百九十余条。并删改了武德以来的敕格，定留七百条，还对刑具的长短广狭作出了具体的规定，主持完成了《贞观律》十二卷，使唐初立法进一步完善。

太液仙舟迥，西园隐上才。

未晓征车度，鸡鸣关早开。

——李世民《赐房玄龄》

这首《赐房玄龄》，是唐太宗的感怀之作。在他看来，房玄龄因为一直在为国奔忙，为国选才，根本无暇游乐，与"太液仙舟"距离太远了。长安城四面都有城门，如果闭关拒才，谁能进来？可是如今呢，天未破晓，不远千里而来的英雄豪杰已经驱车入关，向长安进发，而这是因为：雄鸡初唱，关门就早已为他们打开；贤明的宰相，正在"西园"忙于援引他们呢！

对一个臣子能不吝赞美之辞，足见唐太宗对房玄龄的信任和倚重。正是因为这份信任和倚重，所以当房玄龄觉得自己居宰相之位日久，女儿已为韩王妃，儿子遗爱又娶了高阳公主，全家荣宠过重，主动请辞仆射一职时，唐太宗才诚意挽留，认为他若辞相，自己如失两手，力劝他如体力尚可，不要辞让；还是因为这份信任和倚重，当房玄龄在七十岁时去世，唐太宗特为其在凌烟阁画像中写赞语道："才兼藻翰，思入机神。当官励节，奉上忘身。"当公元七世纪初的中国君臣关系，通过这些赞誉之词折射出来，我们看到的，是不存隔膜的心声互答，是"士为知己者死"的不竭动力！

说到信任，还要提及魏徵。如果说房玄龄、杜如晦是唐太宗在做秦王时就结下的死党，对他们充分信任是自然的，那么对待魏徵，这个曾在东宫太子集团效力的智囊人物，唐太宗能够开诚布公，坦诚相见，则更让"贞观之治"这段"君臣蜜月"多了一分沉实的力量。

在魏徵的劝谏历程中，让唐太宗难堪的时候是非常多的。这位从不随波逐流的臣子，心昭日月，屡陈奏议，奏疏措辞激烈，却每次都能切中要害。面对这样一位诤臣，唐太宗除了要有一双善听的耳朵，更要有一颗不为谗言左右的心。小人往往是在皇帝气头上拱火的，在魏徵的一次进谏之后，有个别有用心的小人正是看到了唐太宗脸色沉郁，向他做了一个骇人听闻的密告：魏徵要谋反！听到这个如同炸雷般的消息，任何君主都会肩头一耸，而对于刚刚被魏徵在朝堂上顶得面红耳赤的唐太宗而言，这种瞬间爆发的可能性更是可想而知。然而，历史在这里记录下的，却是唐太宗的一声呵斥："魏徵是我过去的仇人，只因他忠于所事，我才选择重用，怎能妄加猜测！"唐太宗非但没治罪于魏徵，反而将那个告密者杀了。

事实上，唐太宗已经不止一次听到这样的谗言。还有人曾对他说："魏徵的建议和争论，翻来覆去讲个没完，不接受就不停止，这是拿您当小皇帝看，对陛下很不尊重。"这是一种相当阴险的挑拨离间，如果是一个无道之君听到这句话，魏徵断无活路，即便不被杀头，也会渐渐被踢出最核心的僚属阵营。但是，唐太宗却给出了这样的回答："我小时候没读过书，只习棍棒刀枪。起兵后立功封王，对治国道理也不够留心。做了皇帝，决心把国家治理好，要有所作为。当时，唯有魏徵教我以礼义、仁道治国，我接受了，感到有好处，就极力付诸施行，并把国家治理好了。这都是魏徵的力量，我因此特别敬重他。他的进谏，我能听从，并不是对他有什么私心。"

信任，就是君臣关系最好的黏合剂，当一个皇帝能做到用人不疑，为臣子的能量也便得到最充分的释放。贞观十年，魏徵因视力不好，请求辞职，太宗不许，最终在魏徵一再坚持下，才不得不解除了他职事官侍中的职务，批准他为散官。按理说，魏徵本可以就此颐养天年，但他仍旧坚持上朝，屡陈奏议。如是坚持了七年，最终一病不起。临终前，这位忠直的老臣还用自己颤抖的手写下了最后一道谏疏："天下的事情，有善有恶，任用善人国家就安定，任用恶人国家就衰败，公卿大臣中，感情有爱有憎，自己憎的就只看见他的恶，自己爱的就只看见他的善。爱憎之间，应当审慎，如果爱而知道他的恶，憎而知道他的善，除去邪恶不犹豫，任用贤人不猜忌，国家就可以兴盛了。"当唐太宗接过这纸字迹潦草的谏疏，悲痛不已，恸哭长叹："以铜为镜，可以正衣冠；以古为镜，可以知兴替；以人为镜，可以明得失……魏徵殂逝，遂亡一镜矣！"他命群臣将魏徵的这段遗言抄录在笏板上，如见他有过错，可以效仿魏徵，直陈君过。在模糊的泪眼中，唐太宗希望用这种方式纪念这位净臣，更希望用这种方式，复制出更多的魏徵，让自己的执政兴国之路走得更加稳健！

　　　　閶闔总金鞍，上林移玉辇。

　　　　野郊怆新别，河桥非旧饯。

　　　　惨日映峰沉，愁云随盖转。

　　　　哀笳时断续，悲旌乍舒卷。

　　　　望望情何极，浪浪泪空沾。

　　　　无复昔时人，芳春共谁遣。

　　　　　　　　——李世民《望送魏徵葬》

这首充满悲声的长诗，是唐太宗于魏徵的灵柩下葬之日泣涕而作。《新唐书·魏徵传》谓："是夕，帝梦徵若平生，及旦薨，帝临哭，为之恸。罢朝五日。太子举哀西华堂。诏内外百官朝集使皆赴丧。赠司空相州都督，谥曰文贞。给羽葆鼓吹，班剑四十人，陪葬昭陵。"我们完全可以想象这样一幅画面：一代诤臣出殡之日，在悲天恸地的哀乐声中，唐太宗眼含泪水，登上高台，目送着魏徵的灵柩渐渐远去。他知道，在贞观君臣的风云际会中，这位前后共上了二百余道奏疏的老臣，最终风流云散，魂归黄土，已经成为大唐王朝的永恒记忆；他更清楚，这种"生则共荣死则同哀"的"君臣蜜月"，只要有一颗治世雄心在，就不应休止！其任尚重，其路尚长，他必须慎终如始，风雨兼程！

　　回望"贞观之治"，我们发现，这段时期和谐的君臣关系，民主的空气是前提，彼此的信任是基石，而唐太宗不拘一格延揽人才的人才观，更是让"贞观之治"群星闪耀万马奔腾的重要支撑。

　　马周入仕的故事，一直为史家们津津乐道。这位活跃在唐初政坛上的明星级人物，是以"布衣宰相"载入史册的。据说马周自幼父母双亡，童年孤苦，但他却勤奋好学，通读经史，尤精《诗经》《左传》，且思维缜密，观点透辟，有口辩之才。因为出身寒微，加之恃才放旷，马周在入仕之前，曾经历过一段坎坷的人生低谷。武德初年，他曾在博州州学做助教，协助博士讲经，月俸不过一二贯。在这样一种拮据的生活状态下，心高气傲的马周索性玩世不恭，终日饮酒为乐，不务正事。博州刺史达奚恕对其屡加斥责，马周愤怒之下，拂袖而去。他先是在山东一带周游，不久，又来到了离长安不远的新丰镇。因为囊中羞涩，只好入住一家低档的旅店，店主看其贫寒，对其冷眼相待，甚至还出言不逊。不久，马周来到长安，在这座帝王之都，他通过朋友，投靠了当时的右骁卫中郎将常何，在他的府邸当了一个门客。

人生的机遇正是在这段时间出现了。贞观三年，天下大旱，严重的灾情已危及百姓的生产生活，唐太宗忧心如焚，多次率百官祈雨。求天不应，他便下诏命群臣结合朝政得失，上交一篇治国良策。诏令一出，满朝文武都如临大考，纷纷搜肠刮肚，倾其才智，希望在天子面前一展身手。在众臣上交的这份"作业"中，右骁卫中郎将常何的奏稿引起了唐太宗的注意，这是一份措辞华美、论述精辟、见解独到的奏稿，内中所陈二十余事直指彼时朝政中存在的诸多问题，看得太宗不禁击节称赞。然而很快，太宗就觉得不对，常何一介武夫，舞刀弄枪尚可，能将这二十余件事条陈得如此鞭辟入里，好像不太可能，况且通篇文采斐然，怎么看也不像出自不务诗书的武人之手。狐疑之下，他马上将常何召来询问，这常何倒也心胸磊落，直言这篇奏稿出自自己的门客马周之手。原来常何当天领命之后，回家愁眉不展，马周得知后，便主动提出替常何完成这篇奏稿。太宗听后非常高兴，赶紧派人前去召唤马周进宫，没想到马周却心高气傲，竟不肯应召。唐太宗不但没有生气，反而更觉得马周是个难得的人才，一共派出了四次使者，马周这才应召而来。唐太宗见到马周非常高兴，与其交流为政之道，马周侃侃而谈，引经据典，见解颇深，太宗相见恨晚，当即将其留在了门下省，不久，又授官监察御史。常何也因举荐有功，赐帛三百段。

由此，一介布衣的马周登上"天子堂"，得以施展自己的才能和抱负。贞观六年（632），马周上书唐太宗，对其为太上皇李渊大建宫室的做法提出了自己的看法。他在奏折中说："微臣每读经史，见前贤忠孝之事，臣虽小人，窃希大道，未尝不废卷长想，思履其迹。臣以不幸，早失父母，犬马之养，已无所施，顾来事可为者，唯忠义而已。"马周从自身经历说起，劝太宗应以发展国力为先，等到以后国力有余了，再修建宫室尽孝道也不为晚。太宗看过认为非常有道理，除了停止修建宫室，还加封了马周的官职。

贞观十一年，马周再次上书太宗，劝其要以隋亡为鉴，时刻记得隋亡的教训，不能因为天下刚刚平定就走隋炀帝的道路。只有让老百姓安居乐业，才能巩固唐朝的统治，才能使唐朝由乱到治。他还建议不要因增加国家的仓储，过多向百姓征收赋税。自古以来，国家兴亡不在积储多少，而在于百姓苦乐。隋朝仓储很多，最后却官逼民反，这个教训应当记取。太宗听后，深以为然。

在一些制度上，马周也是考虑周密。他曾建议在长安城中的主干道上设立警鼓，如遇上特殊情况，就命人击鼓为信，俗称"咚咚鼓"，节省了人力，提高了效率；他还建议用飞驿报警，收缴居住人地租，宿卫分大小两班轮流进行等。太宗都欣然采纳。

零落栖迟一杯酒，主人奉觞客长寿。

主父西游困不归，家人折断门前柳。

吾闻马周昔作新丰客，天荒地老无人识。

空将笺上两行书，直犯龙颜请恩泽。

我有迷魂招不得，雄鸡一声天下白。

少年心事当挐云，谁念幽寒坐呜呃？

——李贺《致酒行》

　　"诗鬼"李贺的这首《致酒行》，写于唐宪宗元和元年（806）。彼时，距离李氏子孙引以为傲的"贞观盛世"已经过去将近二百年，这个强大的帝国已经疲态尽显。作为李唐宗室的后裔，才高八斗的李贺也是心凉如秋，他满怀希望通过参加科举考试博取功名，不想竟被人以避他的父亲"晋肃"的名讳为理由，残酷地剥夺了考试资格，终生不能仕进。回乡途中，李贺借酒浇愁，遂写下了这首诗。毫无疑问，生于晚唐的李贺远没有马周幸运，同样都是满腹才学，李贺却怀才不遇，二十七岁便郁郁而终；马周尽管也是天年不永，死在了四十八岁的盛年，但这位"布衣宰相"毕竟实现了自己的人生目标，那就是佐明君，治盛世，为唐初的政治稳定经济发展贡献了一己之力。"周之遇太宗，顾不异哉！由一介草茅言天下事，若素宦于朝、明习宪章者，非王佐才，畴以至兹？"《新唐书》中的这段文字，让"马周入仕"的故事成为大唐帝国君臣和谐的典型案例，作为这个故事的另一个主角，唐太宗不拘一格的人才观更是跃然呈现，力透纸背！

　　"何代无才，但患遗而不知耳！"一千三百年过去，唐太宗的这句话仍振聋发聩，掷地有声。其实马周由一介草民而至卿相，是马周之幸，更是贞观这个年号的幸运。贞观朝，唐太宗曾多次下达求贤举才的诏令，提出"但能举用得才，虽是子弟及有仇嫌，不得不举"。他号召朝中大臣要善于发现和举荐贤才，一经认可，立即破格任用。还是在贞观朝，唐太宗进一步完善了武德年间的科举制度，与此同时，大办学校，国家设国学、太学，州设州学，县设县学，从而打通了锻造和输送人才的通道。仍然是在贞观朝，这个目光高远的皇帝打破了门阀之见，将选才的目光从自己的关陇集团跳开去，大量起用中原和江南地区的能臣……当这个宏大的人才群体最终以生存背景的多元化和身负才能的个性化构成"贞观之治"的星斗，我们看到的，是他们的忠诚，他们的智慧，他们医治乱世创伤的能力，他们清除发展障碍的勇气！

贞观十七年（643），位于长安城大内北的三清殿东侧，一座并不起眼的殿阁，骤然成为朝野上下关注的焦点。这座殿阁名为凌烟阁，就在这一年二月，唐太宗下了一道特别的诏书，命著名画师阎立本和深得王羲之神妙的著名书法家褚遂良为二十四功臣画像题诗，并将这些齐人高的画像悬挂于凌烟阁中。诏书中说："自古皇王，褒崇勋德，既勒名于钟鼎，又图形于丹青，是以甘露良佐，麟阁著其美；建武功臣，云台纪其迹。"此二十四人，"宜酌故实，宏兹令典，可并图画于凌烟阁，庶念功之怀，无谢于前载，旌旗之义，永贻于后昆"。这纸诏书说得很清楚，二十四张图像所绘，或是打天下的功臣，或是安天下的良佐，图形于此，是为了褒奖他们的勋德，怀念他们的功业，为后世树立标杆。

还是让我们检阅一下这个由唐太宗反复权衡，甚至连画像的位置都精心安排的贞观朝核心人才方阵吧，他们是：长孙无忌、李孝恭、杜如晦、魏徵、房玄龄、高士廉、尉迟敬德、李靖、萧瑀、段志宏、刘弘基、屈突通、殷开山、柴绍、长孙顺德、张亮、侯君集、张公谨、程知节、虞世南、刘政会、唐俭、李勣、秦琼。这二十四幅栩栩如生的画像，昭示着贞观君臣彼此的信任，昭示着朝堂上下和谐至诚的政治氛围，更昭示着大唐初期人尽其才的治世表情。

> 当年胆略已纵横，每见妖星气不平。
>
> 身贵早登龙尾道，功高自破鹿头城。
>
> 寻常得对论边事，委曲承恩掌内兵。
>
> 会取安西将报国，凌烟阁上大书名。
>
> ——张籍《赠赵将军》

"会取安西将报国，凌烟阁上大书名。"自贞观十七年，凌烟阁便名声大噪，大唐社会朝野上下，都以"图形凌烟阁"为莫大荣耀。在大唐三百年帝业中，最后累计被"请"进凌烟阁的功臣有一百三十余人！尽管凌烟阁最终毁于战火，但这座星光闪耀的楼阁已注定成为一个辉煌帝国的重要记忆。这段记忆，从"贞观之治"开始，从一段后世罕有的"君臣蜜月"开始，一直延伸到历史的深处……

贞观思路

　　纵观贞观一朝，我们在感慨唐太宗和他的群臣所创下的文治武功的同时，自然会抛出这样的疑问："贞观之治"的活力之源是什么？从征战中建立的政权到威服四海的帝国，经历了怎样的路线图？在《贞观政要》和《资治通鉴》、两《唐书》中爬梳，我们发现，答案就在这些笼罩着历史烟尘的文字中。

　　贞观二年正月，唐太宗曾和魏徵进行过一次特别的对话。太宗问魏徵："明君和暗君，他们的本质区别是什么？"魏徵答道："兼听则明，偏信则暗。"在他看来，英明之君一定是一位善于倾听的君主，而昏暗之君最后身死国灭，一定是因为偏听偏信专宠奸佞的结果。唐太宗点头称善。这段对话，拉开的其实是一段"贞观君臣论政"的序幕。面对刚刚接手的王座，唐太宗李世民没有志得意满，反而更加如履薄冰。正因如此，在此后数年间，他在许多重大问题的决策上，都和他的臣僚们广泛讨论，深入研究。这些臣僚全都深谙儒家的经典治术，他们会一针见血地指出问题的症结所在，及时地为唐太宗搬出历史的教训。当然，他们也不是一味泥古之辈，在热烈的讨论中，他们更会以建设性的意见，促成国家战略的落实与执行。

由此，我们便记住了这些在大唐初年参与思想大讨论的一干臣子，他们是：魏徵、房玄龄、杜如晦、虞世南、褚遂良、温彦博、刘洎、马周、戴胄、岑文本、孔颖达……这些臣子活跃于贞观朝的各个阶段，而从这份名单中，我们可以发现，"贞观之治"，本身就是思想之治，正是在反复和长期的君臣磋商中，"贞观"这个代表着盛世的年号，才得以稳健地前行。

还是让我们看看贞观君臣们都讨论了些什么话题吧。

"大乱之后，其难治乎"，唐太宗将这个话题率先从雄伟的太极殿抛出。贞观初年的大唐社会，尽管经历了高祖李渊的整饬，但民生凋敝、土地荒芜。经历长年战乱，人口已经大大减少，全国户口只剩下三四百万户，遍地饿殍、卖儿鬻女的惨境，在消弭着百姓对这个新兴王朝的信心；一些皇亲贵胄，自恃掌控部分兵权，开始公然和朝廷叫板，如据守幽州的庐江王李瑗、泾州总管罗艺，都曾经发动过兵变，企图推翻唐太宗的统治，虽然此二人最终兵败被杀，但唐太宗心头的危机感却并未消除。在唐太宗看来，大乱之后，急于求治，绝非一件易事。

如同一枚石子投入水中，这个话题一经提出，很快就在群臣中激烈地辩论开来。魏徵的态度无疑是坚决的，他认为，大乱之后其实是容易治理的——大凡人在垂危的时候，就怕死亡，怕死亡就想求治，求治就容易治理，这如同饥者思食物，渴者思饮水，其道理是一样的。太宗马上追问："有作为的人治理国家，要使天下完全大治也要上百年时间，而如今正处于大乱之后，能很快达到天下大治吗?"魏徵答道："这是指一般人而非圣明君主说的，圣明君主治理国家，上下一心，四方同合，就像发声回音那样快，并非什么难事，一年之内就能见到成效!"

魏徵话音刚落，封德彝，这个隋廷降臣马上提出反对意见："夏商周三代以后，人心一天比一天轻薄奸诈，秦朝用苛法，汉朝又加以霸道，都是想把天下治理好，可是都没有做到，这都是人心不古的缘故。如果听信魏徵的话，国家迟早要败乱!"在他看来，只有施行严刑峻法，才能加强统治的力度，话音一出，附和者众。

魏徵不急不恼，继续慷慨陈词："三皇和五帝不必交换而进行治理，行三皇的治道就能实现三皇的治理，行五帝的治道就能实现五帝的治理，只是在于当时的教化罢了。黄帝和蚩尤打仗七十余次，天下可谓混乱至极，但黄帝取胜后，天下并未因此影响治理；夏桀残酷统治，商汤将其赶跑，而在商汤统治时代，社会即达到了安定状态；殷纣荒淫无道，周武王起兵灭之，周朝很快就得到了治理。如果说人心不古，变得越来越轻薄奸诈，那么到今天就该变成鬼了，还怎么进行教化呢? 所以，百姓是可以教化的，关键在于执政者，只有无能之吏，绝无不可化之人。"

这是一场载入《贞观政要》的著名辩论，最终，明智的唐太宗采纳了魏徵的建议，他克服了畏难情绪，开始着手设计真正属于自己的帝国弈局。一千三百多年过去了，这位贞观天子绝对不会想到，正是他在这场辩论中的立场和态度，直接决定了"贞观之治"的历史走向。就在此后，他又采纳了魏徵提出的"偃武修文"

的主张，即少用武力，实行文治，以"王道"而不是以"霸道"为立国方针，对百姓实行"仁政"，将"抚民以静"作为一条重要的治国方略，运用在各项政策的制定施行之中。事实证明，这样的治国理念是极为重要的，若干年后，唐太宗曾深有感触地对群臣说："贞观初年，群臣都说大乱之后难以大治，只有魏徵不同意，劝我行帝道、王道，我听其言，仅短短几年，就取得了国家安宁突厥归附的成功，这都是得力于魏徵啊！"

> 萧条起关塞，摇飏下蓬瀛。
> 拂林花乱彩，响谷鸟分声。
> 披云罗影散，泛水织文生。
> 劳歌大风曲，威加四海清。
>
> ——李世民《咏风》

作为贞观朝存诗最多的诗人，唐太宗的诗歌中托物言志之作比比皆是，这首《咏风》诗便是其中的代表作。穿行于诗歌的前六句，我们看到的是唐太宗对风的绮丽玄想，从山林、山谷写到云霞和水中的波纹，极尽风的形态，当然，最重要的还是最后两句"劳歌大风曲，威加四海清"，将汉高祖刘邦的《大风歌》糅杂进来，其志已跃然纸上。这位马上天子凭轩临风，面对着刚刚平定的天下，他希望，自己的王朝也应像当年刘邦创汉一样，威加海内，天下清宁。

正因如此，在贞观群臣论政的过程中，"创业与守业"，也成为一个核心问题，引发了朝臣们的深入思辨。房玄龄认为："天下大乱之时，群雄纷纷起兵，攻城略地，战争激烈，创业之难，显而易见。"魏徵却认为："君主打天下，是在混乱中消灭敌对势力，能够得到百姓的拥护，各地纷纷归附，因而，草创大业，并不为难。然而，得到天下之后，容易骄傲自满，享乐腐化。百姓希望安静，但徭役征调不止，社会已经残破，但奢侈浪费不减，国家衰弱的弊端往往从这里开始。如此说来，安天下、维持统治是困难的。"

这场对话，发生在贞观十二年（638）。当时，唐太宗听罢两位臣子的对话，已经对"创业"与"守业"有了一定认识。他说："房玄龄随我打天下，备尝艰苦，所以体会到创业之难；魏徵同我守天下，常恐因一时疏忽造成祸乱，所以体会到守业之难。而今，创业时的艰难已成过去，守业的艰难正摆在我们面前，愿我君臣慎重对待。"到了贞观十五年（641），也就是事隔三年之后，唐太宗在"守业"与"创业"的天平上，和大臣们探讨得更加深入。他问大臣们："守天下难易？"魏徵抢答道："甚难！"唐太宗遂道："任用贤才，接受忠谏，即不为难，你怎么还认为难呢？"魏徵说："臣观自古帝王，在忧危之时往往能够任贤纳谏，但等到安乐之后，便有些懈怠了，这样时间既久，便会导致危亡。古之圣人之所以居安思危，正是这个道理。"太宗听罢，深以为然。

沿着《贞观政要》行走，我们可以发现，唐太宗与大臣们关于"创业难，守业更难"的认识是不断完善和提升的，尤其是在贞观一朝的前半期，这种居安思危、慎终如始的执政理念，更是画出了一道不断上升的轨迹。在这条轨迹上，我们看到的是一代盛世君主的朝乾夕惕，是一批股肱之臣的锐意进取。贞观君臣们不会想到，他们明确提出的"创业难，守业更难"这条治国理政思想，会被后世历代王朝奉为圭臬，明朝时，皇帝甚至派专人每天在宫中大呼此语，以警君臣，足见影响之深远。

当然，贞观群臣的讨论还涉及很多方面，如安边问题、择官问题、节俭问题、礼乐问题、务农问题、崇儒问题、刑法问题等。当思想的碰撞与交锋成为"贞观之治"最醒目的标识，我们就会发现，"贞观之治"的出现不是历史的偶然，而是一个进取的王朝所呈现的必然。随着思想的碰撞与交锋成为常态，每一项最终达成的思想共识势必夯实这个新兴王朝的发展基石，而在这个基石上矗立起的，注定是一座光耀史林的治世丰碑。

在思想统一之后，如何在制度上予以保障，从而使治世的马车不至于偏离轨道，一路疾驰？唐太宗和他的臣僚们从贞观之始，就已经开始有条不紊地做着这项工作。

在前一章，我们已经对唐高祖李渊的执政做过一些基本的勾勒。这位曾经的隋廷重臣，在创建了自己的王朝之后，无论从官僚集团的整体架构还是兵制法制土地制度的确立上，基本都沿袭了他最熟悉不过的隋制。当然，在此基础上，他也做了很多大胆的创新和尝试，如将隋朝的"五省六部制"改进为"三省六部制"，进一步完善了科举制，等等，但由于历史给他的时间太短，他的想法也许还未完全施展出来，就已匆匆落幕。因此，当他的次子李世民即位，这个王朝的整体运作机制，还存在诸多的问题，对这些问题的处理，直接考验着唐太宗李世民的治世之能。

　　首先要解决的是在武德朝遗留下来的一个非常棘手的问题，那就是官僚集团的臃肿和庞杂。唐高祖李渊在位时间虽然仅仅八年，但这八年间，被提拔的朝官竟达到了七千多人，这个数字，几乎是隋朝朝官的三倍。李渊之所以如此，也许是一种无奈之举，经历隋末的烽烟，许多隋朝的官员和士族子弟都成了义军的刀下之鬼，剩下的一些士大夫阶层一是出于人身安全的考虑，二是对刚刚建立起来的唐朝政权并不抱有多少信心，很多人都不想出来做官。为了弥补官员的空缺，李渊于是大量任命官员。据说，他在从太原起兵进军关中的途中，一边询问功业和才能，一边手记官秩，一天最多时竟任命了一千多人。政权建立后，他着吏部拿着文牒到各个州县督促选调官员，道远的还供给饮食，即便如此，很多人仍旧心怀惴惴。为了更好地调动起这个僚属集团的积极性，李渊随后新设了许多的州县，作为一种犒赏的方式，交给了他的一些功臣宿将去治理，大批皇室成员和相当多的外戚更是个个封官晋爵。当这个新兴王朝的官僚体系逐渐膨胀起来，冗官冗费问题势必成为阻遏其发展的羁绊。

　　正因如此，"官在得人，不在员多"，便成为唐太宗李世民让房玄龄负责裁汰冗官时发自肺腑的一句话。在唐太宗看来，这样臃肿的王朝之身早已到了应该"减肥"的地步。至于怎么减，减多少，唐太宗也给房玄龄定了一个原则，那就是任官唯贤，去弱留强。武德年间那些"口询功能，手注官秩"和"拥众据地"因而得官的显然在裁汰之列。得到旨令的房玄龄随即大刀阔斧雷厉风行地开始了一场精简朝官的风暴，这场风暴过后，京师的文武官员仅留下了六百四十三人，这个数字，意味着裁去了十分之九的朝官。与此同时，唐太宗在地方上，同样也采取了雷霆手段。他开始大规模地合并州县，根据山川形势，将全国分为十道，即关内道、河南道、河东道、河北道、山南道、陇右道、淮南道、江南道、剑南道、岭南道。并减后的州府共三十五个，比原来减少了近三分之一，并减后的县共有一千五百五十一个，比原来减少了近一半，行政机构"消了肿"，自然官员就大量精简了。而当我们翻开《贞观政要》还会发现，贞观君臣们关于"封建"问题曾展开过激烈的讨论。"封建"即"封邦建国"，是古代王国分封诸侯建立地方邦国政权的一种制度。即位之初，唐太宗曾一度想行封建之法，分封功臣和王室，以作屏藩，但最终在魏徵、李百药等人的谏议下没有成为现实。这个头儿没有开的最直接好处，就是强化了中央集权，和整个唐帝国的精简机构裁汰官员相呼应，打造出了一支精干的官员队伍，提高了效率，从而保障了国家机器的高效运转。

未央钟漏晚，仙宇蔼沉沉。

武卫千庐合，严扃万户深。

左掖知天近，南窗见月临。

树摇金掌露，庭徙玉楼阴。

他日闻更直，中宵属所钦。

声华大国宝，夙夜近臣心。

逸兴乘高阁，雄飞在禁林。

宁思窈抃者，情发为知音。

——张九龄《和许给事中直夜简诸公》

　　张九龄的这首诗，是写给他的一位姓许的同僚的和诗。从题目得知，这位玄宗朝的许姓官员的官职是给事中。"未央钟漏晚，仙字蔼沉沉。武卫千庐合，严扃万户深。"时任宰相的张九龄用灿然的文字，描绘出了这位许姓给事中值夜班的情景。给事中究竟是怎样一个官职呢？唐高祖李渊依托隋朝架构，设置了"三省六部制"的官僚体系，即中书、门下、尚书三省掌握主要行政权力，其中中书制策、门下审议、尚书执行，尚书省的执行部门又分为六部。作为门下省的一个属官，给事中一项重要的职能就是"封驳"，而"封驳"，恰恰是贞观治世的一个重要标志。

　　所谓"封驳"，即指封还皇帝失宜的诏命，驳正臣子有违误的奏章。封驳一般采用的都是密封，除了防止泄露，更重要的还是为了维护皇帝的面子。白居易曾给了封驳一个清晰的解释："凡制敕有不便于时者，得封奏之；刑狱有未合于理者，得驳正之；天下冤滞无告者，得与御史纠理之；有司选补不当者，得与侍中裁退之。"虽然这个名词并非始自唐代，早在汉朝就已出现，但真正将其作为一项制度固定下来，却始自贞观朝。在对皇权的制约和对"三省"的平衡中，封驳的作用不容小觑。

　　我们且来看一下"三省"的工作流程：凡军国大事，由中书省中一位中书舍人执笔，另外五位中书舍人则需加入自己的意见并署名，是谓"五花判事"，随后，经中书侍郎和中书令审议后草拟敕诏，转给门下省；门下省掌审议的副署权，每道政令，须经门下省副署方能生效，在门下省，侍中、黄门侍郎的职责是审议，给事中的主要职责是封驳，在这一道关口，门下省官员有权在不适宜的敕诏上直接涂窜封还，谓之"涂归"；一旦敕诏可行，则经门下省签发给尚书省，再由六部分头执行。

通过审视这样一个流程，我们可以发现，封驳，正是其中最关键的一环。在封驳制的约束下，涉及政治、经济、法律、军事及帝王的巡游、外戚的不法、宗室的家事等军国大事，都得到了有效的监督，君臣之间、部门之间、中央与地方之间的矛盾减少了，由朝廷发出的每一道政令也因此尽可能地做到了"零失误"，并能得到有效的执行；而随着与之配套的谏议制度的施行，各级官员更被朝廷告之，针对"人主所行不当"，尽管提出驳议，许多提出驳议的大臣还会得到赏赐和嘉奖。

制度的约束与其说是这个新兴王朝的"紧箍咒"，莫如说是这个新兴王朝的"推进器"。回溯这个结构缜密的"推进器"，我们还可以看到的，就是监察制度的有力推行。

这是发生在贞观元年（627）的一件事。长孙皇后的族叔长孙顺德因为贪图小利，收受了别人的贿绢，事发后，太宗十分生气地说："顺德如真能有功于国，我愿与他同享府库，可为什么要贪冒如此呢？"他本想将其治罪，但后来念其有拥立之功，再加上是皇后的族叔，于是他以另一种方式对长孙顺德进行了惩戒，那就是在朝堂之上，当着满朝文武的面，赏给了他数十匹绢。对这种特殊的"惩罚"方式，众臣都不理解，太宗遂笑道："这几十匹绢就是对顺德最严厉的惩罚，人都是有自尊心的，他得绢之后，必定羞愧自省，如果他木然无耻，杀了他又能怎样呢？"果然，收到这份特别的"赏赐"之后，长孙顺德羞愧难当，最终痛改前非。

这个发生在贞观初年的故事从一个侧面折射出唐太宗刷新吏治惩贪治赇的决心。为了更好地施行自己的想法，唐太宗恢复了隋朝的监察制度。中央的最高监察机关称作御史台，长官是御史大夫，他们是皇帝的耳目，无所不纠，无所不察。唐太宗对他们给予充分信任，并给了他们很高的权力，多"参与朝政"行使宰相之职；但同时，唐太宗又对御史大夫的选拔格外慎重，并不以他们的一次劾奏轻易治人以罪。正是这样一种监察机制的保障，使得唐太宗廓清吏治的想法变成了雷厉风行的行动，而担负这一使命的御史大夫们也都不敢滥用自己手中的权力，既保证了行政效率，又保证了监察制度的权威。回望贞观朝的几任御史大夫，杜淹、温彦博、韦挺等人，都是不避权要秉公而断之臣，他们的目光所及，耳力所及，震慑着唐初的官僚体系，更成为"贞观之治"的重要准绳！

北风卷地白草折，胡天八月即飞雪。

忽如一夜春风来，千树万树梨花开。

散入珠帘湿罗幕，狐裘不暖锦衾薄。

将军角弓不得控，都护铁衣冷难着。

瀚海阑干百丈冰，愁云惨淡万里凝。

中军置酒饮归客，胡琴琵琶与羌笛。

纷纷暮雪下辕门，风掣红旗冻不翻。

轮台东门送君去，去时雪满天山路。

山回路转不见君，雪上空留马行处。

——岑参《白雪歌送武判官归京》

　　这首脍炙人口的边塞诗，出自盛唐时期著名的边塞诗人岑参之手。其为贞观名臣岑文本的重孙，于天宝三载（744）高中进士，初为率府兵曹参军，后两次从军边塞，先在安西节度使高仙芝幕府掌书记；天宝末年，封常清为安西北庭节度使时，为其幕府判官。长期的戍边生涯，将他的诗歌打磨成了真正的风刀霜剑，其浪漫的缅想和壮逸的情怀更使其在高手林立的大唐诗人中脱颖而出，独擅胜场，尤其是这首《白雪歌送武判官归京》，更是成为大唐边塞诗的压卷之作。

　　当我们从岑参壮魄的诗行中跳脱出来，唐代的军制便成为一个重要的话题。在前一章，我们曾述及唐高祖李渊时代的府兵制。唐太宗即位后，进一步对府兵进行改革，于贞观十年下令仿照隋朝鹰扬府和武德朝十二道府兵建制，于全国各地设置折冲府，"更号统军为折冲都尉，别将为果毅都尉，诸府总曰折冲府。凡天下十道，置府六百三十四，皆有名号，而关内二百六十一，皆隶诸卫"。府分三等：上府兵一千两百人，中府兵一千人，下府兵八百人。每府的最高长官为折冲都尉。关内道列置军府二百六十余个，目的在于保卫唐朝统治中心关中地区；河东道、河北道列置军府一百七十余个，以防突厥侵扰；河南道列置军府六十余个，以控中原，保卫仓储运道；其余各道，多者二十余，少者一两个，简单维持而已。从这种军事布局可见，府兵承担的主要任务便是宿卫京城，距长安城较近的关内、河东、河北、河南诸道府兵，成为重要的军事力量，这几道府兵兵额已占全国府兵总数的三分之二以上；而戍边或留本地服役，则多由距京城较远的陇右、剑南、河北、江南、淮南、山南、岭南诸道府兵担任。戍边府兵，系分番轮驻，留本地服役，则从事警备及其他治安事务为主。

再来看府兵的编制和装备：折冲府置折冲都尉一人，左右果毅都尉各一人，长史、兵曹、别将各一人，校尉六人。兵士以三百人为团，团有校尉；百人为旅，旅有旅帅；五十人为队，队有队正；十人为火，火有火长。军士自备必要的武器粮饷，《新唐书·兵志》载：每火"备六驮马"以及"乌布幕、铁马盂、布槽、锸、凿、碓、筐、斧、钳皆一，甲床，镰二"。每队备"火钻一、胸马绳一、首羁、足绊皆三"。府兵每人准备"弓一，矢三十，胡禄（载矢器具）、横刀、砺石、大觿（解结锥）、毡帽、毡装、行（裹腿）各一"。军士的来源，"皆取六品以下子孙及白丁无职役者点充"。免课役。三年一检点，二十岁应役，六十岁免制，士兵挑选的条件则是"户殷、丁多、人材骁勇"，三丁取其一。

除此之外，翻开《新唐书·兵志》，我们还能看到，中央政府对府兵的校阅有着严格的规定，府兵在农闲时期要进行军训，每年冬末还要以大狩猎的形式进行军事演习。而马上天子唐太宗对府兵的重视更是身体力行，曾亲率京师诸卫教习骑射，优者奖励，赐以弓刀绢帛，将帅也记功嘉奖；教习不精者，所属州府折冲都尉都要受罚。正因如此，将士们日常的训练丝毫不敢懈怠，唐廷府兵的战斗力由此极大提升。

当然，仅有府兵这样的卫戍部队还不够，防御外患、捍卫边疆的镇兵和大规模军事行动时临时征召的募兵，共同构成了唐王朝的武装力量。为了保持优越的武装力量，特别是为了供应骑兵的装备，唐中央政府还大量收购和养牧军马。当西起陇右、金城，东至银、夏、楼烦的牧场群成为当时世界最大的国家养马场，当奔腾的马群以万里烟尘勾勒出这个新兴帝国的疆域，唐太宗，这位英姿勃发的皇帝，已经以有条不紊的推进，夯实完善了王朝的军事格局，更加自信地握紧了手中的马鞭，在自己的帝王生涯里，信马由缰，一骑绝尘。

> 凭轩俯兰阁，眺瞩散灵襟。
>
> 绮峰含翠雾，照日蕊红林。
>
> 镂丹霞锦岫，残素雪斑岑。
>
> 拂浪堤垂柳，娇花鸟续吟。
>
> 连甍岂一拱，众干如千寻。
>
> 明非独材力，终藉栋梁深。
>
> 弥怀矜乐志，更惧戒盈心。
>
> 愧制劳居逸，方规十产金。
>
> ——李世民《初春登楼即目观作述怀》

研读唐太宗的诗歌，我们会发现，他的作品中有相当一部分是登临之作，这首《初春登楼即目观作述怀》便是其中的代表，而这类诗歌的结构也多是前半部分写景状物，后半部分遣志抒怀。不可否认，唐太宗的写景咏物诗在一定程度上还留有齐梁时期过于雕琢的痕迹，但这位皇帝对民瘼的关心，却涌动在字里行间，千载而下，我们仍能感受得到。"弥怀矜乐志，更惧戒盈心。"弥漫在唐太宗心中的这种"惧"，其实正和他经常挂在嘴边的"水能载舟，亦能覆舟"一样，不断敦促警醒着他休息养民，以民为本。正因如此，在贞观一朝，"去奢省费，轻徭薄赋，选用廉吏，使民衣食有余"，便成为他和僚属们制定和出台社会经济政策的立足点和出发点。

我们不妨先从土地政策上，看看这位在名字中寓意了"济世安民"的皇帝是如何操作的。应该说，李渊在内禅之前，他最起码完成了一个有生命力的王朝所应有的最初架构，而作为他的继任者，唐太宗李世民之所以能将这个王朝迅速推向鼎盛，则离不开其对既定政策的坚持与完善。武德朝的均田制可以说开了个头，到了贞观朝，我们发现均田制已经较前代做了更多的变通。比如贞观时期的均田令规定：授田有先后之分，纳赋税的先授，不纳赋税的后授；贫穷的先授，富裕的后授；无地的先授，少地的后授。这样的改进可以说尽可能做到了"耕者有其田"，减少了失地流民的存在。再比如，均田令还鼓励地少人多授田不足的"狭乡"农民移居到地广人稀的"宽乡"从事农业生产，以便给足田数。为了使农民乐于移居宽乡，还采取了减免租税的措施。

与灵活多变的土地政策相配套的，是中央政府对农民经济利益的保护。为了平抑物价，稳定市场，朝廷特设了常平监官，对市场进行宏观调控。物价下降时，常平监官会以官府名义收购商品，主要是粮食商品，上涨时则将这些商品抛售出去，以保护百姓的利益。正因如此，在贞观初年，出现了"天下大稔，流散者咸归乡里，米斗不过三四钱，……东至于海，南极五岭，皆外户不闭，行旅不赍粮，取给于道路"的景象。

当然，治国不可无法，接下来我们再来审视一下贞观年间的法律。沿袭其父李渊时期的《武德律》，唐太宗即位伊始，就秉承仁本宽刑的宗旨，对现行法律进行修订和完善。贞观元年，他命吏部尚书长孙无忌、房玄龄与诸学士、法官共议律令，取消了五十多种死刑。最初他曾将死刑改为断右趾，后仍觉残酷，便采纳了法曹参军裴弘献之议，改为流刑。此后，他又多次组织专人研讨和编纂，最终于贞观十一年，在房玄龄的主持下完成了《贞观律》十二卷。

在法律执行上，唐太宗不仅对死刑的判定十分重视，要求必须通过中书省和门下省官员以及尚书九卿共同决策，谓之"三奏五覆"，统之于大理寺，案情重大无处伸冤者可直接向皇帝申诉；更主要的是，唐太宗还能率先垂范。他的儿子吴王李恪曾因狩猎毁坏了百姓的庄稼，结果受到了官职被免、削去三百封户的处罚；他的外甥——扬州刺史赵节因参与谋反获罪，太宗也不为其姐长广公主的哀求所动，最终将赵节依法斩首。"法者非朕一人之法，乃天下之法。"当这句录入史册的话出自公元七世纪的皇帝之口，我们看到的，正是缔造一个盛世所必需的基础和前提，那就是：以人为本的民本思想和不折不扣的法治精神！

至此，我们已经基本厘清"贞观之治"的活力之源：日趋完善的制度保障，让这个王朝稳扎稳打，步步为营；注重社会现实的民本思路，让物阜民丰的梦想很快变成了现实。"大乱之后，其难治乎"的讨论之声依旧在太极殿上绕梁不绝，但贞观君臣的勠力同心，肝胆相照，却早已让这个刚刚在废墟上建立的王朝呈现出一派盛世景象。到贞观二十三年（649），全国的人口数量已由武德年间的两百余万户增加到了三百八十万户，比高祖时期增加了一百八十万户。当百姓安居乐业，社会生产力迅速提升，整个国家机器的运转灵活而有效，大治局面已经水到渠成，顺理成章。

"天可汗"

　　出陕西礼泉县城西北二十余公里，你会看到一座绵延起伏的大山——九嵕山。这里山势突兀，地处泾河之阴、渭河之阳，南隔关中平原，与太白、终南诸峰遥相对峙；东西两侧层峦叠嶂，主峰周围均匀地分布着九道山梁。古代把小的山梁称为嵕，九嵕山因而得名。

　　当然，九嵕山的名气不在山，而在陵。一座昭陵，让大唐王朝的王气与霸气在这里尽数收伏，两百平方公里的占地，一百九十余座陪葬墓的规制，使这里成为中国历代帝王陵寝中规模最大、陪葬墓最多的一座。即位之初，唐太宗曾欲效仿汉高祖刘邦的长陵修建自己的陵寝，但精通经史的虞世南却认为汉制既劳费民力，还使盗贼生心，所以汉陵大都被盗，帝王尸骨也散落于野。他建议太宗应像尧帝那样，因山为陵，陵内不藏金玉，并在陵外立碑予以说明。最终，唐太宗采纳了虞世南"因山为陵"的建议，决定选择九嵕山作为昭陵陵址，并诏令子孙"永以为法"，开创了唐代帝王陵寝制度"因山为陵"的先例。贞观十年底，唐太宗首葬长孙皇后于昭陵后，即于第二年二月制《九嵕山卜陵诏》，除明确规定把昭陵作为自己和皇后的陵墓外，还号召文武大臣及皇亲国戚死后陪葬昭陵。在太宗的号召下，文武大臣和皇亲国戚都以陪葬昭陵为荣，从贞观年间开始，直至开元年间，有数百位显赫人物陪葬昭陵，从而形成了一个庞大的帝王陵园。

行走昭陵，在林林总总的陪葬墓中，数座少数民族将领的陵墓尤其引人关注，如突厥处罗可汗的儿子阿史那社尔，铁勒部的哥论易勿施莫贺可汗的孙子契苾何力，突厥酋长执失思力等。这是一个十分罕见的现象，在历代帝王陵寝中堪称凤毛麟角。透过这些陪葬墓的荒烟蔓草，听着九嵕山的阵阵松涛，一个问题也随之而来：这些强悍的少数民族首领，究竟经历了怎样的路径，最终臣服于贞观天子的脚下？一座昭陵，又潜藏着唐太宗治世的多少密码？

让我们把视线重新拉回到公元626年。这一年，在唐太宗李世民的生命记忆中，铭刻着两件大事：一件是登基即位，统驭宇内；还有一件，就是铤而走险，在渭河便桥喝退突厥大军。事实上，突厥一直是唐廷不愿提及的字眼。这个建立在马背上的汗国自隋朝开皇三年（583）分裂为东西两部之后，紧邻中央政权的东突厥汗国就一直在积蓄着力量。待到隋末大乱，东突厥的始毕可汗更是迅速崛起，达到了"戎狄炽强，古未有也"的极盛程度，以至于当年李渊酝酿起兵，为了稳住后方，不得已屈辱地向始毕可汗称臣。及至建国，突厥的数次骚扰仍是唐高祖挥之不去的梦魇，他甚至想过迁都，以避开突厥的锋芒。当唐太宗即位，尽管据传其仅凭六骑便逼退了来犯的突厥，但杀白马而与颉利可汗结下的"渭水之盟"，却总是在唐太宗眼前浮现着屈辱的血意。毕竟，以金帛作为交换的退兵，并不是出自这位弓刀凌厉的马上天子本心。

翻盘反转的机会很快就出现了。就在颉利可汗便桥退兵不久，东突厥境内北风卷地，大雪如席，最终酿成了持续不断的大雪灾。雪灾不仅造成大量牲畜冻死，更引发了可怕的饥荒。颉利可汗却一意孤行，毫不体恤民情，横征暴敛，大兴战事，致使民怨沸腾；与此同时，东突厥内部也出现了分裂和内讧。颉利可汗一时焦头烂额，自顾不暇。消息传到长安，唐太宗觉得这是一个反戈一击的绝好机会，但刚刚将"偃武修文"作为国策的他并没有劳师远征，轻举妄动，而是通过册立反抗东突厥统治的各部所选出来的首领为新可汗的方式，进一步孤立颉利可汗。当新可汗毗伽承认了唐朝对他的宗主权，很多原来都臣属颉利的部族纷纷倒戈，投奔毗伽可汗，众叛亲离的颉利可汗的势力再不复当年。

唐王朝对东突厥实行致命一击的时间定格在贞观三年。历经三年的休养生息，唐王朝国力渐盛，在军事力量方面，府库甲兵，更是"远胜于隋世"。而面对心头之患的东突厥，唐太宗早已攒足了力量，就在这年十一月，隐忍多年的唐太宗挥兵十万，命李勣和李靖统领大军出击定襄，一路杀向颉利可汗盘踞的漠南。而穷途末路的颉利可汗显然已经不是当年在渭水之畔狂傲叫阵的模样，当他一路溃逃，并最终在碛口被李勣和李靖拔掉象征王权的汗帐，颉利可汗已经对自己的后路无从选择：他于次年在逃亡途中被俘获，押往长安之后，随即成了一位永久不能离开长安半步的政治人质。

　　这位政治人质在长安最刻骨铭心的经历，一定是贞观四年唐王朝举国欢腾的场面。百姓纷纷走上街头庆贺胜利，欢笑声洒遍了长安的大街小巷；皇城内王公贵族们一雪前耻的喜悦更是达到了高潮。曾经向突厥屈辱称臣的李渊听说颉利可汗被擒，兴奋得马上命人设宴凌烟阁，并请他的儿子当朝天子李世民前来，共抒喜悦之情。这位自从玄武门之变后就退居深宫的太上皇，已经很久没有见到他的次子了，凌烟阁设宴，与其说是庆功，不如说是为了敉平隔膜。因为李渊很清楚，他们父子二人早已没有共同的话题，唯一的话题，就是一雪突厥之耻。酒酣耳热之际，李渊竟然忘情地弹起了琵琶，在《秦王破阵乐》的歌声里，身为一国之君的李世民也欢笑着离席，翩然起舞。这对公元七世纪最具权势也是最形同陌路的父子，因为生擒了颉利可汗，平灭了被他们视为心头之患的东突厥，而把酒言欢，大醉酩酊。那一晚，他们和王公大臣们推杯换盏，一直喝到了深夜……

　　　　铁山碎，大漠舒。二虏劲，连穹庐。

　　　　背北海，专坤隅。岁来侵边，或傅于都。

　　　　天子命元帅，奋其雄图。

　　　　破定襄，降魁渠。穷竟窟宅，斥余吾。

　　　　百蛮破胆，边氓苏。威武燀耀，明鬼区。

　　　　利泽弥万祀，功不可逾。官臣拜手，惟帝之谟。

　　　　　　　　　　——柳宗元《乐府杂曲·鼓吹铙歌·突厥》

中唐诗人柳宗元写下这首诗时，正谪居永州。面对永州这座巨大无比的政治监狱，柳宗元却静心追远，写下了大量诗作，其中就有十二首风格特异的古体诗。总序中，柳宗元说自己写这些诗的目的是"纪高祖、太宗功能之神奇，因以知取天下之勤劳，命将用师之艰难"。这一首，说的正是唐太宗平灭东突厥的历史。毫无疑问，彻底击溃东突厥是唐太宗最堪旌表的武功，尽管有人说东突厥的灭亡更主要归因于天灾和内讧，但瞅准恰当的战机一举歼之，却需要一代帝王的军事智慧和政治远见。就在东突厥灭亡、颉利被擒之后，西北各族纷纷归顺唐廷，他们给唐太宗敬上了一个旷古未有的称号："天可汗"。《新唐书·北狄传》载："唐之德大矣！际天所覆，悉臣而属之，薄海内外，无不州县，遂尊天子曰'天可汗'。三王以来，未有以过之。"

　　成为天下共主，是每个帝王的梦想，唐太宗对"天可汗"的称号一定相当受用，但这位"天可汗"的脚步却并未就此停下。就在灭掉东突厥后不久，唐太宗再次将目光投向西北，频繁传来的快报告诉他，连通唐朝与西域的河西走廊发生了"肠梗阻"，而造成"肠梗阻"的原因，竟是盘踞在西北部的另外一支力量——吐谷浑。

　　作为鲜卑族慕容氏的一支，吐谷浑世居西北，主要集中在今天的甘肃、青海一带，和中央政权一直保持着密切的关系。隋朝时它曾依附隋廷，当隋末的战火一起，这个少数民族政权迅速收复失地，再立山头。待到唐高祖李渊建立唐朝，吐谷浑马上又向唐廷称臣，但暗中却在丰满着自己的羽翼，当它自觉羽翼已成，便开始不断派兵骚扰唐朝的西北边境。边地百姓饱受兵锋之苦，而河西走廊作为一条连通唐朝与西域的重要商道，更是被吐谷浑拦腰切断。

当河西走廊的急报如雪片飞来，不想轻易用兵的唐太宗还保持着最后一丝克制。他决定以和亲的方式化解这场危机，当然，为了保全自己"天可汗"的面子，他要求吐谷浑王子要亲自来长安迎娶和亲的公主。但这样合情合理的要求却遭到了吐谷浑可汗慕容伏允的拒绝，他不但扣留了大唐的使者，而且在西北的军事活动也更加猖獗起来。更加危险的是，吐谷浑作为中原与吐蕃的中间地带，正在出现微妙的变化，迅速崛起的西南吐蕃势力已经频繁地与吐谷浑接触，一旦二者联手，西北边患必成大患。正基于此，一直"示弱"的唐太宗终于下定决心，准备出兵拔掉吐谷浑这颗钉子。

贞观九年四月，当年率军平灭突厥的大将军李靖再次披挂出征。尽管已经致仕在家，但这位老将听说边地吃紧，正是用人之际，还是义无返顾地跃马横枪，率侯君集、李道宗、薛万彻、薛万钧、李大亮等将士杀向了茫茫戈壁。

慕容伏允面对如潮水般袭来的唐军显然毫无准备，他仓皇弃城逃走，但在逃亡路上，他也没有忘记下令将沿途的野草全部烧毁。这一招果然奏效，唐军战马无草可吃，战斗力锐减。面对人困马乏的窘境，再加上千里无人的漫漫黄沙，老当益壮的李靖没有气馁，依然稳坐中军，他没有撤回以李道宗、侯君集为首的几支队伍，而是让他们咬牙挺住，继续在天寒地冻的戈壁滩上展开地毯式搜索。最终，由薛万钧率领的一哨人马在西海的伦川发现了吐谷浑的踪迹，双方经过一场激烈的厮杀，吐谷浑损失近千人，慕容伏允败走自杀。

> 吐谷浑盛强，背西海以夸。
>
> 岁侵扰我疆，退匿险且遐。
>
> 帝谓神武师，往征靖皇家。
>
> 烈烈旆其旗，熊虎杂龙蛇。
>
> 王旅千万人，衔枚默无哗。
>
> 束刃逾山徼，张翼纵漠沙。
>
> 一举刈膻腥，尸骸积如麻。
>
> 除恶务本根，况敢遗萌芽。
>
> 洋洋西海水，威命穷天涯。
>
> 系房来王都，犒乐穷休嘉。
>
> 登高望还师，竟野如春华。
>
> 行者靡不归，亲戚谨要遮。
>
> 凯旋献清庙，万国思无邪。
>
> ——柳宗元《乐府杂曲·鼓吹铙歌·吐谷浑》

"洋洋西海水，威命穷天涯。系房来王都，犒乐穷休嘉。"西海一役，老将李靖继平灭东突厥后，再次率军平灭大唐心腹之患吐谷浑。当他将慕容伏允的首级郑重地献给唐太宗时，唐太宗对这位老将赞声不绝。当然，对于这个少数民族政权，唐太宗并没有赶尽杀绝，他将慕容伏允的长子慕容顺立为吐谷浑新可汗，命其回原领地继续执政，而慕容顺经此一战已经识得实务，马上率部族归顺了唐廷。自此，这个横亘于中原和吐蕃之间的屏障变得稳固起来，而一度中断贸易往来的河西走廊也再次响起了商队的驼铃之声。

如果说攻打吐谷浑是因为商路被阻，那么接下来唐王朝向高昌挥出铁拳，则同样是因为这条共同的商路——丝绸之路。当穿越河西走廊继续西行，经过今天的吐鲁番附近，便是处于丝绸之路咽喉部位的少数民族政权——高昌国。它控扼着天山南北的出口，是丝绸之路的必由之路，过往商贾百姓无论从南疆还是北疆，若想进入中原，必须经由高昌，再从哈密进入敦煌，继而进入河西走廊。高昌国王麴文泰当然意识到了自己的优势所在，尽管唐太宗即位后，他还曾带着家眷来长安朝觐，唐太宗也高兴地将其夫人册封为公主，但丝绸之路的巨大诱惑还是让麴文泰不甘心臣服。他开始在高昌这个重要的关口实行起"交通管制"，往来的商队和使团成为他攫取"买路钱"的重要来源。渴望与中原通商的西域诸国当然希望有一个通畅平稳的贸易环境，尤其是与高昌毗邻的焉耆更是郁闷，他们乞求唐太宗能准许其开辟一条横越沙漠到中原边境的南路。这个要求，当然触及了高昌的利益，麴文泰不仅要求西域商人断绝与唐朝的往来，更拉来了一个强势的靠山——西突厥。在东突厥被唐朝荡平之后，控制着整个西域的西突厥尽管远离大唐中央政权，但已经感到话语权的式微，高昌、焉耆、龟兹、于阗、疏勒这些自己的附属国由于与唐西部疆域接壤，加上唐太宗大败东突厥之后形成的巨大震慑，他们开始渐渐向唐王朝靠拢。正是在此背景下，当高昌国主麹文泰向西突厥可汗请求联手对不服管制的焉耆施以颜色，西突厥可汗马上便出兵，联手将焉耆打得大败。

消息传到长安，唐太宗终于震怒了。这位大唐皇帝以自己的励精图治，建设并丰盈着属于自己的年号，更在意"天可汗"这个代表着统驭万邦的头衔。他知道，焉耆被打，其实打的是大唐的脸面，高昌的猖獗，则是因为大唐对其一贯的纵容。不想轻易用兵的唐太宗曾给过高昌多次机会，但如此一来，反而让高昌觉出了软弱。"吾往者朝觐，见秦、陇之北，城邑萧条，非复有隋之比。设今伐我，发兵多则粮运不给，若发三万以下，吾能制之。加以碛路艰险，自然疲顿，吾以逸待劳，坐收其弊，何足为忧也？"贞观四年，当麹文泰从长安朝觐归来，曾洋洋自得地说出了这样一番话。在他看来，唐王朝的国力远不如隋，唐军若劳师远征，攻打高昌，经济后援和自然环境就是两道不能逾越的门槛，高昌自当高枕无忧。

麹文泰显然误读了唐太宗。就在攻打焉耆之后不久，贞观十三年（639），一支以侯君集为主帅的唐军开始浩浩荡荡从长安出发，经过河西走廊向着高昌挺进。为了确保此役一剑封喉，唐太宗还特派了通晓西域地理的骁将契苾何力协助侯君集。很快，这支讨伐军便穿越瀚海戈壁，直抵高昌城下。当麹文泰从城头看到唐军旌旗蔽日，不禁大惊失色，他怎么也没有想到，唐军竟然克服险阻一路奔袭出现在自己的家门口，更让他心头战栗的是，说好的西突厥援军竟然望风而逃，让自己成为一枚弃子。惊恐忧惧之下，这位曾经控扼丝绸之路的高昌国主心生一顿急火，还没等唐朝大军叩响城门，就一命呜呼了。

鞠氏雄西北，别绝臣外区。

既恃远且险，纵傲不我虞。

烈烈王者师，熊螭以为徒。

龙旂翻海浪，驲骑驰坤隅。

贲育搏婴儿，一扫不复馀。

平沙际天极，但见黄云驱。

臣靖执长缨，智勇伏囚拘。

文皇南面坐，夷狄千群趋。

咸称天子神，往古不得俱。

献号天可汗，以覆我国都。

兵戎不交害，各保性与躯。

——柳宗元《乐府杂曲·鼓吹铙歌·高昌》

"烈烈王者师，熊螭以为徒。龙旂翻海浪，驲骑驰坤隅。"仍然是柳宗元的铙歌鼓吹之声，仍然是大唐初年的金戈铁马，意气风发。就在鞠文泰死后不久，据守高昌的鞠文泰之子鞠智盛终于顶不住唐军的凌厉攻势，拱手投降。唐太宗接到战报，不胜欢喜，为了维护丝绸之路的安全与稳定，他马上在高昌设置了一个大唐王朝的新州——西昌州，此后不久，又在那里设立了安西都护府，以管辖高昌及其周边地区。自此，在辽远的西域，唐太宗钉进了一个强有力的楔子，这个楔子，控制了西域通往中原的关隘，更成为大唐瞭望西域诸国的前哨。

当然，作为西域的幕后掌控者，西突厥并不愿意听到唐王朝西进的军歌。在和高昌联手打败焉耆之后，西突厥可汗彼时又转而开始拉拢焉耆，与焉耆国王结成了儿女亲家，并阻止其向唐廷朝贡。于是唐太宗命安西都护郭孝恪出兵焉耆，很快，兵锋过处，焉耆惨败，西突厥援军也落荒而逃，焉耆重新恢复了对唐王朝的朝贡。尽管后来焉耆内讧外患迭起，但每一个新国王即位，都恭敬地向唐王朝称臣。

眼看附属自己的绿洲之国纷纷依附唐廷，西突厥再次出招。这一次，它拉上了焉耆西边的另一个小国——龟兹，和高昌一样，它也是丝绸之路上的重镇。在西突厥的威逼之下，龟兹被迫中断了向唐朝的朝贡，唐太宗于是又发兵十万征讨。经过几番复夺复失再复夺的战役，最终龟兹被平定。唐朝和西域的南部交通得以顺畅，而失去了龟兹的西突厥也损失惨重，无力再战，归顺唐朝。

至此，西域归于平静，算上早期臣服的疏勒、于阗、莎车，再加上刚刚征服的高昌、焉耆、龟兹，唐帝国的触角已经几乎覆盖整个塔里木盆地。当"天可汗"的声威在西域各国间越来越响，当多次发生"肠梗阻"的丝绸之路焕发出比当年汉武帝时还要活跃的生机，唐太宗，这个从晋阳兵变走来有着强健军事人格的大唐皇帝，再次做出了一个重要的决策：将设在高昌的安西都护府继续向西推至龟兹，与此同时，在西域设置了龟兹、疏勒、碎叶和于阗四镇。这一决定，意味着天山以南的广大地区都在中央朝廷的管控之内，而塔里木盆地这个世界最大的内陆盆地，也由此并入大唐王朝的版图。当这座盆地的胡杨林迎来第一抹春色，唐太宗，已经在遥远的西部，高高矗立起一座东方大国的界碑。

就在大唐帝国文武并用经略西域的同时，处于青藏高原上的一支少数民族势力也在迅速崛起，它就是吐蕃。贞观三年，松赞干布在其叔父和一班亲信大臣的拥戴下，登上赞普宝座，成为吐蕃历史上第三十二位赞普。初登王位的松赞干布面对的其实是一个弥漫在高原上的危局：彼时，其父朗日论赞由于触动贵族势力，刚刚被人鸩杀，整个吐蕃也处于分崩离析状态。少年英武的松赞干布挽狂澜于既倒，短短几年时间，就平定了叛乱，征服了青藏阿里一带的羊同，消灭了今天青海玉树一带的旧贵族力量，使整个吐蕃重归一统。此后，为了使吐蕃真正据有青藏高原的心腹地带，居中而控四方，他又果断迁都逻些，也就是今天的拉萨。自此，融入了多支羌人血脉的吐蕃在这片雪域高原上纵横驰骋，在大唐王朝的旁侧，积聚着力量，酝酿着风暴。

向大唐王朝试探的一阵轻飔，出现在贞观八年（634）。这一年，松赞干布向长安派出了特使。他是听说突厥和吐谷浑可汗都娶到了唐朝公主之后，兴冲冲地赶来求婚的，他希望大唐皇帝能像对待突厥和吐谷浑可汗那样，赐给他一位美丽的公主作为自己的王妃。然而，意气正盛的唐太宗显然没把这位吐蕃赞普放在眼里，断然拒绝了松赞干布的和亲请求。这让松赞干布非常愤怒。这个远在逻些的青年冲着长安方向大喊一声"若大国不嫁公主与我，即当入寇",四年之后,便真的发兵二十万,围困了四川西境的松州。经历一段长期的拉锯战,唐太宗开始重新打量起吐蕃这个近邻,最终,松赞干布的和亲请求在一片刀光剑影之下,被正式列入大唐王朝的议事日程。

贞观十五年的隆冬时节,整座长安城张灯结彩,沉浸在一片喜庆的气氛中,因为就在这个天寒地冻的时节,大唐一位美丽的公主将要离开长安,远嫁到青藏高原,与这座高原的王者——松赞干赞结成百年之好。在野史轶闻中,传说松赞干布为抱得美人归,还颇费了一番周折。他派去的大相禄东赞,尽管带了五千两黄金和数百件珍宝作聘礼,但面对各国的"和亲"者,禄东赞还要在唐太宗给出的六道考题中展示吐蕃的实力。最终,这位青藏高原的二号人物反应机敏,对答如流,脱颖而出,不辱使命,而"唐太宗六难求婚使禄东赞"的故事,也由此成为今天的布达拉宫壁画中一个流光溢彩的段落。

远嫁的公主当然不是皇室的嫡亲血脉,而是唐太宗的叔伯兄弟任成王李道宗的女儿,但其端庄优雅的仪态,秀外慧中的素养,绝对堪比血统纯正的公主。少女提前两个多月就已经知道自己要离开故土,远嫁苦寒的雪域高原,她没有唉声叹气,而是在出发之前就已经了解了吐蕃的风土人情,并用心地在自己的嫁妆中写下了一长串吐蕃稀缺的物产。锦瑟被轻轻拨响了,美丽的少女再次向生于斯长于斯的长安城深情回望。她知道,从此她的视野里将是茫茫雪域高原,将是一个离太阳最近的地方,而她,也将拥有一个身负国家使命的封号——文成公主。

在父亲李道宗、吐蕃大相禄东赞的护送下，文成公主浩荡的送亲队伍开始了规模空前的远行。这支蜿蜒西行的队伍里，有兵士，有侍女，有工匠，有乐队，而在随车的嫁妆中，中原的手工业品、谷物和蔬菜的种子，以及医药和生产技术方面的书籍，更是体现出大唐王朝的诚意。出了长安，他们便经由甘肃天水、陇西、临夏，转而奔赴青海民和、乐都、西宁、日月山、倒淌河，然后又进入切吉草原、温泉、花石峡。当格桑花沁着高原的雪水竞相开放的时候，文成公主的送亲队伍已经翻山越岭，来到了吐蕃的柏海（青海玛多县）。正是在这里，文成公主看到了前来迎亲的松赞干布。恢宏的鼓乐声响起来了，一场在高原上完成的旷世婚礼将松赞干布和文成公主紧紧连在一起，而大唐和吐蕃也在同一时刻，由陌生变得熟稔，由疏离走向融合。

　　此后，这对恩爱夫妻开始继续他们的远行。驻足玉树，他们聆听鸟儿的歌唱；走过昌都，他们感受河流的腾动；穿行那曲，他们仰望雪山的壮魄；而当他们最终抵达逻些，这条跨越今陕西、甘肃、青海、四川和西藏五个省区、全长约三千公里的联姻之路，已经有了一个被历史定格的永远的名字——唐蕃古道。

　　在学者眼中，唐蕃古道又被称为"文化运河"，它是和亲纳贡、贸易交流的官驿达道，更是一个承担汉藏交好、传播科技文化的重要载体，之所以如此，正是缘于一千三百多年前的这次唐蕃和亲。当端庄贤淑的文成公主来到吐蕃的都城逻些，她不仅成为松赞干布的贤内助，更赢得了吐蕃百姓的喜爱。这位笃信佛教的公主将大量经卷和佛像带到了当时尚无佛教传播的吐蕃，并说服松赞干布，和他一起主持修建了大昭寺、小昭寺，将佛教的种子深深地植入这片雪域高原。与此同时，她也和吐蕃百姓一起耕种。她将来自大唐的种子播撒在拉萨河畔，更让金黄的油菜花辉映起终年积雪的山峦。

　　黠虏生擒未有涯，黑山营阵识龙蛇。

　　自从贵主和亲后，一半胡风似汉家。

——陈陶《陇西行（其一）》

　　当然，文成公主进藏，更多的是将中原文化在这里实现了有效的对接与融入。她带去的能工巧匠，让吐蕃的文化基因更加丰富；她带去的儒家经典，让吐蕃贵族子弟纷纷以学习汉文化为时尚；而吐蕃摒弃赭土涂面的陋习，更是缘于她给松赞干布的一个建议……

　　贞观二十三年，唐太宗驾崩，但他在执政期内所促成的这次唐蕃和亲，却仍旧发挥着巨大的效力。当飞奔藏地的唐廷快马向松赞干布告哀，并传达刚即位的唐高宗旨意，册封其为驸马都尉，这位吐蕃王者欣然受之，并慨然说道："天子初即位，若臣下有不忠者，当发兵赴国征讨。"而事实亦如此，尽管松赞干布于唐太宗驾崩次年便离世，但那条当年的和亲之路却愈发繁荣起来。一路山高水长，有风尘仆仆前去长安学习的吐蕃贵族子弟，有一路奔驰的唐蕃使臣，有互通贸易的唐蕃商旅。在这条路上，最终选择留在藏地并于永隆元年（680）去世的文成公主，则成为永远的庇护神。在藏族人心中，她就是绿度母菩萨的化身，她带给青藏高原的，是风调雨顺，是岁稔人和，是一条绵亘千年的唐蕃古道，更是一个穿越古今的爱情传说……

寿丘惟旧迹，酆邑乃前基。

粤予承累圣，悬孤亦在兹。

弱龄逢运改，提剑郁匡时。

指麾八荒定，怀柔万国夷。

梯山咸入款，驾海亦来思。

单于陪武帐，日逐卫文榱。

端扆朝四岳，无为任百司。

霜节明秋景，轻冰结水湄。

芸黄遍原隰，禾颖积京畿。

共乐还乡宴，欢比大风诗。

——李世民《幸武功庆善宫》

贞观六年，唐太宗来到了位于陕西武功的庆善宫，当年，他就是在这里出生，并度过了自己的少年时光。即位之后，他曾多次来到这里幸游旧居，饮宴赋诗，访民疾苦，与民同乐。有关写这首诗当时的情景，《新唐书·礼乐志》是这样说的："贞观六年，(太宗)幸之。宴从臣，赏赐闾里，同汉沛、宛，帝欢甚。赋诗，起居郎吕才被之管弦，名曰《功成庆善乐》。以童儿六十四人，冠进德冠，紫裤褶，长袖，漆髻，屣履而舞，号《九功舞》。"由这段文字，

148

我们仿佛看到当时热烈欢腾的气氛，而唐太宗荣归故里的豪情也完全可以想见。这位千古一帝确实有值得骄傲的资本，而真正做到"指麾八荒定，怀柔万国夷"也绝不仅仅是写一首简单的诗歌那么容易。

放眼贞观年间的民族政策，我们可以看到，唐太宗为了保持稳定的民族关系，采取了很多开明的措施。类似突厥、吐谷浑、高昌、龟兹这些边远的民族地区，唐太宗采取了"全其部落，顺其土俗"的羁縻政策，专门设置州县进行统辖，而这些羁縻府州都直接受制于都护府。类似安西、燕然这样的都护府，实际是缔结中央与各羁縻州府的纽带，他们代替中央行使对边疆地方的主权，处理各族事务，这样创新的民族政策，对稳定边疆起到了重要的作用。与此同时，像文成公主进藏一样，在贞观朝，和亲，联姻，与边地少数民族建立血缘关系，也成为唐廷数次使用的策略。当然，和亲政策并非唐代的独创，"昭君出塞"的故事可以一下子将我们拉回到汉朝，但在贞观时期，我们可以看到，和亲已然成为融合民族关系的重要载体，不仅少数民族的可汗王储可以和李唐宗室联姻，就连一些少数民族的上层人士也有很多娶汉族女子为妻。这些嫁入边地的女子，也和文成公主一样，在不断的沟通了解中，以一种积极主动的心态，成为化解民族矛盾、融合民族关系、交汇民族文化的重要使者。当然，为了更好地体现"爱之如一"，唐太宗还对一些少数民族上层分子赐以高官和封爵，如铁勒族薛延陀部首领夷男被封为"真珠毗伽可汗"，西突厥首领泥孰、吐谷浑王子慕容顺、东突厥首领阿史那思摩等人都曾得到过册封。

至于为唐廷军前效力的少数民族将领，更是层出不穷，如突厥人阿史那社尔、执失思力、铁勒族契苾何力等，都是贞观一朝有名的骁将，他们在冲锋陷阵建立战功的同时，已经将自己的名字写进了大唐帝国的辉煌历史。

稳定而深入的民族政策就这样夯实了唐朝的版图。《资治通鉴》载，到贞观十四年，唐帝国的疆域已经是"东极于海，西至焉耆，南尽林邑，北抵大漠，皆为州县，凡东西九千五百一十里，南北一万九百一十八里"。而开放包容的对外关系，则进一步营造出一个丰富而多元的大国气象，西域交通线的打通，海上丝绸之路的开辟，让西亚、中亚、东南亚诸国和新罗、日本等国家和地区的使节来唐访问有了更便捷的通道。与此同时，唐朝在文化的输出与引进上也更加频繁。当玄奘西行弘扬了佛法，光辅了丛林，当对日本后世影响深远的"大化改新"以唐制为框范，当来唐贸易的船只呈现出百舸争流之势，贞观，已经不仅仅是大唐帝国的一个辉煌年号，而已然成为世界文化长河中一个耀眼的坐标！

谁堪此位?

毫无疑问,彪炳史册的"贞观之治"背后,是唐太宗的宵衣旰食、励精图治,是融洽和谐的君臣关系,是风清气正的政治氛围,是宏略大度的治世思路。正因如此,唐太宗才成为后世封建君主心中的标杆,而"贞观之治",也成为他们膜拜景仰的理想道路。

如果唐太宗就这样马不停蹄地跑下去,他的帝王生涯一定会喧响出更加恢宏大气的马蹄声。然而,历代封建帝王似乎都无法跳出"先紧后松"的历史周期律,秦始皇如此,汉武帝如此,"贞观之治"的开创者唐太宗,同样也逐渐滋生惰性,造成内耗。

还记得那座在武德年间曾经剑拔弩张的仁智宫吗?一个未遂的阴谋,引发了一场血腥之战,而作为最终的胜利者,李世民也正是在仁智宫这座当年父皇李渊钟爱的避暑行宫下定决心,一路提剑而出,成为一代雄主。即位之后的唐太宗李世民,有相当长的时间没有来到这里,他有太多的事情要做,他要整饬一个刚刚肇建起来的王朝,他要和臣子们一起研究制定可以基业长青的治国方略,他要将"天可汗"的称号变成威服四方的符号。日理万机的他，似乎已经忘记了在长安附近的玉华山里，还有这样一座斗拱飞檐高标峻嶒的避暑离宫。

然而，贞观二十一年（647），唐太宗来了，不仅来了，而且气派和威仪更是远远超过了他的父亲唐高祖李渊。早在来之前，唐太宗就下了一道将仁智宫改为玉华宫的手诏，并命人对这里进行了大规模的扩建。扩建后的玉华宫占地九顷，建有五门十殿，整体建筑以"玉华殿""排云殿"为中轴线，东西两侧又有"晖和殿""别殿"等建筑构成相互对称的布局，雕梁画栋的紫微殿更是与周边的悬崖峭壁、山泉飞瀑交相辉映，气势恢宏。徜徉于青山绿水之间，高踞于琼楼玉宇之中，唐太宗做了个舒舒服服的深呼吸。在他看来，这项耗费数以亿计的玉华宫扩建工程，更像是对自己即位以来的一次厚重的奖赏：终日席不暇暖地为国操劳，也应该放松一下紧张的神经了。

此后，这座位列唐代帝王四大避暑行宫之首的玉华宫，就成为唐太宗晚年处理朝政的中心之一。事实上，一向认为"劳弊之事不可施于百姓"的唐太宗，早在扩建玉华宫之前，就已经开始逐渐放弃自己的初心。在《秦王破阵乐》的弦歌声里，在万国来朝的颂扬声中，唐太宗曾不无得意地向群臣夸耀道：汉武帝穷兵黩武，向朔漠进军达三十年，结果造成国溃民穷，所获无几，简直和今天不能相比，怎能用竹帛写完？说完这番话，他开始驱使兵丁，大兴土木，建造离宫别馆，洛阳的飞山宫、终南山的翠微宫、汝州的襄城宫……随着一座座金碧辉煌的建筑拔地而起，当年那个以"去奢省费"为原则的贞观天子渐渐蜕变，开始追求豪华奢侈的生活了，更可怕的，是其民本思想的转向。"百姓无事则骄逸，劳役则易使。"当这句狠话出自常将"水能载舟，亦能覆舟"挂在嘴边的唐太宗之口，当不堪重负的工匠被迫自残手足以避徭役，当成群的美女丽姝充斥后宫，当为了搜寻天下名马不惜派出大量人力奔波辗转于千里之外，贞观，已经由积极转向消极，由明丽转向晦暗。

> 楚王云梦泽，汉帝长杨宫。
>
> 岂若因农暇，阅武出轘嵩。
>
> 三驱陈锐卒，七萃列材雄。
>
> 寒野霜氛白，平原烧火红。
>
> 雕戈夏服箭，羽骑绿沉弓。
>
> 怖兽潜幽壑，惊禽散翠空。
>
> 长烟晦落景，灌木振严风。
>
> 所为除民瘼，非是悦林丛。
>
> ——李世民《出猎》

人一旦懈怠，曾经被节制的欲望便会迅速膨胀。史载，"颇好畋猎"的唐太宗，仅贞观十六年（642）十一月、十二月两个月间，就曾进行三次大规模的冬狩。翻开他的诗作，《出猎》《冬狩》，正是以一种倨傲矜夸的表情浮动于文字之上。"三驱陈锐卒"，"平原烧火红"，驱卒陈兵，大火燎原，早已不是当年的平定天下之举，而只是为了逞自己的一时之快。当然，面对着"怖兽潜幽壑，惊禽散翠空",深得其乐的唐太宗也没忘记给群臣做个解释,说自己是"所为除民瘼,非是悦林丛"。

然而,早已习惯了直言进谏政风的贞观群臣,还是从皇帝浩大的出猎阵容中,看到了一个王朝运转过程中潜藏的松动。他们没有忘记自己的职责,不断上疏谏止唐太宗,劝其不要过于频繁畋猎,增加百姓的负担,魏徵更是言辞激切,直陈君过。然而彼时,唐太宗身上从善如流虚心纳谏的可贵品质,正在随着王朝的日渐鼎盛悄悄地消弭。他最初还能听得进去,后来便假意应允,再到后来,几乎就听不进任何劝谏之声了,朝堂甚至出现了"正人不得尽其言,大臣莫能与之争"的现象。

对于唐太宗身上这种令人痛心的蜕变,魏徵忧心如焚。贞观十一年,魏徵曾上疏道:陛下欲善之志已不及于昔时,闻过必改也不同于往日。对臣下的责罚越来越多,威怒也越来越厉害。古人说,高贵了就会骄傲,富裕了就会奢侈,看来不是空话。他劝唐太宗不忘初心,取鉴于隋,保持刚刚即位时的恭俭之风。

然而,这位早衰的君主日渐表现出执政理念的倒退和执政能力的下滑,他的自信和偏执随着帝国的昌盛越来越明显,他不再像最初那样谨言慎行了,而他在贞观初年提出的"慎终"问题,已经不自觉地发生在自己的身上。

针对这一情况,以执着进谏著称的魏徵始终在苦口婆心地对唐太宗进行规劝,最能体现这位臣子字字泣血的奏疏,莫过于他在贞观十三年上呈的《十渐不克终疏》。孔子云:"靡不有始,鲜克有终。"在魏徵眼里,这位贞观天子所需要正视的,正是渐不克终的问题。在这篇堪称披肝沥胆的文字中，我们除了能看到一代名臣飞扬的文采，更能感受到的是他忧心忡忡的神情。"陛下贞观之初，损己以利物，至于今者，纵欲以劳人，卑俭之迹岁改，骄侈之情日异。""贞观之初，求贤如渴，善人所举，信而任之，取其所长，恐其不及。近岁已来，由心好恶，或众善举而用之，或一人毁而弃之。""陛下初登大位，高居深视，事惟清静，心无嗜欲，内除毕弋之物，外绝畋猎之源。数载之后，不能固志，虽无十旬之逸，或过三驱之礼，遂使盘游之娱见讥于百姓，鹰犬之贡远及于四夷。"……在《十渐不克终疏》中行进，我们发现，每一个段落，都是一次痛彻心扉的对比。在魏徵的眼中，贞观之初那个意气风发克勤克俭的皇帝正在渐行渐远，而十条"渐不克终"之举，更像是隐藏于这个帝国肌体中的十个"毒瘤"，在国力强盛之时，它们也许不会凸显出来，但时间一久，它们就将演变成不可救药的恶疾！

应当说，唐太宗看到这篇言辞激切却又切中肯綮的奏疏之后，心头是有触动的。他曾当着满朝文武的面对魏徵说："我现在知道自己的错误了，我愿意改过，我要把你的奏疏写在屏风上，以便早晚都能看到，还要把它抄送给史官，使后世知道君臣相处的道理。"他还当廷赐予魏徵黄金十斤，骏马两匹，以作答谢。然而，此时的唐太宗已经开始处在一个不可逆转的下行轨道上，魏徵的苦谏，也许能让他感动一时，但过一段时间后，他便又开始我行我素了。

发生在皇帝身上的这种变化，实际与贞观朝臣僚的蜕化是相互作用的，尤其是贞观十七年正月，当一代谏臣魏徵去世，整个朝堂上直言进谏的政风也越来越弱。魏徵死后，唐太宗曾无比悲伤，认为失去了一面可以照见得失的"镜子"。事实亦如此。在魏徵之后的臣僚阵营中，贞观之初轻松和谐的氛围一步步被皇帝的威严和骄纵挤缩殆尽。我们不妨从几个股肱之臣的身上，看看这个和唐太宗一起缔造了"贞观之治"的智囊群体，是如何一步步走向蜕化的吧。

先说说房玄龄。在"房谋杜断"的赞美声中，我们已经对这位开国功臣有了比较多的了解，他缜密的心思，超凡的谋划，无疑是"贞观之治"的重要标签。然而，房玄龄性格上的弱点也尽出于此，因为心思缜密，他常常是谨小慎微，善于观察皇帝的情绪，不轻易发表意见。魏徵在时，房玄龄的这种性格不仅没有影响贞观朝智囊群体的质量，反而和直言进谏的魏徵形成呼应和配合。然而，随着魏徵病逝，房玄龄的性格短板也便暴露出来：他的谨小慎微，最后变成了明哲保身；他的审慎怯懦，则变成了对皇帝的无原则的敬畏和顺从。甚至连唐太宗都说："玄龄处朕左右二十余年，每见朕谴责余人，颜色无主。"身为一朝宰相，尤其是奉事太宗时间最长颇得太宗倚重的老臣，如果在关键点上都不能及时纠偏，那势必意味着他将为皇帝的蜕化推波助澜。试想，一个德高望重的老臣都三缄其口了，唐太宗对自己的放纵还会有所顾忌吗？

再说说长孙无忌。作为图形于凌烟阁首位的功臣，长孙无忌在朝中的地位堪称举足轻重。他是勋臣，无论是草创唐王朝的攻城略地，还是玄武门的武装夺权，他都是不容忽视的角色；他另一个重要的身份，是皇帝的大舅子，是一位皇亲国戚。当然，这个身份在长孙皇后去世之前很低调，长孙皇后曾数次向太宗表白不希望亲族因她之故而居高位，长孙无忌也深怕权宠过盛，处事如履薄冰。

> 飒飒风叶下，遥遥烟景曛。
>
> 霸陵无醉尉，谁滞李将军？
>
> ——长孙无忌《灞桥待李将军》

从这首诗中，我们可以看出，长孙无忌是在借西汉李广故事来说事。史载飞将军李广有天夜里单人独骑而归，走到霸陵亭，看守霸陵的校尉喝醉了酒，上前喝止李广。李广说："我是李将军啊！"可这个霸陵尉却仗着酒意壮胆道："就是将军也不得夜行此处。"最终真的就挡住了李广，让他当晚在亭下睡了一宿。《全唐诗》中，长孙无忌存诗屈指可数，但这首诗却明确地表明了自己的态度，那就是要遵守法度，不徇私情。彼时，这位皇亲国戚还以身作则，不敢越雷池半步。然而，当长孙皇后病逝，自己渐渐成为权力机构中的核心人物，直至总揽三省大权，他便开始拉帮结党，培植势力，而对待皇帝，他则察言观色，见风使舵。贞观十九年（645），太宗曾向长孙无忌征求意见，长孙无忌回答："陛下武功文德，臣等顺之不暇，哪有什么过失可言！"当一国重宰不思匡正君过，只知一味曲意逢迎，贞观初年的君臣蜜月也便走到了尽头。

除了房玄龄、长孙无忌，另一个彪炳于凌烟阁上的功臣——

尉迟敬德，自身蜕化的速度更是惊人。当年，他曾浴血疆场，奋力救主，然而随着地位的变化，他早已不思进取，史载其晚年"笃信仙方，飞炼金石，服食云母粉，穿筑池台，崇饰罗绮，尝奏清商乐以自奉养，不与外人交通，凡十六年"。当年的锐气变成了一身慵懒的颓靡之气，尉迟敬德，这位骁将高大的背影早已萎顿成一个小小的原点。

实际上，不独这几位图形于凌烟阁的朝中重臣为保禄位而不敢多言，整个朝臣的面貌在贞观后期，都随着唐太宗的"渐不克终"，沾染上了沉沉暮气。这种过早出现的暮气，弥盖了贞观初年君臣相得推心置腹的和谐氛围，也给这段凸显于沧桑历史的治世之路投下了一片不祥的阴影。

> 爽气浮丹阙，秋光澹紫宫。
>
> 衣碎荷疏影，花明菊点丛。
>
> 袍轻低草露，盖侧舞松风。
>
> 散岫飘云叶，迷路飞烟鸿。
>
> 砌冷兰凋佩，闺寒树陨桐。
>
> 别鹤栖琴里，离猿啼峡中。
>
> 落野飞星箭，弦虚半月弓。
>
> 芳菲夕雾起，暮色满房栊。
>
> ——李世民《秋日即目》

在唐太宗的近百首诗作中穿行，这首《秋日即目》以一种萧瑟而苍凉的情绪跳将出来。诗中的"疏荷""凋兰""别鹤""离猿"等意象，传递出一代帝王的惆怅，更引出我们对历史的追问：曾经威慑宇内豪气干云的唐太宗，为什么在这首诗中，呈现给后人的，竟是一种无限凄伤的末世之悲？

答案直接指向的，是他的长子李承乾之死。贞观十九年，李承乾薨逝的消息从遥远的黔州传来，唐太宗不胜伤感，面对深秋的萧萧落木，他以伤逝之笔，泣泪写成了这首《秋日即目》。那么，作为唐太宗的嫡长子，李承乾为何身死荒僻的流放之地黔州？当"贞观之治"步入中晚期，大唐帝国的历史弈局又出现了怎样的变化呢？让我们将视线对准贞观十七年，这一年，唐廷发生了许多大事：正月，一代名臣魏徵病逝，唐太宗痛失"人镜"，本已谏诤乏力的朝堂更加失语；仅仅时隔两月，一起未遂的政变，更是引发了一场令人心悸的宫廷地震，发动这起政变的主谋，正是太子李承乾。

在唐太宗眼中，李承乾一度是大唐江山最得力的接棒者。因长孙皇后生其于承乾殿，当时还是秦王的唐太宗李世民便给他起名李承乾。当然，这个名字绝非简单地纪念出生，它应当融入了李世民的希望，那就是希望这个孩子能踏实地走好每一步，承乾坤之大，续王朝荣光。事实也证明了李世民对这个嫡长子倾注的心血，就在其即位的当年，即武德九年，年仅八岁的李承乾便被立为皇太子，无可争议地成了唐太宗的皇位继承人。为了更好地教育和培养太子，唐太宗命李纲为太子少傅，不久，又命李百药为太子右庶子，而太子承乾也确实聪敏好学，在李纲、李百药的严厉教导下，学业日渐精进。贞观九年，高祖李渊驾崩，太宗按礼制居丧，刚刚十七岁的李承乾奉诏在东宫处理政务，而他也顺利通过了父皇对自己的考验，遇事果决，以大局为重，《资治通鉴》赞其"颇能听断"。此后，唐太宗对这位未来的接班人开始了更多的历练，每当他外出行幸，就让承乾居守监国，承乾处理政务也是有条不紊，从未出现偏差，深得太宗信任。

如果按照这样的一个成长轨迹发展，太子李承乾的继承大统将只是时间问题。然而，随着年龄的增长，发生在李承乾身上的一些变化，却开始让他的继位之路不断发生偏移。他开始追求声乐之娱，终日沉浸于郑卫之声，一直有足疾的他，并没有耽误无休止的游猎，而斗鸡走狗更是让这位东宫太子完全把学业抛在了一边。当然，李承乾还是善于掩饰自己的劣行的，每当临朝时，他总要装出一副正人君子的样子，而一旦退朝，就完全换了模样，和一班群小亵狎嬉闹，将东宫弄得乌烟瘴气。

唐太宗最终从李纲、李百药等人的口中得知了太子行为的不端。起初他还不相信，但当身边近臣的谏言纷纷指向太子，他开始对不争气的承乾失去了信心。虽然没有明确表示要废掉太子，但这位"贞观之治"肇建者的目光已经开始在其他皇子中间游移。

魏王李泰正是这样一种背景下走进了父皇的目光。身为唐太宗第四子，李承乾的同母胞弟，李泰沉稳聪颖，温良儒雅，颇得太宗喜爱。因其身材肥胖，太宗特许他乘坐小舆入朝；因其颇具文采，太宗于是像当年自己一样，让他在府中开设文学馆，延揽四方文学之士；因为想将其留在身边，尽管李泰已经遥领相州都督，但太宗并没让李泰像自己其他几个儿子那样离开去就任，而是让其继续留在了京师。种种迹象表明，彼时的唐太宗已经将感情的天平偏向了李泰，尽管储君之位不可轻废，从夺嫡的血泊中走上皇座的唐太宗更清楚这背后的惨烈，但为了帝业长久，他已经别无选择，必须陷入这道自古帝王之家最难解的谜题之中。李泰对父皇的这番苦心也是心领神会，他使尽浑身解数表现自己，力争加大自己在父皇心中的砝码；面对充满诱惑的储君之位，他更是摩拳擦掌，跃跃欲试，暗地里拉拢了驸马都尉柴绍武、房遗爱、工部尚书杜楚客等人，厚加馈赠，引为朋党。

太子李承乾很快就有了反应，然而令人痛惜的是，他的反应不是痛改前非，而是变本加厉。历史的烟雾有时过于浓厚，我们已无从分辨哪些记载是对这位东宫太子的刻意矮化，但史书上描述的李承乾的一系列自暴自弃的变态之举，还是让我们触目惊心：围着八尺铜炉，六隔大鼎，他让人为其盗窃民间牛马，与宠信的厮役烹而食之。他模仿突厥语言，并在东宫选了一批貌似突厥之人，结辫披裘，自己更是设穹庐之帐，效法可汗僵死，令人以突厥丧仪哭悼，待其起身，竟放出一句怪诞之言："有朝一日得了天下，一定率数万骑到金城西游猎，然后解发为突厥，委身于思摩，为其典后兵，若能当一设之任，决不会落在人后面！"还是这位东宫太子，曾和多行不法的汉王李元昌各领一队，披毡挂甲，在宫中大玩杀人游戏，随从有的被击刺流血，有的被鞭挞而死，而他却狂笑道："它日我若为天子，必在苑中设一万人营，与汉王元昌分队率领，观其战斗，该多有趣！"……面对载入史书的这些场景，我们看到的，已经是一个歇斯底里的精神病患者，怎么也无法和当初那个替父皇监国练达果决的太子承乾对应起来。

更荒唐的事情还在后面。终日花天酒地的李承乾已经不满足身边众多的美女丽姝，竟开始追求断袖之乐。东宫有位太常乐人，年方十余岁，姿色可人，深得承乾宠幸，名曰"称心"。承乾与他天天如胶似漆，形影不离。太子詹事于志宁上书力谏，太子大怒，竟派刺客前去刺杀，幸亏于志宁正值母丧，和衣卧于草庐，刺客见其至孝，不忍杀之，方逃一死；另一位左庶子张玄素更是因为劝谏，在上朝路上被太子派人伏击，险些丧命。

太子的种种劣迹，让唐太宗深深寒心，但他也没有对这位早早就立为储君的儿子放弃最后的拯救。他将"称心"及东宫一班群小杀掉，以示警告。与此同时，唐太宗于贞观十六年又将有病在身的魏徵推出来，任命其为太子太师。有过兄弟阋墙经历的唐太宗已经看到在李承乾和李泰之间，正在形成两个暗中较力的阵营，他必须寻找一种平衡，而实现这种平衡的大臣只有坚决反对废立太子的老臣魏徵才能胜任。

然而，彼时的承乾却已经完全失去了理智，他为被斩的"称心"又是追官，又是起坟，竟一哭数月，称病不朝。对自己的胞弟，也是自己的对手魏王李泰，他恨之入骨，坚信称心之死，全是因为李泰从中作梗。在一系列告阴状、暗杀等招数均告失败之后，这位大唐帝国自感岌岌可危的太子终于走到了情绪的临界点。他暗握拳头，咬牙切齿，玄武门喋血故事如在眼前，他决定效法父皇，在萧墙之内，掀起一场捍卫尊严与地位的风暴！

几乎是在一夜之间，原来那个有些神经质的太子就变成了汇聚一场风暴的中心。他迅速地网罗了几个同谋者，他们是：高祖之女长广公主的儿子泽州刺史赵节，汉王李元昌，已经去世的老臣杜如晦的儿子驸马都尉杜荷，这些人都和承乾沾亲带故，很快就聚拢到了一起。与此同时，这些膏粱子弟也没忘记拽上一位在朝中有着话语权的老将，他，就是侯君集。对于侯君集，太子承乾是了解的，他知道这位图形于凌烟阁的骁将曾助力父皇完成了玄武门之变，在历次平定西北边地的战役中，更是屡立战功。但承乾也知道侯君集的郁闷，当年平定高昌，他曾因私取宝物，又治军不严，回朝之后不仅没有获封受赏，反而被弹劾入狱，后经中书侍郎岑文本上书切谏才免罪释放。自知前途无望的侯君集情绪极度低落，承乾了解了这个情况，通过在东宫任太子千牛的贺兰楚石拉他入伙。侯与贺是翁婿关系，但此时更像是利益的同盟，当他得知太子有谋取帝位之意，仿佛发现了一个新的靠山，当即举起双手对着承乾表态："此好手，当为殿下用之！"侯君集的言外之意已经很清楚：这双手，既可以将当今天子推上御座，也可以将其狠狠地推下来！

　　然而，这场可能会在大唐帝国席卷而起的风暴，最终却因一个突发事件，连一片树叶都没有吹动。

　　事情的发生是这样的。齐王李祐是唐太宗第五子，为阴妃所生，领齐州都督。李祐好亲近群小，喜欢射猎，太宗听说后，便任命权万纪为长史，以期对这个顽劣的皇子严加管束。权万纪刚正忠直，多次犯颜劝谏，斥退昝君谟、梁猛彪等小人，引起李祐的不满。贞观十七年，进京上奏的权万纪刚行至半路，李祐便指使手下燕弘亮率二十余骑乱箭将其射杀。此后仍不解恨，李祐又命人将其分尸，抛于荒野。自知闯下大祸的李祐在其党羽的撺掇下，立即在齐州起兵造反，兵锋直指长安。

当然，这群仓促起兵的乌合之众毕竟不是唐军对手，不消数日，齐王李祐便被擒获解往京师。盛怒的唐太宗对这个逆子毫不手软，很快便将其赐死于内侍省，其余党羽也一并问斩。按理说，这次毫无杀伤力的谋逆这么快平息，唐太宗应当长舒一口气，但有司审问中一个叫纥干承基的江湖人士的口供却让唐太宗大为震惊：太子正暗中养士，随时准备谋反！

哀莫大于心死！如果说顽劣的齐王李祐被赐死，唐太宗眼睛眨都没眨，那么当他听说太子承乾竟预谋叛乱，则有如晴空霹雳。他无论如何不会想到，这个从小就被寄予厚望的儿子竟会如此丧心病狂！很快，并无充足准备的太子承乾便被从东宫"请"了出来，直接被废为庶人，软禁到了边远的黔州，也就是今天的贵州。"桀跖不足比其恶行，竹帛不能载其罪名。岂可守器纂统，承七庙之重；入监出抚，当四海之寄。"贞观十七年四月，当唐太宗对儿子说出如此狠话，承乾，这个未遂政变的主谋已注定要在荒蛮之地终老；而东宫太子党的李元昌、杜荷、侯君集一干人等，还没有看到东宫升起的焰火，就已经人头落地。

太子被废，最高兴的人当然是魏王李泰。他乐观地认为，对手承乾自毁前程，以他在父皇心中的分量，自然是太子的不二人选。彼时的他显然有些喜形于色了，这个小名唤作"青雀"的皇子，有一次竟如燕雀一般扑到太宗怀里，对父皇说，假如立他为太子，他以后就会将他唯一的儿子杀掉，让晋王李治来继承他的皇位，而后者作为李泰同母胞弟，彼时正被舅父长孙无忌力挺。当魏王泰在父皇怀中说出这番"肺腑之言"时，他是希望父皇能早下决定的，但他绝然不会想到，这个大唐历史上著名的"青雀入怀"事件，直接引来的结果却是李泰储君之梦的彻底破灭，而最终将其视为弃子的不是别人，正是他的父皇——唐太宗李世民！

事情的经过是这样的。听过儿子李泰一番表态的唐太宗认为李泰对兄弟真心出于友善。然而在和群臣的讨论中，褚遂良却觉得魏王泰此言相当不可信，怎么可能会有人为保全兄弟之情而杀自己的儿子呢？他劝太宗先安置李治，以免日后手足相残。褚遂良的一番话让唐太宗陷入了沉思，而彼时，不久前自己亲自审问太子承乾时，承乾说的那番话又开始在耳畔回响，他说："臣贵为太子，还有何奢求？因臣被魏王泰算计，我担心自身难保，遂与朝臣谋求自安之计。不逞之人乘机为我出谋划策，因此才做出不轨之事，如立魏王泰为太子，正使其得计！"

当褚遂良和承乾的声音交替在耳边轰鸣，一向处事果决的唐太宗变得犹豫纠结起来。他仿佛又回到了玄武门前那个血色的黎明，在那个黎明之后，他真正拥有了天下，但也是在那个黎明之后，大哥建成和四弟元吉的血淋淋的人头也便成了他永久的噩梦！

看到父皇在立储问题上左右徘徊，魏王泰决定先下手为强，他威胁晋王李治说："你平日与叛逆元昌交好，元昌今已伏诛，你难道不担忧吗？"生性懦弱的李治听后十分不安，终日郁郁寡欢。唐太宗知道后，大为恼火，一日，他在两仪殿屏退群臣，独留长孙无忌、房玄龄、李勣、褚遂良等人在殿，对这几个心腹重臣道："我三子一弟（齐王祐、太子承乾、魏王泰，弟元昌），所为如是，我心诚无聊赖！"说罢竟抽出佩刀欲自杀。褚遂良一把将刀夺下，长孙无忌乘机问太宗有何打算，太宗遂道："泰立，则承乾与治皆不全；治立，则承乾与泰皆无恙矣！"早就在立储问题上站在李治一边的长孙无忌听后大喜，当即接话道："谨奉诏旨。有异议者，臣请斩之！"

发生在两仪殿上的这一幕，透着唐太宗的心机，更透着他的无奈。唐太宗子嗣众多，十四个儿子中，第九子晋王李治仁弱平庸，绝不是唐太宗眼中储君的最佳人选，但作为除了承乾、李泰之外最后一个嫡出的儿子，李治身上的这个弱点又使他成为平衡朝中派别纷争的唯一棋子。诚如唐太宗所言，"泰立，则承乾与治皆不全；治立，则承乾与泰皆无恙"，为了避免重演当年玄武门的兄弟相残一幕，也为了防止各方势力的激化，唐太宗只能采取两弃之的做法，既废承乾，又废李泰，而选择处于中间位置的李治来继承大唐基业。当然，在心中已经做出决定的唐太宗还必须上演一出"苦肉计"给群臣看，当他在次日早朝抛出"谁堪此位"这个话题，他要听到的，已不是臣子们像去世的魏徵那样诤谏，而是众口一辞说出李治这个名字和响彻太极殿的山呼万岁之声。

至此，这场不见血光的立储之争终于尘埃落定。贞观十七年，唐太宗正式立晋王李治为太子，而曾经自信满满的李泰则和承乾一样，成为唐太宗晚年政治弈局的牺牲品。他被褫夺了爵位，黯然离开长安，远赴均州，并最终在那里度过余生。

当然，这场立储风波还是打乱了已显老态的唐太宗的心绪。如果说贞观十六年追封李建成为皇太子，显示出这位大唐皇帝心中的不安，那么当贞观十九年被贬为庶人的承乾太子在黔州郁郁而终，唐太宗为之罢朝，并下诏葬以国公之礼，则流露出一个父亲心中的惆怅。唐太宗，杀死了一个太子，又废黜了一个太子，在自己帝王生涯的两端，其实正是冰冷而惨烈的皇家恩怨！

> 大君端扆暇，睿赏狎林泉。
>
> 开轩临禁籞，藉野列芳筵。
>
> 参差歌管飏，容裔羽旗悬。
>
> 玉池流若醴，云阁聚非烟。
>
> 湛露晞尧日，熏风入舜弦。
>
> 大德侔玄造，微物荷陶甄。
>
> 谬陪瑶水宴，仍厕柏梁篇。
>
> 阙名徒上月，邹辩讵谈天。
>
> 既喜光华旦，还伤迟暮年。
>
> 犹冀升中日，簪裾奉肃然。
>
> ——杜正伦《玄武门侍宴》

这首《玄武门侍宴》，是贞观名臣杜正伦的手笔。杜正伦文采出众，隋仁寿年间与其兄正玄、正藏同时登第，一门三秀才，为当时称美。杜正伦在隋朝时任羽骑尉，唐武德年间，被当时还是秦王的李世民召入秦王府文学馆。贞观二年，杜正伦官拜给事中，兼知起居注，贞观四年，累迁中书侍郎，以后又担任散骑常侍、太子右庶子、太子左庶子等职。作为从秦王府文学馆走出来的贞观朝最早班底成员之一，杜正伦一直都被委以重任，无论是负责记录太宗言行的起居注，还是任职东宫辅佐太子承乾，都体现出唐太宗对他的器重。当然，类似前面诗中所提到的能被皇帝赐宴，对于杜正伦更是习以为常。"参差歌管飏，容裔羽旗悬。玉池流若醴，云阁聚非烟。"当美丽的文字飞扬起来，我们看到的，是杜正伦对这份和谐的君臣关系发自心底的歌颂。

然而，贞观十七年成为君臣关系变化的拐点，却让这位老臣始料未及。太子承乾未遂的宫廷政变，牵扯进了很多人，杜正伦作为一名东宫官员，自然难辞其咎，而当他被人告发曾接受过参与谋反的侯君集的一条金带，他更是百口莫辩，直接被打入侯君集一党，流放骧州。

流放路上的杜正伦心情一定是郁闷而困惑的，他绝对想不通，当年那个对臣子们至诚开明的皇帝如今为什么变得怀疑一切，如此陌生？而对于发生在自己身上的这种变化，唐太宗显然再清楚不过。太子承乾的谋逆，魏王泰的工于心计，私结朋党，已经乱了他的心神，他忽然觉得自己应该提起十二分的小心，密切注意身边的每一个人。他经常会产生这样的念头：新的太子已经册立起来了，哪些臣子还是承乾李泰的余党？李治太过仁弱，会不会有些臣子图谋不轨，觊觎皇权？哪些臣子私底下走得很近，他们都在说什么？做什么？当这些问题接踵而来，唐太宗在朝堂上扫视群臣的目光便充满了怀疑，而正是这种冰冷陌生的怀疑，彻底撕碎了"贞观之治"

最让世人称道的标签——相互信任合契至诚的君臣关系！

由此，对死去的魏徵的反攻倒算注定成为贞观末期黑色的一幕。魏徵于贞观十七年正月病逝，唐太宗当时曾痛哭失声，亲自为其撰写了碑文，伤痛的文字中满是对这位谏臣的悼亡惋惜之情。然而，仅仅时隔几个月后发生的承乾之乱，却让唐太宗对魏徵的态度来了个180度的大转弯，原因竟是魏徵在世时曾向唐太宗夸奖过侯君集，说他有宰相之能！彼时，唐太宗的神经已变得异常敏感，联想到魏徵生前曾力劝其不要废长立幼，始终站在承乾一边，再加上褚遂良向其告发，说魏徵曾将谏净言辞私自记录下来，是别有用心之举，终于令这位曾在多个场合夸奖过魏徵的皇帝，产生了一种被人暗算的耻辱！盛怒之下，唐太宗已经完全失去了理智，他下了一道冷酷绝情的诏命：推倒他手书的魏徵墓碑，解除衡山公主与魏徵长子叔玉的婚约！当不知就里的魏叔玉被褫夺了驸马的荣耀，当一代谏臣尸骨未寒墓碑却轰然倒掉，贞观的光芒，已彻底被猜疑的阴云笼罩！尽管两年后唐太宗又重新将魏徵墓碑立起来，但那个君臣相知的时代已经注定一去不返！

如果说贞观末期日趋紧张的君臣关系，对唐帝国是一种严重的内耗，那么在唐太宗晚年亲自策划的远征辽东的战争，更加速了"贞观之治"的衰没。历经十余年时间，唐太宗在不断扩大"天可汗"的威名的同时，也在滋生着盲目的自信。正因如此，当作为大唐帝国藩属国的新罗向唐太宗告急，请求出兵攻打高句丽，这位马上天子并未做太多犹豫。在他看来，当帝国的西北部边患已经解除之后，东部的问题就该提上日程了，"今天下大定，唯辽东未宾，后嗣因士马盛疆，谋臣导以征讨，丧乱方始，朕故自取之，不遗后世忧也"。

　　然而，想要不遗后世之忧的唐太宗却将帝国的战车带入了一片难以自拔的泥淖。贞观十九年四月，浩浩荡荡的唐军一路奔袭，向着辽东进发了。经历几次战役，唐军虽取初胜，攻得了辽东十城，将辽州、盖州、岩州七万人迁入内地，但唐军将士也损失惨重，高级将领重伤者比比皆是，战死者不乏其人，士兵伤亡更不可记。《资治通鉴》记载的数字是"战士死者几二千人，马死者什七八"，著名学者吕思勉在其著作《隋唐五代史》中却提出了明确的质疑："《新唐书·高句丽传》曰：始行，士十万，马万匹，逮还，物故裁千余，马死什七八。船师七万，物故亦数百。（通鉴曰：战士死者几二千人，马死者什七八。）此乃讳饰之辞，岂有马死什七八，而士仅丧百一之理？"当劳师远征本欲速战速决的唐太宗，最终陷入旷日持久的胶着状态，当"辽左早寒，草枯水冻，士马难久留，且粮食将尽"，一度信心满满的唐太宗只能无奈班师。

> 凿门初奉律，仗战始临戎。
>
> 振鳞方跃浪，骋翼正凌风。
>
> 未展六奇术，先亏一篑功。
>
> 防身岂乏智，殉命有余忠。
>
> ——李世民《伤辽东战亡》

　　首征辽东，对唐太宗而言，是其辉煌的军事生涯的一次重创。

就在唐军班师回撤的路上，因天寒地冻，又赶上暴雪，很多人都冻馁而死。到达营州后，唐太宗亲自诏葬辽东战亡士卒骸骨，亲作祭文，亲临哭祭。"未展六奇术，先亏一篑功。防身岂乏智，殉命有余忠。"这位在金戈铁马的征伐岁月中一骑绝尘的大唐皇帝的哭祭，不是在作秀，而是真正的伤怀。即位之初，他在和臣子的论政中，曾多次提到隋亡的教训之一，就是隋炀帝远征辽东招致国力空虚，民怨沸腾，如今，这样的历史却在自己的身上重演！

而"贞观之治"的由盛而衰已经不可逆转。辽东之战，让唐太宗感到了精力耗竭，尽管他不足五十岁，尚值盛年，但他已经开始迅速地衰老，以致许多朝政他都交给太子李治代劳。骊山气势恢宏的翠微宫建好了，他要去山里呼吸一下新鲜的空气，更要在那里去服食一种据说长生不老的丹药。当年，他曾和臣子们一起嘲笑秦始皇祈求长生的愚蠢，如今，他要在翠微宫亲口把自己的笑声吞掉！

秋日凝翠岭，凉吹肃离宫。

荷疏一盖缺，树冷半帷空。

——李世民《秋日翠微宫》

贞观二十三年（649）五月，感伤过翠微宫秋寒的唐太宗在姹紫嫣红的春天死去，那座他薨逝的寝殿叫含风殿。这位开创大唐"贞观之治"的皇帝，以风声开始，也以风声结束。在位二十三年，他曾雷厉风行，一路驰骋，挥舞着治世之鞭，将大唐帝国带入鼎盛。然而，观念的倒退和执政的怠惰，最终没能让他跳脱出封建

王朝的黑色周期律，他对自己二十三年帝王生涯的最后总结，是
一声长长的叹息。

> 草昧英雄起，讴歌历数归。
>
> 风尘三尺剑，社稷一戎衣。
>
> 翼亮贞文德，丕承戢武威。
>
> 圣图天广大，宗祀日光辉。
>
> 陵寝盘空曲，熊罴守翠微。
>
> 再窥松柏路，还见五云飞。
>
> ——杜甫《重经昭陵》

据《旧唐书》记载：唐太宗李世民翠微宫薨逝后，采取了秘不
发丧的形式。先有其心腹旧将统飞骑劲兵护送太子李治火速返还
长安，后有四千名御林军护送"龙驾"由翠微宫回到长安太极宫，
唐宫内部随即紧锣密鼓安排后事，一个月后，太极宫哀乐齐鸣，
一代帝王，最终安葬于昭陵。

"风尘三尺剑，社稷一戎衣。"在今天的九嵕山，栩栩如生的
"昭陵六骏"仍旧在以它们强健的肌肉和腾踏的身姿，昭示着大唐
帝国最引为自豪的那段时光。因山为陵的唐太宗李世民没有忘记
让工匠们将随他南征北战的六匹骏马以浮雕的形式带入他的陵寝，
对于这位点亮过治世之光的皇帝而言，马蹄声已经贯穿了他的一
生，在另一个世界，依然铿锵，依然响亮。

第三章

武则天

天符既出兮帝业昌

一个才人的崛起

　　贞观二十三年，就在一代雄主唐太宗李世民驾崩不久，一群淡妆素服的女人从太极宫缓缓走出。她们都是太宗皇帝生前的妃嫔媵嫱，在举国致哀的葬礼中，她们的哭声也许是最悲切的，这些没有生育子嗣的美人，在皇帝的生命走向终结之时，她们的青春也随之戛然而止。死去的皇帝没有让她们陪葬昭陵，却给她们选定了另一个埋葬娇容的坟墓——长安西北郊的感业寺，这座当年隋炀帝为彪炳自己文治武功而敕建的皇家寺院，彼时已被唐太宗用来彰显身后不容撼动的皇权。如云的青丝沉重地落下，一身缟素的女人们泪眼婆娑，她们知道，自此之后，曾经欢宴无歇的宫廷生活将成为回忆，她们即将面对的，是青灯古佛，是暮鼓晨钟，是粉腻凋零的不归之路。

　　在这群刚刚遁入空门的比丘尼中，一个女人敲击出的木鱼之声格外让人听出怅惘之情，她，就是后来改变大唐帝国走向的一代女皇武则天。彼时，这位正值青春韶华的女子，绝然不会想到日后自己能君临天下，她更多的时间是枯坐精舍之中，怀念曾经优渥的生活。尽管自己在迈进感业寺之前，还只是一个位列后、妃、嫔、婕妤、美人之后的才人，自己的职事也并非养尊处优，还要"掌叙宴寝，理丝枲，以献岁功"，但宫中的生活毕竟和感业寺凄清寂寥的氛围有着天壤之别。透过寺院的红墙，武则天仿佛还沉浸在太极宫的灯火辉煌之中，而随着耳边的木鱼之声渐渐模糊，她的脑海中又会浮现出自己在四川利州的少女时代。由于父亲武士彟曾助唐高祖李渊平定天下，因此武氏一家也由商贾之家迅速跻身士族豪门。武则天的生母杨氏，是经李渊牵线嫁给武士彟的第二任妻子，民间将杨氏孕生武则天的过程传得神乎其神，说是在利州有一龙潭，一天风和日丽，杨氏在潭中游水，忽然水中跃出一条金龙，围着她盘旋而上，嬉戏交欢，不久杨氏就身怀六甲，生下了武则天。这个龙潭感孕的传说后来还被晚唐诗人李商隐写进了《利州江潭作》一诗中：

神剑飞来不易销，碧潭珍重驻兰桡。

自携明月移灯疾，欲就行云散锦遥。

河伯轩窗通贝阙，水宫帷箔卷冰绡。

他时燕脯无人寄，雨满空城蕙叶雕。

——李商隐《利州江潭作》

在诗题后面，李商隐注明利州是"感孕金轮所"。"金轮圣王"为武则天称帝时臣子们给她的尊号，"感孕金轮所"就是说武则天是在利州由母亲感孕而生的。

老实说，这首诗的风格，怎么看都不像是出自以众多意象诡谲的无题诗光耀诗坛的李商隐，但我们又似乎可以理解，哪一个帝王的出生没被渲染上一层神秘的色彩，更何况武则天又是中国历史上唯一一位女皇帝！利州的明山秀水滋养着武则天娇美的容颜，更塑造着武则天开阔的心性。这个从小着男装的女孩性格也更像男孩，她开朗，执拗，不愿受管束，喜欢随心所欲，对闺中女红之事提不起一丝兴趣，倒是对郊游爬山这样走出屋外的事情兴致盎然。对这个小女儿，武士彟视作掌上明珠，这个靠贩卖木材起家的大唐开国之臣，给了女儿最好的教育，没有限制她奔放的心性，而武则天也正是在这种父爱的庇荫之下逐渐出落成一个秀外慧中的美少女。

　　然而，随着武士彟病死荆州任所，武则天无忧无虑的少女时代也随之宣告终结。因武士彟的家乡在并州文水，所以在父亲的灵柩归葬并州之后，武则天和母亲杨氏也移居到了这里。两个异母哥哥元爽、元庆理所当然地继承了父亲的家产，而他们投给杨氏母女的，则是冰冷的眼神。当寄人篱下的日子彻底覆盖住曾经的笑声，少女武则天第一次感到了萧瑟的秋意。

　　生命的转折出现在武士彟病逝后的第二年。这一年，唐太宗温婉贤惠的长孙皇后去世，着实对唐太宗打击不小。从弓马沙场到坐视天下，唐太宗一直都将长孙皇后视为内廷良佐，她的薨逝，让唐太宗怅然若失。他无心立后，还特地在宫中建了一座高台，经常登台遥望昭陵皇后墓地。就在此时，武则天的表姨杨妃不失时机地向唐太宗推荐了自己的外甥女。这位在宫中十分受宠的丽人劝太宗节哀，说刚过及笄之年的武则天绝对是一枝忘忧草，一朵解语花，太宗最终产生了兴趣。贞观十一年，一纸册书由两名黄衣使者送到并州。想到女儿马上入宫，杨氏自然不舍，涕泣不止，倒是武则天全无悲戚之色："见天子庸知非福，何儿女悲乎？"当这句对母亲的劝慰之辞以一股凛然之气注入史书，武则天，已经开始经历由一个女孩向女人的蜕变，这个蜕变的地点将是明争暗斗的后宫，而这一年，她只有十三岁。

唐太宗是在武则天进宫的当天召见她的。当这个面若桃花的少女出现在唐太宗面前，他立即被她的"美容止"吸引。对于这位阅人无数正值盛年的君王而言，眼前这个身材颀长姿容艳丽的少女更像是上苍赐给他的尤物。他当即册封武则天为才人，一朝临幸之后，更喜欢上了她那种为一般妃嫔所不具备的特有的妩媚，爱怜地称她为"媚娘"。

自此，武则天开始走进一个完全不同于利州的世界。这个世界是如此富丽堂皇，壮观的皇城，金丝的幔帐，悠扬的笙歌，让她零距离触摸到一个帝国的荣光；这个世界又是如此开放，不囿旧制的唐太宗对内大开风气之先，广揽俊彦，对外则兼容并包，博采众长，形成万国来朝繁荣昌明的政治气象。在这个世界耳濡目染，才人武则天的视野不断放大，而常伴君王侧，武则天全然不顾周围投来的妒嫉的眼神，她更多的时间是在感受生命中二次蜕变所带来的快感。这种蜕变源自唐太宗对她潜移默化的影响，当性格的坚毅、处事的果决、视野的开阔让武则天在妩媚之外生出一分男子之气，连皇帝都感受到了危压。

唐太宗感受到武则天的强势，缘起于一匹烈马。这位曾自言"平生无所好，唯名马、弓刀、美女而已"的贞观天子，为了搜寻天下名马，甚至不惜动用大量的人力物力，奔波辗转于千里之外，及其薨逝，也没有忘记让工匠们将随他南征北战的六匹骏马以浮雕的形式护卫他的陵寝。在《全唐诗》留存的他的近百首诗作中，咏马诗颇具气势，其中这首《咏饮马》可谓豪气干云。

> 骏骨饮长泾，奔流洒络缨。
> 细纹连喷聚，乱荇绕蹄萦。
> 水光鞍上侧，马影溜中横。
> 翻似天池里，腾波龙种生。

——李世民《咏饮马》

　　和武则天发生关联的那匹烈马名曰"狮子骢"。史载，唐太宗的这匹烈马性子暴烈无比，无人能将其驯服，就在大家一筹莫展之际，外表娇弱的武则天却站了出来，她向唐太宗要了三样东西——铁鞭、铁锤和匕首，而她向这位马上天子展示的驯马之术是：开始，可用铁鞭抽之，如若不服，便用铁锤击之，如仍难驯服，便以匕首割断它的咽喉！

　　这个透着杀气的女人让唐太宗不寒而栗，他没想到他眼中千娇百媚的媚娘竟能如此心硬如铁！当然，他表面上还是对武则天赞许有加，但从此之后，唐太宗开始有意疏远这位能用非常手段制服烈马的武才人，尤其是当民间关于"女主武王"的传言传入宫中，唐太宗对武则天的忌惮之心更是变得越来越重。当然，这场危机最终因一个替死鬼的出现而得以化解，但还是让武则天惊出了一身冷汗。

事情是这样的。一日唐太宗大宴武臣，席间行酒令时，约定谁输了得说出自己的小名，结果一个叫李君羡的武将输了，李君羡于是红着脸道："小名五娘。"众将大笑，可唐太宗却笑不出来了，他知道，这李君羡是武安人，封为武连县公，任左武卫将军，又在玄武门值班，"五娘"的"五"不仅与"武"谐音，还是女人的名字，这不正合谶语吗？这李君羡莫非正是三代之后篡我大唐的"女主"？想到这里，唐太宗不禁心头一颤，宴会不久就将李君羡贬往华州，很快又找了个罪名除了这个心头之患。

杀了李君羡之后，武则天尽管躲过一劫，却再无受宠的机会，尤其是当一位温婉可人的徐姓美人出现之后，武则天更是从万千宠爱于一身跌落到凄清冷落的谷底。然而，和宫中所有的粉黛囚徒不同的是，武则天不甘自弃，她能够迅速调整自己的情绪，在孤独无助的境遇中抓紧另外一根救命稻草，他，就是太宗第九子李治。彼时，经过一番风雨，李治刚刚被立为太子，而恰恰太宗又感染了风疾，武则天很快便打通了一个改变命运的通道。《资治通鉴》中说太子李治"入侍太宗，见才人武氏而悦之"。在这段笼统的文字中，李治与长他四岁的武才人是两情相悦，还是武才人巧妙地抓住了这个机会，我们不得而知，但可以肯定的是，就在唐太宗病入膏肓之际，武则天已经无须在这个刚过五十岁便已气数将尽的帝王面前邀宠，她已将自己最美的妆容献给了即将接棒的下一任大唐帝国的主宰——太子李治。

　　然而，当太极宫一派缟素，哀乐动地而起的时候，满怀希望的武才人等来的却是一纸残酷的遗诏：后宫妃嫔，除徐美人外，一律出宫为尼。武才人也在其中！事实上，僵卧病榻之上的唐太宗在生命弥留之际，想得最多的，依然是那句"女主武王"的谶语，而几年前，那个打算用利刃割断烈马喉咙的武媚娘，依旧是他挥之不去的梦魇。这个梦魇太可怕了，她威胁着大唐帝国的国祚，而即将接任的儿子李治又太过仁弱，根本就不是她的对手。在剪除了那么多可能的对手之后，素重佛事的唐太宗深信太史令李淳风之言，没有让武则天死在自己前面，但他的遗诏却藏而不露地将自己心中的梦魇锁进了一座囚笼。这座囚笼没有枷锁，只有孤星冷月，没有狱吏，只有木鱼声声，武则天，落发感业寺的武则天，能等到山门洞开的那一天么？

看朱成碧思纷纷，憔悴支离为忆君。

不信比来长下泪，开箱验取石榴裙。

——武则天《如意娘》

　　在《全唐诗》中，武则天的诗作不足五十首，且多是在皇家仪典中的歌词，并无多少情感渗透其中，但唯独这首《如意娘》，夹带着伤春的泪水，洇透了《全唐诗》。"看朱成碧思纷纷，憔悴支离为忆君。不信比来长下泪，开箱验取石榴裙。"在《如意娘》的韵律间行进，我们看到的是一个心绪难平柔肠寸断的怨女，泪眼模糊中，她竟将红色看成了绿色，而箱子里被泪水染得斑斑点点的石榴裙更成为长夜相思的物证。

其实，《如意娘》所流露出的深深的闺怨，正是武则天在感业寺中度日如年的真实心境。彼时，褪去绣襦一身衲衣的武则天望穿秋水，只希望已贵为一国之君的唐高宗李治能马上用盛大的鸾铃击碎感业寺清冷的钟声，来慰藉自己的相思之苦，将自己带出这个压抑情欲的方外之地。

那么，高宗李治又在做些什么呢？彼时，刚刚即位的高宗显然还无暇顾及来自感业寺的闺怨，他有太多的国事需要处理，在将太宗的灵柩安葬于京兆礼泉县九嵕山的昭陵之后，他要面对的奏章早已堆积如山。对父亲忠诚笃信的李治没有轻易地对先朝的内政外交改弦更张，而是延续了贞观年间的纳谏之风，召集诸州进京贡献方物的朝集使，让他们揭露不便于百姓的种种弊端；他还召刺史入阁，问询民间疾苦；尤其是在他初登大宝不到两个月，晋州发生大地震，五千余人丧生，他更是宵衣旰食，立刻派官员前去吊疾问苦。正是因为他的勤勉，才使得大唐权力交接的过程没有出现任何波动，"贞观之治"也得以顺利过渡到永徽之治。

当然，在国事之暇，李治还是会想起曾与他柔情缱绻的武媚娘来。

七夕之夜，这位多情的皇帝尽管有发妻王皇后在侧，但几杯酒过后，他再也无法掩饰自己的情绪，残月，孤星，微云，夜风，一起涌向宫廷中的盛宴，一个皇帝的相思随之变成了感伤的诗行。

霓裳转云路，凤驾俨天潢。

亏星凋夜扃，残月落朝璜。

促欢今夕促，长离别后长。

轻梭聊驻织，掩泪独悲伤。

——李治《七夕宴悬圃（其一）》

　　两处相思得以交集的时间是在永徽二年（651）五月二十六日。这一天是唐太宗的忌日，李治一早就迫不及待地率众去感业寺上香了。在缭绕的香烟中，他终于见到了朝思暮想的武媚娘，尽管不见了满头青丝，但青灯黄卷的生活却并没有消弭这位丽人的姿色，而武媚娘在与李治四目相对的一瞬所流露出的那份淡淡的幽怨，更是让这位新皇帝心生爱怜。然而，二人的相遇仅仅限于相拥而泣互诉衷肠，高宗李治再清楚不过，武媚娘终究是父亲的女人，感业寺厚重的山门就是横亘在他们之间的一道屏障，真正打通这道屏障，让武媚娘蓄发回宫重续旧情，不仅需要时间，更需要与王皇后沟通。

　　让李治意想不到的是，与王皇后的沟通竟会出奇顺利。从感业寺回来，李治是闷闷不乐的，他试探地向王皇后提出要将武则天召还入宫的想法，没想到王皇后给他的回复竟特别干脆：请陛下速速降旨，让武才人返宫！面对李治讶异的表情，王皇后用诚挚的语调向高宗剖白：她能备幸椒房，已是殊荣，怎敢再专宠后宫，她愿视皇上之喜为喜，以皇上之忧为忧。

　　王皇后的这番话让高宗大为感动，他马上降旨，派人到感业

182

寺传口谕：武才人即日蓄发，准备返宫。争风吃醋的后宫历来都充斥着看不见的硝烟，如都能像王皇后这样虚怀若谷，后宫哪还会有什么争斗？想到这里，一直纠结的李治长长地舒了一口气。

然而，仁厚的李治哪会想到王皇后的用心！出身关陇贵族之家的王皇后，是当年唐太宗在世时为李治钦定的妃子，李治做了太子后，又册为太子妃，及唐太宗临终之际，他又将这对"佳儿佳妇"托付给了老臣长孙无忌和褚遂良，可见他对王氏是非常满意的。

事实上，作为高宗的发妻，王氏在李治登基自己成为母仪天下的皇后之后，二人仍然有过一段十分恩爱的时期，只不过这段时期并不长，很快就被一个萧姓妃子打破了。和"性简重，不曲事上下"的王皇后相比，萧妃善解人意，性情开朗，又仪态万方，很快就让高宗陷入到了温柔乡中。不久，萧妃又生了个儿子，名唤素节。因为萧妃出身于梁昭明太子的一支后裔，血统显赫，因此素节在高宗四个儿子中地位最高，而王皇后无子，嫡系无传，因此萧妃得以专宠后宫，身价骤增。

嫉妒至极的王皇后当然视萧妃为眼中钉，恨不能立刻拔之而后快，就在这个时候，她想到了困守感业寺的武才人。皇帝自去感业寺上香之后，满脸的相思之苦早已被王皇后看了个清清楚楚，如果此时让武才人重返宫中，不仅做了个顺水人情，皇上会高兴，武才人会感恩，更重要的，是可以坐山观虎斗，待两败俱伤之后，自己则可坐享专宠之利！

接下来事情发展的轨迹完全暗合了王皇后的心思。当寒风骤起的时候，武则天已经在感业寺梳理起自己的云鬓。清苦的尼庵生活，没有改变武则天的娇容，却磨砺了她的性格，彼时，她再也不是当年那个在唐太宗面前锋芒毕露的少女了，那匹"狮子骢"更像是载着青葱岁月的快马，在自己的记忆里绝尘而去。相反，青灯古佛寒斋冷月让武则天学会了遮蔽自己的内心，她深谙强则存弱则亡的道理，更做好了重返唐宫的一切准备。

武则天是在参加了一席皇上特地安排的接风御宴之后，重新进入后宫的。这个富丽堂皇的后宫她曾经是那么熟悉，太宗皇帝的影子恍惚之间会从花园的假山后面浮现出来，而太液池的碧波倒映的，依稀还是自己当年刚进宫时的容颜。但彼时的武则天再清楚不过，她早已不是当年的媚娘，而更像一个闭关修炼的隐者。她锁定了自己在后宫的第一个目标——萧妃。这个女人高高的发髻和高傲的眼神都让她感到难受，她的存在，就是对武则天的威胁，而要扳倒她，武则天必须暗中较劲，不露声色。

她很快就发现了王皇后这个让自己重返后宫的背后推手，当然也发现了王皇后与萧妃之间的龃龉不和。武则天没有犹豫，她对王皇后感恩戴德，躬身事奉，结成了亲密的同盟，她要让王皇后知道，她们共同的对手只有一个，那就是萧妃。后宫阴风浩荡，武则天需要稳住自己的阵脚，稳扎稳打，步步为营。

这个战术显然是奏效的。面对这个比身边的宫娥还殷勤的前朝女才人，王皇后十分感动，她将武则天引为知音，一有机会就在高宗面前夸赞武则天，说她谦卑让人，完全可以垂范后宫。高宗听后当然高兴，重续旧好本来就如久旱之逢甘霖，经王皇后一说，他更是顺势而为，马上降旨加封武则天为昭仪。当册封礼的鼓乐声在整个皇城上空响起，一身红装的武则天不无轻蔑地瞥了一眼茫然失意的萧妃，她知道，她的出现，已经彻底抢了这个美人的风头，皇帝对她的万千恩宠正在一点点地消逝。当然，在册封的鼓乐推进到高潮的时候，武则天并没有忘记和王皇后相视一笑，王皇后的眼神透着喜悦，武则天相信，这种眼神是胜利者的眼神，是如意算盘得以顺利实施的眼神，但武则天很快就将目光投向了一只惊觉而起的飞鸟，她暗笑王皇后的愚钝：昭仪的册封又算什么，扳倒一个萧妃不过是一场小胜，我心中真正的目标，你知道吗？

王皇后是在武昭仪的册封礼举行过后不久发现不对劲儿的。她本以为让武则天从感业寺重返宫中，是给自己找个帮手，没想到排挤掉萧妃之后，自己反而又多了个新的对手。这个对手尽管比皇帝大了四岁，却颇通媚术，令皇帝神魂颠倒，更可怕的是，新对手出招藏而不露，自己实在难以应付。

很快，戏剧性的事情出现了，王皇后竟然和萧妃结成了联盟！后宫恩怨就是这么难以说清，敌友的对立与转化，从来都是因为共同的利益驱使。这个失宠的联盟轮番到皇上那里去告武则天的状，从她在前朝时奉事的过失，到她在感业寺的不安分，从她渐渐衰老的外表，到她重返宫中的阴险狡诈，这些恶毒的攻击像汹涌的浪涛一样冲进高宗的耳鼓，可高宗却充耳不闻，甚至表露出厌倦的情绪。王皇后和萧妃还不曾见过皇上这样固执，直到二人听到一个消息才恍然大悟：武昭仪有身孕了！

这个消息对王皇后来说不啻于晴空霹雳，一直无子的她最怕这种宫中喜事，此前萧妃生了个儿子已让她夜不能寐，这一回武昭仪再生个皇子，她专宠的地位将更加不可动摇。就在王皇后急得无计可施的时候，中书令柳奭的出现似乎让她看到了一片晴天。

这中书令柳奭其实是王皇后的舅舅，外甥女的荣辱自然关系着他的仕途命运，因此当他听说武昭仪有了身孕，马上忙不迭地跑来献计。他给王皇后出的主意是：抢在武昭仪生子之前劝说皇上立太子，而这个太子的人选就是庶出的燕王李忠！这样一来，不仅李忠母子会感恩戴德，而且会绝了武昭仪的希望，从而使王皇后的后位得以保全。

王皇后对舅舅的这条折衷之计没有多想就答应了，面对自己请进的这个"瘟神"，她早已后悔不迭，现在唯一的办法就是先下手为强，在武则天产子之前彻底断了她的念想！当然，立太子是件大事，必须争取朝臣的支持，尤其是如能争取到朝中重臣的支持，这个计策就有了九成的把握。

柳奭的奔走是有成果的。他找到了吏部尚书褚遂良和兵部侍郎韩瑗，此二人都是贞观老臣，又与柳奭过从甚密，听说欲立李忠为太子，都极力赞成。接下来他们三人又一并去游说朝中最重要的一位老臣，他就是长孙无忌。虽说这长孙无忌和褚遂良都是太宗指定的顾命大臣，但长孙无忌的权势在朝中堪称一人之下万人之上，当今皇帝是他的外甥，他当得起李唐王朝的半个家。在《全唐诗》中，长孙无忌总共录诗四首，最有趣的还是下面这首：

耸膞成山字，埋肩不出头。

谁家麟角上，画此一猕猴。

——长孙无忌《与欧阳询互嘲（无忌嘲询）》

　　这首诗是贞观年间长孙无忌嘲讽朝中同僚欧阳询的。欧阳询笔意纵横，以"欧体"称绝一时，因其相貌丑陋，被长孙无忌开了个玩笑亦属正常，况且当时欧阳询也没示弱，还回敬了长孙无忌一首诗。但从诗的字里行间，我们还是能够看出这位皇亲国戚盛气凌人的架势来。太宗朝时，他曾主持制定《唐律》，待到高宗即位，有个叫李弘泰的诬告长孙无忌谋反，高宗审都没审就把李弘泰杀了，对长孙无忌信任如初，仍将编修《唐律》这项重要的使命交给了他，可见两朝皇帝对他都颇为倚重。

　　这样一位权臣，在天子面前说话当然是有分量的。当褚遂良等人将立燕王忠的打算向他和盘托出，他略一思索就痛快地同意了。随后，他又率领这个宰相班底在第二天觐见了高宗，而高宗面对这样郑重其事的联合请旨，也确实无法驳回。自古无嫡立庶，以长为尊，燕王忠聪颖，王皇后又有胸襟，还有什么好说的呢？永徽三年（652）七月，当年仅十岁的燕王忠被册立为太子，正式入主东宫，他哪里知道，自己会成为一场后宫争斗的工具呢？

　　燕王忠被册立为太子的消息对满怀希冀的武则天无疑是兜头一盆冷水。她深知如今的对手显然已经不止王皇后和萧妃，挡在她面前的，还有一面她难以撼动的高墙，那就是以长孙无忌为代表的朝堂势力。这股势力如此强大，甚至可以左右皇帝的决定，而身处后宫的她，却只能徒唤奈何！

　　然而，感业寺练就的韧性不允许她后退一步，在你死我活的后宫争斗中，武则天再清楚不过，后退一步就意味着走向绝境！她继续寻找着对策，既然暂时无法扳倒朝中重臣，那就继续拿王皇后开刀。通过一番暗中摸底，武则天了解到王皇后及其母亲魏国夫人和其舅舅柳奭都举止傲慢，他们的宫娥僮仆都敢怒不敢言。武则天觉得这是个机会，于是便主动地对他们表示关切，甚至经常送他们一些财物进行收买。很快，在王皇后身边，便布满了武则天的眼线，这些卖力的眼线每天都会殷勤地向武则天汇报主人的一言一行，这样一来，她足不出宫便对王皇后的行止尽在掌握。看到此法奏效，武则天又对萧妃身边的宫娥如法炮制，一时间，王萧这个失宠的联盟一举一动都逃不出武则天的眼睛。当对手的"罪证"被武则天有理有据地收集起来向李治告发，李治大为光火，将萧妃打入冷宫，对王皇后也更加疏远。好像是为了庆祝这场胜利似的，就在永徽四年（653）正月，距燕王忠被册立为太子不到半年的时间，武则天产下了一个健康的男婴。彼时，已经三十一岁的武则天喜出望外，这是自己入宫十八年来生下的第一个孩子，而且是个儿子，他的降生，无疑将使自己在后宫中的地位更加巩固！

　　对于自己的第五个皇子，李治同样喜上眉梢，他亲自给他取名弘，封代王，对武昭仪更是宠爱备至。初为人母的武昭仪似乎并不满足于此，在婴儿的啼哭声中，虽已失宠但并未失势的王皇后，依然是她继续追逐的目标。

　　事实上，武昭仪正是在婴儿的哭声中找到灵感进而给王皇后

188

以致命一击的。永徽五年（654），一个女婴的降生，让武昭仪成为两个孩子的母亲。可是和儿子代王弘相比，武昭仪对这个早产的女儿并没有投注太多的关爱，相反，她甚至讨厌这个女儿的哭声，生下来不久，就将她交给了乳母。然而在孩子刚过百天不久，这个母亲却一反常态，她爱怜地亲吻起孩子的脸蛋儿，陶醉在孩子的啼哭声中，就像这个生命刚刚来到世间一样。武昭仪兴奋地让一个宫娥去叫王皇后来看看孩子，与此同时，她告诉乳母，自己要亲自去请皇上，让皇上好好看看他的小公主，高兴高兴。

一个女人的心计，由此夹藏进了这个扑朔迷离的时间差里。王皇后很快就来了，这个膝下无子的女人尽管对武昭仪结着仇怨，但对可爱的女婴却视若己出，充满爱怜。她用一双玉手小心地拍打着女婴，直到哭声停止，渐渐睡去才离开。乳母见孩子睡着了，又不见皇上和昭仪前来，也便回房休息去了。

当育婴室静得只听到女婴均匀的呼吸声，一个魅影从幔帐中闪过，她，正是武昭仪……

当宫娥们找到武昭仪的时候，她正在和皇上悠闲地散步，脸上的神情也充满了安详。她笑着吩咐宫娥去把孩子抱来给皇上看看，宫娥应声而去，但很快就和乳母气喘吁吁地回来了，惊惶失措地向皇上和昭仪报告了一个噩耗：小公主已经死了！是被人活活掐死的！武昭仪立时两眼一黑，昏倒在地，高宗更是大惊失色，忙问刚才有谁来过，宫娥和乳母不敢怠慢，马上说王皇后刚刚离开……

至此，这个发生在公元七世纪的著名的后宫疑案，就这样呈现出它可能的走向。也有人说，那个女婴并非为武昭仪亲手所杀，而是过早地夭折了，武昭仪不过是拿一个死婴做了道具。但不管怎样，高宗震怒了！如果说自武昭仪回宫之后，他对王皇后还只是渐渐疏远，这一次，他已对这个心如"蛇蝎"的妇人彻底恩断情绝。在武昭仪的一再怂恿下，他已下定了废王立武的决心，他不能容忍一个手上沾满鲜血的女人统领后宫，而以亲生女儿为代价的武昭仪面对百口莫辩的王皇后只是投以了冷酷的眼神。她相信，那顶凤冠马上就要从委地如泥的王皇后头顶掉落了，而她即将要做的，是要让这个女人陷入更加孤立无援的境地！

永徽五年年底，武昭仪又生了一个龙子，取名贤，封潞王。翻开史册，我们发现，武昭仪的每一次生子似乎都是一次后宫争斗的节点。永徽四年正月，她小胜王皇后和萧妃，生了代王弘，第二年正月，她生了个没有留下姓名的公主，直接用作了脂粉战的工具，而到了年底，随着潞王贤的呱呱坠地，王皇后已经彻底失去了生命的倚仗。就在这一年，武昭仪从她的眼线口中得知，为了保住后位，王皇后和其母柳氏在后宫大搞"厌胜"，也就是私刻一小木人，在其身上钉满铁钉，天天焚香祈神，以行诅咒。听到这个消息，武昭仪如获至宝。要知道，行巫蛊之术可是宫中大忌，早在汉武帝时期，曾发生一起巫蛊事件，一时间导致数万人身首异处。当武昭仪添油加醋地将此事报给高宗，高宗怒不可遏，他气急败坏地将柳氏逐出后宫，不久，柳奭也被远谪边地。失去靠山的王皇后欲哭无泪，而高宗则进一步坚定了废王立武的决心。

皇帝的家事就是国事，废王立武这样的大事当然要和大臣们商量，但李治遇到的阻碍却超乎了他的想象。作为将李治推上太子之位的头号功臣，长孙无忌说话完全不必藏着掖着，他坚持认为王皇后是太宗皇帝指定的儿媳，并无行为不检之处，断不可轻易废黜；作为当年的托孤之臣，褚遂良也是慷慨陈词："先帝临崩，执陛下手谓臣曰'朕佳儿佳妇，今以付卿'。此陛下所闻，言犹在耳。皇后未闻有过，岂可轻废！"这两位老臣摆足了老臣的架子，又搬出先帝遗训来，霎时在朝堂形成了一边倒的声音，臣子们都群起劝谏，少数几个则选择了沉默。李治尽管身为一国之君，但面对这样的局面也不便强推，废黜王皇后这个想法眼看着就要被搁浅。

　　然而在朝堂的珠帘之后，一双敏锐的眼睛却没有停止对群臣的扫视，她就是武昭仪。面对朝臣掀起的劝谏声浪，她深知自己要想和以长孙无忌为首的朝堂势力抗衡，必须形成一股忠于自己的外廷势力，目光所及，究竟谁是这样的人选呢？

　　李义府正是在这个时候走进了武则天的视线。这李义府出身寒微，因写得一手好诗文，被高宗任命为中书舍人，从下面这首《咏乌》诗，可以对他的文采窥斑见豹：

日里飏朝彩，琴中伴夜啼。

上林如许树，不借一枝栖。

——李义府《咏乌》

　　李义府显然是在托物言志，"上林如许树，不借一枝栖"，更像是在表达自己的高洁之气，但事实果真如此吗？在朝中，李义府被同僚送了一个绰号——"李猫"，说他面相温和，未言先笑，但内怀狡诈，笑里藏刀。按理说，这样的人应当左右逢源，可他却偏偏得罪了当朝权贵长孙无忌，他向高宗奏本，说此人不堪重用，建议调往他州，高宗准奏，拟将其派往壁州做司马。预先得到消息的李义府十分恐慌，如坐针毡，但很快，他又平静了下来。他知道，彼时朝堂上下对高宗废王立武的想法正形成一边倒的反对之声，高宗被孤立起来，武昭仪也正苦于找不到一个支持者，如果在这个时候，自己坚决地站出来支持废王立武，自己的仕途会不会出现一丝转机呢？

接下来事态发展的轨迹证明，李义府真的是"借"着了一枝可以"栖居"的"高枝"。当他充分发挥自己的文辞之能写就一份奏表，并叩首流泪地恳请皇上废王立武当机立断，这个平时并不引人注意的中书舍人一下子占据了高宗心中的重要位置，他备感欣慰，因为朝堂之上终于有了支持自己的声音；最喜出望外的莫过于武昭仪了，她秘密派人对李义府大加赏赐，又不断在皇上耳边吹风，使得李义府不仅没被贬谪他乡，反而被提拔为中书侍郎。

因祸得福的李义府得到了皇上和昭仪的垂青，马上成为废王立武的闯将，而有了这样的示范效应，武昭仪身边很快便聚集起一支人数可观的队伍，他们是礼部尚书许敬宗、中书舍人王德俭、御史大夫崔义玄、御史中丞袁公瑜。当这支人马聚于武昭仪身边，武昭仪已经昂首挺胸，决定与以长孙无忌为首的反对势力分庭抗礼，但她也深知，自己阵营中还缺少一个元老级的人物，而这个人在废后问题上还没有最后表态，他，就是宰相李勣。

李勣绝对是三朝元老。从十七岁加入瓦岗军到先后奉事高祖李渊太宗李世民再到高宗李治，这位出身寒微的老臣已历仕三朝，经历了太多的政治风浪。李勣在废立皇后的问题上，一直保持着沉默，老于世故的他在观察风向。尽管内心深处，他是站在高宗、昭仪一方，但在涉及具体讨论的时候，他又总是称病告假，远远躲避。这个手中并不掌握实权，却在朝中素有威望的老臣，会把废王立武的关键一票投给谁呢？

事实证明，李勣正是让高宗李治做出最后决断的重要砝码。就在长孙无忌指使褚遂良等人大闹朝堂，气得李治下不来台的时候，李勣最终隐晦地表明了自己的立场。"朕欲立武昭仪为后，遂良固执以为不可。遂良既顾命大臣，事当且已乎？"当单独召见李勣的皇帝将这句话试探着抛出的时候，李勣是这样不假思索地回应的："此陛下家事，何必更问外人！"

这是一句看似平常却内蕴雷暴的话，李勣的对策与其说是在躲避斗争的锋芒，不如说是在激起皇帝的锐气，一句"此陛下家事，何必更问外人"，显然是要让高宗高高举起属于自己的皇权，无须再看他人脸色。接到这个信号的高宗精神大为一振，尤其是通过武昭仪之口，听说许敬宗在朝臣中散布"田舍子剩获十斛麦，尚欲更故妇，况天子邪？"的舆论之后，更是不再优柔寡断，他终于意识到，该是发出天子之威的时候了！

随后的事情让我们看到了一个皇帝的赫赫天威。当李治不再留恋那些他素所敬重的顾命大臣的时候，他的出击便无人能挡。

很快，曾将笏板愤而扔在殿阶之上的褚遂良被逐出京师，远谪到两千里外的湖南潭州，再也没有了当面进谏的资格；长孙无忌等一班反对废王立武的朝臣继而看到的景象是：王皇后、萧妃以阴谋毒杀皇帝的罪名被废为庶人，她们的家族成员统统被褫夺一切职衔，并被流放到瘴疠之地的岭南。后宫不可一日无主，没过几天，许敬宗就上表请求册立武昭仪为皇后，高宗龙颜大悦，慨然应允。

永徽六年（655）十一月一日，肃仪门张灯结彩，隆重的册后仪式成为大唐帝国难忘的记忆。凤冠霞帔的武则天接过了礼使李勣奉献的皇后玺绶，高踞肃仪门的城楼之上，和高宗李治一起，接受城下文武百官、四夷君长的朝贺。以往皇后只接受内外命妇的朝拜，而发生在肃仪门下这幕堪比皇帝登基的盛大朝拜之仪，武则天绝对是首开先例。在这场斗智斗勇的凤冠之战中，她是最终的胜利者，她有理由接受这样的朝贺。从十三岁进宫成为一名才人，到三十三岁荣登皇后宝座，武则天用二十年的光阴为自己的崛起积聚了上升的能量。当浮华的皇家九部乐渐渐息声，皇后武则天仿佛又听到了远方感业寺清冷的钟声，这钟声早已由痛苦的记忆变成励志的源泉，她知道，接下来，她还要迎接更大的风雨……

继承者的影子

危机感有时是把双刃剑，有些人在危机面前，战战兢兢，如履薄冰，生怕在哪个环节上出错弄得满盘皆输；而有些人面对危机，却能够以危为机，以攻为守，在不断的出击中先发制人，并最终赢得主动，摆出一副尽在掌控的弈局。

武则天在走到肃仪门猩红的地毯尽头时，盘桓于她脑海中的道路才刚刚开始。为了这个皇后之位，她硬是将王皇后和萧淑妃逼进了死角，然而，她们毕竟没有死，她们还活着，此二人在后宫中只要多存在一天，武则天的危机感就增加一分，她的下一步就不会迈得那么轻盈。朝中以长孙无忌为首的几个掌控话语权的老臣，对于刚刚封后的武则天而言，更是随时可以让她的人生瞬间归零的对手。耳根太软的皇帝李治，也许不会和她纠缠于每一个落子，但稍有差池，他便可能掀翻整个棋盘，到时，她将连重来一局的机会都不会有！想到这里，武则天顿感压力重重，冷风嗖嗖。

凉意首先从冷宫吹来。在武则天册封礼结束后不久，李治便来到了囚禁废后王氏和淑妃萧氏的一处院落。这两个美人毕竟曾被自己宠幸过，李治每当散朝之后，眼前还会浮现出她们的粉靥和倩影。可是当李治快步来到这里的时候，四周寂静清冷的氛围还是让这位生性脆弱的皇帝心头一悸。他看到，阴冷的门扉已经落锁，仅留一个小口作递饭之用，透过这个小口微弱的光线，两个形容枯槁的女人瑟缩在一个角落里。这是曾经光鲜可人的王皇后和萧妃吗？他差点叫出声来，而目光呆滞的两个粉黛囚徒也在第一时间看到了李治，她们眼神开始放光，仿佛看到了重生的希望一般，迅速挪到那个传递饭食的小口，声泪俱下道："妾等不幸获罪，已成宫婢，陛下若念旧情，望乞令妾等死而复生，重见日月！"李治不禁动容："朕自有安排，你等不必悲伤！"彼时，面对花容失色的两位丽人，他想得最多的已是王皇后和萧淑妃的万种柔情，他决定打开这道囚禁之锁，作为一个皇帝，他还没这点权力吗？

然而，在宫中布满眼线的武则天还是抢在李治行使皇权之前先下手了！当年汉高祖刘邦的宠妃戚夫人，曾被吕后命人砍去四肢，剜去美目，熏聋耳朵，喑哑歌喉，并投进茅厕之中，戏称为"人彘"，事隔八百多年后，这惨烈的一幕再次上演！武则天没有给威胁她后位的对手任何机会，李治前脚刚走，后脚她就派人将王氏和萧氏各自杖责一百，并残忍地剁去了她们的手足，将二人浸泡于酒瓮之中。"阿武妖骨，害我至此。再世我愿为猫，让阿武为鼠，咬断其咽喉，方泄我恨！"当这声凄厉的咒怨发自大唐帝国阴冷的后宫，两位香消玉殒的佳人已不能决定身后的悲凉：王氏被改为蟒氏，萧氏被改为枭氏，曾经花容月貌的丽人统统被冠以毒蛇猛禽之名！当然，被怨气所咒的武则天还是有所忌惮，她严令宫中禁止养猫，从此，猫成为这个强势皇后最不愿看到的动物。

夯实后位的步骤仍在进行。还记得那个曾被王皇后推上太子之位的李忠吗？作为一个庶出之子，李忠只是后宫脂粉战的工具，当初无子的王皇后撺掇李治将其立为储君，李忠还以为找到一棵大树，而一朝大树倒掉，他的太子之位立刻岌岌可危。"永徽之始，无嫡子可立，以忠暂代储位，实属无奈。而今已有正嫡，不可反植枝干，倒袭裳衣。皇太子是国家根本，根本不正，万民无所系心。况且今之皇太子出身微贱，必不自安，不及早正名定分，非国家之福！"武则天在朝中的重要臂膀礼部尚书许敬宗的这番话，既是奏给皇帝的，也是说给太子的。"临时太子"还算知趣，不久就辞了储君之位。李治遂降诏封李忠为梁王、梁州刺史，立四岁的代王弘为太子，同时，他将自己执政的年号也由永徽改成了显庆。这位开始逐渐受控于皇后的帝王，恐怕连他自己都想象不到，在自己此后三十余年的帝王生涯中，竟会改元十余次，而每一次年号的更替，都标志着一个女人对皇权的进逼与挑战！

> 万乘腾镳警岐路，百壶供帐饯离宫。
> 御沟分水声难绝，广宴当歌曲易终。
> 兴言共伤千里道，俯迹聊示五情同。
> 良哉既深留帝念，沃化方有赞天聪。
> ——许敬宗《奉和圣制送来济应制》

这首许敬宗写给来济的诗，如题所云，是一首奉和圣制之作，这个"圣"，不是高宗李治，而是太宗李世民。彼时的许敬宗，因起草诏书得体而深受太宗欣赏，刚刚官拜中书侍郎；作为隋将来护儿之子，来济在贞观朝也同样被唐太宗敕封了这个官职，而来济之所以得到唐太宗的重用，则是因为他在处置太子承乾时的大胆进言。当时，盛怒的唐太宗曾命大臣讨论如何处置废太子，无人应答，只有来济说道："陛下上不失作慈父，下得尽天年，即为善矣。"太宗乃废黜李承乾为庶人，对来济也颇为认可。正因如此，当来济受命出长安，才有了这位贞观天子的饯行和赐诗。

> 暧暧去尘昏灞岸，飞飞轻盖指河梁。
>
> 云峰衣结千重叶，雪岫花开几树妆。
>
> 深悲黄鹤孤舟远，独叹青山别路长。
>
> 聊将分袂沾巾泪，还用持添离席觞。
>
> ——李世民（一作宋之问）《饯中书侍郎来济》

应当说，彼时和来济处于同等官阶的许敬宗对来济还是有着同僚之谊的，他的那首奉和圣制之作尽管是命题作文，但字里行间还是透着一种真情。然而，当许敬宗攀上新皇后武则天，被加官晋爵，荣升高位，和李义府一起成为武则天在朝中的左膀右臂，他对来济的打压便毫不手软。许敬宗和李义府被武后授意，来济、韩瑗都是她的对手长孙无忌的同党，她必须先清枝叶，再伐主干。许敬宗、李义府自然心领神会，显庆二年（657），他们联合拟就了一份奏折，内中称中书令来济、侍中韩瑗与彼时已放逐桂州的褚遂良密谋不轨之事，说褚遂良所在的桂州，乃用兵之地，来济、韩瑗欲以桂州为外援，阴谋反叛朝廷。这份奏折着实令高宗李治吃惊不小，他当即下令将韩瑗贬为振州刺史，来济贬为台州刺史，终生不许回京朝觐，同时，又将褚遂良贬迁爱州。当这三位长孙派的中坚力量相继被贬，长孙派与武则天的新官僚阵营开始发生力量反转，长孙无忌的颓败已成定局。

显庆四年（659）四月，对于长孙无忌而言，是个阴冷的春天。这一年，被朝中新贵排挤得几无退路的长孙无忌摊上一件大事——洛阳人李奉节向朝廷呈上一张状纸，告的是太子洗马韦季方和监察御史李巢朋比为奸，阴谋叛乱，而此二人的幕后主脑，竟然是他——当朝国舅长孙无忌！

这个罪名的罗织者，正是武则天的得力干将许敬宗。在相继剪除了长孙无忌的党羽之后，武则天密示许敬宗伺机对长孙无忌动手。这个机会很快就出现了，当李奉节的诉状递到长安，许敬宗如获至宝，马上拘捕了韦季方和李巢，对二人严刑拷打，逼令他们扳连长孙无忌。韦季方受刑不过，引剑自刭未果，许敬宗遂罗织罪名为：韦季方恐阴谋败露，牵出长孙无忌，于是情急求死！

当许敬宗将这一审讯结果汇报给李治的时候，李治最初是持怀疑态度的，他不相信将自己扶上御座的亲舅舅会私结朋党，阴谋叛乱。然而许敬宗阴险的进言却咄咄逼人，他不失时机地提醒李治前朝隋炀帝被御驾亲随宇文化及勒杀之事，同时，又有板有眼地指出，长孙无忌之所以图谋不轨，其实缘于内心的恐惧，因为不久前他的表兄弟高履行、侄子长孙祥刚刚被调任外州，其亲信韩瑗、来济等人都获罪免官，他很是忧虑，为求自安，这才孤注一掷，图谋篡位！

昏弱的李治这回不再犹豫了，他甚至都没想过叫来自己的舅舅核实一番，就流着眼泪下诏夺回了长孙无忌的官爵封邑，将其贬往黔州——当年自己胞兄承乾的流放之地。

而穷追猛打将对手置于死地，才是武则天的性格，感业寺没有炼就她的慈悲，反倒让她变得心如铁石。长孙无忌贬谪黔州后，对其余党的围剿并没有停止，当初反对李治更立新后的宰相于志宁被外放荣州刺史，已经被贬的韩瑗、柳奭、长孙祥相继被杀于贬所，而刚到黔州没几天的长孙无忌很快就迎来了从长安发出的一队人马，他们是奉皇帝之命继续彻查其"谋逆"之事的。可怜这位曾经权倾朝野的两朝元老，踩过玄武门的血渍，经历过承乾之乱的风暴，却最终栽倒在自己一手扶植起来的亲外甥的王朝。当初他力挺李治，其实是有自己的私心的，他相信立起这个仁弱的外甥，他便可操控朝纲，但他没想到的是，他会最终死于李治的仁弱，一根练巾，在结果自己性命的同时，也为他的对手武则天籍没长孙、韩、柳三家这一场重要的战役，画上了句号。

在长孙无忌与武则天的较量中，高宗李治更像一个顶着皇室继承人名号的影子，时而发作的头痛病和日益严重的眼疾，让他渐渐受制于这个当年他亲自从感业寺迎回的女人。当长孙阵营彻底土崩瓦解，武则天几乎是命令式地奏请李治加封许敬宗为太子少师，李义府为右相，李治只能应允。眼看着本属于自己的朝堂，被许敬宗和李义府这两个效忠于武后的宰相把持，他却只能徒唤奈何。

当然，李治也在伺机找回自己被架空的皇权。龙朔三年（663），因整个家族的堕落与贪腐引起朝中众怒的李义府不但无视李治的好言规劝，反而变本加厉，更加嚣张跋扈，竟公然和一个叫杜元纪的望气者微服出城，登上古冢，候望气色，高宗李治这才以"阴有异图"将其定罪。而彼时的李义府，显然已经完成了武则天的使命，成了她下一步布局的政治包袱，她没有出面干预，这"只"当年借着武则天攀上权力高枝的"李猫"，最终被流放到了南方的瘴疠之地，三年后便一命呜呼了。

武则天能放弃李义府这个棋子，不仅提振了虚弱的高宗李治的精气神，也让以被废黜的前太子梁王忠为中心的一批人，似乎看到了可以反戈一击的信号，很快，他们就找到了一个可以置武则天于死地的契机。

原来武则天崇信迷信，有个叫郭行真的道人经常出入宫禁，为其行厌胜之术，这是明显触犯唐律的不赦之罪。犯下这种罪行，任何特权阶层都不在赦免之列。正因如此，当李忠王府原先的一个宦官王伏胜向李治告发此事，无论是皇帝还是李忠一党都兴奋起来。

李治很快找来了上官仪为此事"定性"。上官仪，早年曾避祸私度为僧，贞观初年因其精通经史，被太宗授为弘文馆学士，累迁秘书郎；及至高宗即位，他又官拜秘书监，进西台侍郎，同东西台三品。上官仪能作为两朝皇帝的御用文人是有原因的，他开创的"绮错婉媚"的上官体诗风，曾一度令时人争相效仿，不妨来看一首：

步辇出披香，清歌临太液。

晓树流莺满，春堤芳草积。

风光翻露文，雪华上空碧。

花蝶来未已，山光暖将夕。

——上官仪《早春桂林殿应诏》

这首诗大致可以一窥上官体"全豹"。应当说，正是这种巧妙运用风花雪月等自然风物的"影带"效果，才形成了上官仪精致软媚的风格，用南朝诗歌的娴熟技巧革新了初唐诗歌质重的艺术缺陷。

好了，看过上官仪的文采，我们还是重新回到公元七世纪中叶这场君臣密议中来吧。彼时的上官仪，不是为皇帝润色新诗的，而是被召来"力挽狂澜"的，在朝中为数不多的可以引为近臣的臣子中，曾在李忠王府担任谘议参军的上官仪，是可以商议处置武后之事的最佳人选。上官仪也似乎心领神会，对李治进言道："皇后专横，海内失望，应废黜以顺人心。"高宗正在气头上，于是马上命他起草废后诏书，那一刻，他又想起了幽禁冷宫的王皇后，当年她也是因巫蛊之祸被废的，如今，武后又重蹈覆辙，岂非天意？

然而，武则天不是王皇后。当她第一时间得知自己要被废掉的消息，马上飞也似的出现在了高宗面前，彼时，诏书墨迹未干，但武则天有理有据的厉声质问却有如一阵狂飙，让高宗不寒而栗。这位大唐的第三位继任者，确实没有被其父李世民看错，他的优柔寡断，他的仁弱无力，是当不起一国之君的。面对武则天的淫威，李治竟无言以对，马上收起了诏书，撤回了成命，更让其在历史上尊严扫地的是，他竟然将责任全都推给了上官仪，说是上官仪教他这么做的！

可怜上官仪，才情纵比天高，连皇帝这座靠山都倒了的时候，只能一死。很快，武则天便密示许敬宗，指控上官仪和王伏胜串通庶人忠，密谋作乱，当斩不赦。当上官仪与其子庭芝、王伏胜身首异处，籍没其家，当远在黔州的庶人李忠领到一杯来自长安的毒酒，高宗李治，已经彻底断送了最后一次扭转局面的机会。

自此，武则天开始了其在唐廷的正式亮剑。高宗每日临朝，她都会垂帘于后，而政事不论大小，皆由帝、后二人决断，群臣朝谒，万方奏表，皆呼"二圣"，正如司马光所云："天下大权，悉归中宫，黜陟杀生，决于其口，天子垂拱而已。"

当"二圣临朝"成为中国历史上一道鲜见的风景，武则天的危机意识和报复心理并没有消除，而是更加增强了。对于身边的危险，她保持着高度的警惕，而对不能忠心效命于她的人，她一定会毫不留情地剪除，哪怕是自己的亲族！

武元庆、武元爽作为武则天同父异母的兄长，率先被她"大义灭亲"。童年被欺凌的经历，曾让武则天视元庆、元爽为仇敌，但当她一朝母仪天下，却"以德报怨"，将他们擢升为四品以上的官吏；不仅是他们，她的从兄惟良、怀远也得到了擢升，她的母亲杨氏也被封为荣国夫人，姐姐封为韩国夫人。看似忘记仇怨的武则天，之所以让武氏一门门庭显赫，出发点只有一个，那就是：

壮大力量，助己声威！

　　然而，武则天很快发现自己走出的是一步昏招。元庆、元爽、惟良、怀远四兄弟好像并没有对这位从"丑小鸭"变成"金凤凰"的妹妹感恩戴德，在一次家宴上，他们竟然说出了"擢官内廷，不以为荣，反而心怀忧惧"之类的话。武则天听说后，大为恼火，她马上以防止外戚干政为由，奏请高宗李治解除四人内宫官职，调往边远之州，高宗以为武则天不偏袒亲族，立刻慨然应允。不久，元庆、元爽、惟良、怀远四人便离开长安，远赴荒蛮之所了。一路郁闷的元庆、元爽兄弟这回才算真正领教了这位小时候被他们任意欺凌的妹妹的厉害，到任不久，就因水土不服相继死去。

　　而对亲族不见血光的杀戮仍在继续。武则天的姐姐韩国夫人年轻守寡，颇有姿色，进入后宫日久，很快就迷住了李治，韩国夫人的女儿正值豆蔻年华，更是撩得李治神魂颠倒。在武后淫威之下的李治，终于在这对母女身上找到了当皇帝的快感，完全忽视了那双充满妒意的眼睛。武则天，这个从后宫风浪中一路冲杀过来的女人，一旦看到自己的地位有了危机，就要出手了，哪怕这个对手是自己的亲姐姐、亲外甥女。

　　武则天的疯狂报复最终成为唐史的一桩谜案。不久，韩国夫人气绝身亡。她是在一个寒冷的冬夜惊悸而死的，死时大门紧闭，不让任何人走进；而她此后被封为魏国夫人的女儿，则死于一次皇帝的家宴。这次家宴的成员，有对她宠爱有加的皇帝李治，有对她"呵护备至"的姨母武则天，有特地被姨母从边地召回的两个舅舅惟良和怀远。姨母武则天不无关切地对她说，两个舅舅进呈圣上的白鱼是人间至味，你一心事奉圣上，理应先尝。娇小可人的魏国夫人带着感恩的神情吃下了白鱼，霎时七窍流血，玉殒香消，而不知就里的惟良、怀远兄弟则以谋逆之罪被斩首于市。

历史的水汽总是让宫廷疑案漫漶不清，但当更多的疑点指向武则天，我们又不能不去对应这位七世纪中叶中国最具权势的皇后的目光：她的目光中，透着威严，透着狠辣，任何飞进眼中的一粒沙子，她都要将其扔还给风，从不犹豫！

武则天是通过一系列亘古未有的行动宣告她对高宗李治的控制的。

公元666年，大唐又迎来了一个新的年号——乾封。此时，高宗李治的执政进入了第十六个年头，但这位帝王已经换了五个年号。而这个年号对李治而言意义非凡，这是因为，他颁布改元诏书接受群臣朝贺的地点，不是恢宏的大明宫，而是东岳泰山之巅。就在几个月前，武后向他献了一纸关于泰山封禅的奏表，恳请他下诏在泰山举行封禅大典。在李治的记忆里，这种诏告天地彰显武功的盛大仪式只出现过六次，秦始皇、汉武帝、汉光武帝都曾用封禅来夸示自己的德政，而最近的一次是公元56年。这意味着，在此后的六百多年间，泰山还从未迎迓过一位帝王。尽管开创"贞观之治"的唐太宗曾三次动过封禅之念，但均因魏徵等臣子力谏认为此举劳民伤财而作罢。正因如此，当武则天向他献上封禅奏表时，他是心怀惴惴又充满期待的，毕竟，他的功绩无法追比父皇，毕竟，那座远在齐鲁的高山已经有六百年没有銮铃响过了。

然而，他还是带着他浩荡的仪仗出发了，而他背后强有力的推手，正是武则天！"封禅旧仪，祭皇地祇，太后昭配，而令公卿行事礼有未安，至日，要请率内外命妇奠献。"武则天对李治说得很明白，她要打破封禅不能有女人参加的"旧仪"，她要率众妃嫔及皇族亲眷作为第二支队伍在泰山之巅写下自己的名字。当堂皇的銮舆一路从长安出发来到泰山脚下，当一个崭新的年号迎着云海日出诏告天下，谁都知道，这次颠覆性的封禅，已经让武后成了足以吞噬大唐皇帝的影子。

封禅归来的武则天继续膨胀着自己的权欲。此前，为了提升自己和新官僚集团的门阀地位，打破旧的士族谱系，她曾鼓动李治下诏，将太宗朝的《氏族志》修改成《姓氏录》，将武氏列为《姓氏录》第一等，一跃成为当朝最高贵的姓氏之一。泰山封禅之后，对武氏继承人的寻找，更成为她的一桩心事。她深知，武氏家族继承人影响着她向着更高的政治目标的冲刺，当然，她也很清楚，这个人要找到并不容易，她的几个兄弟已经被她悉数铲除，谁和自己会是一条心呢？

由此，贺兰敏之和武承嗣相继出场了。此二人，一个是自己的姐姐韩国夫人之子，一个是自己异母兄武元爽之子。贺兰敏之是最先被姨母赐予高贵的武姓的，他承袭了外祖父武士彟的周公之爵，任弘文馆学士、左散骑常侍。然而很快，这一切就化为了乌有。当武则天听说他常暗自为生母之死落泪，并大逆不道奸淫太子妃时，武则天给予这个不忠于自己的继承人的，是最严厉的惩罚：他被处以流刑，复其本姓，在流放途中，被活活勒死！接下来的继承人便是武承嗣，这个被从岭南召回京师的侄子显然要比贺兰敏之乖巧，日后，他和他的子弟成为女皇的倚重，武氏之兴，他起到了重要的作用。

就在武承嗣袭爵四个月后，也就是上元元年（674）七月，一个旷古未有的称号在大明宫叫响：天皇、天后！天莫大焉，封禅的钟磬之声犹在耳畔，将自己定义为天后的武则天面对訇然跪倒的群臣傲然一笑：规矩是人定的，没有什么不可能！

> 陪銮游禁苑，侍赏出兰闱。
>
> 云偃攒峰盖，霞低插浪旂。
>
> 日宫疏涧户，月殿启岩扉。
>
> 金轮转金地，香阁曳香衣。
>
> 铎吟轻吹发，幡摇薄雾霏。
>
> 昔遇焚芝火，山红连野飞。
>
> 花台无半影，莲塔有全辉。
>
> 实赖能仁力，攸资善世威。
>
> 慈缘兴福绪，于此罄归依。
>
> 风枝不可静，泣血竟何追。

——武则天《从驾幸少林寺》

这首诗是武则天陪高宗游幸少林寺的时候写的，诗前有小序道："睹先妃营建之所，倍切茕衿，逾凄远慕，聊题即事，用述悲怀。""先妃"即武则天已故的母亲杨氏，因为见到已故母亲的营建之所，武则天内心非常伤感。《韩诗外传》云："树欲静而风不止，子欲养而亲不待。"武则天正是化用此意，满含深情地写出了"风枝不可静，泣血竟何追"的诗句，其"泣血"之心立现纸上。

这首诗，也是武则天在中国政治舞台上首次提出施政主张的一个重要缘起。上元元年十二月，武则天以天后的身份向李治献了一道奏章，内中提出了治国理政的十二条意见，它们是：

1. 劝农桑，薄徭赋

2. 免除三辅一带百姓徭役

3. 息兵，以道德教化天下

4. 在全国各地禁止浮巧

5. 节省功费、力役

6. 广言路

7. 杜谗言

8. 王公以下皆习《老子》

9. 父在为母服缞三年

10. 上元以前勋官已给告身者，无追覆

11. 京官八品以上者增加俸禄

12. 百官任职已久、才高位下者，得以晋阶升迁

这十二条建言，史称"建言十二事"。如果说，一步步登上权力的高位，还只是展示了武则天超凡的心机，那么，当她在朝堂上铿锵地抛出这十二条施政纲领，这位巾帼女子的政治襟怀已经彻底压过了大唐所有须眉男子。"建言十二事"与其说是"建言"，莫如说是"宣言"，它切中了时弊，在主张延续贞观朝"戒奢务本"

之策的同时，又有力地维护了新官僚集团的利益，提升了他们的政治地位。更主要的是，武则天在"建言十二事"中，首次以尊母的方式推尊了女性的地位。此前唐律规定，父亲去世守孝三年；父亲健在，母亲去世守孝一年；母死时父亲已逝，则为母守孝三年。而在公元674年，这一条规定被改写："父在为母服缞三年。"武则天的这条规定，意味着无论父亲生死，母亲去世都应守孝三年。这是一条挑战传统的规定，更是武则天对男权社会的有力发声！"风枝不可静，泣血竟何追"，这位力图改变一切的女人，最终通过一纸建言，让其"泣血"可"追"！

而武则天的擅权之路似乎永无止境。"建言十二事"提出不到四个月，上元二年（675）三月间，武则天又向高宗李治提出，召集文学之士修撰典籍。彼时的武则天已经五十二岁，虽然保养得很好，但早已过了韶华之年。当疲于应付东部和西部战事身体每况愈下的李治点头答应这个提议时，他并未做多想，他只是觉得，让这个权利欲过重的女人领着一班文人学士埋头故纸堆中，也许会消消她不安分的锐气。

然而，李治想错了，他怎么也不会想到，这个由皇后召集的修史班底会很快就成为一支控制朝堂的力量！就在五年前，在群臣中把持话语权长达十五年之久的许敬宗去世了。这个最忠心的代理人的去世，曾一度让武则天感到势单力孤，正是这种背景下，她才想出了通过组建自己的秘书班底来对朝政施加影响的办法。当元万顷、刘祎之、范履冰、苗神客、周思茂、胡楚宾等这些负才饱学之士被天后安置宫中，住有专室，行有专骑，他们考虑最多的是如何用自己的才学在史海泛舟。他们的努力也确实有目共睹，很短的时间内，他们便完成了《百僚新诫》《列女传》《古今内范》《乐书》等书的修撰工作，尤其是旨在对文武百官进行警戒约束的《臣轨》，更是成为臣僚的座右铭和士人贡举习业的标准读本。然而，当他们将这些心血之作呈给天后，面色威严的天后竟然翻都没翻，只是对他们以命令的口吻说出了一句话："文以载道，道以辅政，自今日起，你们可随宰相一起入朝，参决朝政！"

这群在史籍里爬梳的学士终于恍然大悟：著文不过是个幌子，干政才是他们被天后召集而来的真正用意！很快，一个中国历史上绝无仅有的风景出现在唐廷：这些被允许可以在只有皇帝、后妃和太子诸王出入的北门自由来去的学士，最终以"北门学士"这个特殊的集体称号走出书斋，走上朝堂。尽管他们品阶低下，但他们却"人微言不轻"，和三品以上重臣站在一起，他们的发声有着不容撼动的权威。朝中群臣纷纷以"北门学士"的行止决定自己的行止，因为他们知道，自己所属的权力阶层正在一步步被架空，而这种架空显然是自上而下的，因为，他们的皇帝李治，他们的天皇李治，已经被心机深厚的天后架空了……

坐落在陕西乾陵附近的章怀太子墓，是乾陵陪葬墓之一，自1971年发掘至今，已经接待过无数的游客。沿着幽深的墓道行进，人们在为栩栩如生的墓中壁画拍手叫绝的同时，也为这个年仅三十一岁就匆匆离世的太子感到惋惜。太子的名字叫李贤，字明允，是武则天的次子，在浩如烟海的史籍中，他首先是以这样一首悲凉的诗作走进人们的视野的：

种瓜黄台下，瓜熟子离离。

一摘使瓜好，再摘使瓜稀。

三摘犹自可，摘绝抱蔓归。

——李贤《黄台瓜辞》

生于皇室之家，不缺口体之养，不乏声色之娱，李贤悲从何来呢？当我们走进两《唐书》就会发现，李弘、李贤、李显、李旦这四个武则天所生的儿子，正如瓜蔓上的四个瓜，在宫廷的争斗中，轮番上演被“采摘”、被控制的命运，而这个皇家悲剧的制造者，竟是他们的生母——武则天。

他们的悲剧要从高宗李治的禅让说起。上元二年，刚刚四十七岁的高宗李治已经愈发觉出了自己的老态，他的头痛病日益严重了，走路甚至要人搀扶，而他的视力急剧下降，批览奏章对他而言已是一件苦差。这位尚未到知天命之年的皇帝预感到了天命的终结，他开始有意让太子弘介入帝国政务，而太子弘确实仁德勤谨，几次监国也都有条不紊，深得李治宠爱。正因如此，当自己的视力已到了奏章字体如斗仍觉阅读吃力的地步，高宗李治决定，提前禅位，将继承大唐国祚的重任传给李弘。

做了多年的太子，李弘的兴奋自然可想而知，但他无论如何想不到的是，这个消息竟会激怒自己的母亲武则天。早在此前，李弘已经觉出了母后的冷漠，他所笃信的《礼记》中的“安上治民，莫善于礼”的儒家信条，常被母后嗤之以鼻；而他对母后和父皇共执国政也颇多腹诽，在他看来，女人干政是有违古礼的。如果说这种疏离的母子关系还没有让武则天放在心上，那么当李弘即将成为皇帝的消息传播开来，武则天已经感到了巨大的威压。这个一步步掌控棋局的女人，现在早已不满足于当一个位尊而无权的太后，她的目标已经膨胀到要大权独揽，君临天下！而在这个当口，任何一个闯入的搅局者，都将成为她皇权之路上的障碍，必须坚决铲除，哪怕是自己的亲生儿子！

当然，武则天的这种愤怒并没有在李弘面前表现出来，不仅如此，当她终于同意李弘的请求，将萧淑妃的两位沦为宫婢的女儿嫁出宫去，还投给了李弘一个难得的笑容。彼时，义阳、宣城这两个失意的公主已经三十多岁，报复心极强的武则天在二十年间曾三次放出过宫女，每一次都没有她们的名字。宅心仁厚的李弘曾多次乞请母后放她们出宫，均未允准，而这一次，武则天却痛快地答应了。不仅如此，还施以了"殊恩"：将她们下嫁给了两个年老的禁军小校，并送给了她们一点微薄的嫁妆。李弘见母后一反常态，十分感激，殊不知，他自己的生命即将走向尽头。

李弘是怀着一颗荣宠之心死在洛阳近郊的合璧宫的。新落成的合璧宫宛若仙境，作为唯一被"二圣"钦点的儿子，李弘喜不自胜，那一晚，他喝了很多酒，又接过太监递过的一碗酸梅汤一饮而尽。第二天，宫人们惊惶地发现，这位年仅二十四岁的太子已经身体冰凉，一命归天！痛失爱子的李治欲哭无泪，几近昏厥，他下令按天子之礼重葬太子弘，谥其为孝敬皇帝，他要开个先例，让还未登基的太子享受一个帝王的哀荣！纸钱如雪片飘飞起来，武则天泪眼婆娑，哀声阵阵，但离她最近的太监还是从这位伤心的天后脸上看到了一丝不易察觉的冷笑。

新的太子不久就册立起来，雍王李贤，李治和武则天的第二个儿子，在哭祭过自己的兄长之后，他理一理鬓角的乱发，便搬到了东宫。和李弘一样，李贤生得一副好相貌，喜读诗书，很得李治喜爱。他将《论语》中的"贤贤易色"作为自己的座右铭，尊重贤人轻视女色，当上太子之后，更是"处事明审，为时论所称"。更难能可贵的是，他将左庶子张大安、太子洗马刘纳言等一批学者名士召集起来，对《后汉书》作注，以期鉴戒前史，反思当下，其中不乏真知灼见，成为令后世学人击节的"章怀注"。

然而，潜心修史的李贤和他的兄长李弘一样，还是惹恼了母亲。如果说李弘悲剧的导火索是一再为仇人的女儿求情，那么李贤的引火上身则是因为其在修史过程中的"含沙射影"。《后汉书》记载了西汉大权落在吕后和外戚手中这段史实，但生性敏感的武则天很快就嗅出了反讽的味道。不久，宫中的一个传言便散播开来：李贤并非天后所生，他的生母乃是天后的姐姐韩国夫人！当这个传言愈演愈烈时，武则天身边一个叫明崇俨的术士出场了，他向天皇进言道："太子不堪承继，太子之弟英王李哲（即李显，后改名为哲）性格颇似太宗，相王旦的相貌当有大贵，此二人任选其一，都会强于李贤。"时隔一千多年，我们已经很难辨出这些对太子极为不利的舆论，究竟是出自宫中的"民意"，还是出自武后的授意，但是从后来事态的进展看，武则天显然将李贤和李弘一样，视为了自己前进路上的绊脚石。

永隆元年八月，在传言里终日如坐针毡的太子李贤接到了天后着人送来的两本书，《孝子传》和《少阳政范》。这两本由"北门学士"编撰的书显然在告诫太子的不忠不孝之行，不由令李贤惊出一身冷汗。此后不久，一直以"贤贤易色"深得李治喜爱的李贤再次被母后抓住了把柄：有宫人向其密报，李贤并非真的"贤贤易色"，他在东宫的琅琅书声早已被莺歌燕舞淫声浪笑取代，而一个叫赵道生的仆隶甚至还和李贤有断袖之交……当一纸从东都洛阳传来的信函充满了母后的厉声呵责，李贤再也坐不住了……

武则天铲除政敌的步骤，并不是急于求成的，而是一步步让对手身败名裂，将其逼入死角。这一点，对王皇后萧淑妃如此，对长孙无忌如此，对自己的儿子，更是别无二致！当李贤在东宫终日惴惴不安的时候，一个突发的事件成为压倒他的最后一根稻草：天后身边的那个术士明崇俨突然死了，据传其为盗贼所杀。李贤对此人早已恨之入骨，而就在他举杯庆祝的时候，一群持械的禁军拿着天后的手令冲入了东宫，诏书言之凿凿——太子李贤，犯了谋逆之罪！

告发者正是李贤的龙阳之好赵道生。受了武则天威逼利诱的赵道生一口咬定他的主子杀死了明崇俨，而动机就是要剪除天后羽翼，伺机谋反！更能坐实罪状的是接下来在东宫搜出的物证：数百件甲胄在八月的阳光下明晃晃地刺眼，太子意欲何为？

可怜的李贤无言以对了，他只能接受被废为庶人的命运，在万念俱灰之中，前往距京师两千多里的巴州。一路之上，他和妻儿仆从衣衫单薄，倍感凄凉。而武则天对这个已被放逐的儿子还是没有宽恕，"种瓜黄台下，瓜熟子离离"，就在李贤写下这首伤心的诗作不久，武则天以"探视"为名，派左金吾将军丘神勣前往巴州，逼令其自杀。此后为掩人耳目，她遂以违背圣命的罪名将丘神勣灭口。又是祭奠的香火，又是涕泪滂沱的失子之痛，但谁都看得出来，这位哭声中的武后，离着耀眼的皇权又近了一步。

新太子李哲是在东都洛阳天津桥的一片火光中被册封的。作为武则天操控皇帝的第一个成果，洛阳是在显庆二年她夯实后位不久即被定为永久性的东都的。到了永隆元年，历经近三十年的营造和数次规模浩大的搬迁，东都洛阳已不仅仅是简单的行宫，而成为大唐帝国的第二个政治中心，高宗在东都洛阳的临朝听政也已经达到了十年之久。有学者认为东都洛阳的象征意义更大，它标志着以武则天为核心的新势力在长安东部的崛起。也有一个有趣的说法认为，迷信的武则天因为经常能看到被她铲除的王皇后和萧淑妃的鬼魅，做出了迁都的决定。但不管怎样，武则天在东都洛阳三十多年的营造中，已经无可争议地树起了自己的威仪，正如永隆元年她亲手点燃的这场大火。她把已经病入膏肓的皇帝李治和新册立的太子李哲都找来看这场盛大的宫廷焰火，而焰火的燃料，正是从废太子李贤宫中搜出的数百件甲胄！高踞洛阳宫武城殿上观看熊熊火势的武则天只有一个目的，那就是：她要让群臣和新太子李哲明白，只有她，才是东都洛阳的主宰！

接下来事态发展的轨迹充分证明了这一点。弘道元年（683）十二月四日，身染沉疴的高宗李治在经过最后一次大胆的放血治疗之后，还是于五十六岁的盛年驾鹤西去。不知是历史的巧合，还是历史的戏谑，这个"贞观之治"继承者的瞑目之所，是东都贞观殿。高宗李治，在执政的初期，无法摆脱其父创下的贞观盛世的影子，他所做的一切，只是一种水到渠成的延续；而在此后的三十年间，他的手脚又被一个女人的影子牢牢罩住，在属于他的朝堂，他的声音渐渐被挤缩为乌有，他留给李氏子孙的，更是一个无法掌控的弈局……

而武则天却在六十一岁的花甲之年开始了向着顶峰的冲刺。嗣圣元年（684）二月，刚刚即位不到两个月，唐中宗李显（哲）便因大封亲戚、私树党羽、弄权误国之名被赶下皇位，不久即被贬为庐陵王，徙往均州，软禁在太宗之子濮王李泰曾经获罪囚禁的居所，而高宗李治临终前隔代指定的继承人皇太孙重照也和他的父亲一起被贬为庶人。紧接着，武则天又立李旦为帝，是为睿宗。李旦是李显之弟，是武则天第四子。这个可怜的李旦更是一个只有皇帝之名而无皇帝之实的傀儡，他被安置于别殿，每天欢迎他上朝的，只有啾啾鸟鸣和四处漏风的殿堂。

而紫宸殿却奏起堂皇的钟鼓，文武百官正列队上朝，开启大唐新的早晨。彼时的东都洛阳，已经被高踞御座的武后更名为神都，三十年苦心孤诣，她扳倒了一个又一个对手，闯过了一个又一个险滩。"种瓜黄台下，瓜熟子离离。一摘使瓜好，再摘使瓜稀。三摘犹自可，摘绝抱蔓归。"当四个儿子最终成为黄台下的"枯萎之瓜"，武则天，距离成为真正的女皇，实际只差了一个名号。

在血泊中登基

公元684年，中国历史上先后出现了三个年号：嗣圣、文明和光宅，这是武则天在这一年向着皇位迈进的三个节点。嗣圣这个年号，是三子李显的，仅仅用了不到两个月便随着中宗一起被废；文明这个年号，是四子李旦的，但更标志着武则天"圣衷独断"时代的开始；随着这年九月进入光宅元年，武则天已经开始了她的铁腕执政，任何风吹草动，都已经无法动摇她的根基。

作为扬州兵变的发动者，徐敬业是在刚刚改元光宅之后，一路亮出兵锋的。徐敬业的怨气积蓄已久。他是助推武则天登上后位的三朝元老李勣（太宗赐李姓）之孙，借着祖父的荫庇，曾官拜眉州刺史，但彼时却因坐事被贬为柳州司马。当他和徐敬猷、唐之奇、杜求仁、骆宾王这些旧友相逢于扬州的时候，几杯烈酒下肚，他的怒火终于被点燃。席间的这些旧友，和他一样，或为名臣之后，或曾做过内官，但现在都已成了落魄失意之人。他们怀念那段春风得意的日子，更痛恨当下武氏的专权，推杯换盏之间，他们高呼着庐陵王李显的尊号，更声泪俱下地起誓，要夺回被武氏掐灭的荣光！"破我家者必此儿。"早年李勣曾因其孙行事鲁莽发出此叹，彼时，当这个声音再度响起，徐敬业却热血沸腾，拍案而起：他要用一场势如洪水的兵变，扭转祖父对自己的轻视！

兵变之"兵"，对于手无寸铁的徐敬业而言，聚集之快简直令人难以置信。他先是通过朝中内线监察御史薛仲璋，密告扬州长史陈敬之谋反，继其锒铛入狱后又以一纸矫诏假称其被调任扬州司马，奉命领兵讨伐谋反作乱的高州酋长冯子猷。作为大运河上的重要州府，扬州的水脉早已连通洛阳，但扬州府的僚佐们却不知为何，在政治敏感上慢了半拍，当他们醒悟过来，已是悔之晚矣。徐敬业和徐敬猷、唐之奇、杜求仁、骆宾王、薛仲璋等人，已经高挑着陈敬之的人头高踞于扬州城墙，在兵士们山呼海啸的声浪中，一支要和武则天分庭抗礼的力量悍然形成！

伪临朝武氏者，性非和顺，地实寒微。昔充太宗下陈，曾以更衣入侍。洎乎晚节，秽乱春宫。潜隐先帝之私，阴图后房之嬖。入门见嫉，蛾眉不肯让人；掩袖工谗，狐媚偏能惑主。践元后于翚翟，陷吾君于聚麀。

……公等或家传汉爵，或地协周亲，或膺重寄于爪牙，或受顾命于宣室。言犹在耳，忠岂忘心？一抔之土未干，六尺之孤何托？倘能转祸为福，送往事居，共立勤王之勋，无废旧君之命，凡诸爵赏，同指山河。若其眷恋穷城，徘徊歧路，坐昧先几之兆，必贻后至之诛。请看今日之域中，竟是谁家之天下！

当神都洛阳宫城里的内侍拿着这份已经传遍民间的《传檄天下文》为武后代读时，他是心怀忐忑的。如此夹枪带棒直接辱骂太后，他还是第一次见到。此前，他早有耳闻，在扬州徐敬业叛军中，有一位叫骆宾王的文章圣手，少年时就以一首《咏鹅》诗被人视为神童。仪凤三年（678）冬，这个骆宾王因数次讽谏武后干政，还曾被捕入狱。他当时的那首《在狱咏蝉》诗，也被广为传诵：

　　　　　　西陆蝉声唱，南冠客思侵。

　　　　　　那堪玄鬓影，来对白头吟。

　　　　　　露重飞难进，风多响易沉。

　　　　　　无人信高洁，谁为表予心。

　　　　　　　　　　　　——骆宾王《在狱咏蝉》

　　而今，这个爱发牢骚的诗人显然不再是简单地发个牢骚，他已经把自己的文思，变成了射向洛阳的箭镞！想到这里，内侍更加汗如雨下了，他生怕自己诵读的这篇檄文中有哪句话会刺激到武后，自己的脑袋就要搬家。

　　然而，这个高度紧张的内侍始终没有看到武后脸上的风暴，相反，武后听得是那么认真，那么专注，那么不动声色，而听到"一抔之土未干，六尺之孤何托"这句时，她竟全然忘了地位之尊，击节叫起好来！在武则天的视线里，彼时的骆宾王俨然就伫立在属于她的朝堂，以飞扬的文采为她侑觞佐酒，而不是以一个乱臣贼子的身份冲杀于叛军之中。她面露愠色地质问朝臣：这个以诗歌为武器的人才为什么不能为我朝所用？当然，她并没有期待回答，她命人将檄文小心地收起，妥帖地保存，然后，便重新在御座上挺直了腰身。当她将"兴兵诛逆"这四个字狠狠地砸下来，这个令人捉摸不定的女人神情的转换竟如此迅速，没有任何的过渡！

就在文武大臣的讨逆之声高涨的时候，一个老臣的上奏却让武则天的脸色变得阴骛起来。内史裴炎，当初最早提出了废中宗之议，曾让武则天视为心腹之臣，然而这一次面对徐敬业等人的兴风作浪，他却出奇镇静，上书太后道："皇帝年长，不亲政事，故竖子得以为辞。若太后返政，则不讨自平矣。"

裴炎的这份奏折让武则天心生疑窦。这个已经被封侯的老臣安的是什么心呢？当初首倡废帝的是他，现在要让武氏交出权力的仍然是他！一篇檄文已经把她骂了个狗血喷头，裴炎此举不正中徐敬业的下怀吗？

很快，武则天心中的狐疑就被一个叫崔詧的御史的告密坐实了：徐敬业起兵前的朝中内线薛仲璋是裴炎的外甥！如今在叛军中薛仲璋已被封为内史，而裴炎在朝堂上的那番"高论"焉能与薛仲璋无关？

这下武则天不再狐疑了，她当即下令拘捕裴炎，并责成左肃政大夫骞味道和侍御史鱼承晔对其严加审讯。经过一番突审，已成阶下囚的裴炎终于如实招供，原来他真是叛军安插在唐廷最大的"内鬼"！此前，骆宾王已经用一首自编的谶谣"一片火，两片火，绯衣小儿当殿坐"直接戳中了权欲很重的裴炎的神经，让他觉得命中当有此大贵，心甘情愿地做了扬州叛军的内应。就在不久前，裴炎还和叛军商定，准备趁太后出游龙门之机领兵突袭，拘禁太后，逼其让权，后因天降大雨，武后取消了龙门之行，才未能实施。更让武则天恼火的是，骞味道和鱼承晔在审讯裴炎的过程中，搜出了一封徐敬业写给裴炎的密信，这封密信很奇怪，上面只写了两个字："青鹅"，二人猜来猜去，不知就里，于是呈送给了武则天。不想武则天看过大怒，立即派人将裴炎打入死囚牢。原来，这果然是一个里应外合的暗语："青"字上下拆开即"十二月"，"鹅"字拆开，则是"我自与"，两字合起来，即是"十二月，准备在朝廷发动政变，与扬州叛军相呼应"。

当然，经过太多政治风浪的武则天还是按下怒火，没有马上处死裴炎，而是把这个昔日的"忠臣"当成了一枚试探的石子扔进了朝堂，她要看看，在裴炎这条线上，究竟还能拽出几个同党来！果然，刘景先和胡元范站出来为裴炎求情了，他们均表示，愿以身家性命为裴炎之忠作保。武则天当时只是用没有表情的目光扫视了他们二人一眼，第二天上朝时，人们发现，他们的位置已空缺！

就在同一天，武则天派出了以左玉钤卫大将军李孝逸率领的三十万兵马，他们的任务，就是要削平徐敬业在扬州一带的兵锋。而彼时的徐敬业叛军，却正陷入一场战略上的分歧，正是这个分歧，让"扬州兵变""其兴也勃，其亡也忽"，早早地偃旗息鼓。

事情的发生是这样的。徐敬业起兵后，这个开国功臣的后人很快就被追削了官爵，恢复了他的本姓徐姓，而他家的祖先也被气急败坏的武则天下令挫骨扬灰。徐敬业深知，他已和武氏政权势同水火，而要真正和武则天分庭抗礼，就必须打出光复李唐王朝的旗号。很快，他就和徐敬猷、唐之奇、杜求仁、骆宾王、薛仲璋等人炮制了将废太子李贤从巴州秘密接到扬州的舆论，他们起兵的目的，就是要驱逐武氏，伐逆兴唐！

　　但这次兵变接下来的进攻路径却在此后完全走偏了。军中一个叫魏思温的幕僚认为，既然以匡复唐室为号召，就应直取洛阳，以得民心；薛仲璋则认为金陵有长江天堑可据，只消拿下金陵重镇润州，便霸业可成。面对这一战略分歧，短视的徐敬业最终选择了后者，他将一部分兵马留驻扬州，另外带一队人马直取润州，而就在他攻下润州，踌躇满志地准备杀向金陵时，探马来报：唐廷李孝逸率领的三十万人马即将兵临扬州城下！

　　败局很快出现。尽管徐敬业叛军利用地利之便稍有几场小胜，但攻势如潮的唐军还是将这支只顾据地称王未及迅速扩充势力的叛军踏成了齑粉。当李孝逸最后燃起一把大火围剿徐敬业的大本营，徐敬业一行人惊惶地搭上了一艘大船，以期渡海逃往高句丽避祸。然而，行至中途，因大风受阻，在进退无路的情况下，其部将王那相欲邀功折罪，将徐敬业、徐敬猷兄弟二人杀死，割下首级献给了李孝逸。不久，余党唐之奇、魏思温等人相继被俘，骆宾王下落不明，唐军迅速收复被叛军占据的扬、润、楚三州。仅仅四十余天，徐敬业这支反对武后专权的势力便成了湮没在历史长河里的一捧流沙。

　　而武则天对肘腋之患的铲除并没有结束。实际上，扬州兵变

222

从一开始发生，武则天就没太放在眼里，在她看来，徐敬业等人不过是一群一击即溃的乌合之众。相反最让她担心的，倒是近在身边的李唐皇族和旧臣们的怨怒。她知道，这些被压抑的怨怒有如一座随时可能爆发的火山，稍不留神，自己便会葬身火海，苦心经营的一切也将瞬间化为乌有。

正因如此，在镇压了徐敬业叛军后，她马上便开始彻底地清洗朝中"内鬼"。一脸憔悴的裴炎被从死囚牢中押出来了，此前有人劝他以拥立之功向太后求情，他拒绝了。他已经看得很明白，宰相下狱，断无生还可能，这个心狠手辣的女人对于任何触犯威胁到她的对手，从来都不曾手软。正因如此，当剑子手手起刀落之前，他只是充满歉疚地看了一眼因他连坐的兄弟，将最后的叹息夹藏在了一片飞溅的血光之中。

紧步裴炎后尘的，是右卫将军程务挺。作为开国功臣程名振之子，程务挺颇得其父遗风。他勇冠三军，武艺超群，在和突厥的数次交锋中威震敌胆，为"突厥之所惮"。然而，就是这样一位干将却因人告发卷入到了徐、裴逆党的阵营。有人密奏武则天，说程务挺和徐敬业、裴炎过从甚密，只待朝中动荡，他便会起兵内应。彼时的武则天已如当年曹操，宁可我负天下人，不可天下人负我，联想到裴炎此前数次为程务挺请功，而程务挺在裴炎被拘之后也多次上书为其辩冤，她最终攥紧了拳头，密令左鹰扬将军裴绍业前往程务挺军中将其斩杀。可怜一代名将，连给自己辩白的机会都没有，就死在了同僚的刀斧之下。消息传至突厥，顿时鼓乐齐鸣，一片弹冠相庆之声。

几天之后，满朝文武齐集洛阳乾元殿，他们是被紧急召来看一场特殊的"展览"的。萧森的乾元殿外，徐敬业、裴炎和程务挺的人头被高高悬挂，在烈日的曝晒下，已经开始发黑变臭，每一个从人头下走过的臣子都面如土色，战战兢兢。他们知道，这是武后在杀鸡儆猴，展示自己不可侵犯的威严。就在文武百官噤若寒蝉的时候，高踞御座上的武则天说话了："此三子者，不利朕，朕能戮之。卿等有能过此三者，当即为之；不然，须革新事朕，无为天下笑！"说这句话的时候，武则天不无蔑视地睥睨着伏地叩头的群臣，她相信，作为乾元殿上唯一的女人，她的气势已经压倒了这里所有的男人。

乾元殿的"展览"举行过不久，时间便进入到了公元685年。正月，重新拾起好心情的武则天高兴地将这一年改元为垂拱。制造一场血腥的杀戮之后，她忽然发现，告密，是可以让自己监察百官掌控情报防患未然的有力抓手。潜藏在自己身边的裴炎也好，程务挺也好，他们之所以能被揪出来，完全得益于告密者提供的情报，正是这些情报，才让她击敌于未发，没有酿成不可挽回的祸患。彼时，宫廷内外已经张灯结彩，一派除旧迎新的气氛，武则天也开始酝酿一个全新的统驭万民的方案。

垂拱二年（686），人们终于看到了这个方案的推行。四支硕大的铜匦被安置在朝堂上，东面的一个为青色，叫"延恩匦"，"献赋颂、求仕进者投之"；南面的一个为红色，叫"招谏匦"，专门投放批评朝政得失的意见和建议；西面一个为白色，叫"申冤匦"，专门为冤者投书诉冤；北面一个为黑色，专门搜集天象灾变、军机秘密之类的报告。朝廷设有司专门管理这四个铜匦，每日投书要求必须在傍晚前进呈天听。这四个铜匦的设置，在一定程度上建立起了下情上达的通道，改进了社会关系。然而很快，人们就吃惊地发现，铜匦渐渐变了味儿，它们成了告密者的泄愤之地，更成了一班无耻小人跻身上流社会的捷径，而为这种嬗变推波助澜的人，正是当朝太后武则天！

告密者自古有之，但武则天的这一次出手在于，她将告密推向了极致。司马光《资治通鉴》云："太后自徐敬业之反，疑天下人多图己，又自以久专国事，且内行不正，知宗室大臣怨望，心不服，欲大诛杀以威之。乃盛开告密之门。"这种历史的揣度自有其道理，我们只消看看武则天为之配套出台的相关制度，便可看出她的用心良苦。她规定，凡是告密者，任何人不得阻挡，如是外地人，官府供给驿马，沿途供应五品官的伙食，到达京城后，可以住官家客栈，供给膳食。如揭发之事属实，则破格提拔，授以官职；如揭发不实，也不予追究。此令一出，告密者立刻如过江之鲫，层出不穷，官员则人人自危，终日惶恐不安。当这股告密之风在朝野愈演愈烈，有一个人终于看不下去了，他，就是麟台正字陈子昂。

"伏见诸方告密，囚累百千辈，大抵所告皆以扬州为名，乃其穷究，百无一实。陛下仁恕，又屈法容之。傍讦他事，亦为推劾，遂使奸恶之党快意相仇，睚眦之嫌即称有密。一人被讼，百人满狱。使者推捕，冠盖如云。或谓陛下爱一人而害百人，天下喁喁，莫知宁所。"陈子昂在这纸奏疏中，直陈了告密之风的成因和危害，也点中了武则天大开告密之门的心理暗区。对于这个敢于直言的臣子，武则天还是欣赏的，他在高宗调露年间的那首诗，让武则天印象深刻：

故乡杳无际，日暮且孤征。

川原迷旧国，道路入边城。

野戍荒烟断，深山古木平。

如何此时恨，嗷嗷夜猿鸣。

——陈子昂《晚次乐乡县》

对陈子昂这首抒发羁旅之情的五律，明代文人顾璘赞曰："无句法，无字法，天然之妙。"在当时的大唐主宰武则天眼中，陈子昂更是一个饱富才情的诗人。然而，武则天对他的关注也仅止于此，她不希望自己刚刚掀起的这股告密风暴就此停下来，不但不能停，还要让它刮得更加猛烈！

任用酷吏，可以看作是武则天大行告密之风的延续。在朝臣们一片唯唯诺诺的声音里，她能感受到他们被压抑的怨气，每次临朝，她都会用那双钩子一样的眼睛去投向御座之下的众卿。而在铜匦多如雪片的告密信中，她已经掌握了更多置政敌于死地的证据，也许这些证据还有待核实，也许这些"证据"根本就是子虚乌有，但这又有什么关系呢？武则天需要的只是一个可以扣在对手头顶的罪名，而负责执行的，一定是凶狠的刀斧手，他们无须博通文史，德才兼备，更无须出身高贵，夙夜在公，他们只需残忍诡诈领会上意即可。

正是基于这样一个标准，在武则天时代，一个极为特殊的酷吏群体出现了。我们不妨来看几个酷吏中的代表人物。

索元礼。在徐敬业兵败后，他从铜匦中嗅到了武则天的杀机，首先上书告密。武则天知其是胡人，凶悍狠毒又不受礼法约束，正适合帮自己铲除异己，遂封其为游击将军，专事审理告密所涉的案件。索元礼上任后果然不负"圣望"，经他手被杀的多达数千人。

来俊臣，同样是不学无术之辈，因告密有功官拜侍御史，在审讯中"发明"了各种惨绝人寰的酷刑。他挖空心思炮制出的一部《罗织经》，更是成为各类告密者罗织罪名构陷他人的宝典。

周兴，雍州长安人，年少时明习法律，为尚书省都事，官至尚书左丞。周兴滥杀无辜手段暴虐，和来俊臣一样，"创造"了多种刑法，垂拱以来杀人数千。

酷吏之所以让人胆寒，关键在于他们的背后有武后做靠山。这个强势的女人以他们为工具，让一个个政敌在告密信的指控下被迅速揪出，而一旦面对酷吏们的各种酷刑，他们早已魂飞魄散。索元礼有两大刑讯逼供的法宝：狱持和宿囚。狱持即"泥耳笼头，枷研楔毂，折胁签爪，悬发熏耳，卧邻秽溺"；宿囚即"昼禁食，夜禁寐，敲扑撼摇，使不得瞑"。而来俊臣、周兴这两个酷吏，则联手发明了十种枷刑：一曰定百脉，二曰喘不得，三曰突地吼，四曰着即承，五曰失魂胆，六曰实同反，七曰反是实，八曰死猪愁，九曰求即死，十曰求破家。单纯枷刑就起了这么多一个比一个令人毛骨悚然的名字，其他的刑罚更是可想而知。

酷吏们的嘴脸是共通的，那就是他们的毒性和奴性。他们以杀人为乐，更以邀功为荣。在武则天任用的酷吏集团中，一个叫侯思止的人的升迁之路，成为坊间笑谈。侯思止目不识丁，但他却找人写了一封告发舒王元名谋反的密信。武则天得到这封密信后如获至宝，早就对李氏宗亲心怀愤恨的她，没让舒王元名有任何申辩的机会，就废掉了他的王号，将其贬往和州，同时杀掉了他的儿子豫王亶。在这桩告密案件处理后不久，侯思止得到了武则天的召见，按照规定，他被官封五品，任游击将军。但这个告密上位的卖饼人好像并没有满足，竟壮着胆子对武后说，自己想当个侍御史！武则天听后大笑道："你目不识丁，怎堪御史之任啊？"侯思止却厚着脸皮说："獬豸这种上古神兽何尝识字啊，但他额上的尖利的触角却可以抵死奸恶之人，小人虽目不识丁，但愿作一只獬豸，替陛下惩恶除奸！"武则天听后大喜，非常时期，她需要的正是这样的奴才和爪牙。她破例加封侯思止为朝散大夫、侍御史，还赏给他一座谋反者的宅第。

其实，聪敏的武则天何尝不知这些酷吏的龌龊，但她在向着终极目标迈进的路上，酷吏们心理的阴暗和人格的卑下，恰恰又是皇权之路必不可少的锋刃。她要将这把斧子磨得锃亮，她要让所有蠢蠢欲动的政敌不寒而栗。这把斧子，她不会永远高举着，但现在，她却必须高举高打，毫不留情！

酷吏的作用被放大到极致的时间是垂拱四年（688），就在这一年七八月间，一场由宗室诸王发起的所谓"匡复"，让武则天再次感到：危机无时不在，被压制的地下火始终在运行。

事情的发生是这样的。垂拱四年，武则天传旨诸王，让他们前往神都洛阳新建成的明堂，在那里参加祭祀先王的大礼。对于这个隆重的"邀请"，李氏宗室们的反应是复杂的，他们没有把此事看成一次政治待遇，相反，却认为这里包藏着一个政治阴谋。高祖第十一子韩王元嘉的表现最为激烈。这位据说藏书万卷的贵族早就对武氏专权不满，心怀匡复之念，这一次他认为时机已成，于是在诸王中散布道，武后召李氏宗室齐集洛阳，用心险恶，意图一网打尽！传言一出，诸王惶恐不安，元嘉之子李譔见此情景，马上假拟了一道皇帝玺书，内中说道："朕被幽禁，王等速来救我！"他将这纸矫诏分别密送给了其父韩王元嘉、鲁王灵夔、霍王元轨、纪王李慎、越王李贞以及李贞之子博州刺史李冲，让他们分头起兵，勤王救驾，直捣洛阳。

　　这些人中，博州刺史李冲行动是最快的。早有异志的他迅速召募了五千兵马率先举事。这个头脑简单的皇亲贵胄错误地相信，只要他振臂一呼，各路宗亲势必云集响应。然而，毫无领兵经验的李冲刚一出兵就在武水城受阻了，仓促集结的兵士根本无心恋战，纷纷作鸟兽散，只剩了几十个家僮。当朝廷派大军前来围剿，李冲仓皇回撤，留守博州的兵士假意放其进城，将其斩杀。从起兵到被杀，李冲的"匡复"仅历七天，更像是一场闹剧。

　　就在李冲起兵的同时，其父越王李贞也很快集结了一支不足万人的队伍。他看到了宗室诸王的徘徊观望，但儿子既然起兵了，他焉有袖手旁观之理？但他率领的这支队伍和李冲的没有什么区别，强行入列的兵士们起初还攻下了一座小城，但当李冲被杀的消息传来，无论是李贞还是兵士，都没了斗志。在军营中，一批道士和僧人非常滑稽地被加入进来，他们的作用就是念经祈祷，保佑成功，每一个参战者都挂上了护身符硬着头皮往前冲。这样一种状态下的"匡复"可想而知，仅仅二十天的时间，李贞之乱就被武则天派出的大军平灭了。

至此，这场短命的诸王"匡复"行动彻底偃旗息鼓。应当说，这种不成规模的火苗并没有对武则天造成威胁，但此后相当长一段时间武则天对诸王的穷追猛打，却让这场在唐代历史上几乎可以忽略不计的反抗变成了剿杀清洗李氏皇族的导火索。彼时，武则天所豢养的酷吏集团开始甩开膀子大干了，罗织罪名，滥施酷刑，借着粉碎叛乱之机，几乎牵出了李氏皇族的所有成员。一片腥风血雨之中，韩王元嘉、鲁王灵夔、黄公李譔、常乐公主、霍王元轨、江都王李绪、东莞公李融、纪王李慎、许王素节及已故太子李贤的两个儿子，相继或被赐死，或被斩杀，仅有流放岭南的幼弱儿童得以幸存。

李氏皇族就这样被屠戮。一片血光之中，武则天整一整生出华发的云鬓，重重地写下了一个"武"字。在她的眼中，武姓俨然成为一个可以称孤道寡号令天下的姓氏，而曾经高贵显赫的李姓，已经和可以枕藉的尸体一起，萎缩成一个黯然无光的姓氏。

神功不测兮运阴阳，包藏万宇兮孕八荒。

天符既出兮帝业昌，愿临明祀兮降祯祥。

——武则天《唐大飨拜洛乐章·致和》

在武则天的诗作中，《颂》诗占有相当大的比重。这些诗作，多用在祭祀、庆典等重大场合，风格庄严厚重，读来铿锵有力，颇具王者之气，不似妇人手笔。而与其说这些《颂》诗强化了礼仪感，莫如说彰显了一个帝王的意志与雄心。这首《致和》，正是如此。

"天符既出兮帝业昌，愿临明祀兮降祯祥。"垂拱四年十二月，当皇家九部乐的恢弘之声在洛水岸边响起的时候，武则天的笑容已经写在脸上。早在四月间，一块出自洛水的石头已经让笃信神灵的武则天感受到了冥冥中的天意。石头是一个叫唐同泰的雍州人进献的，在这块平滑的白色鹅卵石上，八个苍劲的篆书赫然入目："圣母临人，永昌帝业。"关于这块石头的来历，唐同泰讲得有板有眼绘声绘色：一个春日的傍晚，他在洛水之滨漫步，忽见水中有异光闪烁，待潜入水中，发现发光的竟是一块河石。上岸后，他惊讶地发现石头上刻了八个字，遂不敢怠慢，火速呈上。此石绝非凡物，而是天降祥瑞，它在昭示上天昭示生民，陛下当早日登基，以保天下太平……

唐同泰的讲述让武则天神情为之一振，她如获至宝地将这块石头端详良久，喜悦之情溢于言表。当即，她加封唐同泰为游击将军，并下诏将此石称作是"天授圣图"，石头上的"圣母"二字直接变成了自己的尊号，而"圣图"的出处洛水则被封为永昌洛水，洛水神也被封为显圣侯。

如果没有接下来的诸王之乱，武则天的拜洛授图仪式早就迫不及待地举行了，这个离皇位只差一步之遥的女人太需要用这种"君权神授"的舆论为自己造势了。正因如此，当诸王之乱一平息下来，她要做的第一件事，就是率领文武百官来到洛水岸边，让天下子民看到上天对她的垂青和她对上天的无限景仰。

隆冬时节的洛水早已万木萧瑟，河边已经结了一层薄冰，但这种枯冷的冬景已经完全被浩大的庆典氛围遮蔽了。身着华服的高官贵胄和四夷酋长，各种服色的銮卫仪仗和宫娥内侍，共同汇成一道彩色的洪流，对应起波光粼粼的洛水，而透过祭坛上缭绕的香烟，武则天的祭拜是那样虔诚，"受图"是那样恭敬。她相信，洛水氤氲的水汽，就是她上升的力量，尽管此前她已经有所耳闻，所谓的"圣图"，不过是她的侄子武承嗣怀着继承皇嗣私心导演的一场骗局，但那又如何呢？她需要这种"君权神授"的感觉，她不说破，谁敢说破？

正因如此，当天的"示意"刚落，佛的预言再起。载初元年(689)，一部由十几名僧人进献的《大云经》再次让武则天心花怒放，在这部由天竺僧人昙无谶翻译的经书中，有这样一段经文："尔时众中，有一天女，名曰净光。……佛言天女！……（汝）以是因缘，今得天身。舍是形，即以女身，当王国王，得转轮王……得大自在。……汝于尔时，实是菩萨，现受女身。……"最让武则天高兴的，还有一众僧人对这段经文的解释，他们在《大云经疏》中，直言所说的"即以女身，当王国王"，就是"圣母神皇"，佛早已预言，武后就是净光天女下凡来接替李唐皇帝，统驭万民的……一片佛光普照之下，武则天笑得更开心了，她对主持注疏的云宣和尚等人大加封赏，赐爵县公，位同三品重臣；与此同时，下令在全国各州建立大云寺，每寺必藏一部《大云经》，由僧人升高座向信众宣讲。

当天意、佛意都已深入人心，武则天开始为崭新的王朝寻找"有据可依"的注脚。她发现，在《周书》中有《武成》一篇，与自己的武姓相合，则视为符谶，下令遵循周历，以永昌元年（689）十一月为正月，以十二月为腊月，夏历正月为一月，与此同时，改元载初，以示维新。这是唐朝使用周朝正月的开始。当然，武则天是既要去李唐化，又不囿于周制的。她一改大唐旧制，以周、汉之后为二王后，以舜、禹、成汤之后为三恪。更让人看出其改朝换代决心的是，她接受了凤阁侍郎宗秦客的建议，改造了十二个汉字，将"日""月"等人们约定俗成的旧字形全换成了新字，她甚至别出心裁地给自己的名字造了一个字——"曌"，她相信，日月当空，一定会朗照由她肇建的王朝。

武则天是在朝臣们的一片劝进之声中登基的。劝进，是中国历史上一个十分有趣的现象：当有人想称孤道寡，一些善于揣摩上意的人，就会上劝进表，通常一劝二劝都是要推辞的，直到三劝四劝，欲称孤道寡者才会觉得"民意不可违"，"只得"君临天下。改朝换代在即的武则天，首先面对的是一个叫傅游艺的侍御史的劝进。他率关中百姓九百余人到宫中上疏，言辞恳切地请求武后尽早称帝，改唐为周，并赐皇帝姓武。众臣眼看形势已不可逆转，于是也纷纷劝武后别再推却，登基称帝，就连形同虚设的睿宗也上表请求赐其武姓，为武氏尽忠。

面对此起彼伏的劝进声浪，武则天终于"勉强"同意了。载初元年九月初九，在"则天楼"，三声号炮响过，十二面金鼓齐鸣，纳言宣读新皇帝即位诏书，宣布改唐为周，改元为"天授"，大赦天下，降睿宗皇帝为皇嗣，赐姓武氏，群臣为武则天上尊号曰"圣神皇帝"。这位已经六十七岁的女皇的耳畔，开始响起百官、来使的山呼万岁之声，而那枚硕大的皇帝宝玺，在大唐帝王历经不足百年的传承之后，已经换了新的主人。从感业寺清冷的钟声里一路走来，武则天闯过了一次又一次的惊涛骇浪，同时也制造了一道又一道腥红的血光，最终在只有男人可坐的御座之上，以中国第一位也是唯一一位女皇帝的身份，开始透过冕旒俯视率土之滨。

　　彼时，秋意正浓，人生未老，女皇武则天，正阔步迈入一个黄金的季节。

大周！大周！

在应天门完成登基大典的女皇武则天，其实对神都洛阳最高的建筑——被其称为"万象神宫"的明堂情有独钟。相传明堂的建造始于黄帝，《周礼》称之为明政教之堂，是发布政令、祭祀天地的地方，也是古代国家的政治中心所在。汉以后，儒家各立门户，意见分歧，甚至激烈到方案不能确定而无从建造的程度。到了唐太宗、高宗时代，两位皇帝都曾有重造明堂的打算，同样也因争议不决而没有付诸行动。

武则天的魄力恰在于此，她并不在乎诸儒喋喋不休的争议，而是有着自己的决断。她推崇周制，内涵上继承了传统明堂"象天法地"的设计原则，但又不囿于周制的复古传统和呆板四方的单层建筑模式，她所要的"明堂"，与其说是要借助周的影子，不如说是要覆盖周的光芒。

正因如此，发生在垂拱三年（687）春的拆除洛阳宫正殿乾元殿事件，被人们看作是武则天登基进入倒计时的一个重要节点。壮观的乾元殿在僧人薛怀义的指挥下，几乎是一夜之间就被夷为了平地，而就在这片平地上，仅仅用了九个月的时间，上万工匠就完成了一座宏伟富丽的建筑杰作——明堂。据记载，明堂外观共分三层，可登临，底层为正方形，端庄如印；中层为十二变形，覆有圆盖，上有九龙；顶层为二十四变形，覆有圆顶攒尖，其上立饰金宝凤；室内为突破性的多层复合空间，中有巨型通心柱，直径有十人合抱之粗。其体量、规模之大小，按日本所藏唐代尺子的平均值（每唐尺约30.33厘米）计算，高度约在八十八米，底层各边长约九十米，这无疑是中国古代建筑史上最高大的木结构单体建筑，同时也是唯一一座楼阁式皇宫正殿建筑，据说，当时的洛阳百姓在数十里外都可望见。

> 履艮包群望，居中冠百灵。
>
> 万方资广运，庶品荷财成。
>
> 神功谅匪测，盛德实难名。
>
> 藻莫申诚敬，恭祀表惟馨。
>
> ——武则天《唐明堂乐章·宫音》

从这首武则天对明堂的颂诗中，我们可以想见这位大唐首席设计师骄傲的神情。事实上，尽管在这座武则天命名为"万象神宫"的明堂中供奉着李唐先祖，但前来朝贺的文武百官和各国使臣都再清楚不过：九条蟠龙拱卫的，是一只直入云霄的金凤；而矗立在明堂北方五层高的天堂里那尊高达百尺、仅小指就能容数十人的佛像，更像是在告诉天下的子民，谁才是真正的主宰！

女皇是从一首诗歌开始，进入她的武周王朝的。

明朝游上苑，火急报春知。

花须连夜发，莫待晓风吹。

——武则天《腊日宣诏幸上苑》

关于这首诗，人们附会了太多的传说。有人说它体现了武则天的专横，甚至连花草都要听命于她的威严；也有传说这是武则天的一道"无视天理"的诏命，百花接此诏命，悉数开放了，唯独牡丹迟迟不开，武则天一怒之下，将其贬至洛阳，谁知刚到洛阳，牡丹反因水土适宜，竟迎风盛放了。那么，这首诗背后的真相又是什么呢？我们且看《全唐诗》辑录此诗的一段交代："天授二年，卿相欲诈称花发，请幸上苑，有所谋也。许之，寻疑有所图，乃遣使宣诏云云。"由此，我们看到，一个在官方正史不见记载的阴谋，从诗笺的背面泅透出来。

事情发生在天授二年（691）除夕之夜。自从登基以来，女皇已经习惯了大臣们在自己面前恭顺的表情，但"牝鸡司晨""雌代雄鸣"这样的愤愤不平之声还是能钻进她的耳鼓，正因如此，女皇的神经即便是除夕守岁也没有一刻放松。就在彼时，一纸没有署名的信函让女皇的神经更加绷紧了，信中是这样说的：女皇初登大宝即天降祥瑞，上林苑的牡丹竟傲雪盛开了！此乃本朝新春头桩盛事，请陛下前往观看。

听说牡丹傲雪盛开，崇信祥瑞的武则天起初是非常兴奋的，牡丹能在数九寒天开放，不正预示着大周王朝欣欣向荣吗？但是很快，武则天就冷静了下来，世间万物皆循规律，牡丹不是梅花，隆冬时节，牡丹怎么会竞相开放呢？起驾上林苑，会不会隐藏着一个惊天的阴谋呢？

暗中派人得到的信报很快证实了女皇的猜测：牡丹开花纯属子虚乌有，而一小撮旧臣的密谋行刺却是刀光闪闪，寒气逼人！

见过无数风浪的武则天暗自庆幸，在众人面前，她没露声色，却迅速写就了题为《腊日宣诏幸上苑》的小诗。"明朝游上苑，火急报春知。花须连夜发，莫待晓风吹。"她将暗语深深嵌入了自己的文字之中：明天一早，我要去上林苑准时"赴约"，请将这个消息迅速告之禁卫官兵，连夜准备，不得迟疑！

"牡丹之谋"就这样被消解于无形，酷吏们再度出场了。又是一次血腥的清洗，又是一次疯狂的屠戮。心狠手辣的酷吏集团太知道自己对于女皇的意义了，彼时，《罗织经》再次显示效力。当一群暗有微词的大唐"旧臣"被押往刑场，武则天看到，旧势力已经如凋零的牡丹一样，和他们眼中的大唐一起，落英遍地，一蹶不振。

与旧势力相生相克的酷吏们也许不会想到，当朝野上下再不闻"牝鸡司晨"之声，当他们的告密和滥杀已经开始成为女皇的政治包袱，他们的生命，也即将走到尽头。

武则天是在一系列告密和滥杀造成民心不稳和政治危机时，将目光投向她一直中意的酷吏集团的。为了清除皇权路上的障碍，武则天曾用铜匦刮起告密之风，而从告密这条捷径平步青云的索元礼、来俊臣、周兴等人，更是以嗜血的刀锋削平了敌对的势力。然而，随着时间的推移，这个曾经令武则天得心应手的工具，越来越显现出危机。据传，徐敬业之弟徐敬真被抓获时，以为告密可以免死，竟大肆诬告天下名士近百人，行刑之日，阴云密布，风雨如磐，武则天觉得告密不实，派飞骑宣敕赦免，结果马上雨霁云开。这则传闻被渲染得神乎其神，从中已经可以看出告密和滥杀带来的天怒人怨。还有一例，也可说明告密之风引发的社会畸变。话说武则天佛心笃诚，下令天下禁止屠杀，恰在此时，右拾遗张德喜得一子，为了庆贺杀了一只羊大宴宾客，补阙杜肃应邀赴宴。然而他这边厢刚放下酒杯，那边厢已向女皇递上一道劾奏，称张德违禁当斩。好在女皇不仅没有追究，反倒将那道劾奏给了张德，要他提防身边小人。如果说告密让人心不古，世风日下，那么酷吏们疯狂的滥杀则使得人人自危，个个惶恐，那些五花八门的刑罚和血淋淋的刑具萦绕着数不清的咒怨。许多官员出门，往往都要和家眷做一诀别，他们无法确定，在酷吏横行的日子里，自己哪一天会身首异处……

为了扭转这种局面，已位极人主的武则天开始逐渐地收口：对于铜匦中的告密信，她责令有司细辨真伪，力刹诬告之风；与此同时，她又起用一批像徐有功、杜景俭这样刚正不阿、秉公办案的执法官，纠正了酷吏们制造的许多冤假错案，以致在当时的被告人中曾一度流传着一句话："遇来（来俊臣）、侯（思止）必死，遇徐（有功）、杜（景俭）必生！"

女皇是从天授二年开始，一步步将酷吏这些"弃子"踢出她的政治棋局的。她踢出的第一枚"弃子"，就是以心狠手辣著称的周兴。彼时，有人告密说周兴谋反，武则天觉得时机已到，遂令来俊臣审理周兴一案。这来俊臣本和周兴一路货色，但圣命不可违，而嗜杀成性的他又必须杀周兴以自保，于是他想了个办法。这日，他请周兴到家中做客，一边喝酒一边谈论案子。来俊臣对周兴说："有些囚犯再三审问都不肯承认罪行，有什么办法使他们招供呢？"周兴得意地说道："这还不容易？只要拿一个大瓮，用炭火在周围烧它，然后让囚犯进入瓮里去，什么罪他敢不认？"来俊臣听后一笑，马上吩咐家人找来一个大瓮，按照周兴的办法用炭火在周围烧着，当炭火越烧越旺，来俊臣突然狞笑着站起来对周兴说："有人告你谋反，陛下命我审问你，就请老兄自己钻进这个大瓮里去吧！"周兴哪知自己会有此一劫，当即吓得面如土色，磕头承认罪行。当然，这则"请君入瓮"成语的当事人，最后并没有被扔进烧得滚烫的大瓮之中，而是被武则天处以流刑发配岭南。这个曾经将魏玄同、黑齿常之等一大批忠直之士无情斩杀的卑鄙小人，早已引起朝野上下一片公愤，还没等他走到流放地，就被仇家们扎成了筛子。

同样，尝到以其人之道还治其人之身滋味的，还有另一个酷吏——索元礼。就在周兴死后不久，索元礼因贪腐入狱。审讯他的官吏对这个杀人魔王早已恨之入骨，当即对他大刑伺候。索元礼的一句口头禅"来！取我铁笼！"曾经是无数人的噩梦，如今，这个噩梦终于降临到自己身上。当顶部仅有小口容头的铁笼被抬上来，一个个木橛被生生钉进索元礼的头颅，这个杀人不眨眼的恶棍最终目眦尽裂，死在自己"发明"的刑罚上。

作为武则天所豢养的最得力的也是最后一个鹰犬，来俊臣死于神功元年（697）六月。写过《罗织经》的来俊臣，曾一度是栽赃构陷罗织罪名的"高手"，自他治狱以来，枉死者不计其数。他所执掌的审判机构推事院，位于洛阳丽景门，这道门有如一道鬼门关，进此门者多有去无回。起初，来俊臣的"忠心"曾颇得武则天赏识，因为很多政敌正是通过来俊臣的非常手段被一一清剿的。然而，随着武则天登基成为女皇，这个昔日的鹰犬开始越来越给她帮倒忙。正因如此，当他得罪了武氏诸王和太平公主，他们共同揭发其恶时，武则天想都没想就下了一道必杀令：将来俊臣斩于洛阳西市！

这是武则天不曾想到的，行刑之日，人们奔走相告，如逢节庆。行刑后，愤怒的人群更是争着剜眼、剖肝、割肉，转瞬之间昔日作威作福的来俊臣就剩下了一副骨骼，而人们的怨气仍未停止，他们又骑着马来回践踏尸骨，方解其恨。

来俊臣死后第二天，女皇武则天下了一道制书，历数来俊臣的罪状，将这个曾经通过制造血雨腥风让自己御及宇内的"闯将"骂了个万劫不复。彼时，通过一道制书收买民意的武则天太知道自己需要什么了：她需要的，是一个真正可以巩固统治的新势力；酷吏们作为工具的意义已经终结，开启王朝崭新篇章的，一定是四海贤才和强有力的制度保障！

补阙连车载，拾遗平斗量。

攓摋侍御史，碗脱侍中郎。

评事不读律，博士不寻章。

糊心宣抚使，眯目圣神皇。

——佚名《武后长寿元年民间谣》

　　在《全唐诗》中，这两首民谣是以一种揶揄讽刺的面目被记录在册的，而在唐人笔记小说《朝野佥载》里，我们看到的，则是民谣背后关于武则天首创"试官"制度的轶闻。

　　武则天的"试官"制度颁行于天授元年（690）。这一年，刚刚登基的女皇已经开始了她延揽人才的计划。早在太宗朝，当时还是才人的武则天就对"贞观之治"最重要的人才政策心生感佩，一朝自己践祚临朝，她"欲收人心，尤务拔擢。弘委任之意，开汲引之门，进用不疑"（唐·陆贽语）。显然，急于用人的武则天执行的是一套比唐太宗更加开放的人才政策，这其中，最能体现这个女皇不拘一格雷厉风行的举措就是首创"试官"制度。她派出了十路存抚使，分巡十道，车马过处，连最简陋最偏远的田庄农舍都要细细地察访一遍，为的就是要实现太宗朝提出的"野无遗贤"的目标。当这十路人马历经近两年时间，终于回到洛阳的时候，武则天欣喜地看到，尽管每一个存抚使都风尘仆仆，一路风霜，但他们身后的队伍都已经比出京时壮大了许多。长寿元年（692）二月的一天，一身华衮的女皇亲自在紫宸殿召见了十路存抚使所举的一百三十个举人。他们都出身卑微，但在这次召见之后，都平步青云，其中，有六十人擢为拾遗、补阙，二十四人擢为御史，二十四人擢为著作郎及平事，二十人擢为卫佐。他们被告知，他们均处于"试职"阶段，在"试职"期内，要通过做事证明自己的才干，"试职"期满，如果确有其能，即可"转正"。当一天之内有这么多人被封官进爵，一些保守的贵族官僚坐不住了，他们纷纷表示不满。一个叫张鷟的甚至作了首歌谣："补阙连车载，拾遗平斗量。欋槌侍御史，碗脱侍中郎。"意思是说官员过多过滥，补阙可以用车装，拾遗可以用斗量，侍御史多得能用四齿耙子来推，校书郎像是一个模子做出来的碗。有个叫沈全交的随即凑趣，又附和了一首："评事不读律，博士不寻章。糊心宣抚使，眯目圣神皇。"意思是说，存抚使们都被糨糊迷住了心窍，圣皇也被蒙住了双眼。按照以往，两人胆敢如此诽谤朝廷恶毒攻击女皇，早就脑袋搬家了，可奇怪的是，武则天听说此事后，居然笑说："但使卿等不滥，何虑天下人语？"并没有为难张鷟、沈全交。

其实，从这则野史轶闻，我们不难看出一代女皇的求贤若渴之心。武周朝，武则天首开了殿试先例，采用糊名制，从宽取士，并在洛阳城殿前进行了规模宏大的选考。全国各地的贡士都应召前来，由女皇亲自面试，而面试的范围，不仅有四书五经，更兼治国之策。通过一连几天的层层考核，最后脱颖而出者，都被委以重任。在拔擢文官的同时，武则天对武官的招纳同样重视。我们可能不会想到，中国首次出现旨在招收武官的"武举"制度，竟是在武周时期，它的颁布者，竟是女皇武则天！当参加武举考试的举子们在校军场精神抖擞，一路完成射长垛、骑射、马枪、步射、才貌、言语、举重七科，在兵部书写上自己的名字，武则天，已经通过自己对科举制的一系列开创性尝试，通过平均每年录取进士人数比唐太宗时多一倍以上的规模，吸纳延揽了众多天下英俊。

下面，还是让我们校正历史的目光，检阅一下武周朝的人才方阵吧！

先说狄仁杰。这位出生于并州的武则天的同乡，在武周之前，曾先后担任过并州都督府法曹、大理丞、侍御史等职，尤其是担任大理丞期间，到任一年即处理了一万七千个遗留案件，无一人诉讼，堪称折狱明公。天授二年，狄仁杰出任宰相，但不久即遭来俊臣构陷下狱，贬迁彭泽县令。神功元年，当来俊臣伏法，狄仁杰再度出任宰相，直至七十一岁病逝，始终在宰相之位上忠耿勤勉，兢兢业业，被女皇尊称为"国老"。

狄仁杰是绝对当得起"国老"之名的。和魏徵一样，狄仁杰也以诤谏著称。史载，武则天曾欲铸造一座大佛像，需花费数百万钱，因府库不足，便决定让僧尼每人每天出一个钱相助。狄仁杰上书进谏道："鬼神不能建造，必定要役使人力；庄稼不会天降，只能在土地上生产，这些不由百姓负担还有什么人呢？如今边境尚未安宁，您应放宽徭役，免去不需急办的事务。即使雇请工匠劳作，以此接济穷人，但耽误农时，也是放弃国家根本。铸造佛像，既费官府库财，又耗人力。佛教本以慈悲为怀，陛下应节省民力，收回成命才是！"武则天对狄仁杰是相当信任和尊重的，这个从贞观朝走来的女人，渴望追比唐太宗的纳谏之风，面对狄仁杰这一谏奏，武则天觉得在理，遂将修建佛像一事放了下来。

如果说净谏让狄仁杰挑起了武周时代的清新之风，那么，知贤能举，则更能看出狄仁杰胸怀的磊落。武则天曾问狄仁杰："朕想找一个贤能之人委以宰相重任，您看谁比较合适？"狄仁杰答道："如果您所要的是长于诗书的人才，那么现任宰臣李峤、苏味道便是最合适人选。但您若一定要找出类拔萃的奇才，那就只有荆州长史张柬之了。张柬之年纪虽老，却有宰相之才。"武则天遂提拔张柬之为洛州司马。过了些日子，武则天又向狄仁杰求贤。狄仁杰道："我此前推荐的张柬之，您还没有任用呢。"武则天道："我不是已经给他升迁了吗？"狄仁杰道："我所推荐的张柬之是可以做宰相的人才，不是用来做一个司马的。"武则天于是任命张柬之为秋官侍郎，不久又拜其为宰相。史载，像张柬之这样被狄仁杰极力推荐、最后位列公卿的有几十人，他们都名副其实，在武周朝做出了一番政绩。

敷政术，守清勤。

升显位，励相臣。

——武则天《制袍字赐狄仁杰》

这首短诗，是圣历三年（700）武则天将亲制的袍子赐给狄仁杰的同时，对"国老"发自内心的赞誉。彼时的狄仁杰，因年老体衰，曾多次请求致仕还乡，女皇都没有答应。为了让这位比自己大出十七岁的"国老"安心辅政，她不仅特赐了狄仁杰一座美宅，还取消了他值夜班的任务，恩宠冠绝当朝。在武则天看来，狄仁杰已然成为自己的帝国不可或缺的"定海神针"，他帮助自己校正着前行的方向，更在文武百官中树立起德才兼备的标杆。正因如此，当狄仁杰去世后，武则天痛哭失声，连说"朝堂空矣!"废朝三日，追赠其为文昌右相。这样的情景，完全如同当年唐太宗哭魏徵的翻版，让人唏嘘不已。

如果说狄仁杰是内官的代表，那么裴怀古则是外官的代表。宰相李峤、唐休璟曾劝武则天在重视内官的同时，挑选有能力的人前往大州做地方官，以便将当地吏治搞好，实现国富民安大计。武则天联想到当年太宗将刺史、县令的名字写在屏风上坐卧恒看的情景，深以为然。在武周时期，涌现出很多颇具才干的地方官，裴怀古就是其中之一。长寿年间，姚州、巂州的少数民族首领反叛，武则天派裴怀古前往招抚。裴怀古到任后，赏罚分明，叛军纷纷归降，最终俘虏了叛军首领，安置当地少数民族三万户，人们对裴怀古心怀感恩，为他立碑颂德。

关于裴怀古，还有一事可证其管辖地方之能。长安三年(703)，岭南始安僚族欧阳倩率众数万，攻城拔寨，掠夺州县，声势浩大。朝廷命令裴怀古担任桂州都督，负责平息叛乱。裴怀古未等大军集结便出发了，预先发布檄文，向叛乱者晓以利害，劝说他们投降。不久，就有很多人前来投降，申诉他们之所以造反，是受地方官欺压。裴怀古知道他们是诚恳的，于是决定轻装前进，直奔贼穴。他的举动让下属大惑不解，担心地说:"夷人难以亲近。防备他们，他们尚且干出不守信用之事，何况是轻信他们呢？"裴怀古回答说："忠诚守信可与神明相通，何况是边疆百姓呢？"他只身深入叛乱者营寨，好言安抚，申明大义，欧阳倩等人十分感激，马上率众归降，并归还了所掠夺的东西。未费一兵一卒，五岭以南就全部平定了。武则天接到捷报欣喜异常，由此，她更加坚信：地方官是亲民之官，好的地方官的任用和选拔，直接关系着统治的根基。

说到武周朝的政治明星，还有一个女人必须提到，她就是颇具传奇色彩的上官婉儿。武则天广开汲引之门，不欺无名、不避仇怨的用人观在上官婉儿身上，得到充分的体现。上官婉儿是唐高宗时宰相上官仪的孙女，麟德元年（664），上官仪因替高宗起草将废武则天的诏书，被武则天所杀，刚刚出生的上官婉儿与母亲郑氏同被配没掖廷。掖廷为奴期间，在其母的精心培养下，上官婉儿熟读诗书，不仅能吟诗著文，而且明达吏事，天性聪敏。有一次，武则天发现她写了一首七言诗，文辞华美，尽管字里行间充满了在掖廷为奴的幽怨之情，但武则天读之大喜，感叹道："此女才智非凡，赛过须眉！"进而拟题试之，上官婉儿都援笔立成，皆如宿构。武则天遂下令免其奴婢身份，让其掌管宫中诏命。这一年，上官婉儿年方十四岁。及至后来武则天称帝，上官婉儿更是深得信任，被封为婕妤，得以参与奏章的批复和政令的拟定。从此，上官婉儿对武则天由仇视转为拥护，朝中诏敕均出其手，成为武周政治的核心人物，时称"内舍人"，又有"巾帼宰相"之誉。

密叶因裁吐，新花逐翦舒。

攀条虽不谬，摘蕊讵知虚。

春至由来发，秋还未肯疏。

借问桃将李，相乱欲何如。

——上官婉儿《奉和圣制立春日侍宴内殿出翦彩花应制》

在上官婉儿辞彩飞扬的文字中行走，我们能够感受到一股清新的诗风。这个处于公元七、八世纪之交时期的才女，尽管常在女皇身边，难免写一些应制之作，但其隽永活泼的笔触却一扫宫廷诗的空洞和干瘪，而在其大胆的诗风背后，正是其不羁的性格。在后面的章节，我们还会将视线投向这个融入了大唐风云的女人。

事实上，回望武周朝的人才方阵，如果不是囿于某种偏见，我们不难看出，女皇武则天是一位颇具政治才能的女人。她对人才的大胆启用，对谏言的兼听博采，最终培植起的是一个充满活力的官僚集团。她先后任用的宰相有李昭德、魏元忠、杜行俭、狄仁杰、张柬之、姚崇、宋璟，边将如娄师德、黑齿常之、郭元振等，当层出不穷的能臣勇将活跃于武周一朝，最终夯实的，是一代女皇的政治根基。

久视元年（700），一座宏伟的宫殿在河南登封的石淙河北岸竣工，它就是武则天的避暑离宫——三阳宫。此时的女皇已经七十七岁，但她却并未显现出生命的疲态，兴致盎然地在近臣的陪伴下，从洛阳起驾，来到这里消夏避暑。徜徉于青山碧水之中，美景涵摄着心旌，也激发起诗兴，女皇当即赋诗一首：

三山十洞光玄箓，玉峤金峦镇紫微。

均露均霜标胜壤，交风交雨列皇畿。

万仞高岩藏日色，千寻幽涧浴云衣。

且驻欢筵赏仁智，雕鞍薄晚杂尘飞。

——武则天《石淙》

　　这首诗描绘了石淙河一带美丽的自然风光，展现了三阳宫君臣欢宴的盛大场面，而诗中"均露均霜标胜壤，交风交雨列皇畿"这两句，与其说是写景状物，莫如说是在表达女皇怡然自得的心境：均田制，在她的手上，正呈现出"均露均霜"、岁稔人和的喜人画面。

　　前文已经提及，均田制是北魏以来就实行的一种土地政策，到了唐高祖、太宗、高宗朝，为了加速恢复经济，他们都积极促进均田制的施行，对阻碍均田制的势力也进行了有力的打击。不过，到了武则天执政的时候，均田制的形势并不乐观。首先，是农民普遍受田不足，官僚贵族常常以"借荒""请牧地"为名把大片荒地据为己有，真正分到农民手中的土地是相当有限的。其次，是土地兼并严重。这个情况在太宗执政后期和高宗执政初期，就已经表现得很明显，到了武则天时期，更是愈演愈烈。王公富豪之家广置庄田，恣意吞并，很多农民的耕地都变成了官僚地主的田庄，失地农民因为交不上名目繁多的赋税，被迫逃亡，甚至有一些农民公然举起了义旗。

为了将均田制拉回到当初颁行的初衷，武则天还是想了一些办法的。她下令，无论永业田还是口分田，一律不准买卖，违者处以重罚。要知道，豪强地主正是从土地买卖中寻找土地兼并的可乘之机的，一旦明令禁止，对他们无疑是巨大的打击，起码他们不能明目张胆地进行土地兼并了。紧接着的一项措施，就是"括户"，即使逃亡户还乡，力求"耕者有其田"；并延续贞观时期的"徙狭就宽"政策，让授地少的农民免除租税，迁到地广人稀的宽乡去，并由国家出钱出车，帮助搬迁。与此同时，女皇也要求各级官吏重视农业，劝课农桑，并出台了一系列赏惩制度。尤其值得一提的是，她命周思茂、范履冰、卫敬业等文臣编撰了一部农书《兆人本业记》，旨在通过借鉴古人经验，指导本朝农业生产。当各级官吏人手一部由女皇手书的《兆人本业记》，当此后唐朝皇帝将进呈她的农书定为一项制度，女皇武则天，已经用她稳健而刚性的推动，在中国土地政策的历史演进中写下浓重的一笔。"均露均霜标胜壤，交风交雨列皇畿。"武则天的石淙河之行，与其说是避暑，不如说是对自己劝课农桑成果的一次检阅。

　　一个帝王的强势，不仅体现在其对臣民的驾驭，对太平盛世的打造，更体现在其抵御外侮、捍卫疆土的每一次出击中。作为在艰难处境中一步步铲除异己、镇压反叛、最终坐稳帝位的一代女皇，武则天在维护边疆铁固上也不输历代有为之君，而在其统治时期，值得圈点的，便是她收复了安西四镇。

　　前面我们已经提及，贞观朝，唐太宗曾以强有力的推进，在西域设置了龟兹、疏勒、焉耆和于阗四镇，史称"安西四镇"。然而，历史的风云变幻，决定了任何一个王朝都不可能一劳永逸。步入高宗时代，情势发生变化。公元670年，一度与唐廷修好的吐蕃开始出兵攻打西域，夺取了唐西域的十八个羁縻州。唐高宗命薛仁贵率兵十万欲"教训"吐蕃，结果在大非川（青海共和县西南切吉旷原）全军覆没。这次惨败，使当年唐太宗苦心孤诣设置的"安西四镇"几乎全部被吐蕃夺得，大唐的西疆，重新陷入战乱之中。

谁也无法想到，中央政权收复"安西四镇"的鼓声会在时隔二十二年后再次敲响，而亲自在鼓声中挥旗西指的人，会是一个女人！如意元年（692），就在武则天登基的第二年，她听从西州都督唐休璟的建议，任命王孝杰为威武军总管，与武卫大将军阿史那忠节一起，发兵西进，进击吐蕃。彼时，坐稳皇位的武则天已经有时间和精力将目光投向已经丢失的"安西四镇"，二十二年了，该是雪耻的时候了。

深知吐蕃虚实的王孝杰果然不负众望，出兵不久，就和阿史那忠节大破吐蕃军，一举夺回了"安西四镇"。当捷报传来，武则天大喜，在宫中大摆筵宴，与满朝文武共贺胜利。就在这次筵席上，武则天决定，在四镇之一的龟兹重新设立安西都护府，屯兵镇守。此言一出，有大臣认为四镇不过边远戈壁，如派兵镇守，徒耗兵力，不如放弃。武则天作为铁腕女皇，哪里会听进这样的"劝告"？她不允许丢失二十二年的"安西四镇"重归敌手，更不允许边关的将士血付诸东流！就在庆功宴之后不久，一支由三万兵马组成的戍守四镇的威武之师，经神都洛阳的天津桥一路向西而去。这座桥上，曾经焚烧过太子李贤"蓄意谋反"的兵甲，如今，三万将士甲胄在身，将带着圣命出发，去圆一个女皇帝边疆铁固的梦！

当然，吐蕃对边境的觊觎始终都没有停止，与此同时，西突厥可汗也蠢蠢欲动。对此，武则天坚决派兵予以回击。历经大大小小十余场战役，长安二年（702）十二月间，女皇终于在庭州设置北庭都护府，西突厥十姓部落的领地正式并入中央政权，与安西都护府分辖天山南北及巴尔干喀什湖以东、以南地区。

由此，我们看到的，已是一个国力鼎盛的大周。重视科举，大开制科，在用人方面的不拘一格，大大提升了天下士子求取功名的信心。据说开元、天宝年间呈现出的"父教其子，兄教其弟"，"五尺童子耻不言文墨焉"的社会风气，就始自武周时期。施惠百姓，劝课农桑，则让武则天统治期内的人口数量由唐高宗初年的三百八十万户增加到了六百一十五万户，这在当时的世界版图上，已是相当高的增长。在推动文化发展方面，武则天也是政绩卓著，唐人沈既济曾云："太后君临天下二十余年，当时公卿百辟，无不以文章达，因循日久，浸已成风。"正是由于武则天的奖掖政策，让佳篇丽句名扬遐迩，知名诗人层出不穷，为通向开元时期的唐诗顶峰铺平了道路。而在巩固边疆上，这位女皇也以执政的铁腕，恢复了"安西四镇"，打退了突厥契丹的进攻，以温和的民族政策，促进了多元文化的发展与融合。

当庞大的帝国在武则天手中不仅没有出现疲弱之态，反而日益昌明，这位中国历史上著名的女皇也许不会知道，她的"大周"，已然上承贞观，下启开元，成为大唐历史中一个华彩的段落。

风雨无字碑

　　和所有帝王一样，女皇武则天在不服老地创造自己的文治武功的同时，也十分清醒地意识到一条自然规律，那就是：她终将老去，在有生之年，她必须处理好皇位继承人问题。

　　和所有帝王不同，女皇武则天面对继承人问题时，既要考虑他的德才，还要考虑他的姓氏。天下已改唐易周，改李易武，而被她废掉的两个儿子李显和李旦如果将来继位，她苦心经营的武周王朝将重回李唐时代，她近半个世纪的努力，将随着自己一起归于尘土，这是她绝对不能接受的。而传位于自己的侄子武承嗣，大周的国祚将继续下去，权力的核心也不会旁落他姓，但是，武承嗣的德才，真的能堪此位吗？

　　对于这个长侄的表现，武则天洞若观火。当初为了壮大武氏一门，她特地将武承嗣从遥远的岭南召回京师，赐其承爵周公，将他作为武氏的继承人着意培养。而武承嗣也确实不负姑母的期望，从"天授圣图"的"创意"，到助推武则天即位称孤，从和来俊臣酷吏一党联合绞杀李氏子孙，到剪除朝中旧臣异党，始终都不遗余力地冲在最前面。到了公元694年，武承嗣更是完成了一项创举：率五千人上表，请女皇加尊号为越古金轮圣神皇帝！当他看到姑母满面春风地接受封号，并改元延载，他心中暗自得意，他相信，自己在姑母面前表现得越卖力，被立为储君的筹码就会越大。紫宸殿的御座是如此诱人，步入老境的姑母还有几年春秋？为了这个几乎近在咫尺的目标，武承嗣愿意等待。

然而，武则天还是在武承嗣谦恭顺从的表象之外，发现了他媚上欺下飞扬跋扈的另一面，而因为一首诗引发的一场杀戮，更让她看到了武承嗣的骄奢和残忍。

> 石家金谷重新声，明珠十斛买娉婷。
>
> 此日可怜君自许，此时可喜得人情。
>
> 君家闺阁不曾难，常将歌舞借人看。
>
> 意气雄豪非分理，骄矜势力横相干。
>
> 辞君去君终不忍，徒劳掩袂伤铅粉。
>
> 百年离别在高楼，一旦红颜为君尽。
>
> ——乔知之《绿珠篇》

这是左司郎中乔知之的一首诗。乔知之有美姜名碧玉，通晓音律，妖媚可人，被乔知之视若珍宝。武承嗣垂涎碧玉美色，遂假意请碧玉来自己府中教习婢妾弹唱。乔知之无可奈何，只得答应。但没想到碧玉一去，竟被武承嗣强行扣住，霸占不还。乔知之思念碧玉，于是写了这首《绿珠篇》。绿珠是西晋石崇之妾，后被孙秀霸占，绿珠不从坠楼而死。"百年离别在高楼，一旦红颜为君尽。"当碧玉看到乔知之偷偷送给她的这首诗，顿时泪洗胭脂，跳井而死。恼羞成怒的武承嗣得知碧玉之死和乔知之寄诗有关，遂指使酷吏给乔知之罗织罪名，最后竟籍没其家，将其斩首于市。

就在武则天为这起血案皱眉的时候，一出由武承嗣亲自导演的"劝立"闹剧上演了。彼时的武承嗣，已经不想等待，他暗中指使一个叫王庆之的洛阳人带了数百名请愿者来到洛阳宫，请求女皇立武承嗣为太子。在乱哄哄的一片请愿声中，武则天表现得既惊奇又冷静。她惊奇于自己的这位长侄为何如此心急；但她又需要冷静，面对如此重大的立储决定，她知道，再多的请愿也不能头脑一热。她请来了众臣商议，在众多的附和之声中，凤阁侍郎李昭德直言提出，如果传位于武承嗣，那么将来在太庙里享受供奉的将是武承嗣的父母，而从未有侄子供奉姑姑的道理。李昭德甚至进一步讲，不仅女皇将来无人祭祀，高宗的陵寝也将被废毁！听过李昭德的一席话，武则天陷入了沉默，"劝立"的闹剧最终以女皇的不置可否收场了。

眼见"劝立"不成，武承嗣恼恨不已，但接下来发生的又一件宫廷血案却让武承嗣看到了新的转机。女皇宠婢团儿因与皇嗣李旦不和，便诬告李旦的两个宠妃刘氏和窦氏行巫蛊之术诅咒女皇，女皇盛怒之下，召来二妃，不由分说，就将二人秘密处死。生性懦弱的李旦明知两位宠妃的失踪与女皇有关，却只能暗自垂泪。不久，李旦又被人告发有异图，尽管最后免死，但也被彻底地与朝臣们隔离起来。

武承嗣满心以为，随着李旦地位的日益下降，自己的太子之位指日可待。然而，女皇册封太子的决定始终也没有降临到武承嗣头上，圣历元年（698）八月，武承嗣在绝望中抑郁而死，而武则天听到这个消息的反应是：手不释卷，头都没抬……

武承嗣之死没有在女皇心中掀起任何波澜，却搅活了另一个武姓贵族的心，他就是武承嗣的叔伯兄弟——武元庆之子武三思。本来，武三思是不敢对太子之位有非分之想的，但是当武承嗣一死，武三思的地位随之上升，作为女皇仅存的侄子，武氏当仁不让的传承人，他不当太子谁当太子呢？

但是，与武承嗣不同的是，武三思并没有和李氏皇族对立起来，而是左右逢源地拉近和他们的关系。作为这种关系的一次有力缔结，莫过于他的儿子武崇训与庐陵王李显之女安乐公主的联姻。这安乐公主是李显与韦氏所生。当时中宗李显被贬黜至均州路上，韦氏因动了胎气，早产一女，李显脱下自己的衣服来包住她，故命其名为裹儿。安乐公主姿色美艳，据说与武崇训大婚之日，武三思为迎娶这个漂亮的儿媳把婚礼搞得极尽奢华，朝中一些文学之士诸如李峤、苏味道、沈佺期、宋之问、张说等人也被请来，以《花烛行》为题赋诗助兴。张说的这首诗，正是作于此时。

青宫朱邸翊皇闱，玉叶琼蕤发紫微。
姬姜本来舅甥国，卜筮俱道凤凰飞。
星昴殷冬献吉日，夭桃秾李遥相匹。
鸾车凤传王子来，龙楼月殿天孙出。

平台火树连上阳，紫炬红轮十二行。

丹炉飞铁驰炎焰，炎霞烁电吐明光。

绿軿绀幰纷如雾，节鼓清笳前启路。

城隅靡靡稍东还，桥上鳞鳞转南渡。

五方观者聚中京，四合尘烟涨洛城。

商女香车珠结网，天人宝马玉繁缨。

百壶渌酒千斤肉，大道连延障锦轴。

先祝圣人寿万年，复祷宜家承百禄。

珊瑚刻盘青玉尊，因之假道入梁园。

梁园山竹凝云汉，仰望高楼在天半。

翠幕兰堂苏合薰，珠帘挂户水波纹。

别起芙蓉织成帐，金缕鸳鸯两相向。

蒯茵饰地承雕屦，花烛分阶移锦帐。

织女西垂隐烛台，双童连缕合欢杯。

蔼蔼绮庭嫔从列，娥娥红粉扇中开。

黄金两印双花绶，富贵婚姻古无有。

清歌棠棣美王姬，流化邦人正夫妇。

——张说《安乐郡主花烛行》

"黄金两印双花绶，富贵婚姻古无有。"这正是武三思所要达到的效果。这个高调的女皇之侄，就是要通过这样一场"古来无有"的大婚证明自己在朝中独一无二的位置。当然，他也没有忘记多次指使人在女皇耳边"进言"：自古天子没有以异姓人为子嗣的，陛下姓武，理应立武氏为太子。

女皇默许了，拟定武三思为储副，但唯恐朝中有异议，于是召集群臣共同商议。朝臣们显然都明白女皇的心思，他们几乎异口同声地推举武三思，唯独"国老"狄仁杰唱起了反调，向武则天进言道：陛下理当将天下传诸子孙后代，若移赠外人，难合天意。看到女皇面露愠色，他没有停下来，而是继续说道：不久前突厥进犯边境，陛下派出梁王武三思召募兵士，一个多月才召募了几百人，而后来庐陵王继续此事，不出两旬，募兵已满五万，二者相比，人心向背高下立判。陛下欲立太子，非庐陵王别无他人！

崇信佛教的武则天无疑是相信天意的，如果说狄仁杰在朝堂上力陈的"天意"让她犯了踌躇，那么当晚的一个噩梦则加深了她对"天意"的认同。她梦见，自己喜爱的一只大鹦鹉传来一声惨叫，在空中突然折翅，一头栽落到地下。当她怀着惊悸向狄仁杰讲起这个噩梦，狄仁杰不失时机的解梦再次将"天意"深深渗入到女皇的意识之中。他告之女皇：鹉乃陛下之姓，折断的两翅为陛下两子庐陵王李显和相王李旦，只有起用两子，方能再次振翅而飞。

这则轶闻的可信度值得商榷，但此后，武则天最终下达的一纸诏命却折射出已近垂暮之年的女皇内心的压力：远离京畿的庐陵王被召回了，曾当过两个月皇帝的李显，再次被立为太子，成为皇位的继承人！而女皇看到这个久违的儿子的表情也是异常复杂的：她在乎天意，但她又完全可以想见自己百年之后李武两姓的兵戎相见，更不甘心自己倾心铸就的武姓的荣光从此暗淡。下一步，她将如何掌控局面呢？

答案出现在圣历二年（699）正月。就在这一年，武则天做出了令人匪夷所思的决定：赐太子姓武，李显更名为武显。从这个决定，我们可以看出女皇内心的矛盾：迫于舆论，她要立李显为太子，但这并不意味着他继承的是李唐的江山，而是武氏的江山，只有改了他的姓氏，才会让这一愿望成为可能！当然，在女皇的心中还有一愿，那就是通过改姓，让李武融为一家，从此化解恩怨，不致出现李唐宗室掌权之后大杀诸武的惨剧！

煞费苦心的武则天很快就将武氏和李氏两支亲族召集到了一起，他们被要求完成一个神圣的仪式：升腾的烟霭中，女皇面色威严地命令他们依次焚香、叩拜，并一起说出彼此相扶、共保帝业的誓言。当他们的誓言被郑重地镌刻进一件铁券，女皇的脸上终于露出了一丝难得的笑容。

此后不久，武则天便起驾三阳殿离宫避暑去了。对于这个亲自手书的名字，武则天不无得意，她相信：通过改赐武姓，立下铁券，她心目中的"三阳"——儿子李显、李旦和侄儿武三思，一定会和谐共处，实现"三阳开泰"的局面。

在三阳宫的觥筹交错之中，女皇有两个重要的陪伴几乎是形影不离，他们就是张易之、张昌宗兄弟。当他们二人被女皇的女儿太平公主作为礼物献给年迈的母亲，英俊健美的张易之、张昌宗兄弟二人知道，他们存在的全部意义就在于：要像深宫里的嫔妃美人一样，满足一个女皇帝从未衰减的性欲，填补一个老妇人精神的空虚。每天，他们要卖力地给女皇讲一个个仅限于床笫的笑话，擦着浓重的胭脂为女皇捏脚捶背，更衣梳头，而他们自己比谁都清楚，面首，已然成为他们在大周历史中一个不可回避的称谓。

当然，"面首"并不是他们的"独创"，而是出自南北朝时期南朝刘宋的前废帝刘子业。刘子业有胞妹名刘楚玉，封山阴公主，在当时的刘宋王朝有皇族第一美人之称，而她的淫乱放荡也同样闻名于时。《宋书·前废帝纪》记载，她曾对其皇兄道："妾与陛下，虽男女有殊，俱托体先帝。陛下六宫万数，而妾唯驸马一人。事不均平，一何至此！"于是，"帝乃为主置面首左右三十人"。在这里，面首被首次提及："面，貌之美；首，发之美。"面首，即谓美男子，引申开来，就成了男妾、男宠。

其实，张易之、张昌宗兄弟并不是最早走进女皇武则天晚年生活的"面首"，她的第一个"面首"，是一个特殊的僧人——薛怀义。

步入晚年的武则天，白天，她说一不二、包举宇内，到了晚上，当她面对孤枕冷衾，一种巨大的孤独感便会如寒风一般袭来，让她战栗不停，周身寒彻。自高宗驾崩之后，武则天对这种无人陪伴的夜晚已经由孤独转为恐惧，由恐惧转为暴戾。宫人对武则天无来由的怒气常常不知所措，而高祖之女千金公主却猜透了她的心思。垂拱元年（685），千金公主将一个强壮英俊的男子带到了武则天身边。他叫冯小宝，在洛阳城中以卖药为业，这是他第一次走进皇城。看到传说中掌控着生杀予夺大权的帝国头号人物，他惊奇地发现，这个老妇人并没有显出多少老态，相反，每天的锦衣玉食，让她保养得极好，风韵犹存。而最感到惊喜的还是武则天，冯小宝的潇洒举止和孔武有力的体魄，激发起了她的一颗少女之心，让她找到了一种可以快慰的力量。她对着"懂事"的千金公主报以赞许的微笑，当晚，就留下冯小宝在宫中侍寝了。

第二天，冯小宝便有了一个新的名字——薛怀义，他卑贱的姓氏从此和他远离，和太平公主的夫婿薛绍合族，让薛绍以叔父事之。当然，刚刚蓄养面首的武则天还是有所顾忌，尽管皇帝可以三千粉黛八百烟娇，但作为一个临朝称制的女人来说，武则天还是觉得不宜过于张扬。她让薛怀义剃度为僧，平日与一众僧人一样吃斋念经，一旦有召，则可乘御厩的快马疾驰入宫。

就在被剃度之后不久，武则天决定让薛怀义主持重修白马寺。重佛的武则天早有重修白马寺之意，而薛怀义的出现让她觉得这项浩大的工程已经可以开始。数月之后，当修葺一新的白马寺以苍松翠柏红砖碧瓦的面目出现在武则天面前，武则天倍感欣慰，当即封薛怀义为白马寺住持。一个街头卖药人，因为与中国最具权势的女人有着枕席之欢，而成为一寺之主，掌管佛门清净之地，与其说是一种荣宠，莫如说是一个玩笑。

这种荣宠随着时间的推移，还在不断地抬升。垂拱四年二月，薛怀义再次被委以重任，奉命监造明堂。当上万工匠在工地上不舍昼夜地忙碌，身披袈裟的薛怀义也在佛法与肉欲间奔走。白天，他是指挥千军万马虔诚礼佛的统帅；晚上，则是使尽浑身解数令武则天重回少女时代的面首。武则天对这个面首的表现无疑是满意的，明堂一经落成，薛怀义再度获封，左威卫大将军、梁国公这样尊贵的头衔令满朝为之侧目。对这个特殊的枕边人，武则天有心将其历练成自己政治上的帮手。她曾三次派薛怀义挂印，北讨突厥，尽管对兵书战策一无所知，更没有和突厥有过任何实质性的交锋，却并不影响薛怀义的"凯旋"。当他再度被加封为辅国大将军，并改封鄂国公、柱国，赐帛二千段，这个特殊的僧人，已经身跨禅俗两界，转而成为一个权倾朝野的重臣。

集荣宠于一身的薛怀义开始变得骄横跋扈起来。遇到戴着帽子的道士，他会不由分说地派人将其一顿痛打，剃去他们的头发；每次的佛教法会他都挥金如土，散钱万缗，许多人争相拾取，甚至出现踩踏致死的惨剧；朝臣们见到他，都要匍匐礼谒，女皇的子侄们见到他，也要为之执辔牵马。薛怀义对这些王公贵族全然不放在眼里，一言不合，就会大打出手，右台御史冯思勖、宰相李德昭都曾经"领教"过薛怀义的拳脚。对于薛怀义的胡作非为，武则天总是听之任之，极力偏袒，无形中，更加助长了薛怀义的嚣张气焰。

薛怀义最终被自己的"靠山"彻底抛弃，是因为发生于公元695年的一场大火。就在这一年，一个丰神俊朗的御医沈南璆成为武则天的新宠，这令薛怀义妒火中烧，而这种妒火最终让他点燃了自己亲手建造的明堂。那场大火成为万岁元年（695）正月里最燎烈的焰火，风助火势，火借风威，将整个神都洛阳照得如同白昼，一夜过后，这座洛阳城最高的建筑便化为了灰烬。面对炭化的明堂，武则天一脸愠色，她知道，眼前这个满身黑灰的和尚曾经以这座恢宏的建筑成就了她的梦想，也曾经以健美有力的身躯滋润了她的晚年时光，但是一把充满了复仇意味的火焰，却让这一切美好的记忆付之一炬。女皇没有当众责备薛怀义，只是惩戒了不慎的匠人，不仅如此，还让薛怀义重新主持修建明堂。然而，没过多久，这个女皇生命中的第一个男宠就死于太平公主挑选的几十名壮妇的乱棍之下。身躯魁伟的薛怀义显然高估了自己，他永远不会知道，任何人在女皇的眼中都不过是工具，当这个工具失去了存在的价值，他必死无疑！

张昌宗、张易之兄弟是在薛怀义死后两年，即万岁通天二年(697)，走进女皇的宫闱之中的。此前，女皇的另一个面首——御医沈南璆刚刚暴病而死，正值床榻清冷，就在这时，太平公主不失时机地将张昌宗推荐给了母亲。面对貌似潘安的张昌宗，女皇十分满意，不消几日，他就成了武则天的新欢。受宠的张昌宗继而又推荐了自己的哥哥张易之，说自己的哥哥不仅英俊健硕，还颇通音律。女皇大喜，忙召入宫，见之果然，遂令兄弟二人一起侍奉起居。

昔遇浮丘佰，今同丁令威。

中郎才貌是，藏史姓名非。

——崔融《和梁王从传张光禄是王子晋后身》(节选)

这首诗，是武周朝被称为"文章四友"之一的崔融所作，而他作这首诗的地点，是洛阳皇城中的一个特别的所在——控鹤监。圣历二年，女皇设置了控鹤监这一机构，由张易之执掌。这个在中国历史上空前绝后的机构，与其说是武周朝行政架构的"独创"，不如说是武则天晚年男宠参政的缩影。控鹤监更像是一座"后宫"，充斥着女皇的男宠和一班轻薄的文人，他们的任务就是为女皇说笑取乐，而女皇的笑容便是他们吟诗作赋的主题。

崔融写这首诗时，是久视元年的一天。这一天，女皇惊喜地发现自己长出了重眉，她将此看作是自己返老还童的瑞象，随即将年号改为了"久视"，取长生不老永久视政之意。改元自然少不了一番庆贺，于是在控鹤监，女皇大摆筵宴，在场朝臣也纷纷赋诗应和。酒酣耳热之际，有官员对张昌宗大加吹捧，说他仙姿潇洒，颇似升仙太子王子乔。这王子乔是周灵王之子，喜欢吹箫，声音酷似凤鸣，游历于伊、洛之间，仙人浮丘生将其带往嵩山修炼，后来控鹤飞升，得道成仙。听大臣们夸赞张昌宗，女皇十分得意，遂让张昌宗穿上羽衣，吹着箫骑着木鹤，装扮成王子乔控鹤飞升之状。如此一来，一班文士们更是极尽阿谀谄媚之能，竞相赋诗助兴。苏味道写道："火树银花合，星桥铁锁开。暗尘随马去，明月逐人来。"崔融写道："昔遇浮丘伯，今同丁令威。中郎才貌是，藏史姓名非。"两诗相较，崔融的诗明显盖过了苏味道，一时称为绝唱。

在这出闹剧收场后不久，控鹤监就被女皇赋予了一个新的名字：奉宸府。张易之成为奉宸令，同时又加选了更多美男充斥其中。控鹤监的更名，也是张氏兄弟二人在朝中真正"飞升"的开始。有了女皇的偏袒，他们开始肆无忌惮，竞相豪奢，卖官鬻爵，横行朝野。他们公然将一个蜀地商人带到了朝堂上赌博，一些得罪过他的大臣则被他们诬告陷害，坐狱遭贬；而诸王公主也都敬二张三分，因为他们清楚，彼时的女皇已年近八十，张氏兄弟已经被受命处理多项朝政，这样的情形，和女皇当年临朝称制时如出一辙，令他们如履薄冰。

然而，一幕宫中惨剧还是上演了。大足元年（701），太子李显的儿子李重润和女儿永泰郡主、驸马武延基私下议论起张氏兄弟专权之事，不知怎的传到了张易之的耳朵里，他马上找到了女皇，添油加醋地说了李重润和永泰郡主很多坏话，说他们暗中讥讽女皇，诬蔑女皇。女皇听后不由分说就把李显召来，当面对其一顿喝斥，让其严惩李重润和永泰郡主，而这种严惩显然不是揍一顿板子了事，从母亲声色俱厉的呵责声里，他已经听出了弦外之音：自己的一双儿女唯有自尽，方解母亲心头之恨！懦弱的李显是踉跄着回到东宫的，当他将这个消息告诉儿子李重润和女儿永泰郡主，两个孩子痛哭失声。彼时，他们的女皇祖母更像是一个杀人不眨眼的恶魔，那么陌生，那么可怖！毒酒的药力发作了，鲜血从两个孩子的七窍汩汩流出，这一年，李重润十九岁，永泰郡主十七岁……

就在这幕悲剧发生不久，也就是在公元701年的冬天，武则天离开神都洛阳，返回长安。历史的烟云笼罩在两《唐书》中，我们已经很难说清女皇武则天为什么要在她七十八岁的迟暮之年再次回到她最初的起步之地，但远离因偏袒二张所造成的朝野上下充满咒怨的空气，或许可以解释为她重返长安的一个理由。

如果说二张逼死了李显的一双子女，让他们彻底走向了李氏宗族的对立面，那么当他们和朝中一位名叫魏元忠的老臣对峙，则掀起了满朝文武愤怒的声浪。早在洛阳神都，二张与宰相魏元忠就多有龃龉，等到返回长安，张氏兄弟对这个绊脚石已从忌恨转为恐惧。他们眼看女皇春秋已高，一旦他们唯一的庇护人驾鹤归天，他们的脑袋也会马上搬家，而要防患于未然，就必须趁着靠山健在，先下手为强，铲除对手。很快，作为张氏兄弟眼中的头号对手，魏元忠被指控暗中撺掇同党，逼迫女皇让位于太子。这是个阴险的诬告，怒火中烧的武则天没有多想，就让张氏兄弟将魏元忠缉拿入狱。让武则天始料未及的是，在接下来的审讯过程中，满朝文武竟异口同声地为魏元忠作无罪辩护，曾与张氏兄弟私下串通做伪证的凤阁舍人张说更是临堂反悔，义正辞严地揭露了二张罗织罪名陷害忠良的丑恶行径，极力为魏元忠辩诬。当张易之、张昌宗兄弟终于在朝堂的一片骂声中灰头土脸地败下阵来，武则天已经感到了汹涌如潮的民意，这是她登基以来首次看到如此一边倒的阵势，尽管此后她为了给自己的男宠挽回面子，还是罔顾民意，将魏元忠和张说发配到了南方，但她已经感到，在朝中推行自己的意志，已经越来越难……

公元703年，在长安临朝两年之后，武则天又将她的武周朝廷搬回了洛阳，在她看来，两年的时间，也许可以消除人们对张氏兄弟的怨气了。为了张易之、张昌宗这两个她生命中须臾不可分开的美男子，女皇已经得罪了身边所有的人，而在阔别洛阳两年之后，当她看到洛阳牡丹迎风吐蕊，争相盛放，她又想起了当年那场"牡丹之谋"中的自己。八十岁了，上苍还会给她当年的凌厉与果决吗？

岁月给她的回答是否定的。回到洛阳的第二年，女皇武则天便病卧在床了，这个要强的女人不到坚持不住，是不会卧床不起的，彼时，八十一岁的老迈之躯，已经让她心有余而力不足。她传下旨意，身边只留张氏兄弟和少数几个宫娥、内侍，其余人等一律不得近前，包括太子李显、相王李旦。疲弱的心力，已经不允许她批览奏章，她没有让宰相们代劳，而是将国事统统交给了张氏兄弟处理，她相信，她最没有辜负的人就是张氏兄弟，张氏兄弟自然也不会辜负她。

然而，御史中丞宋璟的一纸劾奏却让武则天陷入了踌躇：有证据表明，张昌宗、张易之私召术士占相，云昌宗有天子气，此等谋逆之罪，不可赦免！这纸劾奏，让武则天的脸色更加苍白了，病榻之侧，张氏兄弟二人像亲生儿子一样躬身侍奉，怎么可能生出谋逆之心？可私召相士又证据确凿，若不是心怀鬼胎，为何又找相士望气？

最终，女皇对张氏兄弟的宠溺还是压过了对他们的怀疑。她将宋璟的劾奏放到一边，继续在张氏兄弟讲的笑话中舒展着苍老的容颜。执拗的宋璟没有放弃，他再次上书请求惩办二张，其他朝臣也纷纷声援，递呈表章，请诛国贼。当愤怒的民意如雪片般飞入女皇本已干涩的眼帘，女皇再一次行使了她的皇权：她将所有的奏折都束之高阁，有的言辞激烈的奏折甚至被她当着张氏兄弟的面撕毁！她这样做，只是要告诉垂首侧立的两位男宠，她依然是王朝的主宰，而她对他们的爱，并没有改变！

这是女皇武则天绝对没有想到的：当她将臣子们的奏折撕毁的时候，也是与臣子们彻底决裂的时候。本来群臣是希望通过和平的劝谏方式扳倒二张的，但现在他们意识到，二张正在成为女皇手中日渐失控的棋子，他们已经取得了女皇特殊的信任，一旦女皇晏驾，他们矫造诏旨，夺取皇位，后果不堪想象，而防患于未然的唯一出路，就是以武力逼女皇退位！

武周的官员有如地下火一般开始秘密行动起来，他们的首谋，正是狄仁杰当年推荐给武则天的张柬之。经狄仁杰推荐，张柬之官拜秋官侍郎，狄仁杰死后第四年，也就是704年，病榻上的女皇通过姚崇的举荐，再次将张柬之提升为同平章事。此时的张柬之已经八十岁，和武则天一样，都已进入风烛残年，然而张柬之的才干与忠耿却丝毫不逊当年狄公，女皇相信，让张柬之八十入相，将成为自己执政生涯中浓墨重彩的一笔。

然而，事态的发展完全出乎了女皇的意料，这个八十老翁，竟然成了她执政生涯的终结者！忠耿，并不等同于一味的顺从，当眼见张氏兄弟权势熏天，而病中的女皇却对他们极力偏袒，张柬之深感王朝已进入生死存亡之秋，与其任二张祸国，不如除掉二张，迫使女皇让位于太子。

张柬之的行动是果决而迅速的。他秘密联络了许多朝中重臣，尤其是几位手握兵权的武将，像右羽林大将军李多祚、左羽林大将军杨元琰，都成为他酝酿政变的核心人物。为了壮大力量，张柬之又将他的朋友桓彦范、敬晖、李湛提拔为右羽林将军，灵武道大总管姚崇、东宫内直局内直郎王同皎也先后加入阵营。当重要成员全部到位，张柬之率众人来到了东宫，声泪俱下又斩钉截铁地对太子李显表达了他们誓除凶竖迎立殿下恢复李家社稷的信心与决心，仁弱的李显起初还犹豫不决，但最终经不住群臣的劝说，还是迈出了走向迎仙宫的第一步。在那里，自己的母亲，那个曾经将自己赶下皇位又逼死自己一双儿女的女皇，正在卧榻上，身染沉疴，他要趁着神龙元年（705）正月里皎洁的月光，去做一次特别的问安。

载入史册的这场"神龙政变"，进展得疾如雷电，异常顺利。迎仙宫的廊庑下，正在悠闲地欣赏月色的张昌宗、张易之兄弟，还没有看清突然出现的明火执仗的人马究竟是谁，就已经被士兵砍掉了头颅；当李显率众走进女皇的寝宫，从昏睡中醒来的女皇倒显得异常的平静，她理了理鬓角的白发，看了看垂泪的太子和逼宫的不速之客，什么都没说，只是轻轻地点了点头，又无比沉重地挥了挥手。她知道，这一天终于来了……

几天之后，即神龙元年正月二十三日，女皇被迫让位给太子李显，是为唐中宗。复辟成功重登皇位的李显，先是清剿二张一党，随即大赦天下，封赏了张柬之等一批在政变中的有功之臣，召还了流落边地的李氏子孙。二十七日，中宗率百官到上阳宫，向迁居于此的武则天上尊号为则天大圣皇帝。

而油尽灯枯的武则天即将走到生命的尽头。借着微弱的烛光，八十二岁的武则天的眼中闪现出各个阶段的自己：她们，是风姿绰约的武媚娘，是感业寺的小尼姑，是母仪天下的皇后，是垂帘听政的天后，是独一无二的女皇……如果从临朝称制算起，她已经驾驭着帝国的马车走了二十多年。面对盘根错节的门阀势力和铁板一块的男权社会，她硬是凭借自己的雷霆手段和高超的政治智慧，创造了四海朝觐的辉煌帝国。如今，她累了，凛冽的北风吹起上阳宫的幔帐，离开尘世之前，她要留给世人的，只是一道简单的遗诏：去帝号，称则天大圣皇后……

前殿临朝罢，长陵合葬归。

山川不可望，文物尽成非。

阴月霾中道，轩星落太微。

空馀天子孝，松上景云飞。

——崔融《则天皇后挽歌（其二）》

这道遗诏再次印证了武则天的睿智，因为母子情分未绝，故而被逼退位的她得享"天子孝"，"松上景云飞"。神龙二年（706）五月二十八日，武则天灵柩安葬乾陵，和高宗李治合葬一处。在那场举国志哀的葬礼上，崔融悲声宣读了自己撰写的《则天大圣皇后哀册文》，"英才远略，鸿业大勋，雷霆其武，日月其文"，对武则天的一生极尽褒扬。据说此后不久，崔融因撰写此文殚精竭虑，加之哀伤过度，竟然身染重疾，恹恹而死。

而人们对一通碑碣的关注远远超过了葬礼本身。它矗立于彰表唐高宗文治武功的"述圣纪碑"的旁侧，碑身用一整块巨石雕刻，碑身两侧各有升龙一条，盘桓直上，冲入云霄，直到现在，这样的升龙图案在中国历代碑碣中还保持着最大的纪录。最让人惊讶的，还是在这硕大的碑身上，竟通体光滑，不着一字！据说，立上这通"无字碑"，是武则天的遗愿，她希望千秋功罪留给后人评说。这个有着坚强神经的女人，不仅打破了历来只有男人做皇帝的规则，更让后宫男宠成为话题。而端坐于历史的深处，她其实始终是那个感业寺六根未净的尼姑，权力与情欲，这两种遍存于尘世的欲念，不过都被她放大到了极致，当她最终选择用一通"无字碑"迎迓世间的风雨，实际选择的，是一个传奇的继续……

第四章

唐玄宗

忆昔开元全盛日

乱局终结者

　　当复辟成功的唐中宗李显端坐于御座之上的时候，他是无比兴奋的。这个位置，本来就是属于他的，只不过第一次当皇帝的经历太过屈辱，而此后被赶下皇位流放南方的境遇，更成为他不堪回首的记忆。正因如此，唐中宗复辟之后的第一件事便是恢复自己的李姓，尽可能去除母亲留下的印记，而李唐宗室和满朝文武也是群情振奋，觉得一个属于大唐帝国的崭新时代即将来临。

　　然而，人们很快就对唐中宗的一系列作为失望了。他并没有斩断和武氏一族的联系，尤其是武三思，不仅没遭废黜，反倒更为中宗倚重。中宗曾多次到武三思家微服私访，并很快将其提拔为司空、同中书门下三品。之所以如此，除了武三思早早布下棋局，与中宗结为儿女亲家，更仰赖两个女人的从中斡旋之功，她们，一个是武周时代女皇最得力的女官——上官婉儿，另一个，便是中宗的发妻——韦后。

　　中宗复位后，上官婉儿的身份并没有变化，她仍被册封为婕好，负责掌管宫中制命，不久，她又升为昭仪，"独当书诏之任"，权力进一步加强。中宗能一如既往地任用上官婉儿，主要还是因为她的文学才能和政治秉赋。经过武周时期的历练，步入中年的上官婉儿早已具备了丰富的政治经验，在文学上的造诣也达到了高峰。

暂尔游山第，淹留惜未归。

霞窗明月满，涧户白云飞。

书引藤为架，人将薜作衣。

此真攀玩所，临晚赏光辉。

——上官婉儿《游长宁公主流杯池二十五首（其一）》

这首诗是上官婉儿去中宗长女长宁公主新修浚的流杯池游览时所作。在这位大唐公主的私家园林，上官婉儿流连忘返，兴之所至，共完成了二十五首诗作，洋溢其中的山林之赏，已经完全跳脱烦琐的宫廷生活，与盛唐山水田园诗派相去不远。当然，从这组诗歌中，我们还能窥见上官婉儿连获重用的得意。在尔虞我诈的政治博弈中，能够屹立不倒，具备卓越的政治才能是一方面，关键还要有左右逢源的智慧。上官婉儿很快便与武三思私通了，两人除了满足彼此的肉欲，更结成一个相互利用的同盟。

放眼后武则天时代，韦后是一个必须引起关注的角色。早在中宗李显首次登基时，她就曾鼓动中宗封赏其韦氏一族，结果中宗在皇位上仅仅坐了两个月就被赶了下来。流放的日子里，李显经常唉声叹气，暗自流泪，甚至一度想到自杀，韦氏却经常劝他说："祸福倚伏，何常之有，岂失一死，何遽如是也！"李显被这个不离不弃的糟糠之妻深深感动了，他放下了准备自尽的白绫，对韦氏许下重诺："一朝见天日，誓不相禁忌。"而这一天终于到来之时，也便成了中宗被韦后完全驾驭之日。中宗不仅将韦氏一门尽数封官晋爵，更是对韦后的所作所为听之任之，百般纵容。从清苦的流放生活中一路挺过来的韦后，彼时要做的，就是变本加厉地补偿。她首先要满足的，是自己情欲的饥渴。当上官婉儿将面容清俊的武三思介绍给自己，她没做任何犹豫就同意了。

由此，武三思在新秩序中继续拥有话语权便成为一种必然。有上官婉儿的极力举荐，再加上韦后不断吹枕边风，武三思在其姑母倒台后，反而更加紧固了武李两大家族的联盟。他对参与神龙政变的张柬之、敬晖、桓彦范、袁恕己、崔玄暐五人恨之入骨，和韦后一起说他们五人的坏话，说他们恃功专权，威胁社稷。早在此前，张柬之等人就曾力劝中宗速杀武三思，除掉诸武，以防养虎为患，武氏卷土重来，中宗不听。如今，当武三思和韦后天天在中宗面前对张柬之等人极尽诋毁，昏聩的中宗却信以为真了。他将张柬之等五人均封为王，罢其政事，调离京师，表面上对他们仍怀尊宠，实际已剥夺了他们的实权。而武三思又岂能善罢甘休，不久，就派手下心腹开始了对神龙政变五功臣的反攻倒算。五人中，除了张柬之、崔玄暐病死，其余三人，敬晖被凌迟而死，桓彦范被杖杀，袁恕己被鸩杀。可怜五位神龙政变的首功之臣，推倒了女皇武则天的武周王朝，本以为会在重回李唐的荣耀时刻协助新君指点江山，绝然不会想到，武氏一族竟会死灰复燃，最终自己的性命还是断送在武氏之手！

五王死后，武三思重掌朝中大权，势力日益壮大。他"令百官复修则天之政，不附武氏者斥之，为五王所逐者复之"。他将自己的几个心腹——侍御史周利贞、冉祖雍、太仆丞李悛、光禄丞宋之逊、监察御史姚绍之五人安插在重要岗位，作为自己在朝中的耳目，被人呼为"三思五狗"。同时，武三思又与兵部尚书宗楚客、将作大匠宗晋卿、太府卿纪处讷、鸿胪卿甘元柬等人互相勾结，操控朝政。一时间，群小当道，污浊不堪，时人将其比作曹操和司马懿，其阴怀篡逆之心已昭然若揭。

检视武则天死后的这几年，我们发现，贪欲的增长，宫闱的荒淫，野心的膨胀，权力的争夺，共同构成了这一时期的乱象，而制造这一乱象的，除了武三思，还有整个李唐皇室。

我们先来看看这一时期官员的数量泛滥到了何种程度。一份数据显示，706年初，有两千多名外官被任用，更可笑的是，还有一千多名宦官被授以七品以上的官职。这些如韭菜一样丛生的官员已经大大超出了前朝的数量，他们当中，大多是庸碌无能之辈，毫无治国之能，他们之所以混迹官场，全是因为武三思、韦后、安乐公主等人卖官鬻爵造成的。唐廷的内官外官，如同一个市场，各种官阶全部被明码标价，只要能出得起钱，就一定有个官做，至于旨在拔擢人才的科举考试，更是沾染上了铜臭，真正的负才饱学之士被挡在了大门之外，不学无术之徒却占据了国家的要害部门。如果说武三思、韦后通过一系列卖官鬻爵之举赚得盆满钵满，那么作为中宗的掌上明珠，安乐公主的卖官敛钱更是有过之而无不及。一些宵小之徒拿着重宝几乎踩破了安乐公主的门槛，安乐公主收受贿赂自然不遗余力，"虽屠沽臧获，用钱三十万，则别降墨敕除官……钱三万则度为僧尼，其员外、同正、试、摄、检校、判、知官凡数千人"。当安乐公主将自己事先写好的诏命掩着拿去找中宗签署，中宗竟将其视同儿戏，毫不迟疑就同意了。随着这股卖官鬻爵之风愈演愈烈，"斜封官"这个名词，也成为中宗朝一个刺眼的标签。当武三思、韦后、中宗的公主们，甚至上官婉儿的母亲都可以央求中宗给某些人授与官职，这个一度被朝臣们寄予厚望的皇帝投给世人的，是这样的一个动作：他会写好一张条子，斜着封好交给中书令，而"斜封"的用意，就是要告诉中书令们，这些人已经打了招呼，你们就看着办吧！事实上，"斜封官"更像是中宗时代的一个黑色的隐喻：当懦弱的皇帝被一群从斜刺里穿插进来的贪欲所左右，一个王朝也必将偏离正道，走向歧途。

贪欲一旦失控，就会迅速膨胀，且来看看中宗时代王公贵族贪婪的私欲是个什么样子？前面提到中宗的长女长宁公主，早在东都洛阳时就大建府邸，穷奢极侈，花光了府内所有财富。当公元706年冬天朝廷重返长安，她更是把高士廉府邸和左金吾卫的军营合起来作为宅邸，并开挖了工程浩大的流杯池，引得文武百官啧啧称赞。看到姐姐大兴土木，安乐公主也是比着斗富。当她向中宗讨要皇家园林昆明池未果，竟在长安皇城附近挖了一个比昆明池还大的池子，取名定昆池，摆明了要压过皇帝父亲一头。除了争相斗富比阔，这些王公贵族优渥的生活待遇也非前朝所能比拟。前帝睿宗和他的胞妹太平公主，每人拥有三十万户的封赏，远远超出了唐令规定的限额。不仅如此，太平公主和其他六个公主（长宁、安乐、宜城、新都、定安、金城）还获取了自己开府置官属的特权，规制与亲王府相同，十步一人，加以骑兵巡逻，僭肖宫省，而她们的食邑实封都在二千五百户，比亲王爵位待遇的三倍还多。

物质上的贪欲最终催发的是政治上的野心，也正是造成中宗朝野心家层出不穷、整个政局混乱不堪的主因。

先来看看武三思。在权倾朝野之后，武三思开始紧锣密鼓地为下一步布局。庶出的太子李重俊自册立以来，颇有人望，为武三思所忌恨。他指使自己的儿子武崇训利用安乐公主在中宗及韦后面前谗害李重俊，企图废掉李重俊太子封号，并通过武崇训怂恿安乐公主在李显面前要求被册立为皇太女，将来好继承皇位。这是一招"曲径通幽"，城府极深的武三思与其说在千方百计地将自己的儿媳推上前台，莫如说是在一步步经营着自己重返武周时代的迷梦。他相信，只要能将李重俊拉下马，让安乐公主上位，自己便可重新掌控李唐江山。当然，这个阴谋很快被老臣魏元忠识破，他极力劝阻中宗方才未能得逞，而武三思和太子李重俊的梁子已经深深结下。

再看韦后。对于并非自己亲生的李重俊，韦后同样怀着深深的敌意。每当太子向她请安的时候，她的眼前总是浮现出当年被女皇逼死的亲生儿子李重润，如果不是他早早地殒命于宫廷的争斗，眼前的太子怎么可能轮到李重俊？早已将中宗控于股掌的韦后，只要一想到将来的继承者是太子李重俊，她便恶从胆边生。

她知道，如果真是这样，她苦心争来的权力将不复存在，而这，显然是经历了多年流放岁月的韦后最不希望看到的结局。

第三个将太子李重俊视为眼中钉的人便是安乐公主。对于这个韦后在流放途中生下的女儿，中宗最为娇惯。他总是觉得，自己对这个女儿的亏欠最多。正因如此，一朝复辟成功，只要是安乐公主提出来的要求，中宗都会答应。然而，这样的溺爱换来的却是安乐公主的飞扬跋扈、恃宠而骄。当她穿上百鸟的羽毛织成的裙子，当她和武崇训只有几岁的儿子都被中宗封为镐国公，食邑五百户，她已经全然不把太子李重俊放在眼里，甚至公开称呼太子为"奴"。在公公武三思、驸马武崇训的鼓动下，她的心思也开始活络起来：皇太子自古有之，皇太女却从未有过，她必须要争一争！尽管这个要求最终被搁置，但安乐公主的心却再也无法"安乐"下来了。

当自己的太子之位被这么多双眼睛盯着的时候，李重俊终于率先爆发了！作为庶出的继承者，李重俊深知自己的处境，他不能坐以待毙，必须先下手为强。景龙元年（707）七月的长安是如此燥热，偌大的皇城没有一丝风，年轻的太子李重俊披挂上马了。他在短时间内，暗暗地集结起了一队人马，他们是手握重兵的羽林大将军李多祚，宗室成员左金吾大将军李千里，以及右羽林军将军李思冲、李承况、独孤祎之、沙咤忠义等人。这些人早就对武三思等人恨之入骨，当李重俊说出自己打算发动政变的计划，马上一拍即合。他们兵分两路，一支由李重俊亲自率领，李多祚作指挥，铲除武三思、安乐公主等人，另一支人马则由李千里率领，攻占皇城各大城门。

这场突如其来的政变最初还算顺利。当深夜闯入的军队出现在武三思、武崇训父子面前，尚在迷梦中的二人或许在梦中看到的最后画面，是一道凌厉的刀光，而安乐公主那天恰好回宫去了，幸运逃过一劫；李千里的人马也是疾如闪电，迅速攻破了各大城门，率军长驱直入，与李重俊和李多祚的人马合兵一处，直逼玄武门。大唐的历史演进中，再次出现了玄武门这个字眼，这座当年唐太宗发动政变的所在，成为大唐"贞观之治"的起点；彼时，同样是在玄武门下，历史会给年轻的太子李重俊这样的机会吗？

历史给出的是否定的回答。和自己的先祖相比，李重俊显然激情有余，智谋不足，其政治经验和最重要的心狠果决更是大大逊色，而这些因素的缺失，注定让这场"景龙政变"只是大唐历史中一个短暂的插曲。本来，兵临城门之下的李重俊已对惊魂未定的中宗和韦后形成合围之势，可是他却错误地认为，武三思已除，只消逼迫中宗退位即可。然而让他意想不到的是，就在双方对峙之时，中宗从城楼下抛出的一句话彻底搅乱了这支政变队伍的军心："汝辈皆朕宿卫之士，何为多祚反！若能斩反者，勿患不富贵！"这句被载入史册的劝降之言，也许是中宗执政期内说的最有力最立竿见影的一句话了，因为话音刚落，城下便出现了骚动，很快，兵士们便乱成了一团，政变的执行指挥李多祚被乱军杀死。太子李重俊见势不妙，仓皇逃遁，结果在中途被属下斩于马下。当盛怒未消的唐中宗将李重俊的头颅作为武三思父子的祭献，他长吁了一口气。作为同样从政变中登上皇座的"过来人"，唐中宗李显对这个稚嫩而轻率的儿子投去的，是不屑一顾的冷酷神情。

眷言君失德，骊邑想秦馀。

政烦方改篆，愚俗乃焚书。

阿房久已灭，阁道遂成墟。

欲厌东南气，翻伤掩鲍车。

——李显《幸秦始皇陵》

这首《幸秦始皇陵》，是唐中宗李显在拜谒秦始皇陵时有感而发。在平定了太子李重俊叛乱之后，中宗整了整衣冠，便继续开始了他的执政。"阿房久已灭，阁道遂成墟。欲厌东南气，翻伤掩鲍车。"站在秦陵的荒烟蔓草间，中宗对曾经一统宇内最终却和一车鲍鱼同时发臭的秦始皇嗤之以鼻，然而大发感慨的中宗显然忘了，他的帝王生涯根本与秦始皇判若云泥，他的权力早被架空，而最终结果他性命的人，竟是他的骨肉至亲——韦后和安乐公主。

韦后的政治野心是一点点被撑大的。景龙政变之后，尽管昔日的盟友兼男宠武三思成了刀下之鬼，但这反而加快了韦后攫取权力的速度。女皇武则天称孤道寡二十余年时间里，是大唐社会的女性地位不断提升的时期，当然，也是她们不甘深居闺中，积极参与政治生活的时期。作为离皇权仅一步之遥的韦皇后，自中宗复辟的那一天起，就在以武则天为标杆，暗中积蓄着问鼎皇座的力量。当年颠沛流离的贬谪岁月永远是她生命里最晦暗的记忆，她深知，权力必须牢牢掌控在自己手中，才能在险恶的宫廷中立足。景龙政变之前，她还仅仅通过卖官鬻爵满足着自己的私欲，她与武三思等人的沆瀣一气，也仅仅是为了像当年武则天控制高宗一样，做一个皇帝背后的影子；景龙政变之后，随着韦氏宗族的各色人等全被安插进要害部门，以宰相宗楚客为首的一班本来属于武三思阵营的重臣也改弦更张投靠韦后，韦后已经越发感到，自己做大唐第二位女皇帝的时机已经提前到来了。

在拉拢了诸多的朝中重臣之后，韦后找来了上官婉儿。当年，是上官婉儿向自己推荐了武三思，这让她视上官婉儿为知己，而在接下来向着皇权冲刺的过程中，她更看重的，是上官婉儿作为政治幕僚的价值。她没有看错，在上官婉儿的建议下，她向中宗请求，将成丁年龄定为二十三岁，老丁年龄改成五十九岁，接着又请求让天下士庶为被父亲休弃的母亲服丧三年。当中宗将这些政令颁行天下，大唐民间的街谈巷议里，已经开始出现韦皇后至德至孝的称誉之声。

有女皇武则天在前，韦后的许多做法便可以"照葫芦画瓢"。武则天整了一出洛水献图的闹剧，韦后也不甘示弱，指使宫人制造了一个衣服上有五彩祥云升起的"瑞象"；武则天从《大云经》找到了自己作为"圣母神皇"的"依据"，韦后的党羽也炮制出了歌颂皇后贤明的十二首《桑韦歌》；武则天破天荒地随着唐高宗参加了泰山封禅大典，韦后也亦步亦趋，拉着中宗一起，在长安南郊像模像样地搞了祭天大典……当五彩的祥云从后宫缓缓升起，当清脆的童谣传遍大街小巷，当堂皇庄严的祭天大典上，韦后一身华服，风风光光地完成亚献，这个女人的野心已经达到了极致，对于身边窝窝囊囊的皇帝李显，她已经没有耐心等待，她要完成最终的一跃了！

韦后的这最后一跃是如此隐秘，她只找了一个帮手——她和中宗最宠爱的女儿——安乐公主。彼时，安乐公主尽管夫君新丧，却毫无悲戚之色，因为这个淫乱的公主早就勾搭上了自己的小叔子——武廷秀。仪表堂堂的武廷秀自然愿意攀上这个高枝，武崇训一死，马上就成了安乐公主的新驸马。当然，安乐公主的野心丝毫不逊于她的母亲，在中宗的娇纵下，良园美宅、锦衣玉食乃至心仪的男子，她都得到了，现在她要的，是可以继承江山的权力！景龙政变前，她向父皇提出的册立皇太女的要求尽管被搁置了，但随着太子李重俊的死亡，她的这个狂妄之念再次被点燃。

景龙四年（710）六月二日，长安太极宫神龙殿传来刺耳的杯盘坠地之声，唐中宗口鼻流血，暴毙而终。这个正值盛年的皇帝，是在高兴地吃过安乐公主亲手烹制的汤饼之后，气绝身亡的。那顿最后的晚餐，现场只有韦后、安乐公主和两个宫娥。当中宗李显听说他最爱吃的汤饼竟是自己最疼爱的女儿亲手烹制，高兴地吃了很多。然而，他很快就出现了剧烈的绞痛，当豆大的汗珠伴着嘴角的血水一起流下来，他什么都知道了。他的面前，一个是和自己同甘共苦的发妻，一个是曾用自己的衣袍包裹的"李裹儿"，如今，她们的面孔都是那么狰狞，那么陌生。但一切都晚了，这个当过两次皇帝的可怜人，只能不甘心地死去，他的年龄，被历史定格在五十四岁……

中宗驾崩的消息被韦后及其党羽严密地封锁起来，她派了心腹将领把守进京要道，以防李唐皇族生变。与此同时，她也在和几个党羽密谋下一步该如何出招。韦后当然希望早早当上女皇，但她毕竟不敢冒天下之大不韪，必须有一个过渡才行。最终，她将目光锁定在年仅十六岁的四子李重茂身上。重茂尚幼，只要能拟一道矫诏，让自己临朝摄政，一旦时机成熟，便可废帝自立。

韦后马上找到了上官婉儿，将自己的想法对其和盘托出。对于起草宫中书诏，上官婉儿早已轻车熟路，但这一次她却犯了踌躇。身谙宫廷政治的上官婉儿太知道伪造这份中宗遗诏的后果了，而她更清楚，在皇族之中，当下的韦后并非没有对手，皇弟李旦和皇妹太平公主，就是横亘在韦后面前的两个不可逾越的障碍。为了给自己留条后路，她暗中去了太平公主的府邸，和太平公主商定，在遗诏中加上一条：让相王李旦辅佐少帝。这是一条权力制衡之策，上官婉儿相信，有这道"护身符"在手，将来无论出了什么乱子，都不会落在自己头上。

然而，这纸草拟的遗诏并没有通过审核，直接跳出来的人，便是朝中宰相宗楚客。这宗楚客是铁杆儿的韦后一党，武三思死后，他迅速转投韦后，对未来内定的"皇太女"安乐公主更是极尽阿谀奉承之能。《全唐诗》里，作为诗人的宗楚客存诗仅七首，每篇都是应制奉和之作，而写给安乐公主的"应景诗"就有两首。

星桥他日创，仙榜此时开。

马向铺钱垺，箫闻弄玉台。

人同卫叔美，客似长卿才。

借问游天汉，谁能取石回。

——宗楚客《安乐公主移入新宅侍宴应制》

"人同卫叔美，客似长卿才。借问游天汉，谁能取石回。"在安乐公主的新宅中，宗楚客为成为韦党阵营中的重要成员暗暗得意，而在这样一种状态下，宗楚客对韦后的"忠心"也就可以理解了。他没有让上官婉儿拟写的遗诏过关，而是暗中胁迫所有朝中宰相联名上书，请求修改遗诏。最终，遗诏被宗楚客和韦后从兄韦温所改。当韦后拿着修改后的遗诏昭告天下：中宗驾崩，立李重茂为太子，由太后韦氏临朝听政，改年号为唐隆——上官婉儿差点饮鸩自尽，而韦后却喜不自胜：皇权，耀眼的皇权，已经离她越来越近了！

然而，得意忘形的韦后显然忽视了朝中两个人的感受，一个是相王李旦，另一个，便是太平公主。相王李旦从被女皇武则天废黜的那一天，就已经战战兢兢，全无斗志，对于韦后专权，他只能生闷气；而太平公主却是一个不容忽视的狠角色。武则天生前，对这个无论从容貌到性格都颇像自己的女儿宠爱有加，而太平公主也是从小就把母亲当作了自己的榜样。如果说兄长李显的复辟暂时压制了她的野心，那么，当韦后篡位夺权的迹象越来越显现，太平公主已经再也无法忍受，她觉得，彼时，已经该是出手的时候了！

铲除韦后一党，太平公主必须寻找一个强有力的外援，谁是最合适的人选呢？当历史的风云行经"后武则天时代"这个混乱的政治弈局，李隆基的出场，更像是一个不被重视却可一剑封喉的过河之卒。作为相王李旦的第三子，他的母亲窦妃因得罪女皇武则天早早就死于非命，而在皇储的人选中，庶出的身份，加上无能的父亲，注定了李隆基希望渺茫。然而，眼看韦后越来越紧锣密鼓地策动篡夺李唐江山，李隆基已经不再满足于一个小小的临淄王的封号，他必须奋力一搏！彼时的大唐宫廷，已经出现三支暗中较劲的力量，当太平公主终于决定以姑母的身份向丰神俊朗的李隆基伸出纤纤玉手，韦后，已经注定要走向败局。

太平公主看中李隆基的，除了其沉稳果决的性格，还有这个年轻小王暗中积蓄的人脉。李隆基很早就和皇帝卫队——万骑的成员们交好。这支队伍虽然人数不多，却可以一当十，骁勇无比。李隆基通过自己的一个私奴与万骑军的首领建立起深交，从而得到了万骑将士的拥戴。与此同时，太平公主又凭借自己丰富的政治经验，不断在后台为李隆基网罗力量，出谋划策。很短的时间内，尚衣奉御王崇晔、前朝邑尉刘幽求、折冲都尉麻嗣宗、宦官高力士等人相继加入反韦阵营。恰在此时，本是宗楚客好友的兵部侍郎崔日用也倒戈反水，暗中向李隆基透露了一个惊天秘密：韦后和安乐公主已经等不及，马上要对登基仅仅半个月的新皇帝下手啦！

这个惊如霹雳的消息，更像是一个出击的信号，太平公主和李隆基果断决定，事不宜迟，诛杀韦党的计划必须马上启动。唐少帝唐隆元年（710）六月二十日黄昏时分，李隆基亲率一哨人马以迅雷不及掩耳之势直接杀进羽林兵营，斩杀了韦播、高嵩等将领，并朗声对群龙无首的羽林军说道："韦后鸩杀先帝，危害社稷，当夜当共诛诸韦，凡韦姓男女长及马鞭以上者，全部斩杀，拥立相王为天子。有敢心怀两端者，罪及三族！"将士们听得此言，群起响应，紧随李隆基一路杀向宫中。惊惶失措的韦后刚刚披头散发地跑出寝宫，便被兵士们一刀斩为两段，而正在对镜梳妆的安乐公主显然毫无准备，她的发簪最终掉落在一片血泊之中，至于武廷秀更是没能逃过一劫，被兵士斩于宫墙之下。

当李隆基率领着政变的将士一路冲杀，来到上官婉儿的府邸，上官婉儿是面色从容地出迎的。她自信地认为，在前不久的拟写遗诏中，她已经表明了自己的立场，站在了太平公主的一方。然而，李隆基的长剑仍然没有放过这个连仕两朝的才女。这个女人的聪明已经到了可怕的程度，李隆基不能让她继续存在。他允许上官婉儿完成的生命中的最后一瞥，只能是唐隆六月二十日毫无诗意的月光。

最终，李隆基在将韦氏家族的聚集区变成烈焰熊熊的无人区后，和姑母太平公主一起请出了相王李旦——自己的父亲。这个对在大唐历史中如雷霆般闪过的唐隆政变毫不知情的前朝废帝睿宗，在臣子们山呼海啸的劝进声中，再次穿上了金黄的华衮，登上权力的顶峰。时年二十五岁的李隆基，也在这场成功的政变发生之后的第七天，被正式立为皇太子。彼时，太阳刚到正午，明亮得让人无法直视。

实际上，李隆基被立为太子并非水到渠成，一帆风顺，他遇到的最大阻力不是睿宗，而是唐隆政变的另一位主谋——太平公主。太平公主深知，这个年轻的小侄太过聪明果决，合力剿杀诸韦之后，她必须对李隆基的权力加以扼制，才会赢得在朝中的主动。正因如此，在将睿宗推上皇位的第一时间，她向这位皇兄推荐的太子人选，并不是有着拥立之功的李隆基，而是以立嫡立长的堂皇理由推举了睿宗的长子李成器。好在李成器有自知之明，以“国家安则先嫡长，国家危则先有功”为由，主动辞让了太子之位，再加之刘幽求等政变功臣也大都支持李隆基，睿宗李旦这才册立李隆基为皇太子。

此后，李隆基和太平公主的矛盾开始日趋白热化。这个脆弱的同盟本来就是因为利益缔结在一起，当他们除掉共同的敌人韦后一党，实际就变成了姑侄二人对权力的争夺。从神龙政变到唐隆政变，太平公主已经学会在政治风浪中游刃有余。随着权力的逐渐攀升，这位大唐公主的野心也在急遽膨胀，对于仁弱的睿宗，她始终表现出强劲的控制力。本来睿宗就是勉强被推上皇位的，而有这样一个权欲熏天的妹妹，他更是被完全架空，很多政令，未经太平公主发话，睿宗都不能做出决断。《资治通鉴》载：“公主所欲，上无不听。自宰相以下，进退系其一言……趋附者门庭若市。”为了培植党羽，太平公主展开收买拉拢攻势，短时间内，就将自己的亲信岑羲、崔湜、窦怀贞、萧至忠、陆象五位大臣提拔到宰相的高位，以至于朝中七人的宰相之位，太平公主的势力就占了五席。与此同时，羽林军将领李慈、常元楷等一大批官员也顺风而倒，进一步壮大了太平公主的势力。当朝中文武仅有姚崇、宋璟等少数几人坚定地站在太子李隆基一边，这个一路隐忍处处藏锋的年轻人意识到，自己面前是一个随时可能崩盘的危局，他必须采取非常手段了。

唤出眼，何用苦深藏。

缩却鼻，何畏不闻香。

——李旦《戏题画》

　　这首《戏题画》，是唐睿宗在《全唐诗》留存的两首诗中的一首，当时这位傀儡皇帝面前究竟是怎样的一幅画作早已无从可考，但从这寥寥几笔勾勒而出的诗意中，我们看到的，其实是道家精神对睿宗的深刻影响。公元712年，正月里，在接受群臣的新春朝贺，并于长安南郊举行祭天大礼之后，唐睿宗将年号改为"太极"。其实，这个年号更像是他内心的一种外化呈现：他不能得罪自己强势的妹妹，更必须重视自己未来的继承者。他没有什么实际的话语权，但他又要平衡好太平公主与李隆基的关系，而要做到这一点，就必须学会在二者之间打太极。历史是胜利者的历史，至今我们已经很难说清，为什么睿宗要在改元太极的第二年，也就是公元713年，匆匆将皇位禅让给太子李隆基，自己做起太上皇，但我们不用跳出太远就会发现，时间往前倒推八十七年，公元626年，相似的一幕也在上演。那一年，在喋血玄武门之后，李渊将皇位禅让给了政变的胜利者——李世民，仅仅在时隔八十七年后，唐廷再次出现了一次意义深远的禅让。史书上说是在这一年出现了彗星示警，精神备受折磨的唐睿宗觉得是天意使然，坚决要"传德避灾"，将皇位禅让给自己的儿子。难道真的会如此吗？当李隆基在发动政变三年之后，转身成为后世被称为玄宗的一国之君，我们似乎有理由做出这样的推测：迫于姑母太平公主的步步紧逼，李隆基用自己的政治智慧，与父皇达成了默契，迅速促成了这场禅让大典！

随着二次登基、三让天下的唐睿宗正式退出历史舞台，大唐历史迎来的是一个出手凌厉的强势之君。新君的继位，马上分化了太平公主的阵营，一些大臣开始转投李隆基这一边，另一些不肯依附的大臣则被李隆基行使皇帝的权力，找个理由罢黜流放。太平公主也不甘示弱，她请求太上皇保持任命高级官员和决定死刑的权力；与此同时，也在和一些忠心于她的心腹商议，决定先发制人，甚至拙劣地买通了尚食局管事，企图毒杀李隆基，好在李隆基防范甚严，才未得逞。

李隆基对姑母的反攻却如急风骤雨。就在成功躲过那场投毒事件之后，李隆基率先出击了。在太平公主反迹未露之时，她的骨干集团中数十人来不及抵抗，就被军士们剁成了肉泥，随后，李隆基又将太平公主的余党一一剪除。当双方势力在一片刀光剑影中发生惊天逆转，最后身处孤独绝望之中的太平公主，迎来的是一把赐死的长剑。太平公主，韦后，这两位效法武则天的后继者，显然都没有深悟一代女皇的政治精髓。武则天，用了二十余年的时间，深谋远虑，稳扎稳打，一步步夯实了自己问鼎皇座的阶梯，而太平公主和韦后显然太过浮躁，她们等不得打牢自己的根基，更缺乏武则天的政治智慧，最后的结果，只能是在制造了一阵喧嚣之后，归于历史的沉寂。此后，中国历史上如此之多的女人在同一时期密集地身陷皇权之争的情形将不再有，它是空前的，也是绝后的。

意气风发的唐玄宗李隆基在擦拭过剑刃上猩红的血渍，迈过太平公主的尸身之后，已经信心满满地俯视率土之滨。这个大唐帝国的新主人，在历经"后武则天时代"长达九年的乱局之后，成为胜利的终结者。他将年号命名为"开元"，年轻的李隆基相信，大唐江山经他的指点，必将开启一个崭新的纪元。

盛世的模样

　　检阅有唐一代的皇帝，唐玄宗应当是在位时间最长的一位，共计四十四年之久。其中开元时期从713年至741年，跨越了二十九年时间，也正是这二十九年，让唐玄宗成为一位彪炳史册的帝国之君。当后世史家用"开元盛世"来概括这段大唐帝国的黄金岁月，唐玄宗李隆基，已经用自己的半世功名追比自己的曾祖——唐太宗李世民。

　　其实，对比"贞观之治"和"开元之治"，我们便会发现，产生盛世的因子都是相同的，那就是观念、素质、人。如果说"贞观之治"出现在连年战乱、大唐基业未稳之时，那么，当开元之治出现，大唐的历史已运行百年，有了厚重的积淀，在这样的背景下呈现出的盛世模样，势必更加绚丽夺目。

　　消弭后武则天时代长达九年的时间造成的影响，这是雄心勃勃的唐玄宗李隆基要完成的重要一役。九年时间，看似是宫廷的纷争，但已经足够形成一股污浊的社会风气：大量"斜封官"的出现，直接的后果就是破坏了官场的生态，卖官鬻爵，尸位素餐，拉帮结派，成为开元初期大唐官僚集团必须割除的痛疽，而冗官冗费造成的财政负担更是让新即位的李隆基忧心忡忡。与此同时，奢靡之风也呈现出愈刮愈烈的态势。单说安乐公主那件明艳逼人的"百鸟裙"就极尽奢华，"正看为一色，旁看为一色，日中为一色，影中为一色，百鸟之状，并见裙中"。一时间，引得长安贵妇纷纷效仿，猎户们遂大规模地捕杀珍稀鸟类，以至于"江岭奇禽异兽毛羽，采之殆尽"。一件百鸟裙尚引发如此恶劣的竞奢之风，至于大修园林别馆、极尽饕餮之欲，更是可想而知。

事实证明了唐玄宗李隆基对"开元"这个年号所倾注的心力。和武则天的武周时代不同的是，李隆基自即位之日起，就希望将这个确定了的年号一路精耕细作下去。他对武周朝频繁更换甚至一年数变的年号不以为然，在他看来，年号的混乱体现的是一个帝王治世思维的混乱。他希望能像他的曾祖父苦心孤诣的"贞观"年号一样，慎终如始，将"开元"做得载入史册。正是在这样一种治世雄心之下，我们看到的，是一个年轻有为的皇帝雷霆万钧的行动。

首先刮起的，是一场自上而下的去奢从俭之风。开元二年（714）七月，唐玄宗颁布了一道敕令：将宫中的乘舆服饰、金银器玩集中于殿前，一并焚毁，规定内宫妃嫔以下者，不得佩戴金玉饰物，不得衣着锦绣，违者重罚。同时，关闭了专供御用的织锦坊。不久，第二道敕令接踵而至，规定文武百官司所用衣带及酒器、马衔、马镫，三品以上许用玉器，四品官用金器，五品用银器，其他官员禁止使用美玉金银。妇女装饰随其夫或子品级而定，各地不得采琢珠玉，禁止织纤奢华绣品，违反规定者，一律杖责一百。同年九月，唐玄宗再发敕令，严禁厚葬，规定送终之具不得用金银器物，冥器等物的色数及大小均有明确要求。他还率先垂范，下令撤销了皇陵的特殊供应，并将陵墓的规制框定在具体的范围内。更令满朝文武看到这位皇帝的治世决心的，是他将妃嫔以下一千多名宫女放还归家。当熊熊燃烧的火焰烧掉浮华奢靡之气，当徒耗青春的深宫怨女终于重返桑梓，嫁为人妇，这个一路从刀光剑影中登上皇座的年轻皇帝，从执政之始，就给大唐子民打开了一个盛世可期的想象空间。

真正让"开元"进入一个辉煌的盛世，最主要的还是得益于唐玄宗独树一帜的"宰相政治"。有"贞观之治"在前，唐玄宗得以找到师法的标杆，他的梦想，就是要重建贞观时期"君明臣直"的政治景观。而他在即位之初面对的官僚集团，历经武周朝末期拔擢制度的松动，再到中宗朝官职的泛滥，已出现鱼龙混杂尾大不掉的弊病。有鉴于此，他提出了一个重要的概念："淘沙取金，剖石采玉。"此前，在宰相这个高位上，有十余人之多，而唐玄宗却坚持认为，宰辅之位，两至三人足矣，其中一人在制定政策时起决定性作用。少而精，应该是任用宰辅之臣的重要原则。

本着这样一个原则，我们看到的，是在开元这个年号下几个为数不多却堪称中流砥柱的政治明星。玄宗的宏略大度，不拘一格，宰辅之臣的夙夜在公，忠于职守，让奸佞小人失去了生存的土壤，而风清气正四海升平的盛世图景也自然水到渠成。

先说说有"救时宰相"之誉的姚崇。其时，姚崇早在武则天时代就已经坐到了宰相的高位，由于他心性耿直，刚正不阿，得罪了张易之、张昌宗兄弟，被贬灵武。此后，作为神龙政变的重要谋划者，他和张柬之等人一起，助推中宗李显复辟成功。耐人寻味的是，政变成功之后，姚崇并没有得到升迁，反而被调离了京师，做了亳州刺史。其原因，就是在政变之后，尽管武则天遭到废黜，但姚崇自感之前屡受女皇恩德，心存愧疚。让姚崇意想不到的是，政变之后被贬谪的境遇，却让他安然躲过了武三思对神龙政变参与者的屠戮，并顺利避过了韦后之乱。及睿宗即位，姚崇重回宰相之位，但不久，便因不依附太平公主，再度被贬。

> 明月有馀鉴，羁人殊未安。
> 桂含秋树晚，波入夜池寒。
> 灼灼云枝净，光光草露团。
> 所思迷所在，长望独长叹。
>
> ——姚崇《秋夜望月》

这首《秋夜望月》，当为姚崇外放时期的作品，字里行间能够感受他在宦海沉浮中的落寞心境。其时，姚崇的这种落寞并未持续多长时间，当唐玄宗诛杀太平公主，握紧了皇权，姚崇也迎来了自己仕途的黄金时期。

关于姚崇第三次拜相的经历，历史的记载颇具传奇色彩。据说某一天，玄宗率朝中众臣赴新丰举行阅兵，方圆三百里范围内的刺史都要去皇帝行宫觐见，时任同州刺史的姚崇在名单之内。

但令姚崇没想到的是，在接下来的骑马狩猎过程中，玄宗郑重其事地提出，希望他能再次出任宰相一职。早年就勤习武艺，在狩猎过程中完全可以和弓马超绝的唐玄宗并辔疾行的姚崇，在风驰电掣中忽然听到了皇帝如此郑重的邀约，并没有表现出诚惶诚恐之色。相反，他勒住了马缰，在玄宗面前跪倒，朗声提出，自己有十条意见必须禀明，如玄宗同意，他必鞠躬尽瘁，否则，宰相一职即便权倾朝野，他也断不会赴任。

垂拱以来，以峻法绳下，臣愿政先仁恕，可乎？朝廷覆师青海，未有牵复之悔，臣愿不幸边功，可乎？比来壬佞，冒触宪纲，皆得以宠自解，臣愿法行自近，可乎？后氏临朝，喉舌之任，出阉人之口，臣愿宦竖不预政，可乎？戚里贡献，以自媚于上，公卿方镇，浸亦为之，臣愿租赋外一绝之，可乎？外戚贵主，更相用事，班序荒杂，臣请戚属不任台省，可乎？先朝褺狎大臣，亏君臣之严，臣愿陛下接之以礼，可乎？燕钦融、韦月将以忠被罪，自是诤臣沮折，臣愿群臣皆得批逆鳞、犯忌讳，可乎？武后造福先寺，上皇造金仙、玉贞二观，费巨百万，臣请绝道佛营造，可乎？汉以禄、莽、阎、梁乱天下，国家为甚，臣愿推此鉴戒为万代法，可乎？

这段记录在《新唐书》中的文字，史称"十事要说"。在姚崇看来，当今之世，实行宽仁政策，力避穷兵黩武，以法治国，减轻税赋，杜绝外戚干政，广开言路，兼听纳谏，已经成为开元之始玄宗必须面对和解决的当务之急。这十条切中肯綮的建议显然和玄宗不谋而合，他当即同意，而姚崇也在这次颇有深意的阅兵之后，于开元元年（713）十月，第三次出任宰相。

走马上任的姚崇堪称大刀阔斧。他做的第一件事就是裁汰京城诸司十余所，精简了数千名冗官。随后，他又彻底消除了武周时期的酷吏余孽，将杀害神龙政变"五王"的周利贞等一班群小悉数开除公职，"放归草泽，终身勿齿"。与此同时，姚崇关心民瘼，身体力行。开元初年，黄河流域曾爆发罕见蝗灾，姚崇对蝗灾范围、蝗虫为害方式、治理办法都进行了详细的勘察和周密的研究，并亲临一线，从容指挥，在他的力推下，蝗灾很快被控制，百姓对此交口称赞。

姚崇于开元九年（721）病逝。翻开历史，可以发现公元714年至720年这个时间段，大唐的改革轨迹完全依循了姚崇当初在校军场向玄宗提出的十条建议：吏治被刷新了，冗官减少了，昔日被架空的皇权重新被夯实了，一系列制度变革都在有条不紊地展开，而皇亲国戚若想凭借血缘关系大搞特权干预政治已相当困难——尽管开元时期"三公"之中不乏李氏诸王，但显然，他们已不再掌握实权，真正掌控相权的是同中书门下三品官员。更成为这一时期标签的，是姚崇居相位的这七年间，力劝玄宗尽量不要轻易重用功臣，像有拥立之功的刘幽求、钟绍京、王琚等人，并未被委以重任。时人皆称姚崇嫉能器小，玄宗也被人诟病为过河拆桥，其实这恰恰基于姚崇和玄宗达成的一个共识，那就是：这些"谲诡纵横之士，可与履危，不可得志。天下已定，宜益求纯朴经术之士"。

贞观朝有"房谋杜断",开元朝也幸运地拥有了姚崇、宋璟这两位重要的帝国首席执行官。作为姚崇之后的接棒者,宋璟无疑是将开元盛世推向高潮的宰相,正如司马光所云:"姚、宋相继为相,崇善应变成务,璟善守法持正;二人志操不同,然协心辅佐,使赋役宽平,刑罚轻省,百姓富庶。唐世贤相,前称'房杜',后称'姚宋',他人莫得比焉。"

和姚崇一样,宋璟也是于武周时期入仕,历经中宗、睿宗,最终在玄宗朝,从偏远的广州回到长安,成为一国宰相。宋璟延续了姚崇的执政原则,铲除时弊,力推改革。他废黜了京城千名斜封官,裁汰了居功自傲的"铁骑军",查禁回收了流通市场的大量伪币,采取量才录官的用人制度。他的奉公守法、不徇私情也为后世称道。史载,他的叔父宋元超当了"选人"(候选官)后,要求吏部予以优先照顾,宋璟得知后,不但不予优先录用,并手示吏部"不能因私害公"。为了狠刹行贿买官之风,耿直的宋璟更是不惜得罪同僚,触怒龙颜。唐代规定,每年地方各道派人定期向皇帝、宰相述职,使者进京,往往多带珍贵宝货,拜结权贵,许多官吏收礼受贿,使者也多因此得以晋升。宋璟对此非常不满,他面奏玄宗同意,勒令所有礼品一概退回,以绝侥求之路,削杀收礼受贿之风。

丞相邦之重,非贤谅不居。

老臣慵且惫,何德以当诸。

厚秩先为忝，崇班复此除。

太常陈礼乐，中掖降簪裾。

圣酒山河润，仙文象纬舒。

冒恩怀宠锡，陈力省空虚。

郭隗惭无骏，冯谖愧有鱼。

不知周勃者，荣幸定何如。

——宋璟《奉和御制璟与张说源乾曜

同日上官命宴都堂赐诗应制》

　　这首诗是宋璟在一次宫廷御宴上的奉和圣制之作。说到御宴，《开元天宝遗事》中有一则轶事也是令人回味。据说有一年春天唐玄宗大宴群臣，当着文武百官的面，亲自将自己所用金箸赐给了宋璟。要知道，自北魏开始，黄金餐具器皿就已为皇宫所垄断，上自王公下至百姓，不得私养"金银工巧之人"，私造金器者是犯法的。正因如此，宋璟接过皇上赐他的金箸时十分惶恐，唐玄宗见状遂道："非赐汝金，盖赐卿以箸，表卿之直耳。"从这则轶事中，我们可以看出玄宗的驭臣之术：在大庭广众之下，以这样一种隆重的方式彰表臣子的忠直，被彰表的臣子焉有不披肝沥胆之理？而这种方式又不完全是作秀，当身居相位四年的宋璟以自己清正率直的为人，在朝野上下带起一阵清新的为官理政之风，丰富光耀了"开元"这个从皇帝到天下苍生都寄予厚望的年号，唐玄宗馈赠金箸之举，绝对包含了对宋璟的真心褒扬。

　　如果说姚崇宋璟挑起的是开元初年的政治弈局，那么在开元中晚期的大唐政坛上，另外一位政治明星同样为人瞩目，他就是唐代唯一一位岭南书生出身的宰相——张九龄。和宋璟及其继任者张说、源乾曜等人一样，张九龄也是通过科举系统晋身官场的。必须承认的是，这些在玄宗朝发挥重要作用的宰相，其实都起步于武则天时期，到了开元年间才全面开花，尤其是岭南，更因张九龄的入相，多了一分荣耀。

　　当然，张九龄的入相之路也是几经波折，在广州、在冀州、在洪州、在桂州，都有过他外放的足迹。仕途蹭蹬中，这位体弱多病的岭南诗派的开山之祖，也曾发过人生苦短、宦海浮沉之叹，这首《在郡怀秋》便是作于洪州任上。

秋风入前林，萧瑟鸣高枝。

寂寞游子思，寤叹何人知。

臣成名不立，志存岁已驰。

五十而无闻，古人深所疵。

平生去外饰，直道如不羁。

未得操割效，忽复寒暑移。

物情自古然，身退毁亦随。

悠悠沧江渚，望望白云涯。

路下霜且降，泽中草离披。

兰艾若不分，安用馨香为。

　　　　　　　　——张九龄《在郡怀秋（其一）》

张九龄于开元十九年（731）回到长安，三年之后，也就是开元二十二年（734）被玄宗任命为中书令，正式成为宰相。尽管权柄在握，张九龄却始终秉公守则，直言敢谏，选贤任能，不徇私枉法。彼时，唐帝国已进入全盛期，但张九龄却不忘提醒玄宗居安思危，整顿朝纲。他提出了以"王道"替代"霸道"的从政之道，强调保民育人，反对穷兵黩武；主张省刑罚，薄征徭，扶持农桑；坚持革新吏治，任德才兼备之士为地方官吏。玄宗对这位文采斐然、恪尽职守的宰辅之臣也颇为器重，曾云："张九龄文章，自有唐名公皆弗如也，朕终身师之，不得其一二。此人真文场之元帅也。"据说当时士大夫阶层都要把笏板插在腰带上方能骑马，玄宗念张九龄体弱，遂常派人帮助其拿笏板，后来朝廷还专门为此设立了笏囊，可见对其倚重之深。张九龄之后，每有宰相向玄宗推荐公卿，玄宗都会问一声："其人风度得如九龄否？"在开元之治的宰相之位上，唐玄宗树起的标杆并不多，但正是这些可堪垂范的标杆，撑起了盛世的帷幕，成为"开元之治"的中流砥柱。

当然，姚崇、宋璟、张九龄这些标杆所投射出的，其实是唐玄宗吏治改革的铿锵步履。当恢复谏官史官参加宰相议事的制度成为常态，当一道《整饬吏治诏》将基层的刺史县令纳入严格的考核范围，当"有善必赏，所以劝能；有罪必诛，所以惩恶"成为升贬黜陟的重要准则，上层建筑与社会经济的关系也随之得到调整，而也正是基于这样一个前提，"开元之治"才呈现出四面开花的格局。

首先，是重农务本政策的强势推进。开元之初，政府的勒索、豪强地主的土地兼并，使得大唐中央政府的负担者——均田农民承受的负担越来越重，甚至到了"天下户口，逃亡过半"的程度。要知道，大唐帝国的经济基础就是均田制度，它的权力依存于均田农民的人数，为了挽救中央政府的财政危机，扭转积贫积弱的状况，已经不能再增加农民负担，必须和豪强大族争夺土地和劳力。在此背景下，从开元九年至十二年，利用四年时间，玄宗采纳监察御史宇文融的建议，令有司"议招集移按诘开巧伪之法"，并任命宇文融为全国覆田劝农使，下设十道劝农使和劝农判官，分头到全国各地检查黑地和豪强荫庇的客户，并将检括上来的土地全部没收，按均田制分给无地客户使用，对于"帐外"人口，一律登记在册，就地入籍，免去六年租庸调，只交户税。这项政策的施行，很快便立竿见影，短短四年时间，便"得户四十万，田亦称是，得钱数百万贯"，以惯例户均五口计，八十万即得人口四百万，这既是劳动力的根基所在，更是国家财税的重要根基。

为了保障农业生产，玄宗的开元时代也成为一个大举兴修水利工程的时代。早在开元初年，京兆尹李元纮就不惜得罪贵族官僚，拆毁多处封堵，使郑白渠畅通无阻，而玉梁渠、甘泉渠、灵长渠等工程更是灌田数十万亩。据统计，开元时期共兴修水利工程五十余项，相当于唐朝水利工程总数的百分之二十以上，有力地解决了农业灌溉问题。同时，针对南方稻米充足、北方粮食匮乏的状况，玄宗派专人大力发展漕运，沿洛口、河阴、柏崖、集津、太原、永丰、渭南等国家大型仓库，节级转运，水陆并使，储存粮食，不到三年时间便转运粮食共计七百万石。一时间，"耕者益力，四海之内，高山绝壑，耒耜亦满，人家粮储，皆及数岁，太仓委积，陈腐不可较量"。作为开元盛况的见证者，在长安曾逗留十年的诗人杜甫可谓感触颇深。

> 忆昔开元全盛日，小邑犹藏万家室。
>
> 稻米流脂粟米白，公私仓廪俱丰实。
>
> 九州道路无豺虎，远行不劳吉日出。
>
> 齐纨鲁缟车班班，男耕女桑不相失。
>
> ——杜甫《忆昔》(节选)

随着一系列重农务本措施的施行，基于均田制基础上的府兵制度也在开元时代悄然发生着变化。初唐，府兵制规定二十岁当兵，六十岁放免，家不免征徭，武器衣粮自备，军士们的职责是宿卫和戍边。这种兵制，从高祖建国，历经太宗、高宗、武周、中宗、睿宗，随着初唐大规模战争的结束和边疆危机的减少和均田制的破坏，已经显现出它的弊端，轮番征调终身为兵的二十至六十岁的兵丁中，常有逃亡现象出现。正因如此，唐玄宗李隆基即位伊始，便宣布府兵以后二十五岁从军，五十岁免役；同时，考虑到府兵"涉河渡碛，冒险乘危，多历年所，远辞亲爱，壮龄应募，华首未归"，遂将兵士们的服役上限设定为四年。开元十年（722），兵部尚书张说认为"府兵自成丁从军"，"其家又不免杂役，浸以贫弱，逃户略尽，百姓苦之"，建议召募壮士充当宿卫，不问色役，优之为制，玄宗准允。次年，便从关内招募十二万军士充当卫士，这就是"长从宿卫"，也称"长征健儿"。这个变化，正是沿袭近两百年的府兵制向募兵制转轨的发轫。此后十余年间，唐玄宗将这种制度逐渐推广到了全国。这种兵制，使原来的府兵轮番到边境守卫的做法取消，解除了府兵到边境守卫的千里奔袭之苦，而雇佣兵因为是集中训练，也进一步提升了战斗力。到了开元二十五年（737），玄宗再次下令："天下无虞，宜与人休息，置长征健儿"，"给永年优复，其家口情愿同去者，听至军州，各给田地屋宅"。至此，始自西魏历经隋代并在大唐帝国运行百年的府兵制彻底废止，代之以募兵制，而借此变革，大唐各级政府也都"赖其利，中外获安，是后州郡之间永无征发之役"。

除了变革兵制，唐玄宗在整顿军旅方面还出台了很多措施，如颁布《练兵诏》，令"西北军镇宜加兵数，先以侧近兵充，并精加简择，其有老考等色，所司具以条例奏闻。战兵别简为队伍，专令教练，不得辄有役使"。在扩充军队加强训练的同时，战马的数量也得到及时补充。玄宗初即位时，全国的战马总量只有二十四万匹。为了加强军马的繁殖和保养，玄宗任命太仆卿王毛仲为内外闲厩使，全力负责军用马匹的供应，至开元十三年（725），军马已增至四十三万匹。兵强马壮之后，如何做到"粮足"，随之成为玄宗军事战略的又一考量。为彻底解决军粮问题，玄宗命令扩充屯田范围，在西北和黄河以北地区大力发展屯田，增加粮食产量，至开元末年，全国至少已有五百七十万亩军屯土地。

当军事力量逐渐壮大，唐玄宗收复失地巩固边疆的马蹄声随之叩响。沦陷十一年的营州等十二州悉数收复；长城以北的拔拔也古、同罗、回纥相继宣布取消割据称号，与唐中央政府合作；西域方面，也重新打通了中亚的通道，掌控了中亚的绿洲地带。当开元时期的大唐疆域南至罗伏州（今越南河静）、北括玄阙州（今俄罗斯安加拉河流域）、西及安息州（今乌兹别克斯坦布哈拉）、东临哥勿州（今吉林通化），国土面积约达一千零七十六万平方公里，一个天朝大国的气象已经形成。

　　盛世的标志一定是多元的，其中城市经济的繁荣与否无疑是重要的考量。开元时期，大唐的手工业驶入了飞速发展的快车道，从业者遍布于官营、私营的各类手工作坊，成为国家的重要税源，而这些手工业者先进的技术、持续创新的工匠精神和质量优异的产品，又极大地丰富了市场，保证了社会的需求。当金缕裙、银泥裙这些令人眼花缭乱的丝织精品扮靓唐人的生活，当"唐三彩"以超绝的工艺成为一个王朝的丰盈造像，我们看到的，是一幅五光十色的盛唐画卷。随着庞大的内河航运构成大唐帝国四通八达的"血管"，各地区之间的商业往来也更加频繁。如果说长安、洛阳两京是轴心，那么全国商业经济的缔结与流动，则通过密集的河网和发达的漕运被激活，进而让整个"开元之治"变得血脉偾张起来。诚如唐代著名理财家杜佑在其所撰《通典》中所云：

　　　　至（开元）十三年封泰山，米斗至十三文，青齐谷斗至五文。自后天下无贵物，两京米斗不至二十文，面三十二文，绢一匹二百一十文。东至宋汴，西至岐州，夹路列店肆待客，酒馔丰溢。每店皆有驴赁客乘，倏忽数十里，谓之驿驴。南诣荆襄，北至太原、范阳，西至蜀川、凉府，皆有店肆，以供商旅，远适数千里，不持寸刃。

国力的强盛迎来的是万邦朝觐。七十余国，这是编修于开元时期被视为中国历史上首部系统的行政法典——《唐六典》中记录的一个数字。这个数字，是开元时期记载的前来朝贡的蕃国数量，从东亚的日本、新罗，到东南亚地区诸国，从中亚、西亚的波斯、大食，到地中海沿岸城邦，都和大唐帝国的中央政府建立了朝贡的政治关系。在频繁的国际文化交流中，长安，作为当时联通东西方重要的交通枢纽，长年集聚着几十个国家的使节、商人、学者、僧侣。他们当中，或是不畏风浪负笈"取经"的日本"遣唐使"，可以凭"始至之州"发的"边牒"，享受在唐期间交通和住宿的免费待遇，并自始至终得到来自鸿胪寺学者大儒的亲自授业；或是通过丝绸之路，以清脆的驼铃之声穿越天山南北的西域商旅；或是从波斯湾出发，经印度洋到达广州，再沿海岸线一路北上达泉州、明州、扬州的"海上丝绸之路"使者。当来自不同地域不同种族的文明因子在长安这座当时全球最大最繁荣的国际化大都市汇集，开元，已然成为一个符号，一个河清海晏、物殷民阜的帝国符号。

有道是"盛世修史，明时修志"，如果说南北朝时期的兵荒马乱，让许多珍贵的文史典籍几乎散失殆尽，那么当大唐开元时代来临，学术文化则得到前所未有的重视。玄宗任命昭文馆学士马怀素为修图书使，组成了一支庞大的搜集编修历史典籍的队伍；还在长安洛阳两京创设集书院，组织了一大批精英学者在这里深耕细作，著书立说。主持撰写两《唐书》的宋代文史大家欧阳修对开元时期的编书修史盛况颇为艳羡，曾说："自汉以来，史官列其名氏篇第，以为六艺、九种、七略；至唐始分为四类，曰经、史、子、集。而藏书之盛，莫盛于开元，共著录者，五万三千九百一十五卷，而唐之学者自为之书者，又二万八千四百六十九卷。呜呼！可谓盛矣！"

因为唐玄宗本人就是一位多才多艺的艺术家皇帝，在承平时代，更是以自己的深度引领，成为盛唐文化的先锋。

> 头如青山峰，手如白雨点。
>
> 山峰取不动，雨点取碎急。
>
> ——宋璟《失题》

这首诗是时任宰相宋璟盛赞唐玄宗的羯鼓之技。这位六岁能歌舞、少时自蓄散乐以自娱的大唐皇帝，有着极高的文艺禀赋。他会演奏琵琶、横笛等多种乐器，尤以羯鼓最精，据说他练习时敲坏的羯鼓能装满满四大柜，而他自己也认为羯鼓是"八音之领袖"。当然，精通音律的唐玄宗对大唐音乐的引领并不止于其精湛的演奏，他创作的大量曲子，"随音即成，不立章度，取适短长，皆应散声，皆中点拍"。其中，《紫云回》《龙池乐》《凌波仙》成为经典，而《霓裳羽衣曲》，更是让盛唐音乐达到了中国音乐史上的巅峰。

最能代表盛唐气象的，无疑是诗歌的繁荣。如果说唐诗是中国诗歌发展的高峰，那么，开元时期的诗作，绝对是这座高峰上的高峰：李白、杜甫、王维、贺知章、孟浩然、王之涣、高适、王昌龄、岑参、张籍等这些灿若星斗的诗人，都齐聚于大唐开元这个耀眼的年号之下；翻开《唐诗三百首》，开元时期的诗作有着不容忽视的分量。当众多满腹才情的诗人迎着大唐开元年间的桃李春风，一路金樽对月，慨当以歌，开元，便以最华美的文字融入中国文化的长河，千古不废，熠熠生辉！

最骄傲的人当然是唐玄宗李隆基。二十九年时间，他重新将李唐王朝扳回了发展的轨道，并将开元这个年号建设成为一个"左右藏库，财物山积"的极盛时代，而在治世的光芒下，唐玄宗也正在由青年步入老年，他还会有那么旺盛的精力吗？他还会有持续不断的激情吗？开元，会和贞观一样，成为一个帝王一以贯之的年号吗？

李林甫时代

　　开元二十四年（736）是一个值得关注的年份，因为就在这一年十一月，张九龄被罢免了宰相之职，他的相位，不久即为李林甫取代。按理说，相位的更迭本属正常，此前，姚崇、宋璟、张嘉贞、卢怀慎、韩休、张说等人，都曾经在宰相之位上轮番执政，到了张九龄拜相，"开元"这个年号，历经几任宰辅之臣的深耕，已经显现出蓬勃的生机。这些宰相的任期都不是很长，但他们为大唐帝国注入的激情与活力，却支撑起了唐玄宗"开元之治"中最引以为傲的部分——宰相政治，以风清气正的吏治为基础，盛世的模样炫目而又迷人。

　　然而，历代有为之君的黑色拐点还是在公元736年的冬天出现了。如果说开元之初几位宰相的更替还是一种良性的接力与传承，那么到张九龄拜相，已面临来自两个层面的双重挤压：一面，来自他所忠心效力的皇帝本人，彼时的唐玄宗，正在悄然地发生着心理上的蜕变；一面，来自他的同僚——唐高祖堂弟长平王李叔良的曾孙——李林甫，一个是实用主义的封爵贵族，一个是科举出身的儒家士子，政见不同、器局不同的两个人，很尴尬地在大唐最春秋鼎盛的时代遭遇了。

让我们先来看看唐玄宗在这段时期的蜕变轨迹吧。二十余年的励精图治，唐玄宗李隆基终于一扫后武则天时代的乱象，打造出了一派河清海晏的太平景象，而当弦歌之声高亢奏响的时候，唐玄宗也随之成为整个大唐帝国醉得最深的人。开元初年，他求治心切，曾遍访安国利民之道，然而到了开元后期，他一贯追求的"君明臣直"的治国准则开始松动，他对谏言的接纳程度也大打折扣。尤其是在开元二十四年，我们看到的唐玄宗，政治的敏感与热情已经开始直线下降。

就在这一年四月，河北节度使张守珪裨将安禄山任平卢将军，在讨伐契丹时失利，张守珪奏请朝廷将其斩首。早在此前，安禄山进京朝见时，曾拜见过张九龄。张九龄颇有识人之道，看出安禄山是心怀不轨之徒，断定日后必兴大乱，他对侍中裴光庭说："乱幽州者，必此胡也。"这次恰好安禄山违犯军法，被押送京城奏请朝廷判决，张九龄觉得正是为国除奸的好时机，遂向玄宗上奏道："穰苴出军，必斩庄贾；孙武行令，亦斩宫嫔。守珪军令若行，禄山不宜免死。"而彼时的唐玄宗政治敏感却不复当年，他反问张九龄："卿岂以王夷甫识石勒，便臆断禄山难制耶？"最终，这只日后撕裂李唐江山的猛虎，就这样被唐玄宗放走了，二十年后，羯族石勒反晋乱华的一幕重演，安禄山，这个胡人的名字从此成为唐玄宗再也无法挥斥的梦魇。

这一年的另一件事同样让"遇事无细大皆力争"的张九龄感

到心寒。八月初五，是玄宗生日，朝臣按照当时流行的时尚纷纷进献宝镜，唯独张九龄"不合时宜"，搜集历代兴替教训，编撰了一部《千秋金镜录》，作为千秋节的献礼。该书意在对已经有些飘飘然的玄宗委婉劝谏："臣于今盛治之时，犹有戒齐之言。……总欲皇上学圣人，治益求治，齐益求齐之至意也"，在《金镜录·齐家》卷中，张九龄语重心长；"自鱼书既停之后，兵不兵而将不将，不足以保守太平者，尤不足以捍卫边境。此虽一时兵甲钝弊之患，实国家百年无备之忧。有志之士，愿能早图"，在《金镜录·选卫将》卷中，张九龄忧心忡忡……在朝臣们进献的各类琳琅满目的宝镜之中，张九龄这面"宝镜"无疑是最不光彩照人的，但它却照见了一位老臣的忠耿之心，并试图照亮大唐正在出现歧路的征途。然而，庆祝自己五十一岁生日的唐玄宗只是当着朝臣的面褒奖了张九龄的忠心，回头就将这部《千秋金镜录》束之高阁。

拒谏饰非一旦开了头，政治上的倦怠接踵而至。在这个得来不易的皇位上苦撑了二十余年，唐玄宗觉得已经到了长舒一口气的时候，他开始崇尚道术，梦想有朝一日羽化成仙，而这恰恰是他初临天下时所不齿的。开元十三年，唐玄宗明确宣称："仙者凭虚之论，朕所不取。"并将集仙殿改为集贤殿。所谓"集贤"，也就是"罗致贤才"的意思。作为规模宏伟的皇家书院，集贤殿书院收藏的图书多达53915卷，唐朝学者自己著作的书，也有28469卷，堪称浩如烟海，盛况空前；除了负责收存图书，集贤殿书院还向朝廷推荐贤才，并提出政策方面、文化方面的建议。可以说，一座被易名的书院，已然成为唐玄宗治世思想的外化呈现。然而，当求仙问道的烟霭升腾起来，当自称通神仙之术的张果被唐玄宗迎请出山，"肩舆出宫"，当年朝堂上那句"仙者凭虚之论，朕所不取"的铿锵之语，已经变成随风而散的香灰，卷入一个步入晚年的帝王的迷梦。

由此，李林甫的出现便成为必然。对于李林甫，史书上用"口有蜜，腹有剑"六个字概括其为人。和张九龄通过科举登第不同，李林甫是凭着裙带关系和谄媚取宠之术，一步步从一介小官最终爬上权力的高位的。彼时，武惠妃正宠冠后宫，只因其姑祖母是武则天，才未被立为皇后，但工于心计的她并未善罢甘休，一直希望自己的儿子寿王李瑁能取代太子李瑛。正因如此，武惠妃除了不断央求玄宗，也在朝堂上寻找着支持自己的力量。她找到了深得玄宗垂青的张九龄，结果张九龄不为所动。就在这时，虽已是朝廷高官但尚未拜相的李林甫主动投入武惠妃的阵营。他通过亲信宦官转告武惠妃，表示自己愿意全力支持寿王李瑁。武惠妃闻之大喜，开始不停在玄宗面前夸赞李林甫，希望加重这个自己在外廷大臣中的砝码。

对李林甫，玄宗还是有些好感的。当初李林甫任职国子监时，曾立下了不少规章制度，一番大刀阔斧的整饬之后，国子监面貌焕然一新。据说当时国子监的学生们要给他树一通功德碑，被李林甫"断然"拒绝。他说，一切功劳都应归功于皇帝，维护法度遵守法度是做臣子的分内之事。这件事传到玄宗耳朵里，玄宗甚感欣慰。他还曾一度将官居下品的李林甫和一国重宰张九龄做过比较：如果说张九龄是朝中儒家的代表，那么李林甫则有点儿法家的手段，儒家追求修齐治平，但在具体的治国方略上，却往往文气过重，拿不出什么像样的办法，倒是法家更切中实际，注重秩序，讲求实效。有了这样的"印象分"，再加上武惠妃不断吹"枕边风"，玄宗也便觉得李林甫可堪大任了。尽管这位经历过风雨的大唐皇帝也知李林甫其人圆滑狡黠，但这有什么关系呢？唐玄宗现在需要一种平衡。如果说他最初的"宰相政治"就是首辅政治，那么现在，当"开元"这个年号走过二十余年，唐玄宗决定换一种打法了，他要在宰相班底中放进不一样的棋子，防止一人独大的局面出现。作为这个想法的直接兑现，便是于开元二十三年（735），玄宗任命李林甫为礼部尚书，与张九龄、裴耀卿同入政事堂，形成三足鼎立的宰相政局。

东幸从人望，西巡顺物回。

云收二华出，天转五星来。

十月农初罢，三驱礼复开。

更看琼岳上，佳气接神台。

——李林甫《奉和圣制次琼岳应制》

这是李林甫在《全唐诗》中仅存的一首奉和圣制之作，单就文采而论，"仅能秉笔"的李林甫和张九龄可以说判若云泥，但若说揣摩圣意，张九龄就不是李林甫的对手了。官拜副相，入主政事堂，对很多人来说已是仕途的终极理想，但李林甫却始终瞄准着张九龄的中书令之位。为了达到这个目的，他首先要做的，就是要走进皇帝的心里，加重自己在皇帝心中的分量。《旧唐书》云："林甫面柔而有狡计，能伺候人主意，故骤历清列，为时委任。而中官妃家，皆厚结托，伺上动静，皆预知之，故出言进奏，动必称旨。"说到"出言进奏，动必称旨"，有一则轶事可为佐证。开元二十四年十月，玄宗尚在东都洛阳，原计划次年二月返还长安，结果彼时洛阳天现异象，迷信的玄宗决定提前回去，于是便召集张九龄、裴耀卿、李林甫商议。张、裴二人都觉得十月正值秋收季节，如果兴师动众返还长安势必劳民伤财，而李林甫却低头不语，未做任何表态。廷议之后，张九龄、裴耀卿都先走出去了，李林甫却一瘸一拐落在后面。玄宗见状便叫住了他，关切地问他是不是脚受了伤，李林甫遂说，他是故意装的，只是想单独奏事，长安、洛阳是皇帝陛下自家宫殿，当然可以自由往来，至于怕影响百姓秋收，只需减免沿途百姓赋税即可。李林甫的这番话正合玄宗心意，他当即大喜，再没有听张九龄、裴耀卿的规劝，很快就返回长安了。

能位列政事堂，李林甫当然要感谢一个人，那就是武惠妃。他深知，没有武惠妃劲吹枕边风，自己这个相位是几乎不可能得到的，而要继续爬上权力的高位，取代张九龄，除了揣摩圣意，还要对武惠妃投桃报李。这个机会很快就出现了，就在李林甫拜相后不久，太子李瑛、鄂王李瑶、光王李琚都因武氏得势母亲失宠而颇有怨言，这件事马上就被驸马都尉杨洄知道了，他告诉了武惠妃。早欲废掉太子李瑛的武惠妃转而便向玄宗哭诉，玄宗闻听大怒，遂与宰相廷议，欲废黜三子。张九龄极力劝阻，表示不敢奉诏执行，李林甫则还是当面一言不发，三缄其口，退朝后却私下通过宦官向玄宗表明态度："此乃天子家事，何必与外人商议。"历史总是出现惊人的巧合：当年唐高宗李治在打算废掉王皇后改立武才人为后时，在大臣们众口一词的反对声浪中，老臣李勣一句"此陛下家事，何必更问外人"曾让高宗立时变得底气十足；时隔不足百年，与李勣如出一辙的李林甫这声表态，同样也让玄宗找到了"知音"。在张九龄、裴耀卿身上，他的想法总是遭到冰冷的反对，倒是这个后入阁的李唐贵族后裔，更能了解他的心思。

尽管玄宗通盘考虑之后，还是暂时搁置了废黜瑛、瑶、琚三子的想法，但这件事情显然让李林甫在玄宗心中的分量变得更重了，而随后一个小人物的出现，则彻底让玄宗将信任的天平完全倾向了李林甫。

这个小人物名叫牛仙客，是李林甫的心腹。和李林甫一样，出身胥吏的牛仙客学识不高，没有经过正规的科举，在河西道任军职期间，因节约用度，节省公费过万，所辖仓廪也颇为丰实。为了壮大自己的阵营，和科举系出身的张九龄抗衡，李林甫多次向玄宗举荐牛仙客为副相。玄宗听说了牛仙客的政绩，也觉此人可用，有意将其提拔做尚书。然而，玄宗的这一想法马上遭到了张九龄的强烈反对。在张九龄看来，尚书一职至关重要，只有在朝廷或地方担任过重要职务并极有声望之人方能胜任，而牛仙客不过是"边隅小吏，目不识书"，仅在自己有限的职权范围内做了点忠于职守之事，难堪经纶国家的大任。玄宗的提议又碰了个钉子，这次他是真的恼火了，"岂以仙客寒士嫌之邪？卿固有门阀哉?"当玄宗将这句狠话不假思索地抛出来,他的意思已经很明显:你张九龄不过从偏远的岭南起步,若论门阀阅历,你又比牛仙客高出多少呢?

就在玄宗发出这句诛心之语后,李林甫不失时机地又给正在气头上的皇帝添了一把火,他说:"苟有才识,何必辞学!天子用人,有何不可!"这就是张九龄和李林甫的区别,如果说张九龄性格中的那份"古板"起了压制皇权的作用,那么李林甫则走进了皇帝的心里,让皇权得到充分的释放。哪个皇帝不喜欢顺臣呢,更何况是享国日久渐不克终的皇帝!玄宗当即决定,赐牛仙客为陇西公,实封三百户!尽管没给牛仙客个尚书的位置,但对这件事的处理可以看出,玄宗与张九龄已经渐行渐远,再不是当年惜其体弱派人替其拿笏板那种亲密和谐的君臣关系了。

李林甫对张九龄这位政坛宿敌的最后一击,是发生在开元二十四年年末的严挺之事件。尚书右丞严挺之,与张九龄素友善,对李林甫却嗤之以鼻,李林甫因此也对其心怀嫉恨。恰在此时,严挺之前妻再适之夫蔚州刺史王元琰,坐赃下三司审理,严挺之遂积极奔走,设法营救。李林甫抓住这个机会,将此事密告玄宗。玄宗遂召集宰相相议,认为严挺之为罪人开脱属违例。张九龄只是为老友申辩了几句,就被冠上了个"阿党"罪名。开元二十四年十一月,严挺之官贬洛州刺史,王元琰流放岭南,而张九龄、裴耀卿则被罢相,贬裴耀卿为尚书左丞,张九龄为尚书右丞。与此同时,任命李林甫为中书令,牛仙客被提为副相。李林甫,终于通过自己一步步精心的布局,击败了自己的政敌,赢得了唐玄宗的信任，坐到了自己梦寐以求的宰相班底中最核心的位置。

　　　　　　海上生明月，天涯共此时。

　　　　　　情人怨遥夜，竟夕起相思。

　　　　　　灭烛怜光满，披衣觉露滋。

　　　　　　不堪盈手赠，还寝梦佳期。

　　　　　　　　　　　　——张九龄《望月怀远》

　　这首脍炙人口的《望月怀远》，是张九龄遭贬荆州长史时所作。就在罢相之后的第二年，监察御史周子谅奏称牛仙客非宰相之才，被玄宗杖杀。李林甫又趁机进言，称周子谅是张九龄所引荐，张九龄于是被贬荆州长史。"海上生明月，天涯共此时"，中秋之夜，当传诸千年的名句脱口而出，人们也许不会想到落寞凄清的张九龄在贬所荆州的创作心境。尽管彼时这位曾经的大唐首辅之臣仍然保留着显贵的封号和实封，但他的心在公元736年的冬天已经被彻底冻结。被驱逐出权力中心的张九龄，只能怅望着沉入江心的破碎的月影，再也无法返回长安的朝堂之上。四年之后，张九龄郁郁而终，明月依旧，天涯，已见星斗陨落。

　　公元736年也注定成为唐玄宗帝王生涯的一个分水岭。有学者认为，开元宰相政治共分三个阶段：初期，君子当权，小人失势；中期，奸邪、忠贤并用；后期，则直臣失而奸佞猖獗。事实上，从张九龄被罢相之日起，"朝士惩九龄之纳忠见斥，咸持禄养恩，无敢廷议矣！"开元之治的车轮已经开始向着可悲的第三阶段滑落，尽管开元这个年号又继续沿用了五年，但作为一个彪炳史册的政治概念，"开元之治"从公元736年这一年开始，已经宣告终结。朝堂上没有了抗颜直谏的臣子，唐玄宗立时觉得清静轻松了许多，把权力几乎完全下放给了以李林甫为核心的宰相班底。以前儒家出身的宰相们经略国家的理念和行动已经让他有些厌烦，他相信李林甫这个有些法家模样的宰相能给他带来点新的气象。

当然，有件棘手的事还需马上做个了断，那就是太子之争。罢黜张九龄之前，武惠妃一直希望自己的儿子李瑁能替代现任太子李瑛，但由于张九龄力谏，玄宗便将此事搁置了。如今，朝臣中最有话语权的人已是李林甫，武惠妃于是旧事重提。李林甫为了巩固自己的相位，自然全力以赴。他和武惠妃密谋，一面让武惠妃的女婿——咸宜公主的驸马杨洄出面指控太子李瑛、鄂王李瑶、光王李琚及皇太子内兄薛锈谋反，一面诈称宫中有刺客，以护驾之名诓骗四人披甲入宫。这确是一条阴毒之计，当急匆匆披挂而来的太子李瑛等人出现在玄宗寝宫，他们并没有看到真正的刺客，倒是他们本人成了阴谋篡逆的刺客！盛怒的玄宗也是从政变中走来的，对谋逆者的惩戒毫不手软，先是将太子李瑛、鄂王李瑶、光王李琚废为庶人，将薛锈流放，继而又将他们全部赐死。与此同时，"瑛舅家赵氏、瑶舅家皇甫氏，坐流贬者数十人，惟瑶妃家韦氏以妃贤得免"。

颇有意味的是，此桩冤案发生不久，武惠妃也一命呜呼。这个心机深厚的女人直到死前，还在幻想着儿子李瑁能被册立为太子，并密示李林甫，如能让李瑁成为皇储，日后可保其荣华富贵。

对此，李林甫何尝不清楚，但出乎他意料的是，唐玄宗最终钦定的继承人竟是宦官高力士推荐的人选——第三子忠王李玙！在高力士看来，"推长而立"不易生出祸端，而玄宗将这个虚悬了一年的太子之位授予李玙，也是为了更好地控制李林甫。当年少的李玙在改名李亨并隆重地行过册封礼后，唐玄宗命人搬出了羯鼓，动作娴熟地完成了一串有力的击打。现在，大事已定，他要做点自己喜欢的事了。二十多年了，他的神经绷得实在太久，他要在丝竹声里补偿曾经流失的岁月，要在升腾的烟霭中加快求仙问道的脚步。现在，有李林甫帮他打理国事，这些事，他终于可以做了。

一系列离宫别馆，正是在这一时期，紧锣密鼓地开工的。在长安、在洛阳，华丽高耸的殿宇接间连栋，鳞次栉比，多达千间，而由工匠们的号子声、敲击声构成的两京大兴土木的噪声，更是让唐玄宗迅速地由一位励精图治节欲戒奢的有为之君向着志庸意懒奢侈淫靡的昏聩之君蜕变。开元初年，他爱惜粮食，力戒浪费，曾要将把饼子扔进水沟的卫士处以极刑，到开元后期，他自己早已挥金如土。皇亲贵戚投其所好，争献珍馐美食，一次多达千盘，一盘价值相当中等人家的十家产业。至于后宫佳丽，更是粉黛成群。他甚至还专门设了一个官职——"花鸟使"，专管到民间搜罗美女，以充实后宫。仅大明宫、兴庆宫就有四万宫女，在唐代皇帝中位列榜首，当年那个释放宫女出宫远离声色的皇帝早已成为过往；而随着求仙问道的深入，五千字微言奥意的《道德经》已经被他视作了通达仙界的工具。

仙居怀圣德，灵庙肃神心。

草合人踪断，尘浓鸟迹深。

流沙丹灶没，关路紫烟沉。

独伤千载后，空馀松柏林。

——李隆基《过老子庙》

    这首《过老子庙》，是唐玄宗行经一处破败的老子庙时心生感慨而作。事实上，唐玄宗对老子的尊崇对道教的虔诚已经超过了他前任的所有帝王。他曾颁布谕旨，要求每家每户都必须保存一部由自己亲自作注的《道德经》，科举考试之一的明经科也将《道德经》列为应式的科目之一，同时，各州郡还必须建造尊奉老子的道观，据《唐六典》记载，当时全国的道观已达一千六百八十七所。开元二十九年（741），玄宗又于各地建玄元皇帝庙，画玄元皇帝像，以高祖以下五像为陪祀。至于唐公主妃嫔，也多入道为女真，受金仙、玉真等封号。出身卑微，一生只做周守藏室之史的老子绝然不会想到，在他辞世之后，享受到的竟是神界的威仪和浩荡的皇家气派！

    对道教的终极信奉，是年号的变更。公元742年，一个崭新的年号——天宝，开始在大唐帝国正式启用，而这个年号的启用，据传是因为天降祥瑞。就在这一年，陈王府参军田同秀奏报"玄元皇帝（高宗给老子的封号）降见于丹凤门之通衢，告赐灵符在尹喜之宅"。玄宗随即派人到函谷关尹喜台西处得之，置玄元庙于大灵坊。于是，群臣纷纷上表，认为"函谷宝符，潜应年号"，请于尊号加"天宝"字。从即位之初，就一心要将"开元"这个年号不改初衷一路深耕的唐玄宗李隆基，在耕耘了二十九年之后，终于放下了治世之犁，转而进入了下一个代表了奢华、安逸、沉迷和荒诞的年号。这一年的正月，皇城内外张灯结彩，人们都在庆贺一个新的时代的到来，殊不知，在彼时的大唐帝国，一个朝中重臣只手遮天的时代早已到来，这个人，便是李林甫！

> 媚事左右，迎合上意，以固其宠；杜绝言路，掩蔽聪明，
> 以成其奸；妒贤嫉能，排抑胜己，以保其位；屡起大狱，诛
> 逐贵臣，以张其势，自皇太子以下，畏之侧足。

这是宋代史家司马光对李林甫做出的评价。而英国学者浦立本则认为，从736年起到752年李林甫死亡时止，这段漫长的时期大唐政治的特点，便是李林甫的"独裁"！

李林甫之所以能做到"独裁"，正如司马光所言，是与其"迎合上意""杜绝言路""排抑胜己""诛逐贵臣"分不开的。李林甫深知，自己最终能取代张九龄，成为权倾朝野的中书令，靠的就是能够读懂上意，迎合上意。正因如此，当他登上权力的高位之后，仍旧"坚守"着这个"为官信条"，而玄宗彼时也正进入慵懒怠惰时期，"杜逆耳之言，恣行宴乐，衽席无别，不以为耻，由林甫赞成之也"。当放纵的玄宗给了李林甫专权的空间，皇权被架空自然成为必然。除了善于迎合上意，李林甫在杜绝言路、掩蔽聪明方面也做到了极端。他曾无比倨傲地对着所有谏官说道："明主在上，

群臣将顺不暇，亦何所论？君等不见立仗马乎，终日无声，而饫三品刍豆；一鸣，则黜之矣。后虽欲不鸣，得乎？"这个"立仗马"的警示，与当年赵高在秦廷的"指鹿为马"如出一辙，他就是要所有人明白，彼时的唐廷，已然是他的"一言堂"，任何与他不同的声音，最后都会消失得无影无踪！作为这番话的直接兑现，便是咸宁太守赵奉璋上疏玄宗揭发李林甫罪状，被李林甫截获，结果赵奉璋被捕入狱，以"妖言惑众"之罪被乱棍打死。

为了巩固自己的专权地位，李林甫党同伐异：一方面，培植忠于自己的亲信党羽；另一方面，对反对自己的朝臣毫不留情地清洗。

之前提到的官拜副相的牛仙客，尽管在节度使任上经营有方，但一朝被李林甫引为副相，便成了对李林甫唯唯诺诺毫无主见的应声虫，玄宗与李林甫说什么，他都是点头哈腰，连声赞同，百官向他请示，他也只是说："但依令式可以。"不敢亲做裁决。当然，朝中也并不是所有的官员都是这般唯唯诺诺，牛仙客死后，继任者是太宗子李承乾之孙李适之，和李林甫一样，亦属皇室后裔。他看不惯李林甫的种种做法，不愿与之同流合污，深为李林甫忌恨。而李林甫的阴狠之处在于，他表面和善，言语动听，却在暗中阴谋陷害，很快，李适之就"领教"了李林甫的"口蜜腹剑"。天宝元年（742）八月，李林甫对李适之道："华山有金矿，开采可以富国，皇帝还不知道。"李适之便在一日上朝时，将华山金矿奏知唐玄宗，玄宗又询问李林甫。李林甫道："臣早就知道，但是华山是陛下本命山，乃王气所在，不宜开凿，臣便没有提及。"唐玄宗认为李适之虑事不周，恼怒地对他道："你以后奏事时，要先与李林甫商议，不要自行主张。"李适之从此逐渐被疏远。

从这件事，可以看出李林甫的心计之深。而在接下来的"动摇东宫"事件中，更可以看出李林甫出手的狠辣。因为自己在李亨立太子一事中并无功劳，李林甫担心日后生患，便有兴大狱剪除东宫一党的想法。李适之与朝中另外几位重臣韦坚、皇甫惟明、王忠嗣等人都与太子李亨关系密切，不满李林甫弄权，李林甫对他们与太子李亨结党也心存嫉恨，于是，阴险的清洗便开始了。他一面命御史中丞杨慎矜暗中窥伺李适之等人的过错，一面任命吉温、罗希奭两个酷吏掌管刑狱，助其罗织罪名，清剿太子一党，时人称之为"罗钳吉网"。正是在"罗钳吉网"的残酷打压下，韦坚一门惨遭屠戮，皇甫惟明被杀，李适之先是被贬宜春太守，不久又被逼自尽，王忠嗣虽幸免于难，但也被夺去兵权，贬为汉阳太守。不久，李林甫再次发起一场针对太子李亨的冤案。当时，太子姬妾杜良娣的父亲杜有邻与女婿柳勣不和，柳勣诬告杜有邻"妄称图谶，交构东宫，指斥乘舆"，李林甫命京兆士曹王鉷严加审讯，最终，杜有邻、柳勣都被杖毙，杜良娣也被废为庶人。此后，看到昔日自己的同党杨慎矜在管理财政方面深得玄宗信任，威胁到了自己的相位，李林甫又罗织个谋反之罪，将杨慎矜三兄弟统统处死。当清除政敌的血雨腥风席卷整个唐廷，当被剪除羽翼的太子李亨心怀惴惴，当夜夜笙歌的玄宗被一派"野无遗贤"的花言巧语所蒙蔽，李林甫，已将大唐帝国的权力集于一身，成为八世纪中叶中国最具权势的人。

李林甫的党同伐异摧毁了大唐官僚体系中相互监督相互制约的机制，而在他当政期间推出的一系列政治举措，看似有一定的积极意义，但是随着时间的推移，这些变革所带来的负面效应便一一暴露，最终，构成了对大唐帝国肌体的严重伤害，而这种伤害，无疑为日后的安史之乱埋下了深深的伏笔。

首先，是府兵制向募兵制转变所造成的"外重内轻"局面。玄宗朝的兵制改革并不是从李林甫当政开始的，它的转化，经历了一个长期的过程，直到李林甫成为首辅之后，募兵制才真正取代了过去的府兵制。开元二十五年，也就是李林甫挤走张九龄，官拜中书令后的第二年，李林甫推出了一项新的兵制政策："令中书门下与诸道节度使量军镇闲剧利害，审计兵防定额，于诸色征人及客户中召募丁壮，长充边军，增给田宅，务加体恤。"随着这条新政策的有力推行，到了第二年年初，已初见成效："制边地长征兵，召募向足，自今镇兵勿复遣，在彼者纵还。"这种做法，保证了边地拥有充足的兵源，自开元二十五年到天宝十载间，兵役大大减轻，"唯边州置重兵，中原乃包其戈甲，示不复用"。

然而，很快这种兵制改革的弊端便显现出来。和过去军资、衣装、轻武器和上番赴役途中的粮食均须自备的府兵制不同，庞大的边防军，装备、军粮、被服等一切军需供给，都要由中央财政统一调拨，这无疑是笔巨大的开支；而建立了职业军队之后，军中士卒的封赏和奖励，同样也成为唐廷的重负——为了激励士气，巩固边防，唐廷不得不加大封赏的力度，仅在742年至755年间，军费就增加了40%左右。

最可怕的还是外重内轻军事局面的形成。在唐朝建国之初，轮番从不同的府兵中抽调兵将的禁军制已经渐渐松动，到了李林甫时代，募兵制的转变更是让护卫京畿的中央禁卫军常常兵不足额，并且很多军职都由文职官员充当，其战斗力可想而知。本来兵力雄厚的关中地区，因为府兵制的破坏，更是变得空虚疲弱起来。倒是边疆地区的兵力呈现出疯长之势，他们除了拥有强健的职业军人，更雇用胡人骑兵作战，兵士最盛时，数量已超过五十余万人。这样一来，看似边疆铁固了，但"外重内轻"这种潜在的危机，已经如同越堆越高的柴薪，悄然将兵力空虚的中央政权围困在中间。

和府兵制的破坏殆尽几乎同时，是藩镇势力的坐大。为防止周边各族进犯，唐玄宗从即位之初就开始设置幽州藩镇（驻今北京）节度使与朔方藩镇（驻今宁夏灵武）节度使，赋予其军事统领、财政支配及监察管内州县的权力。到了天宝年间，节度使已增至10个，分别是：河西节度使、范阳节度使、陇右节度使、剑南节度使、安西节度使、朔方节度使、河东节度使、北庭节度使、平卢节度使、岭南节度使。唐廷最初设置节度使还只是一种临时性的措施，是为了协调和指挥一个地区卫戍部队的需要。这些节度使的任期相对较短，最多不超过四年，而他们获取军功的终极目的还是希望在朝廷谋得更高的职位。然而，随着府兵制的破坏，这些节度使手中握有的兵力越来越多，权力也越来越大，所管辖的藩镇势力也渐成气候。像安禄山，早在天宝三载，便已成为范阳和平卢两镇的节度使，后来又控制了河东地区。而在这样的背景下，李林甫却于天宝七载（748）起，鼓动玄宗推行了一项政策，那就是，藩镇将领都用胡人！对此，李林甫给出的理由是：这些节度使是比汉人更加骁勇的军人，又熟悉当地山川地理，便于巩固边防。而李林甫阴暗的内心想的却是：这些蛮夷将领只懂统兵打仗，并无政治野心。此前，皇甫惟明、王忠嗣这些边关猛将在朝堂上掀起的政治风暴，李林甫仍历历在目，他不能容忍这些战功赫赫的汉人将领对自己的权力构成威胁，更不能容忍皇甫惟明、王忠嗣事件重演！正是基于这样一种私心，直接导致在此后短短三四年中，除蜀中剑南节度使依然为汉人把持，其余藩镇的权力已全部落入外族将领手中。他们与中央政权的关系，因为缺少了汉人将领的制约而更加疏远，并最终成为在中央政权周围不断膨胀的火药桶。尽管彼时他们尚在李林甫的监控之下，但这些藩镇的野心，已如野草般疯长起来。

刻木牵丝作老翁，鸡皮鹤发与真同。

须臾弄罢寂无事，还似人生一梦中。

——李隆基《傀儡吟》

　　唐玄宗李隆基留存于世的六十余首诗作中，这首《傀儡吟》以一种别样的冲击力跳入人们的眼帘。彼时的唐玄宗，与当年那位创立"开元之治"的开明之君早已渐行渐远。他迷醉在弦歌声里，沉浸在温柔乡中，有李林甫帮他"悉心"打理朝政，他感到很欣慰，以至于每有御膳珍馐、远方珍味，他都要命宦官到李林甫府中赏赐，甚至"道路相望"。这首《傀儡吟》，当是这位精通音律喜爱戏曲的皇帝在看过一出傀儡戏后发出的一点小感慨，但这种感慨显然是一种没有观照自身的感慨。彼时，醉眼蒙眬的唐玄宗绝然不会想到，在李林甫漫长的独裁时代，他作为一国之君，早已成为一个被人操控的傀儡。尽管他夙兴夜寐创下的盛世还够挥霍一些时日，但此后，他的出演，已注定是一个"刻木牵丝"的老翁的游戏！

杨门荣宠

　　坐落于陕西临潼的骊山，景色清幽，林木葱郁，是避暑休闲的好去处。因远观其山势逶迤如黛，似一匹脱缰的骏马，而"骊"字本意即为纯黑色的马，故名曰骊山。骊山之秀，堪称奇绝。除了秀美的自然景观，骊山之所以闻名，还在于它和王朝的更迭兴替纠结在了一起。在繁多的历代遗存中，骊山，积淀下太多的岁月沧桑：它是周幽王烽火戏诸侯的地方——为博美人一笑，他升起的那炷烽火，最终让鼎盛的西周王朝风流云散，而他自己也落得个身死国灭的结局。它是秦始皇的陵墓所在。在将全新的三十六郡拼接成辽阔的帝国版图之后，秦始皇开始用旷世工程紧紧呼应起旷世功名，一座阿房宫覆压八百里秦川，一座骊山陵更是动用八十万之众。公元前206年，当秦王朝在摧枯拉朽的农民起义风暴中灭亡，骊山落木萧萧，全都飘飞成漫天的悲情。此后，骊山便和中国的名山大川一起，经历泱泱汉风，经历三国两晋南北朝的断载，经历隋的风云变幻，直至走到唐玄宗时代，再次和一个帝国的兴衰紧紧纽结在一起。

骊山，一度是唐玄宗的伤心地。在身心放纵的日子里，这位皇帝的心头总是会涌起一丝孤独。他的宠妃武惠妃，曾是他最喜爱的一枝解语花，她的明眸皓齿，她的风姿绰约，总能让玄宗目眩神迷，心旌摇荡。她曾差点儿被册封为皇后，只是因为她那令李氏皇族们心悸的姓氏才不得如愿；为了让自己的儿子当上太子，她暗下狠招，让玄宗连杀三子，玄宗却不以为意，反而对其娇宠日甚；当她香消玉殒，玄宗更是涕泪涟涟，终日食不甘味，以"贞顺皇后"的尊荣将其入葬敬陵。在玄宗看来，武惠妃已是宫中绝色，三千粉黛，八百烟娇，都不能及其万一。武惠妃在世时，每年的十月份，玄宗都会领着她在骊山沐浴温泉以避寒。骊山温泉可谓久负盛名：东汉张衡在公元95年沐浴温泉后，曾写下过"温泉汩焉，以流秽兮；蠲除苛慝，服中正兮；熙哉帝载，保性命兮"的诗句；北魏时期，被誉为"集自然之经方，天地之元医"的骊山温泉成为"千城万国之氓"医病疗疾的理想之所；北周武帝天和四年（569），大冢宰宇文护造了皇汤石井；隋文帝开皇三年遍植松柏，修屋建宇；到了唐代则渐成规模，唐太宗贞观十八年，诏左卫大将军姜行本，将作大匠阎立德建宫室楼阁，赐名"汤泉宫"，唐高宗咸亨二年（671），这片离宫别馆改名为温泉宫。彼时，当失去武惠妃的唐玄宗再到骊山温泉游幸，即便温泉水再温润如玉，再清澈碧透，缺少了武惠妃在侧，亦觉乏味，正如唐人陈鸿所云："宫中虽良家子千数，无可悦目者，……顾左右前后，粉色如土。"

唐玄宗的郁郁寡欢，被亲信宦官高力士看在眼里。对这位当年协助玄宗一起发动政变的功臣，玄宗甚为倚重，曾云"力士当上，我寝则稳"。他对其大加封赏，"宝殿珍台，侔于国力"。除朝官外，皇太子称高力士为"二兄"，诸王、公主皆呼"阿翁"，驸马则呼其为爷，其在朝中地位可见一斑。这高力士也确实忠心，对玄宗倾心侍奉，唯恐差池。正因如此，当高力士看到玄宗感情出现空白，马上便派出心腹奔赴各地，寻找美女丽姝，然而遍访全国，也没有找到合适的人选。就在一筹莫展之际，高力士的脑海中忽然浮现出了一个美艳绝伦的身影——寿王李瑁之妃杨玉环。

杨玉环，生于官宦世家。其高祖父杨汪是隋朝的上柱国、吏部尚书，唐初被李世民所杀；父杨玄琰，曾担任过蜀州司户，在杨玉环十岁左右病逝。此后，杨玉环便被寄养在任河南府士曹的叔父杨玄璬家中。

杨玉环天生丽质，雍容华贵，《旧唐书》称其"姿色冠代"，撰写《长恨歌传》的陈鸿则赞其"纤秾中度"。除了生就一副冰肌玉骨，受过良好教育的杨玉环更是性情温婉，六艺皆通，尤其妙解音律，能歌善舞。当婉转的歌声绕梁而起，当轻盈的长袖拂过廊庑，尽管人在深闺，风华绝代的杨玉环早已和洛阳牡丹一样，成为人们争睹的梦中情人。

这样的美人当然要成为皇家的专属。开元二十二年七月，杨玉环受邀参加唐玄宗之女咸宜公主的婚礼，咸宜公主的胞弟寿王李瑁对这位风姿绰约的丽人一见钟情，武惠妃于是恳请唐玄宗下诏册立杨玉环为寿王妃，而唐玄宗初见杨玉环，也是为之一振，认为她"生平雅容""含章秀出"，堪称人中尤物，当即同意了这桩婚事。

开元二十二年十一月，十七岁的杨玉环和寿王李瑁在恢宏的鼓乐声中，走进了婚礼的大典。毫无疑问，这是一场奢华盛大的皇家婚礼，因为是宠妃武惠妃的爱子大婚，唐玄宗更是极为重视，不仅亲自为这对璧人主持了婚礼，更让宰相李林甫和陈希烈作为办册封文书的正副使者，足见规格之高。少年英俊的李瑁得偿所愿抱得美人归，自然喜不自胜，而粉靥花容的杨玉环在贵为王妃之后，也觉得人生的富贵已达到终极。

然而，这段令人艳羡的婚姻在四年之后，却出现了一个戏剧性的变化，发生这个变化的地点，竟是距长安60余里的骊山！

骊岫飞泉泛暖香，九龙呵护玉莲房。

平明每幸长生殿，不从金舆惟寿王。

——李商隐《骊山有感》

李商隐的这首诗，描绘的其实是一次特别的会面。开元二十八年（740）十月，又是一个金秋时节。按照惯例，唐玄宗又率领王公贵胄们浩浩荡荡开赴骊山，沐浴温泉避寒来了。这一次，平时居住在"十王宅"里的皇子们都纷纷盛装华服，伴驾前来，偏偏在这熙熙攘攘的人群中，少了寿王李瑁。彼时，武惠妃已经去世，曾经最有希望当上太子的李瑁，眼睁睁地看着自己的哥哥李亨入主了东宫。更让他百思不得其解的是，在伴驾去骊山的名单中，竟然没有他，却单独邀请了他的爱妃杨玉环。

而这，正是唐玄宗李隆基心情大好地前往骊山的原因。当高力士向玄宗提出让杨玉环侍驾骊山温泉之后，玄宗的精神立时提振起来。对于这个给他留下深刻印象的儿媳，在这几年间，他见的次数并不多，每次也都是寿王夫妻二人同时拜贺时才见。但这一次却让玄宗格外兴奋，因为，在风景如画的骊山温泉宫，高力士竟"别有深意"地给他安排了一次单独召见儿媳的机会！

对于翁媳的这次特别的会面，《旧唐书》云："既进见，玄宗大悦。"只有寥寥几字。《长恨歌传》就有了一些出自文学家的细节："上（玄宗）甚悦，进见之日，奏《霓裳羽衣曲》以导之，定情之夕，授金钗钿合以固之。"精通音律的玄宗素知杨玉环对音乐有着极高的禀赋，尽管他是一个君王，拥有至高无上的权力，但是面对这位丰满圆润倾国倾城的儿媳，玄宗更希望通过自度的《霓裳羽衣曲》俘获她的芳心。悠扬的旋律伴着温泉宫的水汽一起氤氲起来，略显尴尬的杨玉环起初还不知所措，但当一支金钗被玄宗用颤抖的双手插进自己的云鬓，她明白了，这不是一次简单的"召见"，她的命运，将在这次"召见"之后，发生重大的改变。

玄宗这次的骊山休养比哪一次都长，也正是在这次"休养"之后，已步入老年的唐玄宗重新找回了青春。彼时，肤若凝脂、顾盼生辉的杨玉环已经彻底填补了武惠妃之死带给他的巨大失落。当然杨玉环带给他的，显然不止肉欲的满足，更主要的是精神上的琴瑟和鸣。就在这段时间，对音乐有着独特悟性的杨玉环和玄宗一起，对《霓裳羽衣曲》进行了一番更完美的改进，浸润在骊山的碧水和爱的洪波里，《霓裳羽衣曲》，已然成为他们共同创作的最华彩的盛唐乐章。

罗袖动香香不已，红蕖袅袅秋烟里。

轻云岭上乍摇风，嫩柳池边初拂水。

——杨玉环《赠张云容舞》

　　这首《赠张云容舞》，是杨玉环载入《全唐诗》的唯一作品。据说这位叫张云容的舞女当时跳的舞蹈，音乐正是《霓裳羽衣曲》。精擅舞技甚至可以跳出当时高难度的西域胡旋舞的杨玉环，这一次和玄宗一起，成了最尊贵的"观众"，并没有亲自下场一舞，但心花绽放的杨玉环没有忘记给这位舞女投去极为专业的赞许："轻云岭上乍摇风，嫩柳池边初拂水。"千年以后，清代诗论家陆昶评这首诗时，说："诗不为佳，却字字形容舞态，出语波俏，亦足见其风致可喜。"

　　骊山的会面毕竟是短暂的，而发生在骊山的这场不伦之恋又应当如何延续呢？尽管贵为天子，玄宗还是不愿冒父夺子妻之龌，就在他为此绞尽脑汁的时候，高力士的一个建议顿时让玄宗脸上有了笑容。这位亲信宦官给玄宗出的主意是：让杨玉环以为寿王祖母窦氏"追福"名义，"自请"出家度为道士。因为在开天年间，随着崇道之风日盛，唐代贵族"出家"渐成时尚，玄宗胞妹西城公主、隆昌公主都曾出家，道号金仙、玉真，而她们出家的目的，据说就是为祖母武则天祈福。有这样的先例在前，杨玉环的出家为道既不显唐突，又可以正式地和寿王李瑁解除婚约，岂不是万全之策？

334

处于尴尬境地的寿王在这个堂皇的理由面前，只能放手。当初，是他的父皇亲自主持了他和杨玉环的婚礼，如今，在杨玉环经历了骊山的"召见"之后，他又不得不接受父皇给他安排的这样一个屈辱的结局。不久，玄宗就给李瑁重新选了一个妃子——朝中望族之女韦氏，又是一次隆重的册封礼，但这一次，最高兴的人已是当朝皇帝李隆基。

而道号已是"太真"的杨贵妃也是在这一刻正式脱去灰色的道袍，换上了光鲜绚丽的华服。尽管那个所谓的"太真观"，不过是个设在宫中掩人耳目的摆设，尽管玄宗可以通过兴庆宫的"复道"和她共赴巫山云雨，但太真观的香灰积淀久了，杨玉环还是迫切地等待着一个可以光明正大的名分，毕竟，青春稍纵即逝，而真正专一的皇帝，古往今来又有几人？

这个名分的到来是在天宝四载（745）八月，就在这一年，杨玉环被正式册封为贵妃。贵妃在唐初曾一度居于皇后之下，四妃（贵妃、淑妃、德妃、贤妃）之首，唐玄宗即位后，重新调整了妃嫔制度，取消了贵妃封号，皇后之下，设惠妃、丽妃、华妃三妃，自从王皇后被废，武惠妃得宠，惠妃的地位已等同于皇后。当杨玉环成为新宠，唐玄宗觉得立其为后不大妥当，毕竟她曾是自己的儿媳，但册封其为惠妃，又有武惠妃在前，思来想去，就重新恢复了贵妃的封号。当昔日的寿王妃在历经短暂的"出家"之后，从太真这个过于清冷的道号一跃成为地位与皇后别无二致的贵妃，杨玉环，已经一身绛红，成为盛唐的卷册中不容忽视的存在。

我们来看看唐玄宗对这位千古丽人溢于言表的喜爱吧，"朕得贵妃，如得至宝也。"作为对这声载入《杨太真外传》的赞叹的直接回应，唐玄宗挥洒才情，创作了新曲《得宝子》。当悠扬的旋律缓缓升起，杨玉环翩然起舞，以青春的气息紧紧应和着一个帝王的音乐才情。这对艺术伉俪是如此默契，尽管彼时杨贵妃二十七岁，正值韶华芳龄，而玄宗李隆基已是六十花甲，步入暮年，但三十多岁的年龄差在这对相见恨晚的艺术伉俪看来，早已不是问题。如果说当年的武惠妃历经十余年的苦心经营才获得堪比皇后的殊荣，那么杨贵妃则以自己清丽脱俗的容貌，精湛超凡的艺术敏感，很快就走进了皇帝的内心，至此之后，"后宫莫得进"，成为集三千宠爱于一身的"至宝"。

由此，骊山更加热闹起来。对于这个初次召幸杨贵妃的所在，唐玄宗投入了大量的心思。他给骊山温泉宫起了一个诗意盎然的名字——华清池。配合这个诗意盎然的名字，他让工匠们巧妙地利用山前的扇形冲击层，以温泉为中心极尽奢华地修建了华屋连栋的离宫别馆，"治汤井为池，环山列宫殿"。据《旧唐书》记载，自公元740年至755年十五年的时间，唐玄宗游幸骊山华清宫多达46次，有时竟连处理朝政都在这里进行，华清宫俨然成为大唐的第二个政治中心。当华清池的脉脉暖流，滋润了杨贵妃的肌肤，长生殿的奇珍异果，使杨贵妃的体态更加俏丽婀娜，身着凤冠霞帔，杨贵妃舞动腰肢，沉醉在爱情的洪波之中；而抚摸着杨贵妃的玉体，沐浴在九龙汤、海棠汤的碧波之中，唐玄宗醉得更深。进入全盛发展期的骊山温泉，彼时更像是一个巨大的容器，盛装下一个皇帝所有的浪漫与温情。

长安回望绣成堆，山顶千门次第开。

一骑红尘妃子笑，无人知是荔枝来。

——杜牧《过华清宫（其一）》

在极尽奢华的浪漫时光里，当然少不了极尽奢华的口体之养。《资治通鉴》载："杨贵妃方有宠，每乘马则高力士执辔授鞭，织绣之工专供贵妃院者七百人，中外争献器服珍玩。岭南经略使张九章，广陵长史王翼，以所献精美，九章加三品，翼入为户部侍郎；天下从风而靡。"作为这段记载的佐证，正是杜牧这首人们耳熟能详的《过华清宫》。杨贵妃爱吃荔枝，而荔枝只产于剑南、岭南道，为了让这种"一日色变，二日香变，三日味变，四五日外，色香味尽去矣"的南方珍果以最新鲜的品相送至杨贵妃面前，千里驿骑接力飞奔，日夜兼程，在赢得绝代佳人的欢心的同时，也将大唐帝国的资源铺张到了极致。"一骑红尘妃子笑，无人知是荔枝来。"伫立在华清宫的雾霭中，轻启朱唇回眸一笑的杨贵妃，在征服一个皇帝的同时，已然成为可以驱策帝国江山的核心。

杨贵妃的受宠，带来的是杨氏家族的门庭显赫。杨贵妃生父杨玄琰，被追封为兵部尚书，不久又追赠太尉、齐国公，其过世的生母李氏被追封凉国夫人，其健在的叔父杨玄璬则升任工部尚书，正三品。

追封过了长辈之后，便是对杨贵妃同辈族人的封赏。杨贵妃共有三个姐姐，个个都是美人坯子，生就粉靥娇容。杨贵妃得宠后，她们也都摇身一变，成为地位尊崇的韩国夫人、虢国夫人、秦国夫人，每人每月赐钱十万贯为脂粉钱。杨贵妃的亲兄杨铦，始任殿中少监，后又升任鸿胪卿，再授三品、上柱国，享有"私第立戟"之荣；从兄杨锜，初任侍御史，后娶武惠妃之女太华公主，遂升驸马都尉，从五品下，住在玄宗特赐的"玉华宅"，与皇宫毗邻。在这些崛起的新贵中，有一个名字即将走进历史，他就是杨贵妃的远房族兄——杨钊。几年之后，这个名字将被代之以"杨国忠"，而这个名字，将深度影响大唐帝国的走向。

杨钊与杨贵妃算是从祖兄妹，已是相当疏远的关系，其母是武则天的男宠张易之的妹妹。张易之被杀之后，杨钊也随父母流落蒲州。杨贵妃之父杨玄琰死后，作为一个远亲，杨钊也常往来杨家，久而久之，便和杨贵妃的三姐虢国夫人私通了。彼时杨贵妃已过继给叔父杨玄璬，对杨钊这位远得不能再远的族兄可谓素不相识。杨钊本是不学无术之徒，终日斗酒赌钱，放浪形骸，被亲族鄙视，后来去蜀郡当了一名屯田兵，因为有些成绩，谋了个小官。在此期间，善于钻营的杨钊通过种种渠道，结交上了剑南节度使章仇兼琼的幕僚鲜于仲通，这鲜于仲通也知道杨钊和彼时已经受宠的杨贵妃沾着远亲，认为其奇货可居，因此经常给落魄的杨钊接济一些财物。

杨钊时运的转机很快便出现了。彼时，权倾朝野的李林甫正排除异已，培植私党，对各边镇节度使也在执行清洗政策。身为剑南节度使的章仇兼琼感到前途未卜，遂找来与杨钊友善的心腹鲜于仲通，希望鲜于仲通转达杨钊，赴京依靠裙带关系给自己打开一条通路。这一招果然奏效。当这一年又到了贡献"春䌷"也就是蜀锦的时候，杨钊奉章仇兼琼之命拿着价值万钱的"土特产"来到长安，叩响了自己的族妹彼时已是虢国夫人的宅邸。杨钊将一半蜀货给了虢国夫人，虢国夫人大喜之下，不仅与这位当年相好重续旧情，而且还将其引荐给了杨贵妃。对这位平地冒出来的族兄，杨贵妃也乐得壮大杨家声势，央求玄宗给了杨钊一个金吾兵曹参军的职位，身处剑南道的章仇兼琼和鲜于仲通也因此在朝中攀上了高枝。

杨钊当然不会满足于金吾兵曹参军这样一个小官，他知道隐忍，懂得钻营，在打通进宫的第一步后，开始千方百计地接近皇帝，结交权臣。因为经常可以出入一些宴会，杨钊在玄宗面前也有了展示自己的机会。宴席之上，君臣们经常会玩"樗蒲"之戏，需有一人计数，而杨钊"钩较精密"，甚得君臣喜欢。在一次宴会上，玄宗对这个杨贵妃远房的族兄大赞了一声："好度支郎！"一下子让杨氏姐妹找到了机会。度支郎本是唐代户部统计核算的官员，杨氏姐妹乘势为族兄邀官，玄宗当即应允，任命杨钊为度支判官，不久又提升为监察御史。依靠裙带关系上位的杨钊是何等玲珑之人，荣升高位的他做的第一件事就是表忠心。他对玄宗道，自己的名字"钊"字中有"金""刀"二字，于图谶不吉，祈请皇帝重新赐名，玄宗很高兴，亲赐其名为"国忠"。从此，杨国忠的名字开始进入大唐政治弈局，而早已不问政治的唐玄宗绝对不会想到，若干年后，这个"国忠"会引发一场差点"终国"的大动荡。

更名杨国忠的杨钊，很快就融入了杨氏家族奢靡腐化的风潮之中。每逢陪玄宗、贵妃游幸华清宫，杨氏诸姐妹兄弟作为扈从，也都前呼后拥，竞相比阔。他们用黄金、翡翠、珍珠、美玉装饰他们的车驾，每家一队，穿一色衣，组成五彩缤纷的阵仗。据说当时沿途掉落的珠宝首饰俯拾皆是，其奢侈程度可想而知。

在即位初期曾信誓旦旦大兴节俭之风的唐玄宗，彼时在杨氏家族掀起的奢靡之风中，起到的恰恰是推波助澜的作用。他经常将各地进献给他的珍宝美玉，赏赐给杨氏子弟。在他的"鼓励"下，杨氏每家建宅邸都要相互攀比，一个厅堂往往耗费千万，而一旦发现别人的宅邸超过了自己，便毫不吝惜地扒掉重建。对杨贵妃的三个风韵犹存会卖弄风情的姐姐，玄宗更是格外"照顾"，称她们为大姨、三姨、八姨。十王宅里的诸王甚至有时都要出资千钱，重金贿赂韩国夫人、虢国夫人、秦国夫人，请她们去央求玄宗——当然没有办不成的。在这三人中，玄宗又对孀居的虢国夫人格外垂青。

虢国夫人承主恩，平明骑马入宫门。

却嫌脂粉污颜色，淡扫蛾眉朝至尊。

——张祜（一作杜甫）《集灵台》

张祜的这首《集灵台》，说的其实是虢国夫人和玄宗之间的暧昧关系。集灵台即骊山华清宫的长生殿，在这座富丽堂皇的殿堂上，唐玄宗和杨贵妃可谓两情缱绻，但就在华清池的碧水辉映着杨贵妃的笑靥的同时，唐玄宗也会找个时机和她的姐姐虢国夫人做出些亲密之举。一般诰命夫人进宫皆乘凤辇，唯独虢国夫人却可以端坐马上，由黄门牵马入宫；每次入宫见驾，虢国夫人自恃姿色过人，常常不施粉黛，试图以素面朝天的形象赢得玄宗的欢心。

但杨贵妃毕竟固宠有术，尽管此间曾因虢国夫人与玄宗暧昧之事而生妒"忤旨"，发生过"出宫"风波，但一朝"出宫"，玄宗顿感失落，梨花带雨的杨贵妃仍是玄宗最无法割舍的丽人。据《开天传信记》载："太真妃常因妒媚，有语侵上，上怒甚，召高力士，以辎骈送还其家。妃悔恨号泣，抽刀剪发授力士曰：'珠玉珍异，皆上所赐，不足充献，惟发父母所生，可达妾意，望恃此伸妾万一慕恋之诚。'上得发，挥涕悯然，遽命力士召回。"当杨贵妃用自己的一缕青丝拂去眼角的泪花，并最终用它紧紧缚住一个天子的心，这位国色天香的丽人，在赢得长久不衰的专宠的同时，也让整个心怀忐忑的杨氏一族放宽了心，所谓一荣俱荣一损俱损，他们骄奢淫逸纸醉金迷的生活又开始了。

在杨氏各府的莺歌燕舞之中，始终保持清醒的人还是杨国忠。杨国忠深知，单靠裙带关系走到今天，远远不是自己的目标，而要攫取更大的权力，先要依傍更大的权力。他选定了在朝中掌握话语权的权相李林甫。在杨国忠看来，李林甫的宰相地位可谓一人之下万人之上，不理政事的唐玄宗对李林甫听之任之，而李林甫推行的很多政策，与其说是在捍卫大唐帝国的权力，不如说是在夯实自己的权力。市井泼皮出身的杨国忠当然知道依附大树的重要，在李林甫清洗异党的过程中，他极尽诬告构陷之能事，先后扳倒了诸多大臣，成为李林甫的得力干将。看到杨国忠贵为杨氏一门，又能主动给自己卖力，李林甫当然高兴，在玄宗面前极力举荐杨国忠。很快，杨国忠便一路青云直上，渐渐成为朝中仅次于他的隐形的二号人物。

而表面上忠于李林甫的杨国忠一直在暗中培植着自己的势力。他清楚，剑南道是自己的起家之地，也是自己的大后方，因此，一朝蹿上权力的高位，他很快便开始了布局。他遥领剑南节度使，原剑南节度使章仇兼琼被任命为户部尚书，鲜于仲通任剑南节度副使，充当自己在剑南道的代理人。当李林甫担心边镇武官威胁自己地位，任命外族武将出任各藩镇节度使，剑南因为杨氏家族的关系已是铁板一块，根本无力撼动。这片京师长安身后的广阔腹地，成了唯一一块由汉人任职不在李林甫掌控的边境藩镇。

随着地位的上升，杨国忠与李林甫之间的裂痕开始不断加大。杨国忠先是把李林甫的心腹干将吉温拉拢了过来，继而又找了个罪名将御史大夫宋浑和礼部尚书、京兆尹萧炅挤出朝廷。此二人为李林甫死党，因为吉温搜集的证据确凿，李林甫只能眼看羽翼被剪，却无法施以援手。

但要想撼动树大根深的李林甫并非易事，杨国忠知道，必须采取非常手段才能削弱李林甫在玄宗心中的分量。天宝十一载（752）二月，机会来了。就在这一年，市场恶钱泛滥，尤其是经济发达的江淮一带，更是成为私铸恶钱的基地，许多贵族富商纷纷拿着良币到江淮以一比五比例兑换，回到长安再牟取暴利，一时间，长安恶钱汹涌。李林甫遂从国库紧急调拨几十万贯，在长安回收恶钱，以期控制这一愈演愈烈的经济乱象。李林甫虽然为人奸诈，但这一做法确实出自公心，如以雷霆手段施行，应当会有成效。然而，杨国忠却将此事作为了攻击政敌的好出口。他特地骑马过市，一些被打压的商贾纷纷拦马诉苦，杨国忠遂上奏玄宗，说李林甫看似救市，实则扰乱了市场，让经济陷入低迷。玄宗听罢，于是废除禁令，改命"非铅锡所铸及穿六者，皆听用之如故"。此事对李林甫打击不小，他蓦然发现，曾经依附自己的杨国忠，正在成为威胁自己相位的可怕的对手。

此后，李杨二人的博弈开始不断升级。天宝十一载，御史大夫王鉷之弟王焊与其死党邢縡图谋作乱，欲杀死李林甫、陈希烈、杨国忠三位权臣。在王焊看来，除掉此三人，其谋朝篡位的障碍便会一扫而光。但随着阴谋败露，王焊和邢縡很快锒铛入狱，玄宗命杨国忠与陈希烈一同审讯。杨国忠立刻觉得这是斗垮李林甫的好机会，因为御史大夫王鉷是李林甫的铁杆心腹，尽管王鉷彼时早已经位高权重，身兼二十多个职衔，但对李林甫依旧忠心耿耿，而李林甫眼见自己当年举荐的心腹越来越得玄宗宠信，虽有些醋意，但看到王鉷对自己仍毕恭毕敬，也乐得自己羽翼壮大。杨国忠正是看准了这个机会，借王焊谋反一案将王鉷卷带了进来，向玄宗奏称王鉷也曾参与了密谋，并借此案牵扯到了李林甫，称他暗中勾结王鉷；多年在副相上当摆设的陈希烈一直对李林甫心怀怨气，这次也跳了出来，奏称王鉷大逆不道，按律当斩。就这样，王鉷被迫自尽，王焊及邢縡被乱棍打死，王氏一门尽数放逐岭南，而一直为王鉷辩护的李林甫直到被杨国忠连拉带扯地拽进此案才发现，和杨国忠这个如日中天的外戚相斗，自己的危险系数已经越来越高。经此一事，尽管玄宗对李林甫没有太多怪罪，但对其已经有所疏远。

当然，李林甫对自己的失势岂能甘心？他很快也寻到了一个钳制杨国忠的机会。天宝十一载十月，就在王焊谋反案不久，南诏寇边，剑南告急。当时，杨国忠兼任剑南节度使，李林甫便奏请玄宗，建议让杨国忠到剑南赴任，想借机将他调离朝廷。杨国忠明知是李林甫从中作祟，却又无可奈何，临行之日，他对玄宗哭诉道："臣一旦离朝，必为李林甫所害。"唐玄宗则安慰其道："卿暂到蜀区处军事，（朕）屈指待卿。"按理说，支走杨国忠，李林甫算是除却了一个心头之患，但上苍却没有再给这个大唐权相更多时日。就在杨国忠赴任剑南不久，李林甫一病不起。他知道自己已经时日无多，但多年操控皇权的惯性，还是让他心有不甘，派人转告玄宗，说自己病入膏肓，求见皇帝最后一面。一向对李林甫言听计从的唐玄宗此刻却在杨国忠买通的侍臣的谏阻下，拒绝了这位首辅之臣的请求。他让人将李林甫抬到庭院中，自己则登上建于山顶的降圣阁，举起红巾招手慰问，李林甫已病重不能起身，只能让家人代拜谢恩。在李林甫昏花的眼神中，那条飘摇的红巾，更像是一只断了线的风筝。自从他当上副相开始，他一直牢牢把控着线轴，将这只风筝放飞了十九年，如今，他手无缚鸡之力，风筝线终于到了该断的时刻，他的时代结束了。

给李林甫时代画上句号的人，正是风光无两的杨国忠。接到玄宗的御旨，杨国忠星夜兼程从剑南回到了长安。在面见皇帝之后，他要做的第一件事就是去看看自己昔日的对手李林甫，看看这位曾经权倾朝野的人物在奄奄一息时的沮丧，更要听听他对自己十九年宰相生涯的总结。面对这个大唐新贵的造访，李林甫只能无奈地示弱："林甫死矣，公必为相，以后事累公！"在博弈多年之后，李林甫终于认输了。他知道，自己给杨国忠的临终之托，其实不过是顺水推舟，独裁近二十年，李林甫已树起了无数仇敌，他只是希望，这个接棒者能保全他的身后名，保全他的李氏家族。

然而，李林甫显然低估了对手的狠辣。天宝十二载（753），就在李林甫死后不久，杨国忠与安禄山合谋，诬告李林甫与叛将阿布思约为父子，同谋造反。此前一直对李林甫心怀忌惮的安禄山当然愿意落井下石，马上派了一名阿布思部落的降将入朝作证，李林甫的女婿杨齐宣眼见大树已倒，遂攀上了杨国忠的高枝，也出面证实。当"证据确凿"，玄宗盛怒，立即将尚未下葬的李林甫削夺官爵，抄没家产，其子尽被除名，流放岭南，其一干亲党也全部被贬。余怒未消的唐玄宗还命人劈开李林甫的棺木，挖出了其口内的含珠，剥下了金紫朝服，改用小棺以庶人之礼草草埋葬。哀哉李林甫，执宰大唐十九年，口蜜腹剑一生，最后落得个无比凄凉的结局！

和破败的李府相对的，是杨府的钟鼓齐鸣歌吹震天。彼时的杨国忠已经顺理成章地坐上了宰相的高位，同时兼领了四十多个官职。沉迷于杨贵妃温柔乡中的唐玄宗，早已习惯了不理政事的神仙日子，将军国大事统统交给了杨国忠去打理，自己乐得个自在逍遥。荣耀加身的杨国忠在文武百官讨好的笑容中，目不斜视地向前走去，他知道，李林甫时代已成历史，他要开辟的，是一个新的时代——杨国忠时代！

更大的乱局

当杨国忠终于斗败政敌李林甫，成为一国宰相，他对权力的控制与追逐便更加肆无忌惮。

他破坏了唐朝胥吏铨选的程序和规则。本来，这项制度是有着严格的考核标准的，必须经过三唱三注，历经数月，通过几个机关审核，方能实现为国选才的初衷，但到了杨国忠执政，他却为了一己私欲，将严肃的铨选制度视同儿戏。他先将胥吏叫到自己家中亲自"面试"，主观形成一份拔擢名单，然后再将门下省侍中陈希烈和给事中、诸司长官一起召集到尚书都堂，唱注选人，只消一日，就把铨选名单确定了。"今左相给事中俱在案，已过门下矣！"当杨国忠霸道地说出这番话来，大唐官吏的晋升选拔制度已经仅仅是走一个过场，被杨国忠彻底垄断，成为他公器私用培植党羽的工具。

他蒙蔽圣聪的本事与李林甫相比，有过之而无不及。天宝十二载，关中先是出现水灾，继而又是旱灾，百姓苦不堪言。彼时杨国忠初掌相位，担心有人用择相不合天意说事，遂命自己的心腹、已被提升为京兆尹的鲜于仲通从京郊寻得一把嘉禾献给玄宗，说"雨虽多，不害嘉禾"，玄宗竟信以为真。这位沉歌醉舞的皇帝哪里知道，正是杨国忠的这句话，让各级官吏不敢据实以报请求赈灾，关中数百万百姓只能背井离乡，流离失所。

阑风长雨秋纷纷，四海八荒同一云。

去马来牛不复辨，浊泾清渭何当分。

禾头生耳黍穗黑，农夫田妇无消息。

城中斗米换衾裯，相许宁论两相直。

——杜甫《秋雨叹（其二）》

杜甫的《秋雨叹》共三首，描述的正是当时关中百姓的惨境。当生芽的谷粒和发霉的黍穗彻底毁了农民们一年的收成，当长安城中的米价贵到一斗米就可换一套被褥，只为"耽宠固位"的杨国忠已经成为祸国殃民的罪魁。

玄宗却对杨国忠"出色"的"政绩"非常满意。为了满足皇帝的口体之养，杨国忠号令天下各州，将租调粮变造为轻货，并把增征丁租、地租换成布帛，送到京城。这种横征暴敛成为杨国忠执政期间大唐国家财政的可怕表征，而蒙在鼓里的唐玄宗还以为这是物阜民丰的结果。他曾率领百官沿着东内大明宫麟德殿右侧的府库西行，直到西内的太极宫以东、恭礼门内的府库为止，用了将近一天才将万国朝贡之宝、天下赋调之物欣赏完，大喜之余，亲赐杨国忠紫衣金袋，以示皇恩。在玄宗眼里，这个自己爱妃的族兄绝对是为江山社稷考虑的能臣，有此能臣在，自己无忧矣！

得到皇帝宠信的杨国忠显然不满足于把自己的权势仅仅局限于京师和朝廷。他深知，由于李林甫时代推行的一系列政策，朝廷的势力正在受到来自边镇节度使的权力挤压。安禄山、高仙芝、哥舒翰这些边镇悍将，在地方的兵力与权力正在日益膨胀，而他们当中，最具潜在威胁的人物，就是安禄山。如果说杨国忠的势力范围在京师和剑南，那么安禄山已经控制了北方和东北的边镇。这个巨大的隐患，对于热衷权力的杨国忠而言，无疑成了一块令其寝食难安的心病。

安禄山能做到这一步，绝非一蹴而就。他有着与生俱来的勇武基因，也兼具狡黠诡谲的秉性。在唐朝严格按任职年限任官的体制下，安禄山的飞黄腾达绝对是一个特例：三十岁从军，四十岁出任卢州节度使，到了四十九岁，更身兼平卢河北转运使，管内度支、营田、采访处置使，安禄山的晋升之路可谓顺风顺水。这位悍将的擢升自然离不开其骁勇的武功，据说他通晓边境九族语言，彼时契丹族时常进犯河北，安禄山常常一马当先，屡建战功，被唐玄宗视为安边长城。但早年讨伐契丹战败差点被时任宰相张九龄斩首的窘事，一直是安禄山心中挥之不去的阴影，站在沙场的烈烈大风之中，他手提降将的头颅，目光一刻都没有离开过长安。

安禄山真正走进唐玄宗的视线，还是因其令人肉麻的阿谀逢迎之能。天宝二年正月，一身征尘的安禄山被召入朝，为了抓住这个难得的机会，他向玄宗编了一套早已准备好的谎言。他说去岁营州大旱，虫灾泛滥，蚕食于苗，于是他便焚香祈愿道：若事君不忠，甘愿虫食其心，若不负神祇，愿使虫散。结果焚香未毕，空中便来了一群红头黑鸟，将所有虫子啄食殆尽。这本是一个听来就不可信的谎言，可是一经安禄山绘声绘色的讲述，玄宗却信以为真，为褒奖其忠心，很快就让他兼任了范阳节度使。还有一则轶闻也可佐证其为人。史载安禄山身形肥大，腹垂过膝，"马必能盈五驰者乃胜载"，他的坐骑一定要在马鞍前再特置一小鞍以承其腹。玄宗见他如此肥胖，便笑问其腹中何物，安禄山的回答完全在点上："更无余物，正有赤心耳！"没有哪个皇帝不受用这番表忠心之辞，安禄山的油嘴滑舌换来的是当朝天子的笑声和一路亨通的官运。天宝十载（751），玄宗命人在长安亲仁坊为安禄山建造新宅，敕令"但穷壮丽，不限财力"，厨厩之物也都用金银装饰，其奢侈华丽，"虽宫中服御之物殆不及也"。安禄山进入新宅时，玄宗还特意停止了击毬游戏，命诸宰相前来贺乔迁之喜，荣宠可见一斑。

说到安禄山的巧言令色，不能不提到他与杨贵妃怪异的"母子"关系。见到杨贵妃宠冠后宫，安禄山可谓做足了功课。他虽比其大了十八岁，却甘心做了杨贵妃的养儿，侍奉杨贵妃如同生母一般，有时甚至在宫中与其相对而食，通宵达旦。杨贵妃对这个肥胖的"养儿"也格外喜欢。据说安禄山过生日，唐玄宗和杨贵妃给他的礼物极为丰厚。不仅如此，在生日三天之后，杨贵妃还郑重其事地给这个"养儿"完成了一次"洗三"仪式。杨贵妃让宫女们准备了一个大浴盆，让脱得精光的安禄山坐进去，由杨贵妃亲自给这个白胖的"儿子"洗澡。洗过之后，又让人将其裹进一个锦缎制成的襁褓之中，放在花轿里由宫女们抬着一路嬉戏，口呼"禄儿""禄儿"。玄宗也觉得有趣，不仅给了杨贵妃"洗三"的贺礼，还允许这个"禄儿"今后可以自由出入宫禁。这则令人啼笑皆非野史的可信度也许值得商榷，此后衍生出的杨贵妃与安禄山的暧昧关系更可能只是捕风捉影，但有一点却是确定的，那就是安禄山的滑稽搞笑、善于逢迎赢得了唐玄宗和杨贵妃的欢心。锦衣玉食的日子里，需要一些宫廷小丑来制造笑声，安禄山，正是这样一个能带来笑声的小丑。

安禄山对唐玄宗杨贵妃极尽谄媚之能，对太子却视若无物，见而不拜。玄宗怪而问之，安禄山道："臣番人，不识朝仪，不知太子是何官。"当玄宗解释说太子是储君，安禄山马上道："臣愚，比者只知陛下，不知太子，臣今当万死。"当故作糊涂自降辈分的安禄山在唐宫左右逢源，当身材浑圆的安禄山以一段"其疾如风"的"胡旋舞"引得唐玄宗和杨贵妃啧啧称赞，这个高速旋转的"陀螺"其实已经将自己的面目遮蔽了起来，没有人怀疑，这个卑微猥琐得有些过头的胖子会做出大逆不道的事来。

而安禄山的野心却在急遽地膨胀。当朝中权相李林甫病死，安禄山已经将自己视为唐廷最有力的争权者，随着外戚杨国忠借着杨贵妃扶摇直上，安禄山的狼子野心急于找到爆发的出口。必须承认，李林甫任宰相时，尽管其从狭隘的私利考虑，让许多非汉人出身的将领担任了地方节度使，但其对边镇的控制还是有的，安禄山一是势力尚未坐大，二也是确实对李林甫的心狠手辣有所忌惮，不敢造次。史载，当时已是范阳节度使的安禄山倚仗帝妃宠幸，在群臣面前甚为倨傲，然而尽管如此，安禄山对朝中权相李林甫却畏惧三分，他曾说："吾对天子亦不恐惧，惟见李相公则悚怀。"究其因，缘李林甫与之讲话，往往猜透其心而先言之。为此，安禄山特意在朝中安插一耳目，每次当他从长安来，安禄山便问："十郎（李林甫）何言？"如果是些安慰的话，则欢呼雀跃；若是警告："安大夫须好检校！"则惊恐不已，据床而呼："阿与！我死也！"安禄山的这种心态，随着李林甫病死，杨国忠掌权，开始发生变化。在他的骨子里，杨国忠就是依靠裙带关系起家的市井小儿，既不足敬，更不足畏。同样，杨国忠也对安禄山的羽翼渐丰颇为不满，他不能容忍在自己的权力之路上，有这个大腹便便的胖子横卧其中，尤其是二十多万兵力都掌握在安禄山的手中，不能不让人心生警惕。

唐玄宗对安禄山的信任却在与日俱增。天宝十载二月，玄宗令忠于唐廷的河东节度使韩休撤离河东，转手就将这个战略要地交给了安禄山。彼时，安禄山已身兼范阳、平卢两镇节度使，现再加上河东道，更是如虎添翼，总兵力已占了全国兵力的百分之四十。军事力量不断壮大的安禄山并不满足，更希望在京师长安的政治格局中分得一杯羹，遂向玄宗请求宰相一职。早已被安禄山的花言巧语蒙蔽的唐玄宗没有犹豫就着人起草诏书，准备任安禄山为左相。这回杨国忠终于坐不住了，他向玄宗"劝谏"道："禄山虽有军功，目不知书，岂可为宰相？制书若下，恐四夷轻唐。"经杨国忠一说，玄宗没再坚持，但还是让安禄山官拜尚书左仆射，并赐其一子三品官，一子四品官。

杨国忠眼见安禄山越来越强势，当然不会甘心。最初，他曾鼓动玄宗攻打南诏国，以期让自己在剑南的势力向南推进，结果适得其反，损兵折将。此后，他又和素与安禄山不睦的河西节度使哥舒翰结为盟友。哥舒翰的麾下有近十五万兵士，在多年与吐蕃的交战中可谓久经沙场，完全可以对虎视眈眈的安禄山起到制衡作用。之后，杨国忠便直接警示玄宗，说安禄山势力已成，正酝酿谋逆。玄宗当然不信，杨国忠遂建议召安禄山进京以验其忠。然而，令杨国忠没想到的是，诏令发出不久，安禄山竟真的轻车简从奉诏而来了，这一下，算是彻底堵住了杨国忠的嘴，而玄宗见安禄山如此"忠心"，更是放心了。他对杨国忠及一些预感到不祥苗头的大臣说："禄山，朕推心待之，必无异志，东北二虏，藉其镇遏。朕自保之，卿等勿忧也。"玄宗说出此话之后，朝堂上再也没有人敢发出警示之声了。

　　安禄山经过长安这次有惊无险的朝觐，已暗下反唐决心。天宝十三载（754），为了扩充军马，他上书请求玄宗让他兼领饲养战马的职务，玄宗竟欣然同意，任命其为内外闲厩使和陇右群牧使，与此同时，被安禄山从杨国忠阵营拉拢过来的御史中丞吉温则被任命为闲厩副使。内外闲厩使和陇右群牧使这两个有点"弼马温"性质的职衔看似不重要，却成为安禄山积蓄力量的重要抓手。当时大唐骑兵的马源主要集中在陇右，而这一地区一直是哥舒翰的控制区，安禄山根本无法染指。经过这次任命之后，安禄山不仅可以堂而皇之地踏入哥舒翰的地盘，及时搜集哥舒翰的军事情报，还可以大大方方地为自己挑选数千匹一流战马，壮大自己的战斗力；与此同时，安禄山还奏请玄宗以蕃将代汉将。这样昭然若揭的狼子野心，玄宗竟然也非常痛快地答应了。很快，顺从他的五百多名蕃将悉数晋升为将军，另外还有两千多人则被封为中郎将，而从罗、奚、契丹降者中选拔出来的八千多精壮武士，则成为安禄山的最核心战队，称为"曳罗河"（壮士之意）。

彼时，羽翼丰满的安禄山并没有急于亮出反旗，而是一边做着大胆的试探，一边麻痹着长安的神经。他让人制作了大量只有皇家才能用的绯紫袍、鱼袋，以备后用；他厚赂每一个从长安派来的使者，让他们心甘情愿地回去给玄宗报平安；而他对待中央朝廷的态度再也不是当年憨态可掬满脸堆笑的模样。面对朝廷的多次宣诏，他常常诡称有病不便前往，甚至他在长安的儿子结婚，玄宗亲诏其赴长安观礼，他都借故推托。天宝十四载（755）七月，他甚至大胆奏请玄宗，请献战马三千匹，每匹战马派两名军卒护送，并由二十二名非汉族将领带队前往长安。好在河南尹达奚珣及时向玄宗发出警示，这支六千多人的"朝觐"大军极有可能来者不善，玄宗才没有同意，下诏让安禄山改由冬季献马，马夫由中央朝廷提供。

新丰绿树起黄埃，数骑渔阳探使回。

《霓裳》一曲千峰上，舞破中原始下来。

——杜牧《过华清宫（其二）》

这首诗，是杜牧《过华清宫》绝句的第二首，描述的正是唐玄宗在天宝十四载七八月间的一种状态。新丰市绿树掩映的驿道上升腾起滚滚黄尘，那是玄宗派去探听安禄山虚实的宦官辅璆琳返回长安的马队。这个被安禄山喂饱了的心腹宦官，汇报的只是安禄山的耿耿忠心，却刻意掩饰了他所看到的刀光剑影。玄宗的心头释然了，对远在范阳的安禄山，没有做出任何防范之举。"禄山，朕推心待之，必无异志！"徜徉于华清池的碧波之中，欣赏着杨贵妃婆娑婀娜的《霓裳羽衣舞》，进入老境的唐玄宗坚定地认为，这个肥胖的"禄儿"绝对不会辜负他，背叛他。

然而，"渔阳鼙鼓动地来，惊破《霓裳羽衣曲》"，天宝十四载十一月初九，身兼范阳、平卢、河东三镇节度使的安禄山及其部将史思明，最终还是扯掉了顺臣的假面，选在天寒地冻北风凛冽之时，悍然率领二十万大军，从范阳起兵。一时间，这支浩浩荡荡的虎狼之师，"烟尘千里，鼓噪震地"。唐军久享太平，武备废弛，哪里见到这种阵势，纷纷望风瓦解，安禄山叛军则长驱直入，一路如入无人之境。和历史上所有举起反旗的叛军一样，安禄山剑指长安打出的同样是"清君侧"的旗号，而他"奉旨清剿"的君侧奸佞正是宰相杨国忠！肥胖的安禄山正如同他可以轻松地跳起"胡旋舞"一样，坐在铁车上，就把他的二十万大军舞成一阵疾速推进的狂飙。擅于用兵的安禄山遣一支轻骑劫持了太原尹杨光翙，制造出佯攻太原进而直取长安的假象，实则将大军开赴东线，经博陵、常山至陈留，然后西向东都洛阳，进而过潼关取长安。等唐玄宗真正反过味儿来时，安禄山叛军已经杀入河南地界，一路攻下陈留、荥阳，兵临东都洛阳城下。

唐玄宗终于愤怒了！他没想到这个深得自己宠信的义子会觊觎李唐江山如此之久，在怒杀安禄山在长安的儿子安庆宗之后，马上开始紧急的军事部署：任命安西节度使封常清兼任范阳、平卢节度使，防守洛阳；接着任命第六子荣王李琬为元帅、右金吾大将军高仙芝为副元帅东征；同时，起用郭子仪为朔方节度使，李光弼为副帅，东进河北道，与封常清、高仙芝部形成呼应之势。

然而，蓄谋已久的安禄山兵锋太盛了，而唐廷日渐形成的外重内轻的积患，更是让仓促组成的平叛大军难以形成强大的战斗力。十二月十三日，就在距安禄山范阳起兵仅仅三十五天之后，洛阳失守。这座大唐帝国的繁盛东都，几乎是在呼吸之间，就已经易主。失了洛阳的封常清与屯守陕郡的高仙芝感到叛军势如潮水，决定暂弃陕郡，保全有生力量退守进入长安的重要门户——潼关。

潼关，地处黄河渡口，位居晋、陕、豫三省要冲，是进出三秦之锁钥，素有"畿内首险""四镇咽喉""百二重关"之称。潼关的历史，可以追溯到春秋战国时代。《新唐书》载，因其守望崤函古道中百余里桃林，又被称作"桃林塞"，《左传》也有"晋侯使詹嘉守桃林之塞"的记载；后则以水得名，《水经注》云："河在关内南流潼激关山，因谓之潼关。"在这座"关门扼九州，飞鸟不能逾"的雄关险隘，曾上演过数不清的激烈搏杀，自始建之日起，就从未停止过马嘶弓鸣声，历代统治者为了巩固自己的统治地位，都在这里驻屯重兵设关保守。然而，当历史走到天宝十四载的冬天，潼关见证的，却是一个昏庸之君的自毁长城。一路奔袭回撤潼关的封常清与高仙芝，以为退守这座"畿内首险"是万全之策，却没有想到，洛阳、陕郡的失守，竟给了一个叫边令诚的宦官监军以口实。和封、高二人有过龃龉的边令诚在玄宗面前极尽诋毁之能："常清以贼摇众，而仙芝弃陕地数百里，又盗减军士粮赐。"当这句恶意的诽谤让天天听到战败消息的唐玄宗气得浑身哆嗦，他已经看不进封常清和高仙芝奉上的破敌奏表，当即命边令诚去潼关将封常清和高仙芝处斩。可叹封常清、高仙芝，本欲在潼关浴血征袍，与安禄山叛军决一死战，没想到却死在小人之手。而临阵斩将自毁长城的唐玄宗绝对不会想到，正是这两道冲天的血光，助长了安禄山的气焰，直接导致了大唐帝国的全面溃败！

天宝十五载（756）正月初一，安禄山在洛阳称大燕皇帝，改元圣武。黄袍加身的安禄山并没有在洛阳停下脚步，而是继续将大军推进到了潼关。他知道，攻克潼关，就意味着可以直取长安，取了长安，天下才是他的。而彼时的潼关，在目击了封常清和高仙芝喷薄而出的颈上之血后，已经迎来一位新的守将——河西陇右节度使哥舒翰。斩杀了封常清、高仙芝，唐玄宗发现，除了在河北一线抗战的郭子仪，只有哥舒翰可以据守潼关，与叛军抗衡了。他火速任命哥舒翰为左仆射、同平章事，且余职不变。这是玄宗自讨伐叛军以来任命的第一位兼职宰相的将帅。他知道，哥舒翰素与安禄山不睦，其手中的军队虽不及安禄山骁勇，但毕竟可以与叛军拼杀一阵，再加上潼关之险，长安的安全还是有保障的。

本已卧病在床的哥舒翰无奈之下，只能率部集结潼关。深谙用兵之道的哥舒翰到了潼关之后，采取的是据险固守之策。玄宗希望他能迅速出击，一举平叛，而他在给玄宗的奏疏中却分析入理，极为冷静：

> 禄山久习用兵，今始为逆，岂肯无备！是必赢师以诱我，若往，正堕其计中。且贼远来，利在速战；官军据险以扼之，利在坚守。况贼残虐失众，兵势日蹙，将有内变；因而乘之，可不战擒也。要在成功，何必务速！今诸道征兵尚多未集，请且待之。

哥舒翰的分析是有道理的。彼时刚刚称帝不久的安禄山由于大军推进过快，也正处于腹背受敌的状态：河北诸郡以颜杲卿为代表的反抗叛军的力量对安禄山构成了有效的牵制；郭子仪的部队也通过几次重大的胜利，打通了井陉关的通道，使叛军无法全力西进；而潼关的铜墙铁壁又使急于取胜的叛军虚耗力量，进退维谷，以至于安禄山甚至生出了放弃洛阳退守范阳之心。所有迹象都在表明，只要不和安禄山叛军正面交锋，以守为攻，以逸待劳，这支其兴也勃的狂飙势必其亡也忽，不消数月，即可土崩瓦解。

然而，就是这个时候，丝毫不懂军事却擅弄权术的杨国忠打破了这种历史的可能。本来，杨国忠在与安禄山争锋之初，曾拉哥舒翰为盟友，但随着大敌当前，玄宗对哥舒翰更加倚重，杨国忠深深感到了权力危机，尤其是当哥舒翰借故杀掉另一位势头强劲的节度使——与安禄山没有血缘关系的继堂兄弟安思顺，更是让杨国忠有了唇亡齿寒之忧。他担心哥舒翰拥兵自重，到时真要是矛头西指，难以控制，遂上奏玄宗请求组建一支万人的队伍以捍卫京师，玄宗允准。但哥舒翰却看穿了杨国忠的伎俩，上书玄宗请求让这支万人之师增援潼关，加强防守。玄宗不好拒绝，只能答应。结果杨国忠的亲信杜乾运刚刚率军到潼关不久，就被哥舒翰借故杀掉，这支万人的队伍也随之被收编，杨国忠的如意算盘就这样落空了。

得罪小人的后果是严重的，小人为了一己私利，可以置家国于不顾，而这，正是安史之乱最终持续长达八年之久的内因所在。当眼睁睁地看着自己的势力被削弱，而哥舒翰却风头正劲，在潼关有日益坐大的威胁，杨国忠终于坐不住了。他上奏玄宗道："贼方无备，而翰逗留，将失机会。"玄宗以为然，遂不顾郭子仪、李光弼等人上表劝阻，更听不进哥舒翰的战略分析，而是一意孤行，多次派宦官催促哥舒翰出兵。当多道敕令下达潼关，哥舒翰再也无法违逆圣旨，只能抚膺而哭，领兵出关。

接下来的一幕注定是大唐历史上的黑暗时刻。哥舒翰的部队很多都是仓促间集结起来的，而安禄山的部队却已是摩拳擦掌了很长时间，哥舒翰军无论从战斗力还是作战经验都逊一筹。如果据关固守，叛军长途奔袭，补给不足，日久生变亦未可知，但真正出关交手，就只能是以卵击石了。很快，哥舒翰的十余万大军便在潼关以东七十里狭窄的山道上遭遇到来自叛将崔乾祐的伏击，乱成一团的官军士卒争相逃命，溃不成军，许多人都掉进了潼关的壕沟之中，以至于最后都将壕沟填平了。崔乾祐乘胜追击，很快就攻下了潼关。

潼关失守后，走投无路的哥舒翰被迫投降安禄山。对于这个昔日的死对头，如今的败军之将，安禄山只是报以两声揶揄的冷笑，就将其囚禁起来。后来，哥舒翰被安禄山之子安庆绪所杀，一代名将，就这样抱憾而死，成为历史的烟尘。

攻克潼关彻底点燃了安禄山的野心。拿下这座三秦锁钥，意味着他的大军可以长驱直入，一马平川地向长安挺进。长安，这座自己曾被"郑重"地沐浴"洗三"的物华天宝之都，这座自己曾跳起"胡旋舞"以助帝妃之兴的雕梁画栋之城，即将以一种战栗的姿态匍匐于自己的脚下，这将是一种怎样的快意恩仇？想到这里，安禄山狂笑不止，他肥硕的肚腩在一路疾驰的铁车中，更加夸张地抖动起来。

唐玄宗是在看不到传自潼关的"平安火"之后，变得惊惶不安的。此前，哥舒翰每天在潼关烽火台点燃的"平安火"，曾一度是唐玄宗的"定心丸"，然而，当"平安火"不再以接力的形式传递到他的视野之内，他已经不得不接受一个悲哀的事实——潼关失守了！与潼关的直线距离不过二百余里的长安，已然成为一座危城！在杨国忠的建议下，唐玄宗被迫做出决定：放弃长安，退守四川。剑南是杨国忠的根据地，在这座天府之国，王朝的命运也许会出现反转。

这是一个微雨的早晨。天宝十五载六月十四日，唐玄宗和杨贵妃在羽林军的簇拥下匆匆走出延秋门，开始了仓皇的西蜀之行。为了稳住长安的局势，唐玄宗摆出了一副御驾亲征的姿态，让皇城的百姓看到一个皇帝打算亲自平叛的决心，而实际上，他只是带上了杨贵妃等少数亲眷和杨国忠等少数随从。对于处在火山口上的长安城，他已不想多待上一刻，至于他走后，长安是烈焰熊熊还是洪水滔天，他已经无暇顾及。

> 内殿张弦管，中原绝鼓鼙。
>
> 舞成青海马，斗杀汝南鸡。
>
> 不见华胥梦，空闻下蔡迷。
>
> 宸襟他日泪，薄暮望贤西。
>
> ——李商隐《思贤顿》

李商隐诗中所云的思贤顿，即咸阳东郊的望贤驿，这首诗描绘的正是唐玄宗奔蜀过程中的一个落魄场景。据说唐玄宗一行人从长安出发，一路疾行，经过望贤驿已是黄昏。本想去驿站填饱肚子住宿一晚，不想当地官员早已望风而逃，无奈之下，玄宗只能靠在大树下吃一口杨国忠买的胡饼充饥。想到自己昔日钟鸣鼎食，如今却如同逃荒一般，唐玄宗不禁黯然落泪——"宸襟他日泪，薄暮望贤西。"当惨淡的愁云弥盖泪眼，这位曾经创建"开元盛世"的大唐天子，留给望贤驿的，只能是一声长长的叹息。

更大的无奈还在后面。过了望贤驿没有多久，唐玄宗一行人来到了马嵬坡——这里据说是因为西晋时期有个叫马嵬的人在此筑城而得名。人困马乏的队伍决定在马嵬坡歇个脚，而唐玄宗、杨贵妃、杨国忠全然没有意识到，一场致命的风暴正在马嵬坡悄然生成。

挑起这场风暴的，是禁军龙武大将军陈玄礼。彼时，兵士们的怨气已是此起彼伏，安禄山发动叛乱的旗号是清君侧，目标是杨国忠，而兵士们对苛刻的杨国忠同样恨之入骨。早就对杨国忠心怀不满的陈玄礼决定利用兵士们的情绪发难。他通过太子李亨身边的宦官李辅国向太子递话，请诛杨国忠以平民愤，懦弱的太子本来一直处于杨国忠的压制之下，也是早有除掉杨国忠之意，但又不便表态，只能不置可否。陈玄礼对太子这一态度的理解是：不表态本身就是表态，诛杀国贼杨国忠正当其时！

　　也许是一种历史的巧合，在这支仓皇逃亡的队伍中，竟然夹杂着二十多个吐蕃使者。当饥肠辘辘的吐蕃使者纷纷围着杨国忠要吃要喝，陈玄礼觉得机会来了，立刻鼓动兵士大喊杨国忠私通吐蕃，预谋造反。杨国忠还没反应过来是怎么回事，愤怒的兵士便一拥而上，将杨国忠乱刀剁死。当血淋淋的人头在马嵬坡的落日中形成黑色的剪影，杨国忠，这个市井无赖起家最终荣宠至极的外戚宰相，怎么也没想到，自己的时代还没开始，就以一场动地而来的鼙鼓和一次始料未及的兵变提早画上了句号。

　　杀了杨国忠这个祸国巨蠹，发生哗变的兵士们索性一不做二不休，他们愤怒的声浪并没有停下来，而是在马嵬形成了一道更汹涌的洪峰。刀光闪过之处，杨国忠之子杨暄、御史大夫魏方进、曾经尊崇无比的秦国夫人、韩国夫人纷纷人头落地。唐玄宗和杨贵妃面对这场突如其来的兵变，早已吓得面如土色：马嵬坡，这个荒凉的驿站，真的会是生命的终点吗？

　　"国忠谋反，贵妃不宜供奉，愿陛下割恩正法！"这是陈玄礼站在愤怒的兵士们中间，用长枪挑着杨国忠的头颅，对昔日的九五之尊发出的"最后通牒"。而彼时的唐玄宗，虽然也是从政变的刀光剑影中一路走上辉煌的皇座，但面对马嵬刺眼的寒光，再也不复当年的威严与果决，像一条在泥淖中搁浅的游龙，再无起飞之力。为了保住自己的性命，他已经无法保住心爱的女人的性命，他是一个皇帝，但他却必须放弃一场曾经沧海的欢爱。赐死的诏书伴着苍白的梨花飘然落下，杨贵妃欲哭无泪，只能在礼佛之后，走向终结生命的白绫。这条白绫，连接着自己快乐无忧的少女时代，连接着自己贵为王妃的风花雪月，连接着太真观凄清的梆音，更连接着奏响《霓裳羽衣曲》的琴弦，连接着华清池温润如玉的碧波。如今，一切都将在马嵬坡的荒烟蔓草间戛然而止。当白绫之下的杨贵妃香魂飘散，这个中国历史上最雍容华贵的女人，在烟萦雾绕的佛龛前砰然倒地。她的玉脂冰肌被裹以紫褥，草草地葬在唐玄宗狼狈逃亡的驿站。三十八载华年，宛若三十八片梅瓣，凄凉地洒进两《唐书》，承接着历史的清风冷雨，也浸润了传说的浩渺云烟。

失魂落魄的唐玄宗继续向着蜀地逃亡，而他一路逃亡的过程，也是皇权逐渐丧失的过程。皇太子李亨，这次没有跟随玄宗踉跄南行的脚步，而是在马嵬坡掉转了马头。这一天，本欲继续赶路的唐玄宗被一群不知从哪里冒出来的百姓拦住了去路，他们跪地长泣道："宫阙，陛下家居；陵寝，陛下坟墓。今舍此，欲何之？"而去意已决的唐玄宗一刻也不想在马嵬坡这个伤心地耽搁了。他将重整山河的任务交给了太子李亨，从为数不多的禁军中又分拨了两千军马给太子，让他依靠这点儿兵马重新收复失地，而玄宗自己则和陈玄礼率领的禁军一路向蜀中绝尘而去。他相信，在叛军不曾染指的巴蜀之地，自己能够喘上一口气，重新再来。

而这，正是太子身边宦官李辅国帮助太子想出的一条"自立门户"之计。再跟着玄宗向蜀中逃亡，太子李亨依旧是没有话语权的太子，但扭转辔头，也许会有一线生机。当然，太子不能主动提出分道扬镳，而李辅国精心安排的一众"百姓"的请愿不仅解决了太子"自立门户"的问题，还得到了两千军马作为最初的"家底"。翻开尘封的历史，我们发现，马嵬坡更像一个帝国的分水岭，自此，唐玄宗越来越偏离权力的中心，而他的儿子李亨则需要硬着头皮杀出一个新的时代。

太子李亨的光复之路显然困难重重。探马报知，长安这座繁盛之都已被安禄山叛军攻陷，他已经无法再回到长安，而探马描述的长安惨象更让这位初担大任的太子感到周身寒彻。

长安城头头白乌，夜飞延秋门上呼。

又向人家啄大屋，屋底达官走避胡。

金鞭断折九马死，骨肉不待同驰驱。

腰下宝玦青珊瑚，可怜王孙泣路隅。

问之不肯道姓名，但道困苦乞为奴。

已经百日窜荆棘，身上无有完肌肤。

高帝子孙尽隆准，龙种自与常人殊。

豺狼在邑龙在野，王孙善保千金躯。

不敢长语临交衢，且为王孙立斯须。

昨夜东风吹血腥，东来橐驼满旧都。

朔方健儿好身手，昔何勇锐今何愚。

窃闻天子已传位，圣德北服南单于。

花门剺面请雪耻，慎勿出口他人狙。

哀哉王孙慎勿疏，五陵佳气无时无。

——杜甫《哀王孙》

　　杜甫的这首《哀王孙》，呈现的正是长安被攻陷的凄惨景况。唐玄宗甩给了瑟缩的长安一匹咳血的瘦马和一支断折的金鞭，而王孙贵胄们还不知就里，在饮过酽茶，听过艳曲之后，做梦也没有想到，昔日乖顺的安禄山会以杀气腾腾的军阵闯进长安城。安禄山将这些昔日锦衣玉食的皇亲贵族通通交给了他手下一个叫孙孝哲的重臣。这个生性残忍的契丹人对安禄山的命令心领神会。凡是杨国忠高力士一党及安禄山平素所厌恶者皆被处死，"凡八十三人，或以铁棓揭其脑盖，流血满街"。接着他又命人将深居宫闱的一干公主、王妃和王孙统统五花大绑，剜心剖腹，断趾刳肝，让他们在混沌中成了刀下之鬼，霍国长公主、永王妃都惨死其手。那些侥幸逃脱的王孙，则慌不择路地奔向山野草泽，匿于市井村墟。荆棘刺破了他们的锦衣，风雪吹皱了他们的面容，皇亲贵族们落魄在黑魆魆的旷野荒原，手捧乞食的陶钵，涕泪交流。诗人杜甫手握一支枯笔，用"龙种自与常人殊"，为潦倒的王孙解嘲，用"王孙善保千金躯"，劝慰沮丧的贵族等待光复。而另一边，却是颠沛流离的百姓，横行无忌的乱军。安禄山命人在长安大肆搜刮，"铢两之物无不穷治，连引搜捕，支蔓无穷，民间骚然"。彼时，偌大个长安城，在野蛮的屠戮和疯狂的洗劫中，已经哀鸿遍野，体无完肤。

"窃闻天子已传位，圣德北服南单于。花门剺面请雪耻，慎勿出口他人狙。"在《哀王孙》的最后几句，我们可以听到杜甫对这位落魄王孙的悄声低语和劝慰：听说天子已经传位给太子，花门剺面的回纥人已经加入了平叛大军，这个消息你先别声张，防止被人盯梢，有李唐列祖列宗在上，这一关一定能挺过去！

杜甫听到的这个消息正是太子李亨秘密北上重整旗鼓的路线图！三十年前，李亨曾遥领朔方节度使，朔方军中的某些将领依然对太子忠心耿耿，郭子仪、李光弼都是出自朔方军的骁将，正因如此，当有人建议李亨北上朔方，李亨马上便同意了。接下来事情的发展果然很顺利，李亨北上途中收了很多残部，而朔方留守杜鸿渐、六城水陆运使魏少游、节度判官崔漪、盐池判官李涵等人听说太子北上，遂率朔方军与太子在灵武会合。在他们看来，"平凉散地，非屯兵之所，灵武兵食完富，若迎太子至此，北收诸州兵，西发河、陇劲骑，南向以定中原，此万世一时也"。天宝十五载七月十二日，太子李亨在众人的力劝下，于灵武登基称帝，是为唐肃宗。即位当日，唐肃宗便遥尊唐玄宗为上皇天帝，并改天宝十五载为至德元载。

远避四川的唐玄宗是在一个月之后得知唐肃宗即位的消息的。这个心力交瘁的老皇帝在一路奔波到达四川之后，受到了杨国忠旧部的礼遇。他停下来反思自己，颁布了罪己诏，承认造成大乱的原因是因为"伊朕薄德，不能守其位，贻祸海内，负兹苍生，是用罪己责躬"。但他还在幻想着自己皇权的延续，任命太子李亨为"天下兵马大元帅"，同时任命自己另外几个儿子分领几路的节度使，这样，既可对安史叛军形成合围之势，又可令几个儿子相互制约，不至造成一子独大的局面，从而使天下仍在自己的掌控之中。然而，当李亨在灵武即位的消息传来，当自己被遥尊为太上皇，他却选择了坦然接受；不仅如此，为了让有僭越之嫌的儿子更具合法性，他还让大臣们带着玉玺前去朔方灵武，觐见新皇帝。一千三百多年过去，我们已经很难揣测唐玄宗当时的心境，是觉得自己德不配位吗？是马嵬惊变之后已经让他心如死灰了吗？还是觉得自己时日无多，对于重振当年的雄风，已经没有了足够的自信？历史的烟云太厚重，我们早已无从获知答案，但有一点是肯定的，当这位老皇帝将五味杂陈的心绪一起融入那枚传国玉玺，他已经完成皇权的移交，玄宗朝，已经落下了帷幕。

唐肃宗即位之后，马上要做的就是收复长安、洛阳两京。彼时，叛军已经以两京为原点向外扩张，兵锋正盛。肃宗兵马不济，连遭败绩，而随着不听调遣公然反叛的永王李璘被肃宗镇压绞杀，更使这位受命于危难之秋的皇帝深深感到，收复两京，不仅可以使叛军的气焰得到遏制，更可以让李唐诸王看看，自己这个皇帝并非浪得虚名，而是靠实力说话。

很快，这个机会来了。唐肃宗至德二载（757），被立为储君的安禄山之子安庆绪听说自己的位置有可能被其异母弟安庆恩所代，遂先下手为强，暗通宠臣严庄和安禄山的贴身宦官李猪儿，将几近失明的安禄山刺杀于床榻之上。佩刀始终不离枕边的安禄山，在杀身之祸降临时，并没有找到可以自卫的武器。当内脏从切开的腹部汩汩而出，这个悍然挑起战乱的武人不会想到，自己的葬身之地竟是床榻下一个深达数尺的土坑。

安禄山的死讯传来，肃宗觉得收复两京的时机已经成熟。他召集郭子仪和李光弼和自己合兵一处，同时，对回纥使者许以重利，请求出兵，"克城之日，土地、士庶归唐，金帛、女子皆归回纥"。这几乎是个引狼入室的借兵协议，但为了收复两京，唐肃宗已顾不得许多。这一招显然是奏效的，随着回纥十万精兵的加入，唐军的战斗力迅速提升，而叛军由于内讧不断，疏于戒备，很快便被攻下了长安。紧接着，不到一个月，洛阳也被唐军收复，刚刚篡弑即位的安庆绪仓皇逃亡河北。由于唐廷对回纥有承诺在先，刚刚收复的洛阳城只能任由回纥人洗劫，在此起彼伏的哭喊声中，一路溃逃的安庆绪得到喘息之机，在邺城与史思明大军会合。日渐成势的史思明显然没把安庆绪放在眼里，不久就将其杀死，在范阳自立，国号大燕，自称大燕皇帝。

一身缟素重返长安的唐肃宗是在被焚毁的宗庙前哭祭三天之后，入主大明宫的。收复两京，积聚了他的人望，也夯实了他的帝位，尽管安史叛军还是其心头之患，但毕竟他已经找回了一个大唐皇帝应有的颜面。在堂皇的仪仗和震耳的鼓乐声中，肃宗手抚郭子仪征尘未洗的双肩，言出肺腑语重心长："虽吾之家国，实由卿再造。"与此同时，他也以"群臣贺表"的形式恳请远在成都的父皇李隆基返京。他知道，这是一个做给人看的姿态，这个姿态，必须得有。

至德二载年底，一身疲态的唐玄宗回到了阔别已久的长安。入住兴庆宫后，这位老迈的太上皇做的第一件事，就是秘密派人在马嵬坡找回杨贵妃的香囊。他要伴着香囊，消弭兵乱的噩梦，更要伴着香囊，与魂断马嵬的爱妃再次相逢！

汉皇重色思倾国，御宇多年求不得。

杨家有女初长成，养在深闺人未识。

天生丽质难自弃，一朝选在君王侧。

回眸一笑百媚生，六宫粉黛无颜色。

春寒赐浴华清池，温泉水滑洗凝脂。

侍儿扶起娇无力，始是新承恩泽时。

云鬓花颜金步摇，芙蓉帐暖度春宵。

春宵苦短日高起，从此君王不早朝。

承欢侍宴无闲暇，春从春游夜专夜。

后宫佳丽三千人，三千宠爱在一身。

金屋妆成娇侍夜，玉楼宴罢醉和春。

姊妹弟兄皆列土，可怜光彩生门户。

遂令天下父母心，不重生男重生女。

骊宫高处入青云，仙乐风飘处处闻。

缓歌慢舞凝丝竹，尽日君王看不足。

渔阳鼙鼓动地来，惊破霓裳羽衣曲。

九重城阙烟尘生，千乘万骑西南行。

翠华摇摇行复止，西出都门百余里。

六军不发无奈何，宛转蛾眉马前死。

花钿委地无人收，翠翘金雀玉搔头。

君王掩面救不得，回看血泪相和流。

黄埃散漫风萧索，云栈萦纡登剑阁。

峨嵋山下少人行，旌旗无光日色薄。

蜀江水碧蜀山青，圣主朝朝暮暮情。

行宫见月伤心色，夜雨闻铃肠断声。

天旋日转回龙驭，到此踌躇不能去。

马嵬坡下泥土中，不见玉颜空死处。

君臣相顾尽沾衣，东望都门信马归。

归来池苑皆依旧，太液芙蓉未央柳。

芙蓉如面柳如眉，对此如何不泪垂。

春风桃李花开夜，秋雨梧桐叶落时。

西宫南苑多秋草，宫叶满阶红不扫。

梨园弟子白发新，椒房阿监青娥老。

夕殿萤飞思悄然，孤灯挑尽未成眠。

迟迟钟鼓初长夜，耿耿星河欲曙天。

鸳鸯瓦冷霜华重，翡翠衾寒谁与共。

悠悠生死别经年，魂魄不曾来入梦。

临邛道士鸿都客，能以精诚致魂魄。

为感君王辗转思，遂教方士殷勤觅。

排空驭气奔如电，升天入地求之遍。

上穷碧落下黄泉，两处茫茫皆不见。

忽闻海上有仙山，山在虚无缥缈间。

楼阁玲珑五云起，其中绰约多仙子。

中有一人字太真，雪肤花貌参差是。

金阙西厢叩玉扃，转教小玉报双成。

闻道汉家天子使，九华帐里梦魂惊。

揽衣推枕起裴回，珠箔银屏逦迤开。

云鬓半偏新睡觉，花冠不整下堂来。

风吹仙袂飘飖举，犹似霓裳羽衣舞。

玉容寂寞泪阑干，梨花一枝春带雨。

含情凝睇谢君王，一别音容两渺茫。

昭阳殿里恩爱绝，蓬莱宫中日月长。

回头下望人寰处，不见长安见尘雾。

唯将旧物表深情，钿合金钗寄将去。

钗留一股合一扇，钗擘黄金合分钿。

但教心似金钿坚，天上人间会相见。

临别殷勤重寄词，词中有誓两心知。

七月七日长生殿，夜半无人私语时。

在天愿作比翼鸟，在地愿为连理枝。

天长地久有时尽，此恨绵绵无绝期。

——白居易《长恨歌》

脍炙人口的《长恨歌》，让唐玄宗和杨贵妃的爱情故事成为一段令人唏嘘不已的传奇，而它背后惊天动地的鼙鼓之声，则成为这段传奇的苍凉底色。事实上，重返长安的唐玄宗已经只能在回忆中了却残生，心怀提防的唐肃宗将唐玄宗的亲信宦官高力士流放到了巫州，这位曾经显赫一时的奴仆最后的结局是吐血而死，而发动马嵬之变后来护送玄宗返京的陈玄礼也被强令致仕回家。不久，口体之养大不如前的唐玄宗又被从兴庆宫转移到了更加偏僻的太极宫，在那里，他处于被密切监视之中，基本被幽禁了起来。宝应元年（762）四月五日，一病不起的唐玄宗手握杨贵妃的香囊，在凄风冷雨中默默死去，终年七十八岁。

　　据说在梨园行，精通音律的唐玄宗一直被尊奉为祖师，而在当时唐廷的梨园戏班中，唐玄宗最喜欢演丑角，为防登台有失天子之尊，他便在脸上贴上一小片白玉遮盖。因唐玄宗开了丑角之先，所以一直以来丑角在梨园的地位都极为特殊。过去的旧戏班曾有这样的规矩：戏班里的道具箱，只有丑角可坐；演戏之前，丑角演员没勾画脸谱，其他演员都不能化妆；而逢赶庙会唱戏，戏班子都要磕头敬神，唯有丑角的演员，可以不鞠躬、不磕头。因唐玄宗而在戏班中地位尊贵的丑角们不会知道，擅于扮演戏谑角色的唐玄宗，本身就经历了一场人生的戏谑：在戏的前半场，他用卖力的表演和扎实的功夫，成为一场乱局的终结者，赢得了天下的掌声；在戏的后半场，他又因自己的荒腔走板，制造了一场更加难以收拾的乱局，最终，让整台戏有如沙塔崩坍，功亏一篑。

第五章

无奈中唐

雨霁霜气肃

安史之乱的"遗产"

唐肃宗李亨是在唐玄宗死后不到一个月内驾崩的。这位在乱世中即位的天子，经历过险象环生的储君时代，也在平叛的烽火中写下了自己的名字。但其在位的后几年，宦官势力的膨胀，与其说是一种无奈，不如说是一种纵容的结果。

对外，在平叛的过程中，猜疑心重的肃宗发兵数十万竟不设元帅。宦官监军鱼朝恩不仅对节度使的军事行动横加干涉，数次贻误战机，而且极尽谗毁之能，致使郭子仪被召还长安，解除兵权。好在郭子仪深谙韬光养晦之道，才得以毫发无伤。史载，郭子仪祖坟被掘，尸骨被鱼朝恩挫骨扬灰，时郭子仪正带兵退敌，肃宗担心他闻听此事后会立刻兴兵反唐，而令肃宗没有想到的是，郭子仪班师回京后，竟对肃宗泣道："臣久主兵，不能禁暴，军士残人之墓，固亦多矣。此臣不忠不孝，上获天谴，非人患也。"心中泣血的郭子仪深知，世上最难防的人其实是奸佞小人，在杀敌的战场，要学会躲过流矢鸣镝，在尔虞我诈的官场，同样要学会明哲保身。这是郭子仪的一道"护身符"，正因有了这道"护身符"，才使郭子仪在阉竖当道的中唐得以保全，而曾与他并肩作战的另一位唐代名将李光弼则因生性耿直，最终遭鱼朝恩一党百般陷害，怏怏而死。

对内，本来就是在宦官李辅国的"精心"策划下荣登皇位的唐肃宗，更是被李辅国控制。李辅国和张皇后沆瀣一气，互为表里，把持了这个千疮百孔的王朝的核心权力，而唐肃宗竟然对二人听之任之，甚至亲手杀死了告发他们的儿子建宁王李倓。当唐肃宗病入膏肓之时，李辅国和张皇后这一对同盟也开始各自拥立自己的"山头"，李辅国拥立的，是在收复两京过程中迅速赢得声望的太子李豫，而张皇后拥立的，则是肃宗的次子越王李系。两个对立的阵营在唐肃宗的卧榻之侧，上演了一出你死我活的明争暗斗。最终，还是心机深厚的李辅国占了上风，他派自己的心腹属下宦官程元振率先发难，将计划发动政变的张皇后、李系一党尽数软禁，不久即全部绞杀。本已奄奄一息的肃宗受此惊吓，很快驾崩。几天之后，太子李豫在宦官李辅国的拥戴下登基，接受百官朝贺，史称唐代宗。

就在唐王朝权力更迭的同时，安史之乱也在自身的内讧中走近尾声。和安禄山的下场一样，杀掉安庆绪自立为帝的史思明，同样死于自己的儿子史朝义之手，而史思明被弑的原因，同样也是继承人问题。这个在安史之乱后半程继续点燃烽火的枭雄，中间曾有过短暂的投诚，后来复叛，并曾以锐利的兵锋重新攻占过洛阳，却和安禄山一样，犯了废长立幼的错误，最终在如厕时看到了冲天的火光，被缢杀身死。继续执掌这支叛军的史朝义显然难孚众望，内部更是人心离乱，在唐廷的攻势下不断溃败。宝应二年（763）春，也就是唐代宗即位的第二年，史朝义部将田承嗣献莫州投降，送史朝义母亲及妻子于唐军。众叛亲离的史朝义率五千骑仓皇逃往范阳，谁知守将李怀仙已献范阳投降，走投无路的史朝义最后只能用一尺白绫勒住颈项，于林中自缢而死。

> 剑外忽传收蓟北，初闻涕泪满衣裳。
>
> 却看妻子愁何在，漫卷诗书喜欲狂。
>
> 白日放歌须纵酒，青春作伴好还乡。
>
> 即从巴峡穿巫峡，便下襄阳向洛阳。
>
> ——杜甫《闻官军收河南河北》

这首著名的《闻官军收河南河北》，历来被看作是情调低沉的老杜所写的生平第一快诗。唐代宗广德元年（763）正月，在梓州（今四川三台）的杜甫得知了史朝义兵败自缢的消息，惊喜交集，一挥而就，完成了这首脍炙人口的七律，因为这意味着，持续八年之久的安史之乱终于偃旗息鼓，而自己颠沛流离的生活也行将结束。

然而，安史之乱已然成为一个黑色的拐点，它给大唐社会造成的伤害是无法弥补的。八年的兵燹火劫，令这个昔日繁盛的帝国满目疮痍，"宫室焚烧，十不存一，百曹荒废，曾无尺椽。中间畿内，不满千户，井邑榛棘，豺狼所嗥。既乏军储，又鲜人力。东至郑汴，达于徐方，北自覃怀，经于相土，人烟断绝，千里萧条"。当断壁残垣和遍地焦土共同构成整个帝国尤其是国家政治经济文化中心聚集的黄河流域和关中地区最凄凉的画面，大唐，已经由一个富饶稳定的东方大国，变成了一个被割裂被收缩被各种势力觊觎的王朝。

刚刚在皇位上坐定的唐代宗，面对的是令他夜不能寐的内忧外患。李辅国认为对代宗有拥立之功，更加胆大妄为，曾对代宗道："大家但居禁中，外事听老奴处分。""大家"是内廷对皇帝的称呼，李辅国说这番话的意思很明确，那就是让刚即位的代宗彻底放权，由他一手掌控；他甚至还得寸进尺地提出了要当宰相的想法。对此，唐代宗选择了暂时忍让，他知道，李辅国尽管是刑余之人，但此人早在肃宗朝就已坐大成势，要扳倒他还需要等待时机。为了稳住李辅国，代宗封其为司空兼中书令，相当于宰相一职，并尊称其为"尚父"，李辅国以为代宗软弱可控，遂放松戒备。但很快，代宗就通过一系列对自己心腹的任命，削弱了李辅国的职权范围，并以赐第的方式将其赶出了皇宫。而李辅国这个中唐阉宦的死，在不久即成为一桩历史谜案，《旧唐书·李辅国传》记载："十月十八日夜盗入辅国第，杀辅国，携其首而去。"当蒙面刺客将李辅国的尸身投入厕中，并断其右臂驰祭唐玄宗的泰陵，尽管史书语焉不详，但真相已经不言自明。

然而，李辅国之死并非宦官擅权的终结。就在李辅国之后，程元振、鱼朝恩相继掌权，他们和李辅国一样，都是安史之乱的"遗产"。如果说唐代宠信宦官自玄宗开始，那么到了肃宗时代，宦官则开始抬头。比之朝中大臣，这些"家奴"让皇帝放心，也成为皇帝在安史之乱这一非常时期分权制衡的有效利器。正因如此，尽管李辅国已死，他的权力并没有被代宗移交给朝臣，而是依然被移交给了自己的家奴。随着手中权力的增大，他们的野心也在急遽膨胀，先是程元振，在统管宫中禁军的同时，排除朝中异己，致使吐蕃兵临长安城下，代宗被迫蒙尘陕郡，好在郭子仪再次出马，方收复长安。程元振被流放江陵之后，另一个阉宦鱼朝恩再执权柄。代宗因其护驾陕郡有功，直接封他为天下观军容宣慰处置使，统领京师神策军。在朝中恶迹昭昭的鱼朝恩和程元振相比，更是有过之而无不及，他曾放言："天下事有不由我乎！"可谓狂妄至极。最后，预感到威胁的唐代宗终于痛下杀手，与宰相元载一起，设计除掉了鱼朝恩。

实际上，对宦官的纵容姑息，也是唐代宗处理藩镇的方式。一场持续八年的安史之乱最终烟消云散，与其说是唐廷强势镇压的结果，不如说是唐廷妥协的结果。日渐削弱的中央政权被迫依靠地方军来剿灭叛军，与此同时，向回纥借兵也成为一种权宜之计，而这样做的结果就是：每次胜利之后，都是回纥兵士疯狂的洗劫之日，而借助藩镇的力量攻打叛乱的藩镇，只能是让新的藩镇势力更加藐视中央政权。此外，为了尽快结束战乱，唐代宗延续了唐肃宗的政策，即积极鼓励叛军首领们投降，这些投降的叛军头目没有为他们的叛乱行为付出一点代价，反而被批准在原辖地继续任职。正因如此，当安史之乱最终因其内部的分崩离析而归于平静，它所留下的"遗产"已成为唐廷必须接受的现实，那就是——藩镇割据。

无奈接过这笔"遗产"的，是于779年继位的唐德宗李适。代宗朝后期，这笔"遗产"实际正处于不断膨胀之中，各地的藩王和节度使纷纷拥兵自重，睥睨皇权，其中，至少有六个藩镇已经实现了"高度自治"，它们是幽州、魏博、成德、平卢、襄阳和淮西。这些藩镇，名义上受中央政权管控，实际上内部事务朝廷根本无法干预，至于节度使的产生，更是不经过朝廷事先任命，朝廷不过是在事后予以承认罢了。这几个藩镇之中，尤以河北道魏博、成德、幽州这河朔三镇最为嚣张。成德节度使李宝臣是安禄山义子，幽州节度使李怀仙曾是安禄山麾下干将，而魏博节度使田承嗣，更是安史叛军中的主力。对于这些安史之乱的余孽，代宗朝并没有肃清，而是采取了妥协安抚之策，这样一来，反倒助长了他们的野心。他们自成一体，不受中央管束，以至当地百姓只知有藩镇，不知有朝廷，诚如司马光所言："朝廷专事姑息，不能复制，虽名藩镇，羁縻而已。"

　　面对这样的"政治遗产"，唐德宗即位伊始，就亮出了强硬的姿态。彼时的唐德宗李适，正值37岁的盛年，对于其父代宗执政十七年来对藩镇的一味妥协态度，给群臣抛出了一个词：扭转！安史之乱的梦魇并未散尽，而彼时政令难达的藩镇，显然就是一座座随时可能喷发的火山，年轻气盛的德宗相信，武力削藩，已是时候！

　　这个契机很快就来了。建中二年（781），河北成德节度使李宝臣病死，其子李惟岳向朝廷奏表请求继任父亲之职。自代宗以来，各藩镇节度使的世袭传承早已是一条不成文的规定，每一任节度使的更替任命，与其说是奏请朝廷，不如说是知会朝廷。正因如此，李惟岳向朝廷献上奏表的同时，已开始为自己即将担任的新角色做准备。然而，出乎意料的是，唐德宗竟断然拒绝了李惟岳的请求。这让李惟岳大为恼火，他没有善罢甘休，很快集结了山南节度使梁崇义、淄青节度使李正己，三方合兵一处，直接和朝廷叫起板来。

　　向藩镇势力说"不"的唐德宗对这个与安史之乱如出一辙的苗头是有所准备的，迅速调集了驻扎在京西的一万兵力，同时利用周边几处藩镇的力量前去剿灭叛军。这股叛军显然从兵力和执行力上与当年的安史叛军不能同日而语，没过多久便溃不成军。李惟岳被其部将所杀，李正己父子一个病死，一个大败，这股刚刚点起的火苗，就这样被唐德宗掐灭了。

献岁视元朔，万方咸在庭。

端旒揖群后，回辇阅师贞。

彩仗宿华殿，退朝归禁营。

分行左右出，转旆风云生。

历历趋复道，容容映层城。

勇馀矜捷技，令肃无喧声。

眷此戎旅节，载嘉良士诚。

顺时倾宴赏，亦以助文经。

——李适《元日退朝观军仗归营》

面对平叛归来的凯旋之师，擅工诗文的唐德宗用铿锵的诗句抒发着自己的豪情，更用诗句激发征尘未洗的将士们的报国之心。然而，就在年轻的皇帝准备乘势而起，大举推行他的削藩之策时，新的火焰再次升腾起来。参与剿灭叛军的各地节度使并没有从朝廷那里得到什么封赏，而朝廷对藩镇势力一反寻常的决绝态度，却让他们感到了危机。建中三年（782），淮西节度使李希烈联合卢龙节度使朱滔、淄青节度使李纳、魏博节度使田悦、成德节度使王武俊，再次挑起兵锋，发动叛乱。这一次，唐德宗猝不及防，汹涌的叛军如潮水一般从河北杀入河南，慌忙之中，唐德宗速派大将哥舒曜发兵征讨，随即又命泾原节度使姚令言率兵前往驰援。

然而，接下来的一幕，再次给了踌躇满志的唐德宗当头一击。这支驰援的军队在途经长安时，由于后勤补给不足，连续奔袭却吃糠咽菜的兵士们群起哗变，"吾辈弃父母妻子，将死于难，而食不得饱，安能以草命捍白刃耶！国家琼林、大盈，宝货堆积，不取此以自活，何往耶？"当这句群情激愤的声讨如惊雷一般炸响在长安郊畿，时隔26年，一次和"马嵬兵变"相当的"泾原兵变"再次震落大唐皇帝的尊严。眼见兵临城下，唐德宗只能放弃长安，奔逃至奉天（今陕西乾县）避难。这支哗变的泾原之师所拥立的卢龙节度使朱滔之兄朱泚自立为帝，率军围困了奉天。万分危急之下，神策行营节度使李晟火速率部勤王，朔方节度使李怀光也兼程赶来，奉天危机得以暂时化解。

"奉天之难"对于信心满满的唐德宗而言，无疑是一段痛苦的回忆。"食且尽，以芦秸帝马，太官粝米止二斛"的惨境彻底打磨掉了唐德宗削藩的锐气。为了尽早解围，他采纳了一个叫陆贽的翰林学士的意见，于兴元元年（784）正月，痛下"罪己诏"，声明"朕实不君"，承担了导致天下大乱的责任，表示这都是自己"失其道"引起的。他宣布，李希烈、田悦、王武俊、李纳等人叛乱，完全是因为他"抚御乖方，致其疑惧"，他赦免了这些叛乱的藩镇，表示今后"一切待之如初"。王武俊、李纳、田悦见到大赦令，取消了王号，上表谢罪。在以这种妥协的方式化解了河北诸节度使的危机之后，新的危机再度出现，就在这年二月，由于朔方节度使李怀光联络朱泚反叛，唐德宗不得不再次逃往山南西道的梁州（今陕西汉中）避乱。一直到七月，德宗因为李晟打败朱泚、收复长安，才得以重返京师，结束蒙尘的流亡之旅。

权宜之变

　　"奉天之难"普遍被人们看作是唐德宗政治人格发生掖转的一个重要拐点。兴元元年七月，当一身征尘的唐德宗从梁州避难所回到阔别两年之久的长安时，从历史的字缝中，我们能看到这位曾经充满朝气的皇帝身上所表现出的疲态，也能想见这位皇帝的眼神的怀疑和猜忌。

　　事实上，这种猜忌的目光并不是一开始就有的。即位伊始，唐德宗就向满朝文武表明了自己的态度，语重心长地对他们说："戮力同心，以成大化"，将"庶务皆委宰司"；在任命崔祐甫为相后，更是"悉以国务委之"，并嘱咐其"天下细事，卿宜随便剖奏，无乃多疑朕也"。在这样一种君臣相得彼此信任的氛围中，刚刚从废墟中重新振作起来的唐王朝确实见到了下面的几抹亮色：

　　他任用历仕肃宗代宗两朝的理财专家，被称为"计相"的刘晏，主抓全国的财政，而刘晏也确实不辱使命，针对当时中央控制地区缩小，军费开支增加，财政入不敷出，物价昂贵，漕运被破坏，关中粮荒等诸多弊病，大刀阔斧，兴利除弊。先是平抑物价，在各地设置粮仓，丰年则贵籴，歉收则贱粜，应民之急，未曾失时，从而使百姓安居乐业，户口蕃息，财政收入也大为增加。此后又改进盐法。针对当时盐由朝廷官卖产生的州县盐吏扰民的弊病，刘晏只在产盐地区设官，把盐加价卖给商人，再由商人转销各地，并在全国各地设置巡院，查禁私盐。经过改革整顿，朝廷盐利大增，而民不乏盐，盐税从原来的六十万缗增至六百余万缗。再就是改革漕运。安史之乱后，北方地区由于遭受战乱的破坏，唐朝的财政几乎全部依靠江南地区赋税供给。刘晏上任后，发展了过去裴耀卿的分段运输法，"缘水置仓，转相受给"，降低了运费，减少了损耗，提高了效率。江淮的粮食因此源源不断地输送到长安，每年运量达"百余万斛"，从而保证了粮荒之外还有所储备。

如果说刘晏的一系列财政政策让唐德宗接手的王朝逐渐平复安史之乱的创伤，那么朝中另一位宰相杨炎的"两税法"的施行，则让因战乱而难以为继的租庸调制变成了全新的样貌。正是接受了杨炎的建议，唐德宗于建中元年（780）开始推行"两税法"，将之前杂乱的税赋改为夏、秋两收，并取得了一定成效。《旧唐书·杨炎传》称：实行两税法"天下便之，人不土断而地著，赋不加敛而增入，版籍不造而得其虚实，贪吏不诚而奸无所取，自是轻重之权始归于朝廷"。两税法有别于过去的租庸调制的是，它"唯以资产为宗，不以丁身为本，资产少者则其税少，资产多者则其税多"。这样就改变了贫富负担赋税的不合理现象。同时，贵族官僚和商人也要按财产纳税，扩大了纳税面，增加了国家的财政收入，仅在780年至783年三年间，就有了多达1300多万的两税收益。这无疑让年轻气盛的唐德宗在设计自己的帝王弈局中多了一分底气。

然而，接下来的事情却让唐德宗充满了不快。杨炎是经宰相崔祐甫的提拔才重新回归朝廷的。此前，颇有才能的杨炎曾深得代宗朝权倾一时的宰相元载的器重，官至吏部侍郎，后来元载居功自傲获罪被诛，杨炎也随之被贬到道州做了司马。通过推行"两税法"重得德宗赏识的杨炎，很快就开始了他的报复行动。因为刘晏当年曾主理元载一案，杨炎便将报复的目标锁定在了刘晏身上。他趁宰相崔祐甫多病不视事之际，"独任大权，专以复恩分仇为事"，制造舆论，捏造事实，诬告刘晏图谋不轨，致使德宗大怒，先是将刘晏贬黜，继而又杀其于贬所。刘晏的屈死引起了一些藩镇的不满，杨炎见势不妙，遂派心腹暗中和这些节度使通气，将诛杀刘晏的罪名统统推到了德宗身上。可怜杨炎聪明一世糊涂一时，一个皇帝怎能容忍臣子们的这种悖逆之举呢？很快，唐德宗便任用卢杞为相，并让其迅速罗织罪名，将杨炎贬谪。

一去一万里，千知千不还。

崖州何处在，生度鬼门关。

——杨炎《流崖州至鬼门关作》

这首《流崖州至鬼门关作》，是杨炎在被贬崖州的路上有感而发写就的一首诗。崖州即今天的海南，当时还是一片蛮荒之地，将一个官员贬到这里，实际也就宣告了他的死刑。但气急败坏的唐德宗显然已经等不及了，"蔑恩弃德，负我何深！"当他恨恨地在朝堂上说到这句话的时候，追杀杨炎的刀斧手已经疾驰在驿道上，而这句话对一向和臣子们推以诚信的唐德宗而言，也无形中暗暗筑起了一道猜忌之墙。

这道猜忌之墙继续被高高筑起，正是"奉天之难"期间。先是藩镇四王之乱，让唐德宗对背叛有了深刻的领会；接踵而至的泾原兵变，更是让唐德宗对臣子的信任跌入了谷底；就在避难奉天之时，被他委以重任的宰相卢杞的所作所为，则让他彻底与身边的臣僚们划开了一道无法敉平的鸿沟。

事实的起因是这样的。逃亡奉天期间，宰相卢杞担心前来觐见的朔方节度使李怀光抢了他的风头，威胁他的宰相之位，遂劝德宗不让李怀光觐见，而是让其继续兵不解甲马不离鞍，乘破敌锐气一鼓作气收复长安："怀光勋业，社稷是赖，贼徒破胆，皆无守心，若使之乘胜取长安，则一举可以灭贼，此破竹之势矣。今听其入朝，必当赐宴，留连累日，使贼入京城，得从容成备，恐难图矣！"心机深重的卢杞正是用这样一番堂皇的理由，成功说服了唐德宗。这位身处困境的皇帝当即下旨命李怀光不必觐见，直接与神策行营节度使李晟、渭北节度使李建徽等人马上率兵收复长安。

本来忠心耿耿的李怀光就这样被拒之门外，这位性格粗犷的蕃将知道是卢杞从中作梗，遂多次向德宗上书，称卢杞蒙蔽圣听，罪大恶极，朝中大臣也纷纷表示了不满。为平息众怒，德宗只得将卢杞贬为新州司马。李怀光尽管扳倒了卢杞，却觉得可能因此惹恼了皇帝，索性一不做二不休，和盘踞长安的叛军首领、刚刚称帝的朱泚暗中勾结，倒戈反叛，唐德宗只好再避梁州。好在此二人的联盟并没有形成什么气候，兴元元年七月，李晟攻破长安，朱泚兵败被杀，唐德宗得以重返旧都。次年秋天，穷途末路的李怀光也被杀身死；到了贞元二年（786）四月，李希烈和其残部也被悉数剿杀。至此，这场从建中二年开始的藩镇之乱历五年，终于算是告一段落。

然而，叛乱的火焰虽然被压灭了，唐德宗的心头之火却被点燃了。这五年间，他看到的，是一个又一个背叛的版本，而每一个版本的上演，都是刺向他心头的一把刀。他无论如何也想不通，那些他推心置腹的股肱之臣，那些他委以重任的封疆大吏，最后竟会全部成为差点冲溃李唐江山的洪流！"朕本性甚好推诚，亦能纳谏，将谓君臣一体，全不提防，缘推诚不疑，多被奸人卖弄，今所致患害，朕思亦无他，其失反在推诚。"这是一千二百多年前一位落难的皇帝在痛定思痛之后的深刻领悟。自从做出这番"检讨"之后，唐德宗对臣子的态度，已经决绝地从过去的推诚置信，转向了猜忌和防范。

由此，便不难理解唐德宗重返长安之后的复杂心绪。站在"奉天之难"这道"分水岭"上，我们看到，唐德宗后期的执政，归结起来体现在两个方面：猜忌大臣，重用宦官。

大臣们是在随着德宗回到长安之后，发现皇帝怀疑的目光的。先是李晟的被贬。可以说，李晟是让德宗最终重返太庙的头号功臣：在奉天，他一路浴血奋战，保证了德宗行在的安全；在梁州，他更是全力护驾，打击叛军，一举拿下长安。然而，当真正回到长安，德宗给予这位功臣的赏赐却是流放贬谪。他的理由是，李晟阻止了他对另一位叫张延赏的臣子的封赏。他认为李晟这是在排斥异己，贬谪理所应当，而这道圣旨的下达，其实暗含了唐德宗心里的潜台词：我不能让一个臣子凭重建家国之功在侧，因为这很可能成为其日后不断膨胀的砝码！

同样的命运随后落在马燧身上。褫夺这位勇将的兵权，德宗同样迅雷不及掩耳。史书给德宗提供的几点理由是：首先，马燧在奉天勤王过程中，仅率五千兵马出战，后期又处于观望状态，以至于当其面斥李怀光时，德宗曾毫不客气地抛出一句狠话："惟卿不合斥人！"其次，马燧收受吐蕃贿赂，更让德宗怒不可遏。就这样，这位在削藩战争中立下赫赫战功的将军，在战事稍停之后，兵权被罢，已无话可说。

如果说对武将们德宗通过一系列收缴兵权的手段，让自己的猜忌之心有所释放，那么对中枢大臣的控制，他则更多地采取了一种制衡之策。在平衡裴延龄和陆贽两大势力上，他先用裴延龄压制陆贽，使陆贽罢权，此后，又通过陆贽挤对裴延龄，致使裴延龄无法膨胀。这种制衡术应当说并非唐德宗首创，任何一位帝王都不会希望朝中某一势力坐大，而经历过奉天之难的唐德宗显然对所有大臣都采取了怀疑的态度。"上即位之初，用杨炎、卢杞秉政，树立朋党，排摈良善，卒致天下沸腾，銮舆奔播，惩是之失，贞元已后，虽立辅臣，至于小官除拟，上必再三详问，久之方下。"从这段录入史书的文字，我们仿佛看见唐德宗在朝堂上狐疑的眼神，这种眼神，已经和当初即位时的眼神判若云泥，彼时，无论是君还是臣，每个人心里都很清楚，当初那段君臣信任的美好时光已成过往，再也不会出现。

> 雨霁霜气肃，天高云日明。
>
> 繁林已坠叶，寒菊仍舒荣。
>
> 懿此秋节时，更延追赏情。
>
> 池台列广宴，丝竹传新声。
>
> 至乐非外奖，浃欢同中诚。
>
> 庶敦朝野意，永使风化清。
>
> ——李适《九月十八赐百僚追赏因书所怀》

这首诗是唐德宗在某个秋日与大臣们一起欢宴的场景。事实上，彼时的唐德宗看似与大臣们一团和气，但他对臣子们的态度却如此诗的首句——"雨霁霜气肃"。尽管战乱平息了，但君臣之间的隔阂却如霜气一般愈来愈重了。就在唐德宗对大臣们筑起猜忌的高墙的同时，他开始将信任的目光投向自己的家奴——宦官集团。当然，德宗的这一心理变化也经历了一个过程。代宗朝，宦官曾是被打击的对象，一度不可一世的李辅国、程元振、鱼朝恩等人，最后的结局都是身首异处。到了德宗即位，他仍然采取了"疏斥宦官"之策。即位当月，德宗便以宦官特进刘忠翼与兵部侍郎黎干曾有奸谋，欲摇动自己东宫地位为由，将刘、黎诛杀；六月，杖流中使邵光超，断然纠正代宗后期"中使公求赂遗，无所忌惮"之弊；到了这年年底，又采纳宰相杨炎建议，废行已运行二十余载的宦官专掌内库财赋制，恢复旧制，财归左藏，夺宦官掌财之权。从德宗甫一即位就采取的一系列雷霆手段看，宦官的权势空间已被彻底挤压。然而这种情况在德宗重返长安之后，却发生了重大改变。奉天蒙尘之际，德宗发现，一路忠心耿耿紧随自己左右的，正是以窦文场和霍仙鸣为代表的百名宦官。这些曾经的东宫旧人，给了落难的皇帝巨大的心理安慰，更让他反省，自己从前对宦官的压制其实是在弱化自己的羽翼。为此，当他终于从流亡的状态中安定下来，这群刑余之人，马上成为他布局中枢政体的重要棋子。

他要调整自己对藩镇的策略了。最初"冲动"的削藩之举差点断送了他的江山，但对藩镇的管控又必须要做，怎么办呢？很快，他便重新开始任用宦官作为观察使，往来于中央朝廷和藩镇之间。当然，这样的措施早在安禄山之乱前就已经开始，而到了德宗执政后期，宦官作为观察使的权力半径无疑进一步扩大了，他们的角色，已不仅仅是一名观察员，更成为皇帝和藩镇之间在一切政务方面的联络代表。也正是这样的一种制度的确立，为大唐后一百年宦官势力与藩镇势力的权钱交易和冲突龃龉埋下了隐患。

除了插手边镇，宦官在内廷的势力也开始逐渐强大。奉天的流亡，让德宗意识到，他必须要拥有一支控制在自己手中的军队，而这支军队的领导权，交给文臣武将他都不放心，他觉得，最让自己放心的人选，正是当年在奉天忠心护驾的两个宦官——窦文场和霍仙鸣。公元786年，窦文场和霍仙鸣走马上任了，他们的职责，是来监管神策军的两支军队。在德宗看来，有此二人，"犹之乎吾自操也"。十年之后，即796年，他又进一步强化了二人的职权，令他们统监这两支神策军，冠之以护军中尉称号。当全部禁军的十支部队尽在宦官的把控之下，并固定成一种制度，大唐后一百年风雨飘摇的国运，实际已经和这群拥有军队的宦官势力密切相关。

宦官集团的重新抬头，让猜疑心日重的德宗在执政的后期，呈现出一种"矫枉过正"的景观：玄宗朝百官争相攀附高力士的历史在德宗朝重新上演，整个朝堂的官员都清楚，有个得宠的宦官做后台，便可保自己官运亨通；"宫市"之弊更是成为人们切齿痛恨的流毒，宦官们看到了在经历流亡困厄的生活之后，德宗身上出现的由俭入奢的变化，于是打着皇帝的旗号贪污腐化，聚敛财物，而德宗却听之任之，最终让"宫市"发展成大唐社会的一颗毒瘤。

牧守寄所重，才贤生为时。
宣风自淮甸，授钺膺藩维。
入觐展遐恋，临轩慰来思。
忠诚在方寸，感激陈情词。
报国尔所向，恤人予是资。
欢宴不尽怀，车马当还期。
谷雨将应候，行春犹未迟。
勿以千里遥，而云无己知。

——李适《送徐州张建封还镇》

这是贞元十三年（797）徐泗濠节度使张建封进京觐见德宗时，德宗赐给他的一首诗。据说当时德宗不仅赐诗与他，还将自己使用多年的马鞭也赐予了他，并说："卿忠贞节义，岁寒不移，此鞭朕久执用，故以赐卿，表卿忠贞也。"但这条马鞭并不能抽动一个皇帝心底的疑云，对张建封罢除宫市的奏疏，德宗并没有听进去，相反，他对宦官的倚重更深了。在其生命的最后十年，他已经很少和大臣们接触，而是由宦官处理大臣的奏折，传达他的口谕。

　　贞元二十一年（805），唐德宗平静地死去了。二十六年，以奉天之难为节点，这位皇帝交出了自己执政生涯的两张答卷，前一张答卷，显然是一张充满激情的答卷，但恰恰是因为操之过急不得要领，没有得出高分；而后一张答卷的分数，尚需要在大唐后一百年的国运流转中慢慢地打出……

永贞之殇

历史顺序而行，当唐德宗薨逝，其长子李诵即位，是为唐顺宗。这位做了二十六年储君的皇帝，一朝君临天下，就在大唐的历史演进中整出了一些动静。然而天不假年，他和他的东宫旧属们旨在起衰振弊的"永贞革新"，只坚持了短短八个月便宣告失败。在位不到一年的他，甚至都来不及命名自己的年号便赍志而殁，在史书中砸下一声沉重的叹息。

李诵的登基即位并非一帆风顺。自古东宫就是一个是非之地，更何况早早被册封为太子的李诵在东宫一住就是二十六年！这二十六年间，李诵经历了战乱，经历了兵变，当然，更经历了帝王之家无法避免的争斗。但他一路如履薄冰地走了过来，没有被波谲云诡的政治风浪所湮没。这里面，得益于东宫集团的一个核心人物——王叔文。

出身寒微的王叔文是因为棋艺精湛而被德宗选中，进入东宫成为太子李诵侍读的，但王叔文的视野显然不在一张棋枰，而在于天下之局。在与太子弈棋的同时，他更多地是在向太子阐述为政之道，展示自己修齐治平的壮志雄心。当然，在太子身边二十余年，他更深知，保住太子为人所觊觎的储君之位无疑是一切的前提，稍有不慎，便会满盘皆输。

有两件逸事可以看出王叔文在政治上的稳健与老成。一次，德宗在鱼藻宫大宴群臣，连续数日不歇，在此起彼伏的丝竹声里，德宗问太子李诵感受如何，李诵马上不假思索地说道："好乐无荒。"这位年轻气盛的太子，其实正是想借这句出自《诗经》的话，劝说自己的父皇不要耽于享乐。

德宗听出了太子的讽谏之意，但并未置一词。倒是在一旁的王叔文紧张起来，回到东宫，马上劝太子藏起锋芒，学会韬光养晦，太子立刻意识到了，连连点头称是。

还有一次，东宫官员们和太子说起宫市之弊，个个义愤填膺，但真要说到抗颜进谏，却没人敢出头了。见此情形，李诵决定亲自去找德宗，众人立刻交口称赞，认为太子是为民请命，唯独王叔文却默然无语。待众人走后，李诵问王叔文当时为何不说话，王叔文说："太子的职责是侍奉皇上的饮食起居，不应过问朝事，如今陛下在位日久，倘若怀疑太子在收买人心，你又如何解释？"王叔文一句话，令李诵恍然大悟，从此，对这位知白守黑的东宫侍读更加倚重了。

在赢得太子的信任之后，王叔文开始替太子网罗人才，组建东宫集团。他先是拉上了另一位太子侍读王伾，继而又将陆淳、吕温、李景俭、韩晔、刘禹锡、柳宗元、陈谏、韦执谊八位年轻的文学之士拉入核心阵营。这几人中，只有韦执谊深得德宗赏识，在朝中地位较高，其余人等，基本在朝中没有话语权，但这并不妨碍他们锐意革新的政治理想。在他们看来，已经懂得韬光养晦的太子李诵，在成功避过内廷宦官的一次栽赃陷害之后，已经距离皇座越来越近了。

然而，命运却再次给太子李诵开了个玩笑。贞元二十一年，德宗的中风之疾已经到了脚不能行口不能言的地步，恰在此时，李诵的身体也染上了恶疾，面容扭曲，口不能言，以至于在德宗最后的时日，这个钦定的太子竟没有一天在父皇面前侍奉汤药。早就跟太子不睦的以俱文珍为首的宦官们觉得机会来了，将德宗薨逝的消息隐而不发，阴谋拥立李诵的长子——广陵王李纯。关键时刻，以王叔文为首的东宫集团成员起了作用，他们想方设法赢得朝中众臣支持，最终让李诵二十六年的太子生涯修得正果，于贞元二十一年正月二十六日，在太极殿登基，是为唐顺宗。彼时，这位强打精神的新皇帝用胜利的眼光扫视着群臣，尽管口不能言，但他清楚，属于他的时代已经到来。

唐顺宗是在病榻上驱动他改革积弊的战车的。羸弱的新皇帝只能用点头和摇头表达自己的意愿了，但他却放心地将马鞭交给了以王叔文和王伾为首的"二王"集团。当然，他们的身份有些尴尬，因为朝中元老尚在，而他们资历尚浅，依然是翰林学士和翰林待诏，无法拥有一个名正言顺的身份，但这并不妨碍他们成为唐廷实际的操盘手，并不影响他们成为当年东宫旧属们的核心。在顺宗的点头与摇头之间，这群踌躇满志的改革者们开始了大刀阔斧的行动。

他们首先拿唐宗室道王李实开刀。李实为人残暴不恤民情，早年在山南节度使李皋麾下时便有克扣士兵粮饷的恶名，后因宗室身份获封京兆尹，依然不改本性，关中大旱之时，仍欺瞒德宗，不仅不减免租税，反而变本加厉，横征暴敛，百姓苦不堪言。顺宗即位的第二个月，李实便被贬为通州长史，消息传开，"市里欢呼，皆袖瓦砾遮道伺之，实由他道获免"。

　　顺宗即位后的第一板斧就砍向李唐宗亲，着实让朝野看到了新皇帝的决心，而这仅仅是开端，不久，革除财政之弊便成为题中应有之义。顺宗任命能吏杜佑摄冢宰，并兼度支及诸道盐铁转运使，与此同时，召被贬贤臣郑余庆等回京。规定两税外，"不得擅有诸色榷税"，常供外，"不得别进钱物"，并免除了百姓积欠的租赋课税，达五十二万六千八百四十一贯（钱）、石（粮）、匹（绢）、束（丝、草），还下旨释放了宫女和教坊女乐共九百人。这些举措甫一施行，便赢得了民间的掌声，百姓们对这位神秘的新皇帝有了浓重的好感。殊不知，病榻上口不能言的皇帝艰难发出的每一个指令，都是由王叔文具体操作的，他被任命为杜佑的副手，同时是宰相韦执谊的"参谋"，但谁都知道，王叔文代表的，是皇帝的意志，是皇帝旨意的真正"二传手"。

　　初步理顺了财政困局后，接下来就要向宦官集团动手了。德宗朝后期，由于其猜忌心日重，导致宦官集团渐渐坐大成势，而宦官集团害民干政的三个出口就是——宫市、五坊使和神策军。这三个黑色的出口，更像黑色的隐喻：当宦官们传宗接代的出口被生生切断，他们便将畸变的心态和膨胀的欲望统统流向另外的通道，而这样的结果，势必让一个王朝背上难以摆脱的重负。

卖炭翁，伐薪烧炭南山中。

满面尘灰烟火色，两鬓苍苍十指黑。

卖炭得钱何所营？身上衣裳口中食。

可怜身上衣正单，心忧炭贱愿天寒。

夜来城外一尺雪，晓驾炭车辗冰辙。

牛困人饥日已高，市南门外泥中歇。

翩翩两骑来是谁？黄衣使者白衫儿。

手把文书口称敕，回车叱牛牵向北。

一车炭，千余斤，宫使驱将惜不得。

半匹红绡一丈绫，系向牛头充炭直。

——白居易《卖炭翁》

乐天居士这首脍炙人口的《卖炭翁》，矛头直指宫市之弊。宦官们打着为皇帝采买的旗号，巧取豪夺，中饱私囊，已到了令人发指的程度。为皇帝提供狩猎玩乐之用而设的雕坊、鹞坊、鹘坊、鹰坊、狗坊五使，更是为宦官所把持，这些五坊小儿在闾里四处张网，以捕捉鸟雀为名，勒索百姓钱物，更有甚者，把罗网张挂在人家的门上，不许人们出入，有的还将网张挂在水井上，使人们不得在水井中汲水。至于被德宗授以神策军指挥权的宦官们，到了德宗执政末期，更是飞扬跋扈，不可一世。当这些前朝积弊一起压向唐顺宗李诵的卧榻，他向前来奏报的王叔文深深地点头，意思是：对这些皇帝家奴，不要留情，可以动手了！

对宦官集团把持的这三个出口，王叔文集团采取的是一连串的雷霆行动。他们先是禁绝了令人深恶痛绝的宫市制度，接着又罢黜了为虎作伥的五坊小儿，这些砸向宦官集团的重拳，彻底捣毁了他们营私舞弊的通道；下一步，夺回神策军的指挥权，已经成为王叔文集团必须啃下的一块骨头。

然而，文人出身的王叔文最终还是在这块难啃的骨头上功亏一篑。被改革派们逼到墙角的宦官集团开始了疯狂的反扑。当新被任命的左右神策军京西诸镇行营兵马节度使范希朝和左右神策军行军司马韩泰接到诏令，火速赶往驻扎京西北的神策军指挥部所在地奉天，迎接他们的却是"闭门羹"。宦官俱文珍早已得到消息，他大呼"从其谋，吾属必死其手"，密令神策军将士不得拜见范希朝、韩泰，更不得听其调遣。本欲接管神策军兵权的范希朝、韩泰见此情形，竟无计可施，只得返回长安向王叔文交令，而王叔文面对树大根深的宦官势力，也只能徒唤奈何，毫无办法。

这次流产的夺取兵权的行动，无疑让宦官势力进一步猖獗。一方面，俱文珍等人秘密筹划，伺机反扑；另一方面，他们也在暗中观察着王叔文集团内部一切悄然发生的变化，在俱文珍看来，从他们的内部瓦解分化，无疑是摧毁改革派的最好办法。

很快，王叔文集团的短板便显现出来。首先，这个集团成员傲慢专横的缺点，注定他们不会走得更远。他们自恃有病榻上的顺宗皇帝做后台，经常是张皇威福，亵慢公卿。史载，一次适逢朝中诸宰相在中书省会食，百官无敢谒见者，可王叔文却自恃"隐形宰相"，怒斥值班者，直入中书省。党内成员韦执谊见是王叔文来了，忙起身相迎，拉其在阁下私语，又与其同食阁中。宰相杜佑、高郢、郑珣瑜都放下筷子等候，杜佑、高郢都害怕王叔文、韦执谊，只有郑珣瑜叹一声"吾岂可复居此位"，最后气得干脆取了马走了，至家则抱病不朝。还有一位叫贾耽的宰相，也是因为不满王叔文其人的专横，称疾不出。王叔文集团对朝中宰相尚且不放在眼里，更不用说对百官了。他们行事跋扈，自身行为也有失检点，据说王叔文集团重要成员王伾为防盗贼，竟让他的妻妾们睡在盛满黄金和丝绸的大箱子上。这样的逸闻也许有历史的抹黑，但也并非空穴来风。当越来越多的官员对他们盛气凌人的做派心生腹诽，这场改革，已注定是一场跛脚的改革。

与襄慢公卿相对的，是王叔文的任人唯亲。像韩泰、刘禹锡、柳宗元等人原都是正八品的监察御史，后都被破格提拔。刘禹锡为从六品以上的屯田员外郎，判度支盐铁等案；柳宗元为从六品上的礼部员外郎，掌尚书笺奏。此二人都写得一手好诗文，因与王叔文相交甚厚而平步青云，被安排在朝廷要害部门。随着党同伐异成为这一时期改革派们的重要标签，这个阵营向前推进的每一步，都少不了敌视的目光，当这样的目光集结成束，也就是改革派们岌岌可危之时了。

狭隘的政治观念，缩小了改革派们的圈子，自然就壮大了敌对者的阵营。俱文珍等人为首的宦官集团正是瞅准了这个时机。他们发现王叔文在裁抑藩镇的举措上，不仅推进乏力，让各藩镇间产生动荡，更注意到了在此过程中，王叔文和韦执谊之间因意见相左而产生的裂隙；尤其是他们看到王叔文欲专大权，在立太子的问题上一直采取压制的态度，已经引起了顺宗的不满，于是俱文珍等人迅速以皇帝身体欠佳为名，提出早立皇长子李纯为太子的建议。这一招无疑是奏效的，他们的提议赢得了朝中众臣的支持，而李纯更是对俱文珍等人的努力心怀感激。当病病恹恹的唐顺宗终于不听王叔文的劝阻，意识到自己的病弱之躯已到了必须册立帝国继承人的程度，李纯很快便成为太子。这个册封意味着，大唐帝国未来的接棒者，已经被王叔文集团自己推向了反对派的阵营。

更加致命的，是唐顺宗对他们的猜忌与疏远。在俱文珍等人发动的谗言攻势下，力主改革、对王叔文言听计从的唐顺宗开始动摇了。他开始怀疑王叔文改革的初心，尤其是在册立太子问题上王叔文的百般阻挠，更让顺宗觉得眼前这位臣子的忠心可疑。依然是在点头与摇头之间行使一个大唐天子的皇权，但这一次，顺宗下达的旨意却让王叔文一阵心凉：他被免去翰林学士之职，只允许三五日方能出入一次翰林院！

丞相祠堂何处寻，锦官城外柏森森。

映阶碧草自春色，隔叶黄鹂空好音。

三顾频烦天下计，两朝开济老臣心。

出师未捷身先死，长使英雄泪满襟。

——杜甫《蜀相》

杜甫这首著名的《蜀相》，成为王叔文失意落魄之际时常吟咏的诗歌。据说每当吟到"出师未捷身先死，长使英雄泪满襟"，这位改革派的核心人物都神情黯然，涕泗横流。他没有及时地自省，迅速地调整，而是终日长吁短叹，叹主上多疑，叹时运不济，叹英雄气短。而他这种消沉的意志，直接影响了改革派的所有成员。他们曾经的激情日渐消减，内部的裂隙也越来越深。据说有一次，气急败坏的王叔文竟扬言要杀了顶撞他的韦执谊。当这种不和谐的音符彻底打乱了改革派们前行的节奏，王叔文集团的阵脚，已经不攻自乱。

　　改革派们全面崩盘的标志，是王叔文、王伾这"二王"的隐退。眼见大势已去，苦撑无益，伤心至极的王叔文以为母丁忧为由辞官回乡，不久，另一个核心人物王伾也称病辞官。对于这两位改革闯将的离去，病情日重的唐顺宗已经连点头摇头的力气都没有了，他只是微微闭上了眼睛。这位心有余而力不足的皇帝，首倡了一场改革，却在运行了半年多的时间之后，不得不仓促地收尾，其心底的悲凉与无奈，可想而知。

　　更大的无奈还在后面。"二王"的隐退，让朝堂瞬间被俱文珍宦官集团所把持。他们先是以顺宗病重为由，让太子李纯监国，不久，又逼迫顺宗退位，由太子李纯继承皇位。贞元二十一年八月，新皇帝的登基大典在一片鼓乐声中隆重举行。这位史称唐宪宗的大唐第十一任皇帝，从即位伊始，就对王叔文改革集团进行了残酷的清算：王叔文、王伾尽管已经致仕回家，但仍旧难逃被赐死的厄运；刘禹锡、柳宗元、陈谏、韦执谊、韩晔、韩泰、凌准和程异这八位改革派的核心成员，则被贬谪到了偏远的边地做司马。这一事件，史称"二王八司马事件"。当这个从东宫集结起来的团队历经八个月的沉浮起落，在激起一点小小的浪花之后终于偃旗息鼓，最终以被杀或被贬的命运宣告一场变革的失败，历史给这段短暂的时空赋予了一个别名——"永贞革新"。因为唐顺宗即位不到一年便匆匆禅位，还没有来得及改元，他的儿子始一即位，便将年号改为了"永贞"，"永贞革新"，已然成为它的亲历者们无权染指的命名。

元和元年（806）正月十九日，年仅四十六岁的唐顺宗薨逝于兴庆宫咸宁殿。关于唐顺宗的死因，一说为病死，一说为宦官所害。扑朔迷离的历史烟霭让我们已经无从寻找答案，但这个大唐短命皇帝留给世间的最后表情，我们却可以想象，那是一副凄伤的表情，透着孤独，透着无奈，更透着赍志而殁的遗憾……

中兴，昙花一现

当大唐帝国历经二百年风雨，渐显颓态的时候，唐宪宗的出现，无疑给这个庞大老朽的帝国之躯打了一剂有力的强心剂。这位被宦官推上皇位的皇帝，在执政期内做了大量收紧中央集权的努力，让安史之乱后藩镇割据的局面有了极大的改变，帝国的尊严与皇权的震慑力都实现了强有力的回归，使大唐的国祚又延伸了一百年。因为这个时期的年号为元和，后世遂称之为"元和中兴"，唐宪宗也由此被列为中兴之主，与唐太宗李世民、唐玄宗李隆基齐名。然而，这次末世中兴又是如此短暂，当唐宪宗最终被宦官所杀，死在四十三岁的盛年，"元和中兴"，更像是昙花一现，成为大唐帝国令人扼腕叹息的章节。

有一则逸闻，说是唐宪宗李纯自幼聪颖，一次德宗将这个皇长孙抱于膝上嬉戏，问他道："你是谁的孩子啊？"李纯立即答道："我是第三天子！"很难想象，这样的回答竟会出自六七岁的幼童之口，德宗对李纯更加喜爱了。

然而，李纯真正坐上天子之位靠的却是宦官势力。德宗病危之际，他曾被宦官推到前台，差点顶替了他病弱的父亲顺宗李诵；顺宗即位不到一年，他便在宦官的策动下逼迫顺宗禅位，自己成了真正的大唐天子。一朝即位，唐宪宗当然要对以俱文珍等人为首的宦官集团投桃报李，"二王八司马"事件就是对宦官集团最好的回馈。当然，彼时只有二十七岁的唐宪宗更有自己的算盘，清剿王叔文集团其实更是在给自己的施政清除障碍。他不会让这些前朝旧臣把持朝纲，指手划脚，他要开始自己的帝王弈局，追比自己心中的偶像——太宗和玄宗，他要重新找回大唐贞观、开元的荣光，而要实现这个梦想，就要重收中央集权，治疗藩镇割据这个安史之乱的"后遗症"。

唐宪宗吸取了德宗、代宗的教训，在裁抑藩镇的战略布局上稳扎稳打，每一个落子都经过了深思熟虑。他深知，要和藩镇势力开仗，不夯实经济基础是万万不行的。元和初年，全国天灾频仍，宪宗多次下令赈济灾民，减免赋税。他曾对前去抚恤的官员说："朕宫中用帛一匹，皆籍其数，惟赒救百姓，则不计费，卿辈宜识此意。"宪宗此举立刻便收获了民心，使灾民安定下来。除此之外，革除德宗两税法越来越背离初衷的弊病，也成为这位年轻皇帝赢得民心的重要抓手。建中元年初定两税法时，"货重钱轻"，但由于富商大贾不断贮钱牟利，市场渐渐变得"货轻钱重"，百姓的两税定额名义上没有变化，但已经"几倍于初征"，再加上各级官吏的层层盘剥，百姓苦不堪言。针对这个问题，唐宪宗接受宰相裴垍建议，对赋税制度进行改革。彼时的赋税构成主要有上供、送使和留州三部分，也就是地方财政收入除了上缴国库和自己留用，还要留出一部分送使钱物；重新进行税改之后，"请一切用省估，其观察使，先税所理之州以自给，不足，然后许税于所属之州"。这样一来，就改革了钱物上供、送使和留州的比例，不仅削弱了地方财政实力，充盈了国库，而且减轻了百姓的负担。

在经济逐渐向好国家财力慢慢充实之后，唐宪宗裁抑藩镇收紧中央集权的梦想渐渐开始付诸实现。实际上，刚刚即位之时，年轻的宪宗已经开始面对来自西川藩镇的发难。事情的缘由是这样的：西川节度使韦皋在宪宗登基几天之后便暴亡了，因为韦皋当年曾是第一个上表请求太子监国的节度使，唐宪宗对其颇有好感，进而对西川这个藩镇也最为放心。然而，让唐宪宗没有想到的是，西川竟会成为自己第一个需要祛除的痛疽，原因就是韦皋死后，西川节度副使刘辟竟怂恿其部下联名向朝廷上书，请立其为新一任的西川节度使！

这显然是个藐视中央政权的无理要求。尽管安史之乱以后，随着藩镇势力日强，他们自己选定继承人已成通例，但刚刚即位的宪宗并没有继续姑息这种势头。他下令任命中书侍郎同平章事袁滋为剑南西川节度使，继续封刘辟为西川节度副使，暂时主理西川事务。

刘辟却认为新皇帝软弱可欺，不仅没有收敛，反而更加得寸进尺。不久，他再次上书，希望除西川外，还能兼领东川和山南西道，以掌控"三川"之地。为了进一步给宪宗施加压力，他很快率兵围攻了东川，以期用武力强迫宪宗承认自己作为"三川"节度使的合法地位。

而彼时的宪宗已经迅速夯实了皇位，做好了削藩的准备。当他将进击西川攻打刘辟的想法向大臣们抛出，许多大臣忧心忡忡，视巴蜀之地为畏途，倒是宰相杜黄裳坚定地劝说宪宗不能姑息养奸。他说："德宗自艰难之后，事多姑息。贞元中，每帅守物故，必先命中使侦伺其军动息，其副贰大将中有物望者，必厚赂近臣以求见用，帝必随其称美而命之，以是因循，方镇罕有特命帅守者。陛下宜熟思贞元故事，稍以法度整肃诸侯，则天下何忧不治！"杜黄裳的一番话说到了宪宗的心里，也让他更加坚定了裁抑藩镇的信心。元和元年春，在颁布《讨刘辟诏》之后，宪宗派出他的神策军向西川进发了。彼时，这支皇家禁卫军通过宪宗的一番财政整顿，已经拥有十五万之众，形成了强大的战斗力。他们一路奔袭，所向披靡，杀得刘辟的西川军节节败退，最终，历时不到九个月，就平灭了西川，活捉了刘辟。一度叫嚣的刘辟在被押赴刑场的时候，才幡然惊觉：他所睥睨的中央朝廷，再不是一个只会妥协的软柿子，这位杀伐决断的大唐新主，已经厉兵秣马，剑锋直指藩镇！

　　刘辟确实低估了唐宪宗裁抑藩镇的决心，其实几乎就在与刘辟的西川军交锋的同时，唐宪宗也对另一个不服管束的藩镇——夏绥亮剑。夏绥节度使韩全义希望将自己的职位传给外甥杨惠琳，遭到宪宗的拒绝，不仅令韩全义致仕，同时委派了神策军将领李演为新的节度使。恼羞成怒的杨惠琳随即发兵，抵抗诏令。宪宗接到战报，马上派兵清剿。杨惠琳这个自封的夏绥节度使并无统兵之能，不足一个月，就死于内讧。

　　连续平定两场叛乱，裁撤两大藩镇，不仅树立了宪宗的皇威，让许多藩镇不敢轻易造次，恢复了定期朝觐的制度，更增强了宪宗重收中央集权的信心。当来到长安面圣的节度使们收敛了当初藐视皇权的表情，宪宗越发觉得，整肃藩镇，对于中兴一个帝国是何等的重要！

事实证明，很多藩镇表面的顺从背后，其实仍潜藏着危险的风暴。就在平叛西川之后的第二年（807），镇海节度使李锜再举反旗。作为浙西的一支重要势力，身为皇族的李锜气焰十分嚣张，但他的被平灭，宪宗并未费吹灰之力——由于内部倒戈，李锜的大军还没能出发他本人便被部下杀死。倒是与之毗邻的淮西，成了宪宗削藩进程中最难啃的骨头。和西川、夏绥、浙西不同，淮西可谓树大根深。自代宗大历十四年（779）李希烈驱逐李忠臣代之为节度使，到吴少诚继任，吴少诚死后吴少阳自为留后，到吴少阳之子吴元济自领军务，已历时三十五载，势力可谓盘根错节，其战斗力更是惊人，史载"自希烈以来，申、蔡人劫于苛法而忘所归，及耆长既物故，则壮者习见暴掠，恬于搏斗。地少马，乘骡以战，号'骡子军'，尤悍锐"。尤其是到了吴元济自任留后，未经中央允准，自封淮西节度使之后，更是不可一世，"发兵四出，屠舞阳，焚叶，掠鲁山、襄城"，"纵兵侵掠，及于东畿"。面对兵锋日盛的淮西叛军，刚刚熄灭了几处战火的宪宗再次战火重燃，他知道淮西之地已成大患，势必难以拔除，但如果淮西叛乱不除，刚刚树起的皇威一定会马上风流云散！

但事情接下来的走向还是出乎了宪宗的预判。此前平定西川、夏绥、浙西，周边各镇都听从朝廷号令，而几个节度使的败亡也都缘于内部的分崩离析；但淮西不同，不仅军事实力与前几个藩镇判若云泥，更重要的是，淮西节度使吴元济与其周边的成德节度使王承宗、淄青节度使李师道结成了战略同盟。他们表面发兵遣将，襄助中央军攻打淮西，其实，却在行援助吴元济之实。这样一来，朝廷攻打淮西的节奏便明显慢了下来，再加上宪宗派去的统兵之将严绥指挥不利，最终让平定淮西进入了胶着状态，而在此期间，长安城中一次阴险的行刺事件，更给宪宗的削藩战略蒙上了一层阴影。

事情的发生是这样的。元和十年（815）六月三日清晨，宰相武元衡照例去上早朝，他没有带太多的随从，骑马前行的过程，对于他而言，也是整理思路的时间。这位武后一族的后人，并非靠了武家的祖荫而荣升高位；他是德宗朝的进士，为人刚正，处事果决，德宗曾夸他道："元衡真宰相器也。"当然，德宗说归说，真正拜武元衡为宰相，还是他的孙子宪宗，而宪宗之所以能将武元衡一路提拔为宰相，就是看中了其在裁抑藩镇问题上的坚决态度和夙夜在公的耿耿忠心。当然，面对嚣张的藩镇势力，武元衡的心中也是压力不小，从他的这首《秋日书怀》中，我们仿佛还能看到他内心的焦虑与不安。

金貂玉铉奉君恩，夜漏晨钟老掖垣。

参决万机空有愧，静观群动亦无言。

杯中壮志红颜歇，林下秋声绛叶翻。

倦鸟不知归去日，青芜白露满郊园。

——武元衡《秋日书怀》

"杯中壮志红颜歇，林下秋声绛叶翻。"胸怀削藩壮志的武元衡没想到自己的生命这么快就迎来了"林下秋声"：熹微的晨光对应着暗角的刀光，冰冷而寒彻，一群蒙面刺客先是砍倒了几个随从，紧接着便直奔武元衡而去。可怜一代宰相，还在思忖着早朝的议题，一道血光闪过，自己已身首异处，栽落马下。

几乎与此同时，御史中丞裴度也是在早朝的路上遭遇到刺杀事件。一天之内，天子脚下竟发生两起刺杀朝廷要员的案件，着实令京师哗然，长安随即进入紧急状态，各条街衢和各个宰相府都派了重兵巡逻把守。刺客的幕后主使很快就查明了，就是成德节度使王承宗！看到吴元济被朝廷围剿，作为其盟友，王承宗深感唇亡齿寒，正因如此，他一方面马上率军驰援，一方面阴谋策划了这次暗杀行动。在王承宗看来，如果杀掉力主削藩的武元衡和裴度这两位宰相，就能让宪宗的削藩计划落空，藩镇，也势必还是铁板一块，无法撼动。

然而，出乎王承宗和吴元济意料的是，这次震惊朝野的行刺事件，不仅没有打消唐宪宗的削藩信心，反而激起了他的斗志！元和十一年（816）八月，待裴度伤势痊愈，宪宗马上任命其为淮西宣慰招讨处置使，奔赴前线督阵。身体的创伤早已让裴度对藩镇恨之切齿，而其出色的战略部署和用人策略更是在很短的时间内就扭转了战局。元和十二年（817）冬，被裴度任命为南线统领的名将李晟之子李愬，在大雪纷飞之夜，率军奔袭七十余里，兵临吴元济在淮西重要的后方据点——蔡州城下。守城的淮西兵士根本不会想到朝廷的军队会在雪夜对他们的老巢进行突袭，当毫无准备的他们看到如潮水般跃上城墙的平叛大军时已经晚了。火光与刀光的交相辉映下，一骑快马从洞开的城门疾速穿入，李愬，最终用一次漂亮的突袭结束了为期三年的淮西之战。当气焰全无的吴元济被押往长安斩首示众，宪宗长舒一口气，这个藩镇之中最难攻克的堡垒终于开始乖乖听命于皇权！

"淮西大捷"的示范意义无疑是巨大的，就在斩杀吴元济收回淮西之后，各藩镇惮于中央强大的军事威慑，纷纷表示忠诚。至此，藩镇嚣张跋扈目无中央的局面大为改观，史称"自广德以来，垂六十年，藩镇跋扈河南、北三十余州，自除官吏，不供贡赋，至是尽遵朝廷约束"。当安史之乱后藩镇割据政令不通的尴尬处境经过自己的大奋神威已经基本化解，当四方来朝山呼万岁的声音在长安城上空久久回荡，唐宪宗率众向着太庙走去，那里，供奉着他的先祖，更供奉着他的偶像——太宗和玄宗，他要告慰先祖：中央集权的回归，大唐帝国的中兴，在他的手上，已成现实！

如果唐宪宗继续沿着这条开明的轨迹前行，他的中兴之路一定会走得更远。然而，历史从来不允许假设，和唐太宗的"贞观之治"、唐玄宗的"开元盛世"一样，唐宪宗的"元和中兴"在初见成效后，马上便开始向着下行的轨迹滑落。恰恰是在元和十二年这个时间拐点上，当几乎整个中国的领土重新听命于帝都长安，当曾被藩镇控制的财富逐渐向中央朝廷汇聚，唐宪宗的执政面貌也开始发生变化：那个昔日刚强果断、注重纳谏、慨然发愤、志平僭叛的开明之君渐渐远去，取而代之的，是一个醉心功业、沉迷神祇、宠信宦官的形象。

> 一封朝奏九重天，夕贬潮阳路八千。
>
> 欲为圣明除弊事，肯将衰朽惜残年。
>
> 云横秦岭家何在？雪拥蓝关马不前。
>
> 知汝远来应有意，好收吾骨瘴江边。
>
> ——韩愈《左迁至蓝关示侄孙湘》

　　韩愈的这首《左迁至蓝关示侄孙湘》，作于元和十四年（819），这首诗所涉及的，正是唐宪宗在四海升平之后，在全国掀起的佞佛热潮。就在此前一年的年底，主管佛寺供奉的功德使进奏说凤翔府法门寺所藏佛骨舍利相传三十年一开，而次年就是开塔迎奉佛骨的时间，举国迎奉，可保岁稔人和。唐宪宗听罢大喜，翌年（819）正月，便命人手打香花，大事铺张地到法门寺将佛骨迎入大内，连续供奉了三天。上有所好，下必甚焉，一时间，长安上下掀起一股佞佛热潮，人们纷纷"焚顶烧指，百十为群；解衣散钱，自朝至暮；转相仿效，惟恐后时；老少奔波，弃其业次"。向来抵触佞佛之风的刑部侍郎韩愈在四处升腾的烟霭中，忧心如焚，连夜写就了《论佛骨表》，直斥佛者乃"夷狄之法耳"，要求将佛骨"投诸水火，永绝根本，断天下之疑，绝后代之惑"。宪宗得表，勃然大怒，欲立斩韩愈，后经宰相裴度等人力救，方免一死，被贬为潮州刺史。"一封朝奏九重天，夕贬潮阳路八千。"当这位被誉为"文起八代之衰"的古文运动主将因一篇反佛檄文，被贬往千里之外的潮州，其心底的悲凉可想而知。

而宪宗却在将言辞恳切的《论佛骨表》扔掷一边的同时，对道教又产生了浓厚的兴趣。正值盛年的他，为了无限地维持皇权，延长自己的富贵荣华，开始对巫蛊方士深信不疑。据说有个叫柳泌的方士，以天台山可以采到灵药为由，竟骗取了台州刺史一职。随着一列列祭神的仪仗鸣响法器，通体透红的炼炉都在炼制长生不老的灵丹，整个长安城，从皇帝到大臣，从王公到贵胄，都开始求仙问道，兴起炼制丹石之风。"诗鬼"李贺的这首《苦昼短》，所讽喻的正是此事。

> 飞光飞光，劝尔一杯酒。吾不识青天高，黄地厚。
> 唯见月寒日暖，来煎人寿。食熊则肥，食蛙则瘦。
> 神君何在？太一安有？天东有若木，下置衔烛龙。
> 吾将斩龙足，嚼龙肉，使之朝不得回，夜不得伏。
> 自然老者不死，少者不哭。何为服黄金、吞白玉？
> 谁似任公子，云中骑碧驴？
> 刘彻茂陵多滞骨，嬴政梓棺费鲍鱼。
>
> ——李贺《苦昼短》

求仙问道的烟霭，势必遮蔽一个皇帝瞭望天下苍生的目光；随着宪宗对小人宠信的日增，他也在渐渐蜕变为一个不听谏言疏离忠臣的暗君。程异、皇甫镈等奸佞之辈纷纷得到重用，而在淮西之战中立下赫赫战功的宰相裴度则因"知无不言"被外调为河东节度使，宰相崔群也因刚正耿直被外放为湖南观察使。更加可怕的，是宦官势力的进一步增强。被宦官推上皇位的唐宪宗，对宦官一直都采取的是包庇纵容的态度。讨伐西川之时，宦官监军刘贞亮违反程序，将东川节度使李康以失职为由先斩后奏，不仅未受处罚，反而荣升右卫大将军；东台监察御史元稹只因被安排在了驿站的上厅，就遭到不久入住的宦官刘士元的暴打，而事后宪宗对此事的处理，竟是将被打者元稹贬为江陵府士曹参军！

面对宦官们的飞扬跋扈，大臣们曾多次发出过提醒，宪宗却不以为意。在他看来，宦官就是自己随时可以碾死的蚂蚁，"去之轻如一毛耳"。然而，这位在平藩的风浪中一路阔步前行直至形成中兴之局的皇帝，显然忽视了来自身边的危险。他无论如何也不会想到，自己的生命竟会被一个叫陈弘志的宦官终结在四十三岁的英年。元和十五年（820）正月二十七日，唐宪宗暴毙于大明宫中和殿。当然，也有一种说法认为宪宗死于金丹之毒。对于这位中兴之主的死因，历史语焉不详。《旧唐书》说他"时以暴崩，皆言内官陈弘志篡逆，史氏讳而不书"；《新唐书》则说："（王）守澄与内常侍弑帝于中和殿。"陈寅恪先生认为："唐宪宗为内官所弑，阉人更隐讳其事，遂令一朝国史，若有若无，……故凡记载之涉及者，务思芟除改易，绝其迹象。"身陷历史的迷雾，我们已经无从探寻真相，但"元和中兴"因为宪宗暴毙而昙花一现匆匆收场却是一个无可奈何的事实。"宪宗削平僭乱，几致治平，其美业所以不终，由苟徇近功不敦大信故也。"司马光给这位大唐最后一位短暂的中兴之主下的按语，可谓公允切当。

皇帝与家奴的博弈

唐宪宗的暴崩，让煊赫一时的"元和中兴"戛然而止，刚刚找回皇权的李唐皇帝由此再次进入到了一个权力被绑架的时期。当更多的学者倾向于宪宗被宦官害死之说，我们发现，在接下来大唐王朝的二十年里，作为这桩历史迷案的直捷反应，就是此后轮番登场的三个弱势的皇帝，都受制于宦官势力。在与皇帝家奴的博弈中，他们三人中，短暂执政的穆宗、敬宗，面对宦官的压制毫无进取之心，贪图享乐，醉生梦死，将宪宗好不容易打下的中兴家底几乎败坏殆尽，而真正准备撸起袖子要和宦官势力过招的唐文宗，最终却因雄心有余而才略不足，走向了生命的败局。

穆宗初名李宥，后改名为李恒。作为宪宗的第三子，他能登上皇位归因于几个要素。首先，是宪宗长子李宁的短命。史载"学师训谟，词尚经雅，动皆中礼，虑不违仁"的李宁，深得宪宗喜爱，然而李宁的身体却很糟糕，被立为太子仅仅两年便一病不起，不治而亡。宪宗伤心欲绝，特为其废朝十三天，足见爱之深哀之切。李宁死后，颇受宠信的宦官吐突承璀向宪宗提出立皇次子李恽为太子，宪宗未置可否，因为他知道，早在自己是广陵王时，郭子仪的孙女郭氏就是自己的正妃，尽管即位后郭氏并未册立为后，但她的显赫门庭和遍布朝中的族人，却不能不让宪宗将立嫡的目光投向他和郭氏所生之子李宥。经过一番权衡，宪宗最终于元和七年（812）七月，册封三子李宥为太子，而李宥不久就将自己的名字改为了李恒。

册封为太子的李恒和他的母亲郭氏显然不希望夜长梦多，一方面，吐突承璀拥立李恽的危险并没有被解除，另一方面，宪宗迟迟没有立郭氏为后，这都成为动摇李恒太子之位的不确定因素。正因如此，当元和十五年刚刚步入正月，宪宗的暴崩就有了这样一种可能：郭氏和太子李恒与宦官共同策划了一个惊天的阴谋，而宦官陈弘志不过是这个阴谋中的"推刃之贼"！

元和十五年正月二十七日，史称唐穆宗的李恒在宦官梁守谦和王守澄的拥立下正式登基了。这位刚刚即位的皇帝马上做的是这样几件事：他感谢母亲的精心布局，下旨册立郭氏为皇太后；他恼怒吐突承璀和李恽的从中搅局，下旨处死而后快；当然，他也没忘记对其有拥立之功的宦官梁守谦和王守澄，他给了这两个皇帝家奴更多更大的权力。也许在穆宗看来，这些权力不管给不给，最后都得给，而他给出去的，不过是一个皇帝的"责任"，这些"责任"他并无接手之意，相反，他更急于要享受的，是属于一个皇帝的"自由"。

还是来看看穆宗给我们呈现了一种怎样的"自由"吧！你能想象到吗？宪宗刚刚下葬景陵不久，穆宗就毫无悲戚之色地去狩猎了！你能想象到吗？宪宗尸骨未寒，穆宗便迫不及待地命两千神策军去疏浚长安宫的鱼藻池，开通之后便大排筵宴，让宫人撑船于池上竞渡，歌吹震天！你能想象到吗？还没有更换年号的穆宗，在宫中掀起奢靡之风的同时，也迅速将其蔓延到了民间，面对大臣们不无忧虑的奏报，穆宗昏聩地认为，这是天下物阜民丰百姓安居乐业的壮观图景！

更重要的是穆宗对藩镇的控制力日渐减弱。贪图享乐的穆宗在全国上下带动起奢靡之风的同时，也让国库变得入不敷出，赋税变得更加繁重。为了减轻朝廷的财政负担，穆宗任用的两个宰相段文昌和萧俛出了个并非明智的对策——"削兵"。在他们看来，当下的财政紧张状况主要归因于宪宗朝对藩镇用兵频繁，各藩镇军费开支巨大，所以，他们提出，眼下天下太平，削减藩镇兵马数量，既可缓解中央财政紧张，还可削弱藩镇势力。然而事实证明，"削兵"影响了社会的稳定，很多被削减下来的兵士断了经济来源，被迫落草为寇，反倒酿出了更严重的社会祸端。眼见"削兵"无效，对执政毫无头脑的穆宗又听信大臣建议，命令东北诸节度使互相大轮换。然而这样的政令最终证明仍旧是一步昏招，不仅控制藩镇的初衷未能实现，反而造成了政治上的混乱，引发了藩镇的兵变。朝廷的讨伐大军中，真正掌握权力的，是从内廷到外廷牢牢把控的宦官势力，他们名义上是监军，实则对军中主将造成了巨大的干扰。《资治通鉴》载：这些宦官监军"悉择军中骁勇以自卫，遣羸弱者就战"；"举动皆自禁中授以方略，朝令夕改，不知所从；不度可否，惟督令速战"。当披坚执锐的讨伐大军听命于这样一群毫无作战经验又不断掣肘的宦官，其战斗力可想而知，几次战役下来，他们不仅大败而归，更令人痛心的，是宪宗一度收紧的中央集权再次陷入混乱松散的状态，藩镇割据死灰复燃。当刚刚树起的李唐皇权在藩镇的猎猎旌旗中如片羽飘飞，唐穆宗，已经不自觉地成为给大唐王朝树起沙漏设定倒计时的皇帝。

长庆四年（824）正月二十二日，唐穆宗在经历短短四年的皇帝生涯之后崩逝。这位短命皇帝的死因和他的执政一样荒唐。他是在一次和宦官们打马球的过程中，看到有人坠马，受了惊吓而中风，此后病情日重，加上他一直服用丹药，没有多久，便一命呜呼。四年时间，这个荒唐的皇帝几乎败尽了宪宗朝打下的家底：对外，中央集权再次出现无望的松动与崩裂；对内，宦官的权力已势倾朝野，王守澄的权力甚至已超越了宰相。在大唐帝国的皇帝谱系中，唐穆宗更像是一场短暂的暴雪，覆盖了一个王朝最后的绿意。

而更加让唐王朝雪上加霜的，是他的下一任接盘者——唐敬宗李湛。作为穆宗的长子，敬宗李湛的即位并没有经历多少波澜，但这位十六岁登基的少年天子在史书中存在的两年，却继续将大唐王朝引入了无法逆转的深渊。他将所有政事都交给了宰相李逢吉，他对宦官的倚重和其父相比，则有过之而无不及。据说当时长安有约五千宦官，敬宗将宫中财物"悉贮内藏"，而这样做的目的，竟是对宦官们滥施赏赐！这种看似和谐亲密的主仆关系，与其说是一个皇帝对家奴们的恩典，倒不如说是一个皇帝对家奴们的百般讨好。年纪尚幼的敬宗相信，没有这些宦官家奴的拥戴和扶持，他的皇位随时都有倾覆之危。

更荒唐的是敬宗近乎疯狂的骄奢淫逸。他是个打马球的高手，为了让自己尽兴，他几乎调动了所有的神策军，并从全国专门召集了一批打马球的好手。白天游兴未减，夜晚更加亢奋，几乎每天晚上，他都要率一众宫人捉捕狐狸以取乐，宫中称之为"打夜狐"。他的淫乐方式也极富"创意"：他特制了一种纸箭，用纸制作箭头，里面裹着麝香或龙涎香，让嫔妃们站在一定距离之外，自己随即开弓放"箭"，哪个嫔妃被射中了，身上便会散发出浓烈的香气。一时间，嫔妃们盛装华服，都希望被这种"风流箭"射中，从而得到敬宗的临幸。当淫声浪笑和刺鼻的香气在后宫弥散开来，当早朝的官员望眼欲穿，沉迷于声色犬马之中的敬宗绝对不会想到，自己身边的危险已经到了随时可以引爆的边缘。

这种危险的信号，最初是由一个叫张韶的染坊役夫和一个叫苏玄明的算命术士点燃的。敬宗的横征暴敛，大兴土木，让张韶和苏玄明这两个长安草民揭竿而起。长庆四年四月，他们集结了数百人，竟不可思议地长驱直入，一直杀向了大内皇宫。正打马球的敬宗惊惶失措地藏了起来，前来救驾的神策军杀到清思殿的时候，发现"贼首"张韶正悠然自得地坐在御榻上吃东西。张韶、苏玄明最后当然是难逃一死，这次小小的叛乱当天就被平息了，但张韶如此轻易就坐上御榻的一幕，无疑成为大唐开国以来最大的笑柄。

而并未痛定思痛的敬宗，最终让这个笑柄演变成一场流血的政变。宝历二年（826）十二月初八，敬宗照例和一班随从前呼后拥地去"打夜狐"，当晚敬宗兴致极高，回宫之后，又召集众宦官饮酒作乐。他和每一个宦官推杯换盏，这些家奴都曾得过他巨额的赏赐，他信赖他们，倚重他们，当然，他也深知，他更受制于他们，但他绝没有想到这样一群宦官会让自己在刀光与血光中结束自己年轻的生命。就在敬宗进入内室更衣之际，宦官苏佐明和刘克明猛然吹熄了蜡烛，用一柄长剑刺穿了这个年仅十八岁的皇帝的后心。显然，家奴们对于这个喜欢瞎折腾的皇帝早已失去了陪着玩的耐心，他必须在这个冬夜死去。

"宝历政变"之后，新君李昂登场了。这个史称唐文宗的皇帝，第二次改变了李唐皇室父死子继的原则。他是敬宗的异母弟，按理说毫无接任皇权的可能，而以敬宗五个儿子年纪尚幼为由，将父死子继的铁律轻易地改为兄终弟及，幕后的操纵者正是日渐猖獗的宦官集团，李昂不过是一个临时搬出来的傀儡而已。事实上，从敬宗被弑的当晚，宦官集团的内部火拼已经开始。刘克明抹净剑上的血渍，转身便以一纸矫诏宣称敬宗已命其六弟绛王李悟接掌皇位。这一做法直接触怒了内廷最具实力的宦官——王守澄。他当然不会眼看大权旁落，还未等刘克明拥李悟上殿接受百官朝贺，就率先带领神策军接江王李涵入主大内，并以雷霆之势迅速将刘克明等人以谋反之罪斩杀。踩着内廷猩红的血泊，江王李涵即位了，这个几乎是被临时抓来凑数的皇帝给自己改了个新名字——李昂，他希望，自己可以昂首面对突然而至的皇权，昂首面对被穆宗、敬宗败坏殆尽的天下。

事实证明了文宗在执政上与穆宗、敬宗判若云泥。追慕先祖太宗的文宗李昂深知，自己接手的是一个烂摊子，而他马上要做的，就是给天下子民呈现一个奋发有为的形象。正因如此，即位伊始，文宗便马上将三千宫女遣送回乡，将皇宫占有的民田全部归还，裁撤了一千余名冗官冗员。他自己更是率先垂范，"恭俭儒雅，出于自然"，主动削减自己的膳食，将自己的生日定为"庆成节"，规定不得屠杀牲畜，只许食用蔬果。更重要的，是他恢复了一度荒废的早朝制度，让臣子们的早朝奏事重新回到正常的轨道上来。仅仅十八岁的文宗需要一种改变，这种改变，他必须让朝野上下都看得见。

然而，这位年轻的皇帝很快就发现，横亘在他面前的，是两堵难以撼动的高墙——朋党之争，宦官专权；让文宗感到的，是一种巨大的隐忧和深深的孤独。

所谓朋党之争，实际上是以牛僧孺和李德裕为双方领袖的"牛李党争"，而"牛李党争"的缘起，则是在宪宗朝。宪宗时期，有一年长安科举，举人牛僧孺、李宗闵在考卷里对朝政进行了不客气的批评，考官认为两人有治国之才，遂将二人推荐给宪宗。此事很快传到了宰相李吉甫的耳朵里，李吉甫听说牛僧孺、李宗闵在考卷中多次直指其弊，觉得于己不利，于是便在唐宪宗面前说此二人与考官有私，宪宗信以为真，一怒之下，把考官降职，牛僧孺和李宗闵也未被提拔。此事一出，朝野震惊，众大臣纷纷为牛僧孺、李宗闵鸣不平，谴责李吉甫嫉贤器小。宪宗为平息舆论，被迫将李吉甫贬为淮南节度使，另行任命宰相。

这个梁子在此后的数年间开始越积越深，随着牛僧孺、李宗闵入朝供职，李吉甫之子李德裕蒙荫庇成为"官二代"，两种势力的交锋与博弈也日趋白热化。牛僧孺、李宗闵所代表的"牛党"和李德裕所代表的"李党"，随着其在穆宗和敬宗两朝权力的交替上升，各自在朝堂上建立起自己的朋党，两党之间，相互倾轧，水火不容。在著名史学家陈寅恪先生看来，牛党代表了进士出身的官僚，李党则代表了北朝以来山东士族出身的官僚。他们之间的分歧不仅是政见不同，也包括对礼法、门风等文化传统的态度之异。当这种严重的分歧与冲突走到文宗朝，"牛李党争"事实上已经撕裂了朝堂上大臣们和衷共济勠力同心的统一性，演变成拉帮结派党同伐异的恶劣的政治生态，更重要的，是这种激烈的党争已经影响到了皇帝意志的推行。史载，喜读《贞观政要》的文宗曾在朝堂上发问："天下何时当太平，卿等亦有意于此乎?"牛僧孺竟说："太平无象，今四夷不至交侵，百姓不至流散，虽非至理，亦谓小康，陛下若别求太平，非臣等所及。"至于李党这边，李德裕对这个充满激情的新主更是处处泼冷水，只因为文宗想提拔几个牛党成员，便极尽阻挠。处于两党争执的夹缝之中，想重续"贞观之治"的文宗不禁长叹一声："去河北贼易，去朝廷朋党难。"尽管两党在文宗朝的权力一直在此消彼长，这一党被放逐，那一党被擢升，但文宗很清楚自己作为皇帝的那份孤独：不论是牛党还是李党，都不是可以和自己同心同德的"党"，自己的雄心与梦想，在这两股势力之间，根本无法得到有效的执行。

如果说朝堂上大臣的纷争让文宗有志难伸，那么面对一群宦官——这些自己的家奴，更是让文宗寝食难安。他知道，自己就是一个被宦官匆匆推上来的傀儡，他们既然可以拥立自己做皇帝，也可以像弑杀敬宗一样，轻松地除掉自己，要想摆脱提线木偶的命运，就必须全面铲除这个已经坐大成势的宦官集团。年轻的文宗显然不能依靠牛李两党的力量，因为这两支力量都和宦官集团有着千丝万缕的联系，他必须培植属于自己的力量，这支力量在哪里呢？

翰林大学士宋申锡正是在这样的一个时点，走进了唐文宗的视野。进士出身的宋申锡处事谨慎又不失果决，深得文宗赏识；关键是他在朝臣间结党营私的政治空气中，能够独善其身，既不依牛，也不附李，更让文宗觉得，宋申锡是解决宦官问题的最佳人选。太和四年（830）七月，唐文宗正式拜宋申锡为相。从翰林大学士一朝跃升至宰相的高位，宋申锡清楚，他将要和这位无人可用的孤独皇帝一起，向树大根深的宦官集团宣战了！

然而，可怜的宋申锡还没有真正施展开拳脚，就成为这场斗争的牺牲品。因为大宦官王守澄手握禁军大权，要想除掉他，就必须找个合适人选出任掌握长安兵马的京兆尹一职，当这个任命落在时任吏部侍郎的王璠身上，王璠惊出一身冷汗，竟然跑去向王守澄泄了密。王守澄岂是吃素之辈，他马上罗织罪名，向唐文宗递上一份奏章，内中称宋申锡阴谋篡乱，欲立漳王李凑为帝。这个罪名本是子虚乌有，然而发现已经打草惊蛇的唐文宗做出了一个"断腕"之举，真的以谋反罪名将宋申锡罢相，贬为开州司马。宋申锡就这样匆匆退出了政治舞台，而孤独的唐文宗依然孤独。

文宗是在宋申锡事件发生三年之后，重新向宦官集团发起进攻的。颇通医术的郑注经王守澄推荐，治好了文宗的风疾，也赢得了文宗的信任。他将欲除掉王守澄的想法和郑注和盘托出，郑注心领神会，马上改变阵营，成为皇帝的心腹。与此同时，另一个经王守澄引荐的小人物李训也善于揣摩圣意，投向了文宗。这两个人本是王守澄放在皇帝身边的眼线，没想到他们会对自己反戈一击。当李训官拜宰相，郑注被擢升为凤翔节度使，王守澄很快就由强势转为了守势。他所掌管的神策军兵权，被和其有过节的另一宦官仇士良一分为二，两人分任神策军左右中尉之职，不久，王守澄又被解除兵权，调离长安。对这个昔日不可一世的大宦官，文宗赐毒酒一杯，令其速死，他相信，铲除了王守澄，就铲除了自己的心腹大患。

然而，让文宗没有想到的是，铲除了王守澄，并不意味着皇帝与家奴的博弈就此结束。发生于太和九年（835）的"甘露之变"，让仇士良成为比王守澄还要狠的角色，而唐文宗由于所托非人，彻底在这场终极博弈中惨淡收局。

事情的发生是这样的。太和九年十一月二十一日，在铲除宦官势力上一直充当马前卒的李训，决定抢在郑注动手之前，先拔头功。他密会金吾使韩约，在金吾厅暗设数百亲兵，同时向文宗奏报金吾厅的石榴树上出现了难得一见的甘露祥瑞，请文宗前去观赏。文宗闻听大喜，遂带文武百官及众宦官前往金吾厅。一行人到了含元殿后，文宗先派已经兼领神策军左右军尉的仇士良前去金吾厅探个究竟。不知是计的仇士良等人来到金吾厅后院，并没有看到李训言之凿凿的"甘露"，倒是看到了金吾使韩约异常紧张的神情，这时的仇士良开始有所警觉。恰在此时，一阵狂风吹起了金吾厅幕帐的一角，让仇士良看到了埋伏于后的军士们的铠甲和兵刃。仇士良是何等机警之人，他迅速率先急返含元殿，一边高呼金吾厅有人谋反，一边挟持着皇帝一路撤离。李训见事已败露，先是想拦住文宗御驾，拦驾不成，便仓皇出逃。看似是局外人实则为幕后主脑的唐文宗，此刻已经为宦官劫持，几次挣脱而不得。当火速"救驾"的神策军将含元殿围得水泄不通，真正成为孤家寡人的唐文宗已经不得不接受这样的现实：在紧闭的宫门之内，六百余名官员被当场斩杀，稀里糊涂地成为神策军的刀下之鬼；王涯、舒元舆、郭行余等被捉获，于次日被以谋反之罪斩首；郑注随即被仇士良密示凤翔监军张仲清杀之；而早已被砍下头颅的李训，则成为一道游街示众的骇人景观。当滴血的头颅在禁军的长枪上成为夕阳中黑色的剪影，"甘露之变"，已经成为一个历史的玩笑，被定格在大唐的黄昏。

秦磨利刀斩李斯，齐烧沸鼎烹郦其。

可怜黄绮入商洛，闲卧白云歌紫芝。

彼为葅醢机上尽，此为鸾皇天外飞。

去者逍遥来者死，乃知祸福非天为。

——白居易《咏史》

"甘露之变"后，宦官势力甚嚣尘上，以仇士良为首的宦官集团在朝野上下掀起一阵腥风血雨。这群去势之人，开始对所有的官员都充满了戒心与敌意，对官僚士大夫，无论有党无党，一律视为仇寇。巡边宦官田全操曾在回京途中公开放言："我入城，凡儒服者，无贵贱当尽杀之！"彼时，官僚士大夫的生命在这群宦官眼中已如同草芥，裴度"不复以出处为意"，远在洛阳的白居易"愈无宦情"。"去者逍遥来者死，乃知祸福非天为。"当远离长安的白居易写出这样的诗句，我们很难说清，他的内心，是在庆幸，还是在战栗。

整个大唐心态最悲凉的人，莫过于唐文宗李昂。"甘露之变"之后，唐文宗几乎被宦官集团软禁了起来。他的帝王之尊，他的家国梦想，已经在金吾厅的刀光剑影中被蹂躏成一阵无望的风。这阵风，曾那么不合时宜地过早吹开了一个整肃朝纲的计划，如今，这阵风，在他退居的兴庆宫中，正在一点点地盘桓、流散，最终，归于消弭。

辇路生春草，上林花发时。

凭高何限意，无复侍臣知。

——李昂《宫中题》

这首《宫中题》，正是文宗在"甘露之变"后的悲凉写照。《资治通鉴》载："上（文宗）自甘露之变，意忽忽不乐，两军球鞠之会什减六七，虽宴享音伎杂遝盈庭，未尝解颜；闲居或徘徊眺望，或独语叹息。"当失控的皇权已经与这位曾经胸怀梦想的皇帝渐行渐远，唐文宗，除了一声叹息，已无可作为。

紧邻这段文字，是司马光记录下的一段君臣对话：上（文宗）疾少间，坐思政殿，召当直学士周墀，赐之酒，因问曰："朕可方前代何主？"对曰："陛下尧、舜之主也。"上曰："朕岂敢比尧、舜！所以问卿者，何如周赧、汉献耳。"墀惊曰："彼亡国之主，岂可比圣德！"上曰："赧、献受制于强诸侯，今朕受制于家奴，以此言之，朕殆不如！"因泣下沾襟，墀伏地流涕，自是不复视朝。

　　开成五年（840）正月初四，年仅三十二岁的唐文宗在郁郁寡欢中崩逝。这位虽有帝王之道却无帝王之才的大唐皇帝，想推倒朋党的高墙，重新打造忠于自己的阵营，却所托非人，独木难支；想摆脱受制于家奴的窘境，却缺乏与他们博弈对阵的胆略与心机。当他最终无奈地降下帝王生涯的帷幕，两行清泪悄然滑落枕边，有谁看见？

第六章

凄凄晚唐

飒飒西风满院栽

会昌的光与影

　　唐文宗带着失落与不甘离世了，他的下一个继任者会是谁呢？开成这个年号对文宗而言显然充满了反讽的意味，因为在这个年号之下，几乎处于软禁状态的文宗，既不得"开"，更无法言"成"！然而，历史仿佛并不忍心让这个曾经创下过辉煌的帝国就此谢幕，它重新启动了一个新的年号——会昌，作为这个年号的主人，唐武宗李瀍用自己的努力，多少挽回了大唐的一点颜面。

　　唐武宗李瀍的即位颇富戏剧性。作为穆宗第五子，文宗李昂的异母弟，颖王李瀍是无论如何与皇位沾不上边的，他不问政事，寄情山水，倒也乐得做个潇洒的王爷。然而，政治的波谲云诡，却让颖王李瀍摇身一变，成了大唐第十五位皇帝，有意思的是，在他登基的背后，却是宦官集团自己导演的一场乌龙。

　　事情的发生是这样的。文宗共有两子，长子李永，次子李宗俭。按照立嫡立长的规矩，文宗曾对李永寄予厚望，希望他能够重振大唐的雄风，然而，终日游手好闲的李永带给文宗的却是彻底的失望。无奈之下，他又将目光投向了敬宗之子晋王李普，没想到，李普无福消受这片皇恩，年仅五岁便夭折了。没办法，在大臣的劝说下，李永再次被提上案头，尽管其本性未改，但还是被册立为太子。然而，自古帝王之家就是一处是非之地，李永的太子当了没几年，便莫名其妙地暴死了。有人认为，是文宗宠妃杨妃欲立安王李溶为太子，正是她从中作祟，才引发了李永的暴死，而这个李溶与杨妃非亲非故，背后是否受到仇士良等把持后宫的宦官们控制，不得而知。总之，盛怒的文宗下旨杀了东宫所有的乐官和宫人，而杨妃立安王李溶的意见也未被文宗采纳。彼时，文宗次子蒋王李宗俭也已去世，文宗手里的牌已发尽，只好立敬宗第六子陈王李成美为太子。恰在此时，文宗病入膏肓，最终竟驾鹤西去，没有行过册封礼的陈王李成美，实际等于没有得到皇家的认证，而这，恰恰成了几支力量争夺的一个"缺口"。

站在李成美背后的，是以宰相李珏为代表的一班大臣。文宗弥留之际曾下密旨让李珏辅佐李成美监国。但仇士良、鱼弘志伪造圣旨，准备册立之前没有当上太子的安王李溶为皇太弟，继而登基坐殿。手中没有一丝兵权的李珏显然不是掌控神策军军权的仇士良、鱼弘志的对手，只能徒唤奈何，毫无办法。

然而，最终坐上皇位的人，既不是李成美，也不是李溶，而是文宗的异母弟李瀍！历史在这个时间拐点上开了一个大玩笑。颖王李瀍和安王李溶同住十六王宅，当匆匆赶到十六王宅的神策军准备现"抓"一个王爷当皇帝时，连他们自己都没搞清楚到底找的是谁，仇士良派去的亲信只是当庭高喊"迎接大的！迎接大的！"，意思就是迎接年龄稍长的安王李溶。可偏偏这个漏洞被颖王李瀍的妃子王氏抓住了。这王氏本是一色冠燕赵的邯郸妓，被出宫游玩的李瀍所宠，遂娶之为妃。当王氏听到院中的这一声高喊，丝毫没有迟疑便道："你们所说的'大的'，就是颖王李瀍。颖王身材魁伟，正是你们要找的'大的'，还不快快迎出新君！"神策军本身就是懵懂而来，再一看走出来的李瀍果然高大魁梧，想都没想，就将其护送到了仇士良面前。仇士良一看眼前的皇帝人选根本不是自己要立的李溶，知道已经闹出了一个大乌龙，但事已至此，生米已成熟饭，只能将错就错，拥立李瀍在其兄文宗李昂灵前登基，是为唐武宗。创建了大唐王朝的高祖李渊绝然不会想到，他的子孙竟会在二百年后，因为一个出身青楼的女人和一场荒诞至极的大乌龙，以闹剧的形式登上历史舞台，成为统驭万民的皇帝！

好在这位新皇帝带给大唐的不是一出闹剧。唐武宗即位伊始，就开始物色一个新的宰相人选。作为被宦官们在混乱中推上皇位的皇帝，武宗深感被架空的危机。穆宗、敬宗、文宗的例子就摆在前面，在宦官势力的压制下，一个没有话语权的皇帝，要么沉沦，要么被裹挟，没有稳健的政治格局和得力的执行宰相，都不可能在与宦官势力的博弈中赢得主动。若想重振李唐王朝的雄风，武宗同样需要一个经验丰富作风凌厉的首辅之臣，这个人是谁呢？

最终，年轻的武宗将目光投在了前朝老臣李德裕身上。作为一位经历宪宗、穆宗、敬宗、文宗四朝的老臣，李德裕的身影始终像一朵浪花，穿行于朋党之争的波峰浪谷之间。他和牛僧孺的矛盾，曾让文宗头痛不已，叹曰："去河北贼易，去朝廷朋党难。"

而在党争的倾轧中，他多次被排挤出京，成为政治上的"边缘人"。彼时，当长安的新皇帝重新想起李德裕的时候，这位老臣正远在淮南任着节度使，而他之所以重新进入朝廷的视野，则是因为经历多年宦海沉浮，他改变了以往的策略，主动向宦官示好。李德裕绑定了自己的监军使宦官杨钦义，对其礼遇甚周。这杨钦义也确实起了作用，武宗初一即位，便召其入京，做了枢密使，他马上投桃报李，向武宗举荐了李德裕，武宗早闻其名，当即下旨召李德裕回朝。开成五年九月初四，即位不到一年的武宗做出了一个重大的人事任命——任命李德裕为中书侍郎兼同平章事，成为大唐首辅之臣！

事实证明，李德裕这次重返京师，注定成为其人生最华彩的段落，而唐武宗也因用人不疑，与李德裕君臣相得，谱出了一段晚唐绝唱。

《新唐书》记录下了二人的初遇，也记录下了李德裕这样一番肺腑之言：

> 辨邪正，专委任，而后朝廷治。臣尝为先帝言之，不见用。夫正人既呼小人为邪，小人亦谓正人为邪，何以辨之？请借物为谕，松柏之为木，孤生劲特，无所因倚。萝茑则不然，弱不能立，必附它木。故正人一心事君，无待于助。邪人必更为党，以相蔽欺。君人者以是辨之，则无惑矣。

公元841年，武宗改年号为会昌，这个年号贯穿了武宗七年的帝王生涯，而史家所说的"会昌中兴"，也由此成为照亮晚唐的一支烛火。

我们先来看看武宗同宦官集团的较力吧。和文宗相比，武宗打压宦官的过程似乎更讲究步骤。即位之初，武宗对仇士良等人可谓言听计从。受其胁迫，他几乎成了仇士良的杀人工具，在他"亲拟"的圣旨下，安王李溶、陈王李成美、文宗宠妃杨氏，宦官枢密史刘弘逸、薛季凌等人相继被赐死。这些人固然都曾是武宗登基之前的"绊脚石"，但更是仇士良的心腹之患：尽管他曾有意拥李溶为帝，但既然有了新傀儡，曾经预设的傀儡就成了隐患，他必须假皇帝之手，将其铲除；至于刘弘逸，一直是自己掌控内廷的劲敌，除掉了他，仇士良的安全感才更强。

武宗在立足未稳之时，给仇士良的正是这样一种"安全感"。他没有放弃当王爷的爱好，骑射游猎，每次出行都让五坊小儿陪同。这显然甚合仇士良的心意。在这位把持内廷多年的大宦官看来，昏君是最可控的，而要想"培养"一个昏君，就必须每天变着法地让他斗鸡走狗，玩物丧志，不能让他闲下来，因为一旦闲下来，他就有可能读圣贤之书，进而亲大臣而远太监，知历史兴替而专心理政，到那时，自己的权力与恩宠也会随之被剥夺。正因如此，在武宗狩猎的马蹄声中，我们隔着历史的丛林，还依稀可以听到仇士良得意的笑声。

然而，放松戒备的仇士良最终栽倒在自信上。表面荒奢的武宗其实一直酝酿着力量，尤其当他任命李德裕为宰相之后，他对宦官势力的压制明显提速了。李德裕的"政归中书"的建议，让武宗深以为然。他给了李德裕充分的信任，同意强化以宰相为中心的中书省的作用，这样一来，自然抑制了宦官权力的扩张。当然，李德裕也和仇士良成了冤家对头。仇士良不甘大权旁落，遂于会昌二年（842）四月，武宗宣布大赦天下的前一天，命手下散布谣言，称"宰相作赦书，要削减禁军衣粮和马草料等费用"，欲以此激怒禁军闹事。李德裕闻讯后觉得事关重大，立即向武宗上奏，武宗于是马上遣使者到神策军中宣布御旨："赦令出自朕意，一切都是朕的安排，无关宰相之事，你们从哪听到的这些话？"这番话顿时震住了神策军将士，而更加惶恐的是仇士良。他发现，这个自己亲手拥立的皇帝并不是可以随便捏的软柿子，他能在这个关口站出来为宰相李德裕背书，本身就已表明了他的态度和立场，自己必须得打起十二分的精神了。

然而，预想中的削权行动还是接踵而至了。就在此事发生不久，武宗擢升仇士良为观军容使。这是一次明升暗降的任命，观军容使看似职位更高，但已无统领神策军的实权。与之形成对应的是，宦官杨钦义因为坚定地和武宗、李德裕站在一起，正在成为内廷新贵。愈发感到危机的仇士良决定以退为进，以身体有疾提出辞职，武宗则顺水推舟，欣然同意，将他改任为内侍监。大势已去的仇士良被迫致仕，不久便郁郁而死。就在其死去一年之后，武宗诏令削夺了仇士良的所有官爵，并抄没了其全部家财。这个曾在文宗朝导演了"甘露之变"，进而又在拥立新君的过程中制造出乌龙事件的大宦官，最终栽倒在会昌这个门槛上，武宗对他的生前身后的惩罚可谓步步紧逼，毫不留情。"唐自肃宗以来，内竖之不得专政者，仅见于会昌。"清初著名思想家王夫之这句评语也许说得有些绝对，但仇士良的倒台，让久被压抑的皇权在会昌年间得到释放，却是一个不争的事实。

摆脱宦官控制的唐武宗，在此后的执政中显然步履更加矫健了，与宰相李德裕的配合也更加默契。在李德裕的辅佐下，武宗开始大刀阔斧地整顿吏治，裁撤冗员，仅在会昌四年（844），便削减了一千二百一十四名官员。与此同时，武宗还采取严刑峻法，对大唐官吏的贪污腐化严惩不贷，其在即位赦文中曾云："自开成五年二月八日昧爽已前，大辟罪已下，罪无轻重，咸赦除之。惟十恶、叛逆、故杀人、官典犯赃，不在此限。"当"官典犯赃"被列入不赦之罪，并在会昌年间得到一以贯之的执行，吏治的整肃与重振，毫无疑问，成为晚唐的一股清风。

赋命诚非薄，良时幸已遭。

君当尧舜日，官接凤凰曹。

目睬烟霄阔，心惊羽翼高。

椅梧连鹤禁，瓣埒接龙韬。

我后怜词客，吾僚并隽髦。

著书同陆贾，待诏比王褒。

重价连悬璧，英词淬宝刀。

泉流初落涧，露滴更濡毫。

赤豹欣来献，彤弓喜暂櫜。

非烟含瑞气，驯雉洁霜毛。

静室便幽独，虚楼散郁陶。

花光晨艳艳，松韵晚骚骚。

画壁看飞鹤，仙图见巨鳌。

倚檐阴药树，落格蔓蒲桃。

荷静蓬池鲙，冰寒郢水醪。

荔枝来自远，卢橘赐仍叨。

麝气随兰泽，霜华入杏膏。

恩光惟觉重，携挈未为劳。

夕阅梨园骑，宵闻禁仗敖。

扇回交彩翟，雕起颭银绦。

辔待袁丝揽，书期蜀客操。

尽规常謇謇，退食尚忉忉。

龟顾垂金钮，鸾飞曳锦袍。

御沟杨柳弱，天厩骕骦豪。

屡换青春直，闲随上苑遨。

烟低行殿竹，风拆绕墙桃。

聚散俄成昔，悲愁益自熬。

每怀仙驾远，更望茂陵号。

地接三茅岭，川迎伍子涛。

花迷瓜步暗，石固蒜山牢。

兰野凝香管，梅洲动翠篙。

泉鱼惊彩妓，溪鸟避干旄。

感旧心犹绝，思归首更搔。

无聊燃蜜炬，谁复劝金觥。

岚气朝生栋，城阴夜入濠。

望烟归海峤，送雁渡江皋。

宛马嘶寒枥，吴钩在锦弢。

未能追狡兔，空觉长黄蒿。

水国逾千里，风帆过万艘。

阆川终古恨，惟见暮滔滔。

——李德裕《述梦诗四十韵》

　　这首《述梦诗四十韵》，是精通辞翰的李德裕在外放浙西观察使时创作的一首长诗。作为穆宗初即位时首批召入的翰林学士，李德裕的感激与骄傲可想而知。正因如此，在《述梦诗》的开篇他便道："赋命诚非薄，良时幸已遭。君当尧舜日，官接凤凰曹。目睇烟霄阔，心惊羽翼高。"且自注："此六句梦中作。"感念之情可谓跃然纸上。然而此后的朋党之争中，李德裕在长安的几进几出，却让他倍感失落，直到武宗重新起用他为相，才得以达到权力的浪峰。这一次，经历过数度沉浮的李德裕表现出了前所未有的低调。他的崛起固然带动了整个李党的崛起，但他对派系的清洗显然已经改变策略。为了并非李党的成员李珏、杨嗣复，他不惜抗颜力谏，最终让二人幸免于死。与此同时，李德裕还向武宗提出，要严控官吏的选拔，强化进士科的考试制度；对门荫特权入仕者，制定了一套严格的用荫标准；针对当时官员游宴无度结党营私的现象，奏请取缔了进士的曲江夜宴。作为晚唐的首席执行官，作为五朝元老，彼时的李德裕相信，自己能赢得皇帝的垂青与信任，自己的相权得到巩固与强化，也便迎来了自己事业的巅峰时刻。从党争的羁绊中走出来，他必须做成一代名宰，才不负自己的蹉跎岁月。

作为这种心理的直接注脚，是李德裕在上任之初，除了辅佐武宗裁抑宦官势力，还在平定大唐的内忧外患方面不遗余力。公元840年秋，大批回纥人突然开始在阴山南麓集结。他们是当年曾在肃宗朝收复两京过程中烧杀掳掠的回纥后裔，后来因为内讧，回纥分化为两个部落，其中一个部落被迫南下进入大唐边境，经常以小股的游击战不断对边民进行骚扰，目的在于胁迫唐廷给他们一块可以定居的土地。会昌元年（841），天德军使田牟欲攻打这支回纥部落以求功，李德裕以为不可"乘其困而出，宜遣使者镇抚，运粮食以赐之"，武宗以为然，遂"许以谷二万斛赈之"，但回纥的乌介可汗并不感恩戴德，反而变本加厉，继续扰边。武宗于是任命李德裕为总指挥，集军政大权于一身，对回纥进行讨伐。事实证明，李德裕不仅有治国之能，还具备军事指挥才能。他精选了一批精兵强将，以突袭方式攻下了回纥大营，令一万余回纥人暴尸于后来被称为"杀胡山"的一处戈壁，仓皇败走的乌介可汗则于几年后被杀。自此，回纥一蹶不振，再难成气候，大唐北部边境一直安定了三十余年。

如果说平定回纥体现了武宗与李德裕这对君臣彼此的信任，那么随后讨平昭义的战争，更可见二人的默契。昭义横跨山西东部的太行山，作为安史之乱后形成的一支藩镇势力，可谓"步兵冠诸军"，"雄视山东"。会昌三年（843）四月，昭义节度使刘从谏死，其侄刘稹秘不发丧，擅自承袭，不秉朝命。武宗与群臣讨论此事时，群臣多认为刚平回纥，再讨昭义，恐国力难支，不如同意刘稹的请求。李德裕则力排众议，坚决主张讨伐。在他看来，唐廷如果妥协，"则四方诸镇谁不思效其所为，天子威令不复行矣！"李德裕还向武宗详细分析了军事形势，指出："稹所恃者河朔三镇。但得镇、魏不与之同，则稹无能为也。……苟两镇听命，不从旁沮桡官军，则稹必成擒矣！"武宗听罢大喜道："吾与德裕同之，保无后悔。"遂决定讨伐昭义。随后战事的发展证明，这对君臣的坚持是奏效的，当河北诸镇的核心成德、魏博两镇被许以领土，两镇欣然出兵围堵，唐廷一路攻势如虹，次年便平灭了刘稹。这次出击，让中央政权的威望迅速抬升，李德裕也因此被武宗封为卫国公。

> 远公说易长松下，龙树双经海藏中。
> 今日导师闻佛慧，始知前路化成空。
>
> ——李德裕《赠圆明上人》

这首《赠圆明上人》，是李德裕于文宗朝外放西川节度使兼成都尹时所作。诗中提及的长松寺，位于成都龙泉山脉的最高峰长松山。据说当年唐玄宗李隆基避难入蜀，曾召长松寺马祖行空和尚觐见，临别时为长松寺亲赐匾额"长松衍庆寺"，又赐名香。长松寺上下非常重视御赐名香，专门修了个亭子来贮藏，并取名为

"御香亭"。此后，长松寺香火日盛，成为蜀中的一处佛教圣地。文宗大和年间，李德裕来到成都，也曾多次慕名上长松山听经，当时寺中圆明上人的讲经说法，让遭受党争排挤的李德裕醍醐灌顶，抑郁的心境也为之一扫，这首诗正是听经有所感悟的李德裕给圆明上人的一首谢诗。

然而，在贝叶梵声中参透禅关的李德裕重归宰相之位后，却和武宗一起，掀起了一场在中国历史上毁誉参半的"会昌灭佛"运动。在中国佛教史上，曾经发生过四次较大的灭佛事件，即北魏太武帝灭佛、北周武帝灭佛、唐武宗灭佛、后周世宗灭佛，而无论从规模还是影响力，唐武宗灭佛远远超出了其他三次灭佛。那么，这场灭佛运动的震级究竟达到了什么程度？为什么武宗要对有唐一代已经极度鼎盛的佛教痛下杀手呢？

> 洎于九州山原，两京城阙，僧徒日广，佛寺日崇。劳人力于土木之功，夺人利于金宝之饰……且一夫不田，有受其饥者；一妇不蚕，有受其寒者。今天下僧尼，不可胜数，皆待农而食，待蚕而衣。寺宇招提，莫知纪极……

这段出自武宗朝颁布的《拆寺制》中的文字，可以视作"会昌灭佛"的首因，那就是经济原因。其实这个原因在佛教鼎盛的唐代，已经相当明显。为数众多的僧尼和寺庙消耗了大量的国家财力，随之而来的寺院经济作为一种新的经济形式，在国家经济中的比重也越来越重。唐文宗当时已经意识到了问题的严重性，曾说："古者三人食一农人，今加兵、佛，一农人乃为五人所食，其间吾民尤困于佛。"只是因为文宗当时注意力全在压制宦官势力上，没有抽出手来解决这一问题。

武宗即位后，随着唐廷的财政状况日趋拮据，加上讨伐回纥和昭义的战争耗费了大量的军费，武宗终于决定对积聚了大量财富又养活了众多"闲人"的丛林禅刹出手了。武帝的这个想法得到的是大唐首席执行官李德裕的积极响应。如果说当年身在成都听圆明上人讲经说法的李德裕更多地是在用佛法观照自身，那么彼时身居宰相之位的他，已经必须从中央政权的宏观弈局中审视这一舶来的宗教。他知道，灭佛无疑会给窘迫的大唐财政带来巨大的收益，更重要的，是在灭佛的同时，还可以对宦官势力进一步削弱和压制——因为宦官仇士良是一个虔诚的佛教徒，曾任功德使之职，在他的带动下，宦官势力已经渗透进了这些佛门清净之地，而佛门也成为他们敛财的重要出口。正基于此，当武宗抛出灭佛的想法，李德裕投给皇帝的，是心领神会的目光。

当然，除了提振经济，武宗灭佛的想法还缘于一个不可言说的原因——那就是他对道教的崇信。和他之前的许多唐帝一样，武宗也颇好神仙之术。尽管此前已有多位皇帝死于丹药之毒，但武宗依然认为，道家的炼丹术可以延续自己的生命，拉长自己的帝业。在这种背景下，一个叫赵归真的道士的受宠便不足为奇，武宗封其为左右街道门教授先生，并斥巨资修建了九天道场，于九坛受"法箓"。更重要的是，他听信了赵归真对佛教的一番诋毁。史载，"武宗志学神仙，归真乘间排毁释氏，言非中国之教，宜尽去之，帝然之，乃澄汰天下僧尼"。当发轫于天竺之国的佛教在大唐会昌年间遭遇土生土长的道教，一场在中国佛教史上被称为"会昌法难"的风暴，已经不可避免地降临。

会昌二年十月，武宗的"灭佛"宣告开始。他下令凡违反佛教戒律的僧尼必须还俗，并没收其财产。此后，武宗陆续下令限制佛寺的僧侣人数，不得私自剃度，限制僧侣蓄养奴婢的数量，很多寺院被拆毁，大量僧侣被强迫还俗。会昌四年（844）二月，武宗再次降旨，"不许供养佛牙"，同时规定：代州五台山及泗州普光寺、终南山五台寺、凤翔府法门寺等有佛指骨之处，严禁供养和瞻仰，如有一人送一钱者，背杖二十；若是僧尼在这些地方受一钱施舍者，背杖二十。会昌五年（845），武宗又出重拳，下令僧侣四十岁以下者全部还俗，就连天竺和日本来的求法僧人也被强迫还俗；同年七月，裁并天下佛寺，长安和洛阳开始允许保留十寺，每寺僧十人，后来又规定各留二寺，每寺留僧三十人。天下各地拆废寺院和铜像、钟磬，所得金、银、铜一律交付盐铁使铸钱，铁则交付本州铸为农器，还俗僧侣各自放归本籍充作国家的纳税户。到了会昌五年八月，武宗下诏宣布灭佛的"战果"：凡废毁大、中寺庙四千六百余所，兰若四万余处，还俗僧尼充两税户者，共计二十六万余人，寺院奴婢充为两税户者，计十五万人，没收肥沃良田数千万顷。

至此，这场持续三年的"会昌灭佛"运动宣告结束。毫无疑问，在变成瓦砾的古寺禅刹上，在被掘毁的菩提树旁，在被熔化的法器中，大唐的子民已经无法重返那个佛塔耸立香烟缭绕的佛教极盛时代，而作为会昌这个年号的主人，唐武宗和以李德裕为首的臣僚们，则在被释放的包括土地、人力和寺院经济在内的各项财税资源上，建立起一个王朝的中兴。由此，唐武宗作为有唐一代二十二个皇帝中唯一一个坚决反佛的皇帝，必将迎来生前身后毁誉参半的评价；他也不得不面对人们对他的两种截然相反的定论：一方面，他是有一定作为的中兴之主，他的努力，挽回了大唐皇帝失落的皇权，而他在瓦砾堆上的执着行走，让大唐的财政重新有了充满活力的表情；另一方面，他又是一个暴力武断的屠夫，佛教，在他的时代遭遇到了灭顶之灾，中国宗教文化的多元发展，在他的执政期内，出现了难以弥合的断层，桴鼓骤停，钟声渐远，与之形成强大反差的，是道教的繁盛，神仙家们的额手称庆。

会昌六年（846）三月二十三日，唐武宗因服食丹药过量，口不能言，薨逝于含风殿，年仅三十三岁。让人唏嘘的是，就在死前十二天，他还听信道士之言，将自己的名字由李瀍改为李炎，以期与本朝所尊崇的土德相合。然而，历史就给了他短短七年的在位时间，那位曾经助其登上御座的王姓美人，也在同一天自缢而死。以乌龙大剧开场的"会昌中兴"，最终消遁于炼丹炉升腾的烟霭之中。

双面“小太宗”

公元846年，当武宗英年早逝，大唐迎来了它的新主人，他叫李怡，史称唐宣宗。和安史之乱后粉墨登场的皇帝们一样，他也是被宦官们用力推上皇位的。所不同的是他的辈分，他是宪宗的第十三个儿子，和穆宗是同父异母的兄弟，是敬宗、文宗、武宗的叔父，因为这样一层关系，李怡成为中国历史上第一位以皇太叔身份登基的皇帝，而要说起他的继位，更是堪称传奇。

对于这位曾在十六王宅中生活的光王，《新唐书》的描绘是“宫中或以为不慧”，而翻开《资治通鉴》，司马光则说得更直截了当——“宫中皆以为不慧”。可见，当王爷的李怡的“不慧”是已经记录在案的。那么，李怡的“不慧”究竟到了何种程度？这种“不慧”是先天的，还是后天的，还是根本就在装疯卖傻？

据说光王李怡是因为在穆宗朝撞上了一次官员的行刺才变得大脑不灵光的，虽然有惊无险，但自从那次事件之后，李怡就开始沉默寡言。这样一位智力出现缺陷大脑受到刺激的王爷，当然不可能卷进残酷的宫廷政治，不仅对兄长构不成威胁，更不会对随后相继即位的三个侄子构成威胁，甚至，还成了被娱乐被取笑的对象，在明争暗斗的帝王之家，例外地充当了一个开心果的角色。

历史首先记录的是文宗对李怡的嘲弄。据说文宗即位后，有一次曾在十六王宅宴请众亲王，光王李怡也在其中，酒酣耳热之际，众亲王都高声说笑，唯独光王在一旁默默不语。文宗素知光王愚钝，便有心戏弄于他，于是便对众亲王说："你们谁能让皇叔开口说话，朕便重重有赏。"众亲王听罢，纷纷上前戏弄起光王，然而无论众人怎样戏弄，光王都不吱一声。文宗看到众亲王的窘态，再看看呆头呆脑的光王，不禁大笑，在他眼中，这位皇叔更像是一个佐觞佐酒的工具，除此，全无用处。

如果说文宗对光王还仅仅是取笑，那么到了武宗即位，这位皇叔的命运可就惨多了。在武宗看来，光王的愚笨是装出来的，他必须杀了这位皇叔，才能睡上一个安稳觉。史书有记载的武宗杀光王的说法有三种，一种是说武宗命宦官将光王投入厕中意图将其溺死，结果光王大难不死，被宦官所救；另一种说法是武宗打算趁打马球之机，授意当时的大宦官仇士良将光王击死，结果仇士良并未对光王下手，反而将其藏了起来；还有一种说法是有一年冬天光王与武宗一起狩猎，结果从马上摔了下来，最后幸亏被人发现，才没有冻死在数九寒天。总之，从这些记载来看，光王在武宗即位之后，处境不仅艰难，而且已经非常危险，正因如此，还有了光王李怡避祸出家之说。

大雄真迹枕危峦，梵宇层楼耸万般。

日月每从肩上过，山河长在掌中看。

仙峰不间三春秀，灵境何时六月寒。

更有上方人罕到，暮钟朝磬碧云端。

——李忱《百丈山》

这首《百丈山》，据说是李怡在江西百丈山一佛寺隐姓埋名时所作。在光王李怡看来，自己在皇城的每一天都充满了危险，与其束手待毙，莫如远走高飞，以一个无名沙弥的身份隐匿于深山古刹之中。由此，后世人们推测，武宗在会昌年间的"灭佛"之举，看似有许多冠冕堂皇的理由，但其实真正的目的只有一个，就是要在遍布全国的佛寺之中，找到"失踪"的光王李怡！

在历史与传说的交织漫漶中，我们已经很难说清真假，但时间的走向却印证了武宗的担忧，那就是，他的这位皇叔日后真的当了皇帝！尽管李怡没有阴谋篡位，但武宗薨毙的当天，在其灵前继位的，并不是武宗的幼子，而是被一群宦官推上皇位的光王李怡！

会昌六年三月二十日，唐廷向天下宣读了这样一份唐武宗的诏命："皇子幼冲，须选贤德，光王怡可立为皇太叔，更名忱，应军国政事令权勾当。"所谓"应军国政事令权勾当"，即指在正式即位前代理国事。这当然不是处于弥留之际的唐武宗的意愿，而是内侍仇公武和左军中尉马元贽的算盘。这两个掌控内廷的宦官在武宗病重之时，首先想到的大唐的继任者就是光王李怡。在他们看来，这个愚钝至极的王爷绝对是个易于操控的傀儡。他们火速迎回了避难在外的李怡，忙不迭地在百官面前宣读武宗"旨意"后，便让已经更名为李忱的"皇太叔"当起了大唐王朝的家。

然而，让仇公武、马元贽和朝中百官错愕吃惊的是，彼时的皇太叔李忱完全变了一个人！他不再是当年那个心智不灵愚笨呆傻的王爷，而是变得异常精明而果决！在处理政事时，他的英明睿智完全就是一个为了皇位而处心积虑准备多年的模样！代理国政三天之后，武宗驾崩，李忱顺理成章地叔继侄位，史称唐宣宗。这位韬光养晦多年被人戏弄被人侮辱被人褫夺了尊严的王爷，终于可以俯视率土之滨，迎来自己的荣耀时刻。推其上位的仇公武和马元贽早已后悔不迭，而朝堂的百官们都在思忖：这个充满心机的新君，将会下出怎样的一盘棋？

事实证明，唐宣宗即位伊始，就打碎了武宗朝的棋盘。对这个生前曾处处要置自己于死地的侄子，唐宣宗的愤怒从他变脸的那一刻起，就已经明明白白地写在了脸上：他要重新整合自己的臣僚集团，他更要重走一条迥异于会昌的帝王之路。纵观宣宗的执政，我们发现，凡是武宗朝所提倡或重视的，都被他"悉反其政"，悍然废止了，而武宗朝所极力反对的，却被宣宗不遗余力地加以推行。我们不妨看看这位胸怀仇怨的新君是如何开始他的"拧巴执政"的。

首先，是李德裕的被贬。作为会昌朝的一员干将，李德裕走过了自己宦海生涯里最为辉煌的七年时光。武宗对他的信任和放权，让他得以一扫党争的阴霾，踏踏实实地做出了一些政绩。正是这些被载入史册的政绩，让他的名字在被贴上结党营私标签的同时，也得以位列中国历史著名宰相的名单之中。他和武宗君臣相得的故事也因此成为佳话，诚如《新唐书》所云："武宗用一李德裕，遂成其功烈。"然而，走向人生顶峰的李德裕在宣宗即位次日，便再次跌入人生的谷底。据说唐宣宗即位当天，李德裕主持册封大典，大典结束后，宣宗对左右内侍道："刚才靠近我的是不是李太尉？他每看我一眼，都让我紧张得毛发直竖。"就在大典的第二天，这位前朝的首辅之臣便没有出现在朝堂，宣宗将其一贬再贬，最后竟将其贬谪为崖州司户。在重新洗牌的过程中，李德裕成为唐宣宗首先要"洗"的一张牌。

> 独上高楼望帝京，鸟飞犹是半年程。
> 青山似欲留人住，百匝千遭绕郡城。
>
> ——李德裕《登崖州城作》

这是李德裕站在崖州城头，迎着中国最南角的海风写下的一首抑郁之作。这次被贬，对于李德裕而言，已注定再无翻身机会，没过多久，便恹恹成疾，客死异乡。几乎与之同时，"牛党"的核心人物牛僧孺也去世了，至于另一个重要党鞭李宗闵则先于牛僧孺一年去世。至此，此消彼长持续近四十年的"牛李党争"终于落下帷幕。当两党的领袖都化作了一抔尘土，我们发现，无论是"牛党"还是"李党"，最终谁都没有成为赢家。

而新继位的皇帝显然正在组建起一支自己专属的臣僚集团。

尽管他任用了一批当年被李德裕打压的"牛党"成员，但同时也起用了宪宗朝的旧臣令狐楚的儿子令狐绹来实现一种政治平衡。作为宪宗之子，中间隔了四个皇帝的宣宗似乎有意在与宪宗朝完成一种看似"无缝"的连接，他对宪宗旧臣的后人，好像更多一些偏爱，不仅是令狐绹，裴度之子裴谂、杜黄裳之子杜胜都升任要职，以至于司马光在《资治通鉴》中说："上见宪宗朝公卿子孙，多擢用之。"当这些宪宗朝的旧臣之子被组合进宣宗的臣僚序列，宣宗想追比宪宗的"元和中兴"的政治理想已昭然天下。

凭借韬光养晦之术登上历史舞台的唐宣宗心中，至高无上的榜样还是开创"贞观之治"的唐太宗。他让人在自己寝宫的屏风上书写下了一整部的《贞观政要》；因为追慕唐太宗与魏徵和谐的君臣关系，他遍访民间，费了好大气力，找到了魏徵的五世孙魏谟，并拜其为宰相，而这魏谟也确实没有辜负宣宗的一番苦心，秉承祖上遗风，大胆进谏，宣宗也真的做到了从善如流。

当然，除了这种多少有些刻意的"模仿"，这位隐忍多年的皇帝在用人方面，也通过体察民情，寻找着一种可遇不可求的"随意"。据说有一次宣宗外出游猎，遇一樵夫，便问其所在县令"为政如何"，对方答道："县令性格固执，有几个强盗关押在县监狱，北司禁军前来要人，县令坚决不放，硬将这几个强盗处死了。"敢于和宦官掌控的北司禁军公然叫板，让宣宗颇为赞赏，回宫不久便将该县县令擢升为海州刺史。

为了扩大权力阵容，并在自己执政的时代彻底换上自己的标签，唐宣宗做了大量颠覆前朝的工作。大中元年（847），他特意颁下敕书，恢复了杏园的宴集。曲江之上，再次飞扬起举子们"春风得意马蹄疾，一日看尽长安花"的得意神情。公卿弟子也被鼓励参加科举考试——对科举取士如此看重，显然不是会昌年间的做法。当然，在通过以上举措笼络天下读书人的同时，唐宣宗对官吏的任命极为慎重，尤其是地方最高长官——刺史一职，更被他视作皇权的重要触角。正因如此，他特别规定，刺史人选确定后，不准直接去上任，必须到长安来接受他的"面询"。他曾说："朕以刺史多不得其人，而为害百姓，故要一一面见，询问其如何施政，以此了解其优劣，再确定是否可以任命。"当一大批举子被纳入新朝的治国理政方阵，当经历严格审核的官吏分布于大唐的权力中枢、道州府县，唐宣宗已经完成了新旧两朝的"换血"，完成了权力的重组。

当然，与宦官集团"掰手腕"也是唐宣宗必须下的一步棋。作为中晚唐政治畸变的产物，宦官一直是困扰皇帝的一个核心"病灶"。面对这个挥之不去的"病灶"，有的皇帝操之过急，最后被弑身死，有的皇帝甘于沉沦，得过且过，那么，同样是被宦官推上皇位的唐宣宗，又会对这群家奴动用什么"家法"呢？

作为宪宗之子，宣宗一直对自己父亲的暴死心存疑窦。他早就听说宪宗其实死于郭太后与宦官的合谋，正因如此，尽管事过多年，他依然没有忘记"秋后算账"，而这，也正是他要对宦官势力清算的一个出口。大中二年（848）五月的一天，不受礼遇的郭太后曾吵嚷着要自尽，尽管当时被人救下，却并未活过当晚。"太后身为国母，听任光陵商臣之酷而不怀惭惧，犹藏异心，言死尚轻！"从当时唐宣宗抛出的这句狠话看，郭太后的死更像是一种政治报复。这位宪宗的正宫皇后，死后并未与宪宗合葬景陵，而是在其外园草草掩埋。至于当年参与谋害宪宗的宦官和外戚，在此后的六年时间里，或是处死或是流放，都为当年的行径付出了代价。

　　除了通过宪宗被杀事件借题发挥，宣宗对宦官的压制还常常采取敲山震虎的办法。据说宣宗因宦官马元贽有拥立之功，特赐其宝带以示褒奖。朝廷宰相马植与马元贽过从甚密，马元贽就将宝带转赠给了马植。一天，宣宗在朝堂上认出了马植所佩宝带，问清来历，第二天就下诏罢免了马植的宰相之职。这一招堪称敲山震虎，他既不希望朝臣与宦官相互勾结，又不希望出现像文宗朝的"甘露之变"。果然，此事对马元贽震慑不小，而此后宣宗对他的一系列"安抚"，更是让其断了擅权夺政之念。

　　有过佛门经历的唐宣宗当然不会忘记"会昌灭佛"那段黑暗时期，不管武宗当时是出于何种目的，坍塌的寺庙与佛龛永远是宣宗心中挥之不去的阴影。正因如此，从大中元年始一即位，宣宗先是杖杀了道士赵归真，将大批术士流放岭南，随后便将其复兴佛教的举措由两京向全国推行，被拆毁寺院在原地重新矗立起来，大批僧尼重新捧读起贝叶之书，甚至禁宫之内也开始经常有高僧大德出入，与信仰佛教的宣宗探讨佛法。强化了皇权重建了信仰的唐宣宗，其实就是要昭告天下，武宗的时代已经一去不复返了，自己装疯卖傻的时代也已经一去不复返了，他要给世人呈现的，是一副勤于治世的面孔，他要刮起的，是一股攻势凌厉的旋风！

对这股旋风，司马光评价甚高。在他看来，"宣宗性明察沉断，用法无私，从谏如流，重惜官赏，恭谨节俭，惠爱民物，故大中之政，迄于唐亡，人思咏之，谓之小太宗"。那么，这位"小太宗"的"大中之政"真的这么完美吗？其实，当我们在史册中爬梳便不难发现，在史家司马光的溢美之词背后，宣宗还有另外一副面孔。

　　这副面孔是冷酷的。在《资治通鉴·考异》所录《续贞陵遗事》中，曾记载了这样一件事。宣宗在位时，越地官员送来一支女乐队，其中一名女子姿色冠代。唐宣宗见此女，"初悦之，数月，锡赉盈积。一旦晨兴，忽不乐曰：'玄宗只一杨妃，天下至今未平，我岂敢忘？'乃召美人曰：'应留汝不得。'左右或奏'可以放还'。上曰：'放还我必思之，可命赐鸩一杯。'"读罢这段篇幅短小的文字，我们不寒而栗，这是"仁民爱物"的"小太宗"吗？当那位泪眼婆娑的美人用一杯御赐的毒酒结束自己年轻的生命，她不会想到，她保全的，是一个沽名钓誉的皇帝的伪装，遮蔽的，是一个不近女色勤政爱民的谎言。

　　这副面孔是多疑的。事实上，复杂的即位经历已经让宣宗的"政治隐藏"成为一种惯性。就说那位位高权重的宰相令狐绹吧，他曾谓人曰："吾十年秉政，最承恩遇，然每奏事，未尝不汗沾衣也。"即便冬日，也会"汗透重裘"，可见朝堂上的君臣关系并不是轻松和谐的，官员们在宣宗狐疑的目光中，其实多是像令狐绹这样战战兢兢，如履薄冰。要说起宣宗的从谏如流，好像也并没有上演当年太宗与魏徵的传世佳话。还记得那位被宣宗誉为"绰有祖风"的魏谟吗？他最终的结局是：因为抗颜直谏而被贬出京师，外放异乡。至于立嫡大事，这位心机深厚的唐宣宗更是久拖不决。当宰相裴休等人建议宣宗早立太子，宣宗道："若建太子，则朕遂为闲人。"皇帝都这么说了，做臣子为避嫌疑，哪还敢多言？史学大家吕思勉曾云：宣宗"本为猜忌之主"，"虽参验摘发，然不能推诚相与，得人之欢心，将谁与共济艰难乎？"翻开晚唐这段历史，我们看到，这位史学大家的话，堪称灼见。

大中十三年（859）八月七日，唐宣宗驾崩，享年五十岁，在位十四年。关于他的死因，流传两种说法，一说为长服丹药，中毒而死；一说为宦官所害。这两种原因都是有可能的：即位之初曾恨不能杀尽天下道士而后快的唐宣宗，在晚年同样没有走出祈求长生服食丹药的怪圈；他对宦官势力的压制，也极有可能引发他们做出谋逆之举。最让这位双面"小太宗"难以瞑目的，其实是他的继承人。由于自己的生性多疑，他看好的三子夔王李滋没有被正式册立为太子，正因如此，才引发了宣宗身后的一场夺权血案，而大唐的帝国轨迹，则已经无可逆转，向着最终的溃败之局迅速滑落。

板荡的朝野

作为唐宣宗的长子，郓王李温是在几乎无望登基的状态下实现惊天逆转的。因为不喜欢这个儿子的浪荡，所以宣宗直到弥留之际，也没有让李温继承自己的皇位。病榻之侧，他对内枢密使王归长、马公儒和宣徽南院使王居方三个宦官委以重任，嘱咐他们扶持他最喜欢的夔王李滋。尽管病入膏肓的宣宗已经无法给李滋行册封礼，但他相信，有这三个得力的宦官扶持，李滋的继位应当不会有太大问题。

然而，这个刚愎自用生性多疑的皇帝还是没有料到身后的刀光剑影。被委以重任的王归长三人深知，这是一个让他们青云直上的好机会，但他们更清楚，这个废长立幼之举，尽管出自皇帝之口，但并未得到最终的认证，他们只有掌控兵权，才能封住内廷外廷的悠悠之口。正因如此，当宣宗驾崩，他们秘而不宣，颁出一纸矫诏，将左神策军中尉王宗实外放淮南。心生疑窦的王宗实遂率兵强行闯入皇帝寝宫，当他看到驾崩的皇帝和哭泣的众人，不由分说，就将王归长、马公儒和王居方拘禁起来。可怜这三位手无兵权的"顾命宦官"，没有料到王宗实会强闯寝宫，只能束手就擒。面对他们的跪地乞求，王宗实怎能手软，次日便将三人以谋逆之罪处死。

在王宗实的操控下，大唐王朝又一位被宦官推上皇位的皇帝产生了，"遗诏"的诵读之声响彻朝堂，二十七岁的李温在将自己改名为李漼的同时，已是黄袍加身，成为大唐第十七位皇帝——唐懿宗。

即位的次年，唐懿宗李漼将年号定为"咸通"。这个年号，取自宣宗《泰边陲乐曲词》的"海岳晏咸通"。显然，初登大宝的唐懿宗是想继承先帝的"大中之治"，开创一个四海升平的时代。然而，这位从未被宣宗看好的皇帝即位不久便露出了本性，正是他的骄奢淫逸，敲响了一个王朝的丧钟！

且来看看懿宗的"咸通之治"是怎样的一摊乱局。如果说宣宗甫一即位，就开始了对前朝的清洗和重组，那么到了他的儿子即位，懿宗的"走马换将"更是让人眼花缭乱。他在位期间，一共任用了21位宰相，他们是：令狐绹、白敏中、萧邺、夏侯孜、蒋伸、杜审权、杜悰、毕诚、杨收、曹确、高璩、萧寘、徐商、路岩、于琮、韦保衡、王铎、刘邺、赵隐、萧仿、崔彦昭。在这份频繁更替的宰相名单中，除了前朝的令狐绹、白敏中还多少有点宰相气度，其余的多是些尸位素餐、为人龌龊之辈：咸通初任宰相的杜悰，人送外号"秃角犀"，只因是德宗朝宰相杜佑之孙、宪宗的驸马，便荣登相位，本人却是庸碌无为，品性恶劣；咸通五年任相的路岩更是贪腐成性，结党营私，以至于民间将其和另外几位宰相曹确、杨收、徐商编入了一首歌谣："确确无论事，钱财总被收。商人都不管，货赂（路）几时休？"当这些位极人臣的国家蠹虫以贪婪和无耻侵蚀进晚唐脆弱的肌体，一个王朝的衰败之象已经急转直下，不可遏制。

懿宗本人的荒奢无道与官僚体系的整体堕落同时进行。据说游宴无度的懿宗相当讲求排场，在宫中供养的乐工有五百人之众，对这些乐工的赏赐十分慷慨，动辄以上千贯计。最让人苦不堪言的是他的出行。由于他经常是突然起意，行宫负责接待的官员必须随时待命，备好食宿和乐工；而这个荒疏皇帝每次出行，都会动用多达十余万人扈从，费用开支之大简直难以计数。

咸通十年（869）正月，他为自己最宠爱的女儿同昌公主举办了一场奢华的婚礼。"窗户皆饰以杂宝，井栏、药臼、槽匮亦以金银为之，编金缕以为箕筐。"从司马光的这段描述中，我们可以想见，这位大唐第一公主的嫁妆是何等奢靡！然而，同昌公主并没有因为父皇给她搭建的这座金屋而芳华永驻，结婚没两年便病故了。唐懿宗一气之下，处死了为同昌公主看病的全部医官。与此同时，他亲写挽歌，罔顾百姓困窘的国情，耗费巨大，以国葬的规格为同昌公主举行葬礼。据说出殡当天，送葬的队伍竟然排了三十余里。当文武百官都披麻戴孝，一路吟唱着皇帝亲手写下的挽歌，懿宗不会想到，整个大唐的挽歌已经在缓缓地升起。

最早为其唱响挽歌的人来自浙东，名叫裘甫。大中十三年年底，盐商出身的裘甫在赋税沉重生活难以为继的背景下，率领数百名农民在象山啸聚而起。他们一路攻势如虹，先后攻克了宁海、奉化、剡县。沿途百姓纷纷响应，裘甫遂率起义军在剡县"大聚资粮，购良工，治器械"，将部队分成三十二个分队，并于此后不久，在越州称帝，定国号为"罗平"。

面对这支渐成气候的"盗匪"，唐廷终于感到了恐慌。要知道，裘甫占据的，可是大唐税收的重要领地——江淮，刚刚即位的懿宗即便再昏庸，也清楚这一税源被切断意味着什么。他派出王式为浙东观察使，前往镇压裘甫义军。这王式倒也颇具军事谋略，没有马上和裘甫兵戎相见，而是在越州不断孤立瓦解裘甫的阵营，将其兵力来源和民心所向统统切断。准备就绪，他便联合吐蕃、回纥的骑兵，向这支刚刚建立的政权发动了猛攻。被孤立被切割的裘甫义军当然无法抵挡如水一般涌来的唐廷大军，在几次突围未果之后，裘甫兵败被俘，在长安被斩。

这场历时短短七个月的风暴，以一颗漆黑的头颅高悬在长安城头而宣告结束，懿宗的后宫再次莺歌燕舞起来。但这位荒淫的皇帝显然不读史书，历朝历代，一旦发生民变，就往往不是一个单发的响雷，它一定会引发一连串的雷霆，而这些雷霆，随着一个王朝的肌体日趋腐化，注定会摧枯拉朽，势不可挡。

发生在咸通九年（868）七月的"桂州戍兵起义"，可以说是继裘甫之后又一次声势浩大的起义。庞勋的这支起义队伍，其实是于咸通四年（863）被从徐州派去驻守桂州的八百兵马，他们的任务是去驰援被南诏攻陷的安南地区。按照唐代每三年一换防的军制，这些戍卒只需熬过三年，便可以返回故乡徐州，然而，三年期满，他们并未等来可以返乡的号令，而是他们的长官推说因为经费紧张，需再服役三年。这一下，众戍卒的愤怒油然而起。咸通九年七月，他们杀了监视他们的军官，公推平日善待他们的粮料判官庞勋为首领。由此，漓江之畔火光冲天，这支洗劫了大军仓库的军队，在庞勋的带领下一路挥戈北上。在"富者有连纤之田，贫者无立锥之地"的晦暗晚唐，这支披星戴月日夜兼程的队伍目的是如此单纯：他们只想回到徐州，那是他们阔别多年的家园。

　　然而，这支几乎一路"畅行"的哗变之师却被徐泗观察使崔彦曾堵在家门口，原来朝廷对他们的"一路特赦"是假，其真实目的是要在徐州城将他们悉数剿杀。当崔彦曾的守军在城头放起冷箭，有家难回的桂州戍兵们终于意识到，和李唐王朝的决裂已是必然。本来他们就不是普通的百姓，而是训练有素的士兵，再加上精通军事的庞勋的指挥，这支在家门口高挑起义旗的义军很快就攻城拔寨，先是夺取了彭城，进而控制了徐州，斩杀了崔彦曾等一批守军军官，此后，又接连占领了濠州、滁州和都梁，切断了唐王朝在江淮的经济运输线。这些从桂州千里奔袭，最终以胜利者的姿态叩开家乡之门的起义军，赢得了家乡父老的热烈响应，一时间，"至父遣其子，妻勉其夫，皆断锄首而锐之，执以应募"。当八百人的队伍最终扩大到二十多万人的力量，唐廷，已经感受了来自江淮的地动山摇。

　　咸通十年（869）正月，经历数次讨伐失败的唐廷再一次向庞勋义军发起总攻。这一次，自知战斗力不足的唐廷联合了沙陀、吐谷浑等少数民族骑兵，浩浩荡荡挺进江淮。彼时的庞勋义军已被接连的胜利冲昏头脑，尤其是当年在桂州共同起事的士兵倚仗着"老资格"，开始"夺人资财，掠人妇女"，渐渐不得人心。正因如此，当唐军大兵到来，庞勋义军连失数城，全线溃败，而沙陀和吐谷浑的骑兵显然骁勇，他们拦截了率众突围的庞勋，最终将其斩落马下。这支曾经一路高歌的起义军在和唐军僵持数月之后，最终土崩瓦解，全军覆没，在一年零两个月的时间里，由强劲的风暴骤减成一阵夹藏于史书里的轻飔。

也许是因为在位期的这两次规模较大的民变强烈地震慑了唐懿宗的心魄，晚年的唐懿宗比他父亲宣宗更热衷于佛教。咸通十四年（873）三月，他罔顾大臣们的反对，决定大费周章地迎奉佛骨真身舍利。对此，他的解释是"为百姓祈福"，而实际上他的目的众人皆知，就是要"圣寿万春"，为自己祈求平安。形成黑色反讽的是，这次耗资巨大的迎奉佛骨仪式并未给他带来什么好运，就在佛骨迎入长安三个月后，41岁的唐懿宗在咸宁殿驾崩，结束了他荒诞不经的十四年执政。"佛骨才入于应门，龙辀已泣于苍野，报应无必，斯其验欤！"当记录于《旧唐书》的这句点评和奢靡的香花一起，覆压住唐懿宗的棺椁，正值盛夏的长安城却凉风阵阵，寒意凛然。

晚唐政治最悲哀之处，莫过于每一个皇帝的继位，都离不开一群手握权柄的宦官。唐懿宗死后，他的继任者唐僖宗李儇和他父亲的昏庸荒淫不相上下，而这，恰恰是他被宦官集团推上皇位的原因所在。李儇原名李俨，作为懿宗第五子，既无当皇帝的资格，更无当皇帝的威望，年仅十二岁，正是贪玩好动的年龄，当这些因素成为一个易于操控的傀儡的要素，李俨也便成了当皇帝的最佳人选。迟迟不立太子的唐懿宗在弥留之际已无法决定身后的历史，把持着内廷的三个宦官——田令孜、刘行深和韩文约，在唐懿宗的灵位前为已更名为李儇的李俨披上了皇帝的华衮，是为唐僖宗。与此同时，他们毫不留情地斩杀了对僖宗帝位构成威胁的皇室宗亲。风雨飘摇的大唐，与其说迎来了它不及弱冠的少年天子，不如说迎来了它衰朽暗淡的风烛残年。

登基之后的唐僖宗在历史上留下的烙印，就是一个声色犬马、游宴无度的形象。他对玩"艺"堪称精通，无论是骑术、射箭、舞槊，还是蹴鞠、蒲博、斗鸡，都能驾轻就熟，唯独做起皇帝来，却一无是处。其实这也不能完全归罪于这位少年天子，在宦官势力的操控下，他的荒唐，恰恰保证了他的安全。

彼时独掌权柄的宦官，正是唐僖宗做晋王时就寸步不离的田令孜。当这位去势之人以待之如子的真诚，亲手为其调食，为其加衣，甚至与其同榻而眠，田令孜也就有了一个令所有宦官都艳羡的别名——"阿父"。这种政治投资，随着唐僖宗的登基即位，马上就有了回报。田令孜被任命为神策军中尉，手握重兵，成为朝堂内外一手遮天的人物。这种任命，也许出于一个"儿皇帝"对"阿父"的依赖，但更是出于一种无奈：一个少不更事的孩子，在目睹一片血光之后，除了茫然地扫视群臣，还能做什么呢？

田令孜的骄横跋扈如野草般疯长。他以不容置疑的语气，让小皇帝尽情玩乐，将军国大事统统交由他来打理。他没有给皇帝推荐治国理政的辅国之臣，而是希望这个孩子永远都不要长大，永远都沉迷于享乐之中。这一点，颇得当年大宦官仇士良的"真传"。与此同时，他大肆敛财，封官鬻爵，大到宰相、节度使，小到刺史、县令，都明码标价，只要有钱，就可以忝列朝官。一时间，从中央到地方，乌烟瘴气，朽烂不堪，而这种政局的混乱，直接让本已四处露风的唐王朝更加动荡不安。懿宗时期，曾担任翰林学士的刘允章曾说"国有九破"；"终年聚兵，一破也；蛮夷炽兴，二破也；权豪奢僭，三破也；大将不朝，四破也；广造佛寺，五破也；赂贿公行，六破也；长吏残暴，七破也；赋役不等，八破也；食禄人多，输税人少，九破也。"进入僖宗时代，随着宦官势力的甚嚣尘上，混沌的局面更是将唐王朝推到了濒死的边缘。

乾符二年（875），黄河中下游大旱，不堪重负的濮州人王仙芝终于率众揭竿而起，短短一个月内，这支义军就狂飙突进，一路攻下了濮州、曹州等地。随着王仙芝义军的不断壮大，一个来自冤句的私盐贩子开始闯入晚唐鼓角争鸣的乐阵，他，就是黄巢。正是这个山东大汉，在九世纪末的中国，彻底改变了一个王朝的历史走向。

飒飒西风满院栽，蕊寒香冷蝶难来。

他年我若为青帝，报与桃花一处开。

——黄巢《题菊花》

黄巢的这首脍炙人口的《题菊花》，据说是其五岁时所作。南宋张端义《贵耳集》云："黄巢五岁侍翁，父为菊花连句，翁思索未至，巢随口应曰：'堪于百花为总首，自然天赐赫黄衣。'巢父怪，欲击巢。乃翁曰：'孙能诗，但未知轻重，可令再赋一篇。'巢应之曰：'飒飒西风满院栽，蕊寒香冷蝶难来。他年我若为青帝，报与桃花一处开。'"张端义就此云黄巢"跋扈之意，已见婴孩之时"。

其实，这首诗究竟是不是出自一个五岁"婴孩"之手，我们已不得而知，但从这首诗所流露出的"跋扈之意"看，显然已经成为黄巢诗歌的特有"血性"。在晚唐的混乱时局中，这个盐商之子曾一度想通过科举之路实现自己的政治理想，但彼时被宦官操控的科举，早已成为他们聚敛钱财的重要出口；当数次名落孙山的打击终于激怒了这位山东汉子，面对着曲江之畔神采飞扬的新科进士，黄巢猛地撕碎了包裹里的经史子集，任由如雨的纸片落入盛放的菊花丛中。

待到秋来九月八，我花开后百花杀。

冲天香阵透长安，满城尽带黄金甲。

——黄巢《不第后赋菊》

就在激愤地写下这首诗后，黄巢在自己的家乡拉起了一支数千人的起义队伍，由求取功名的读书人，变成了向唐廷叫板的斗士。听说王仙芝义军攻城略地，兵锋锐利，黄巢遂率众投奔，在黄河中下游平原汇成一股不可阻挡的洪流。日益壮大的义军先后攻陷了唐州、邓州、颍州、复州、随州等地，继而又挥师东南，拿下了安州、黄州、申州、光州、汝州，大军所到之处，当地百姓皆群起响应，起义队伍不断扩大，形成了三十万人的庞大规模。

然而，就在形势一片大好的时候，这支对唐王朝构成巨大威慑的起义军内部却出现了分歧。朝廷对王仙芝采取了招安之策，任命其为左神策军押牙兼监察御史，王仙芝产生了动摇，决定率部接受招安。黄巢闻听此事，大骂王仙芝，甚至挥拳打了他。这次内斗之后，尽管王仙芝并未接受招安，但这两位乱世兄弟之间却出现了难以弥合的裂痕，最终选择了分道扬镳，各自率领一支人马，开始了与唐军的交锋。分流之后的王仙芝，既心存被朝廷招安的幻想，在攻与降的问题上左右摇摆，又因为兵力削弱，连遭败绩，不断丧失与朝廷谈判的筹码，最终，于乾符五年（878）二月，死于黄梅的突围战中。当他的首级被献往长安，刚刚结束蒲博之戏的唐僖宗马上兴高采烈地又组织起一众宦官来了一场蹴鞠比赛。在这位生于深宫，长于妇人、宦官之手的荒唐皇帝看来，"匪患"已除大半，他还有可以继续荒唐的时间。

　　然而，唐僖宗显然忽视了另外一支在中原大地上纵横驰奔的力量。彼时，被公推为"黄王""冲天大将军"的黄巢所率领的义军，正采取避实就虚之策，攻打唐廷兵力空虚的南方。在攻克了汴、宋二州之后，他们又连克饶、信，杀入福州，继而又于乾符六年（879）九月，占领广州，直捣桂州，控制了岭南的广大地区。然而，岭南的卑湿酷热让很多来自北方的士卒难以适应，军中瘟疫流行，减员众多，于是有将士向黄巢提出北伐之策，黄巢深以为然。不久，这支一路向南的队伍便掉头北归，逼江陵，占襄阳，渡淮河，势如破竹。其实，面对飓风一般在大地上穿梭来去的黄巢义军，唐军并非兵力不足，难扼其锋，关键是前去镇压的各路节度使和各路兵马元帅，全都各怀心腹事，并没有实打实地和义军硬拼。像淮南节度使高骈，拥兵八万，战船千艘，却为了保存自己的实力"养寇自重"，并没有真正剿灭义军的打算。他知道，只有这样，才会凸显自己的存在感，才会让朝廷对自己有所倚重。可以说，正是有太多像高骈这样心怀鬼胎彼此不能协同作战的各路兵马存在，才让黄巢大军的南征与北伐如台风过境，所向披靡。他们渡过了淮水，进入了中原，不久便攻陷了洛阳，长驱直入，兵临潼关。

又是潼关！当年安禄山叛军一路攻城略地，杀向潼关之时，尚有哥舒翰一夫当关，而当大唐王朝已是强弩之末，这座千古雄关对于浩浩荡荡的黄巢义军而言，已再无任何威慑力。仓促迎战的唐廷被迫派神策军前往潼关驻守，但彼时的这支皇家禁军，"皆长安富族，世籍两军，丰给厚赐，高车大马，以事权豪，自少迄长，不知战阵"，因而"初闻科集，父子聚哭，惮于出征"。他们"各于两市出值万计，佣雇负贩屠沽及病坊穷人，以为战士，操刀载戟，不知镦锐"。可想而知，这样一支临时拼凑起来的乌合之众，怎能抵挡住兵锋正盛的黄巢大军。不消数日，潼关便被攻破，攻取大唐都城长安，对于黄巢大军而言，已只在呼吸之间。

由此，大唐皇帝逃亡的历史再度重演。彼时已经十九岁的唐僖宗在"阿父"田令孜的鼓动下，只带了极少的随从仓皇奔蜀。在那里，田令孜的兄弟陈敬瑄已经营多年，形成了一个"避难所"；而那里，在过去一百二十多年后，将再次迎来一个比当年唐玄宗更加狼狈的皇帝——唐僖宗。

马嵬山色翠依依，又见銮舆幸蜀归。

泉下阿蛮应有语，这回休更冤杨妃。

——罗隐《帝幸蜀》

唐末诗人罗隐的这首《帝幸蜀》，对唐僖宗这位被赶得屁滚尿流的皇帝充满了讽刺。在他眼中，唐僖宗的这次仓皇奔蜀显然要比小字"阿蛮"的唐玄宗更加落魄。如果说马嵬之变还多少让人对唐玄宗逃亡路上的那段凄美故事心生感伤，那么到了唐僖宗的逃亡，文人们的笔端，已全无同情，有的，只是对唐末丧钟不可逆转地敲响的无限愤怒。

广明元年十二月十三日（881年1月16日），率众攻入长安的黄巢在含元殿称帝，国号"大齐"，改元金统。对于没能跟随唐僖宗逃亡蜀地的官员，黄巢只留用了四品以下的，其余皆遭罢免。金碧辉煌的长安皇城，在历经一百六十三年后，迎来了一位操着山东口音的盐商。"冲天香阵透长安，满城尽带黄金甲"，黄巢，这位在大唐科举中数次名落孙山的读书人，以另外一种方式重新回到了长安，据说城破之日，掀起"冲天香阵"的黄巢，特意乘坐了一辆黄金的马车。在城门洞开之时，他向如血的残阳投去的，是丝毫不加掩饰的得意笑声。

崩溃的棋局

　　唐僖宗一行人几乎是星夜兼程逃往四川成都的。本来在长安，宦官田令孜就操控唐僖宗如操控一个提线木偶，此时，当惶惶如丧家之犬的皇帝来到四川，田令孜更是一手遮天，成为唐僖宗的直接代理人。早在此前，他就以一场蹴鞠比赛定输赢，安排了他的兄长陈敬瑄——一个曾经在街头卖饼的小贩当上了西川节度使，经营这座物产丰饶的天府之国；而今，落难的皇帝来了，他们更是平添了骄横跋扈的资本，尽管中央政权的威仪早已日薄西山，名存实亡。

　　田令孜兄弟二人的骄纵不久便引发了一起事件。最初来蜀时，僖宗曾给蜀军将士每人赏钱三缗，后来随着其他地区时有进献，田令孜兄弟除了中饱私囊，只分给了长安的亲信，而没有分给蜀军，这引起了蜀军一位名叫郭琪的将领的不满。田令孜恐其生变，欲毒杀之，好在这郭琪大难不死，集结了一批蜀军将士，在成都劫掠一番，逃亡而去。

　　惊魂未定的唐僖宗和田令孜经历此事，除了进一步夯实成都这座"避难所"的根基，也开始为重返长安而"发号施令"。幸运的是，在这样一种危局之中，凤翔节度使郑畋站了出来，以血书向远在成都的僖宗表示忠诚。僖宗大喜过望，授权其"便宜从事"，负责协调西北的勤王之师，在京畿地区镇压黄巢政权。在倒唐过程中几乎不曾遇到真正抵抗的黄巢，显然对文官出身的郑畋轻视了，当他近两万人的兵马在与郑畋的交锋中遭遇伏击，全军覆没，刚刚坐上皇位没有几天的黄巢突然意识到，长安，已经危机四伏。

黄巢所预感到的危机，正是从唐廷的这次绝地反击开始的。郑畋率部取胜之后，原来首鼠两端的藩镇，也开始为了自己的私利而主动对朝廷表达忠心，义武镇节度使王处存、河中节度使王重荣、朔方节度使唐弘夫、泾原节度使程宗楚等人积极组织兵力，开赴京畿。一时间，各路兵马形成了合围之势，整座长安城被切断了一切供应，成为一座"孤岛"，物价疯长，烹食人肉的现象开始成为长安城每天出现的梦魇。

如果此时，处于"孤岛"上的黄巢能够头脑冷静，收拾民心，这位一路南征北战的大齐政权建立者也许还会有一丝转圜的余地，但偏偏他选择了以恐怖政治来巩固他的防御。他将饮鸩而死的唐廷宰相卢携的尸身从棺材里拖出来剁成了肉泥，以震慑一群暗中欢欣鼓舞的唐室官员；因为在长安城中出现了一些嘲骂黄巢政权的诗句，黄巢遂将所有嫌疑人全部抓捕，剜去双眼，砍头示众。这样的一片腥风血雨，自然丧失民心，很多长安百姓转而开始支持官军。内外交困之下，黄巢被迫率部东走，"露宿霸上"。但是由于各方藩镇力量本身就是在为利益而战，因此进入长安后，他们之间又展开了一场大混乱，黄巢得悉，马上又杀了个"回马枪"，中和元年（881）四月，"复入长安，怒民之助官军，纵兵屠杀，流血成川，谓之洗城"。当整座长安城成为一座黑色的人间地狱，黄巢，已经由一位卓越的农民起义领袖，迅速蜕变成为一个杀人魔王。眼见黄巢的势焰炽盛，唐廷开始起用沙陀人李克用。这个黑衣军团的统帅，一度是唐廷讨伐的对象，最远曾被唐军逼到了北边的鞑靼部。当黄巢成为唐廷更大的心病，这个被赐国姓的沙陀人再度被唐廷起用，他被赋予的使命是：平灭黄巢政权以赎罪。很快，李克用的骁勇之师便兵临京畿，之所以如此神速，当然不是流亡的皇帝在起作用，在马蹄腾起的黄尘中，李克用这个乱世军阀，其实是在通过铲除黄巢，壮大自己的力量。

除了借助李克用这个外力，唐廷也在对黄巢的阵营进行分化瓦解。在内外夹击之下，一些将领接受了唐廷的招安，其中黄巢派驻同州重镇的防御使朱温在中和二年（882）九月投降，僖宗大喜过望，认为是"天赐我也"，赐名朱全忠，任命其为右金吾大将军、河中行营招讨副使。正是这个朱温，不仅和李克用一起，成了围剿黄巢的主力，更成为大唐王朝的最后的掘墓人。

中和三年（883）四月，已是强弩之末的黄巢在李克用与朱温的夹击之下，被迫撤离长安。这个进驻长安不到两年的"大齐皇帝"，在临走之前，没有忘记对这座繁华的帝都进行疯狂的破坏。他纵火焚烧了气势恢宏的大明宫，在放纵士兵屠戮洗劫之后，率领残部仓皇逃亡。他的皇帝冠冕已经在兵荒马乱中不知掉落何处，破碎的皇袍满是烟火之色。这个昔日的义军领袖，还没有等到长安菊花再次盛放，就已然成为一株被狂风吹散的蒲公英，而等待他的命运，将是被湮没，被剿杀。

　　　记得当年草上飞，铁衣着尽着僧衣。
　　　天津桥上无人识，独倚栏干看落晖。
　　　　　　　　　　　　　　　——黄巢《自题像》

　　关于黄巢生命的最终结局，民间存在两种说法。一说是黄巢最后败走山东，在泰山狼虎谷遭遇唐军的围剿，陷入绝境，自刎身亡；还有一种说法，是黄巢并没有自杀或被杀，而是落发为僧，皈依了佛门，这首《自题像》，据说就是黄巢在香烟缭绕的深山古刹写就的一首悲歌。其实不论结局如何，那个曾经在唐末大地上叱咤风云的黄巢，已经消遁成了历史的云烟，而千疮百孔的大唐王朝，也即将进入它的弥留时刻。

　　光启元年（885）三月，一身疲态的唐僖宗终于率百官回到了阔别四年的长安。在这位落难皇帝眼中，昔日物华天宝的帝都彼时"荆棘满城，狐兔纵横"，一派凄凉之象。其实早在此前，朝臣就曾多次劝谏僖宗重返长安，但他却借口"长安宫殿焚毁，故久留蜀未归"，并命大右仆射、大明宫主留守王徽主管长安事务，"招抚流散，户口稍归，复缮治宫室，百司粗有绪"。遭严重焚毁的大明宫经过王徽的修缮，到僖宗回到长安，也是"仅复安堵"而已。

　　黄巢起义打乱的不仅是一座长安城，更是一个王朝的统治秩序。彼时的唐僖宗，在面对"荆棘满城，狐兔纵横"的断壁残垣的同时，不得不面对大唐帝国的分崩离析，"国命所能制者，河西、山南、剑南、岭南西道数十州。大约郡将自擅，常赋殆绝，藩侯废置，不自朝廷，王业于是荡然"。这种动荡是持续的，就在僖宗刚回长安不久，宦官田令孜与河中节度使王重荣因争夺池盐之利而交恶，田便联合邠宁节度使朱玫和凤翔节度使李昌符向王重荣开战。中和五年（885）三月，王重荣求救于太原李克用，二人联手大败朱玫和李昌符，进逼长安，神策军大败，田令孜无奈再次带领僖宗逃亡到凤翔，继而又逃到了兴元。直到光启四年（888）二月，二次流亡蜀中的僖宗才得以再返长安。经过持续的兵燹火劫，长安城已是惨不忍睹，而更难修复的是这位皇帝的身体，尽管他回来的第一件事就是拜谒太庙，改元"文德"，打算当一回好皇帝，重新找回帝国的荣光，但连年的折腾，已经让他力不从心，回到长安仅仅一个月后，便身染暴疾而终。这位活了二十七岁的皇帝，在他执政的时期里，除了连年的兵乱和狼狈的逃亡，什么都没有留下。

僖宗弥留之际，由于其子尚幼，朝中执掌权柄的宦官集团开始在懿宗诸子中寻找人选。彼时，当年权倾朝野的大宦官田令孜由于引起众怒，被迫让位给宦官杨复恭，自任为西川监军使，到成都投靠其兄陈敬瑄，后被义子王建所杀。杨复恭这位宦官新贵与田令孜相比，有过之而无不及。为了更牢固地掌控权力，他选择了在僖宗逃亡四川时随侍左右的唐懿宗第七子李杰，因为在他看来，李杰与他相处融洽，更利于他独揽朝纲。文德元年（888）三月六日，寿王李杰被立为皇太弟，替代已经口不能言的僖宗监军国事。群臣见他"体貌明粹，饶有英气，亦皆私庆得人"。八日，僖宗崩，遗诏命这位皇太弟嗣位，即位于枢前，更名为晔，是为昭宗。

让杨复恭没有想到的是，被他亲手推上皇位的唐昭宗并不是荒唐的唐僖宗，其即位后的第一件事就是要铲除宦官势力。《旧唐书·昭宗本纪》载："帝攻书好文，尤重儒术，神气雄俊，有会昌之遗风。以先朝威武不振，国命浸微，而尊礼大臣，详延道术，意在恢张旧业，号令天下。即位之始，中外称之。"对于这位自即位之始，就胸怀重振朝纲之梦、"中外称之"的新君，杨复恭深感自己所面临的危机。他不甘大权旁落，于是广收义子，培植党羽，将他们安插于军政要职，时人称他们为"外宅郎君"。义子们的活动范围并不仅仅在长安。为了加强与藩镇的联系，杨复恭又遣六百余义子担任各藩镇的监军使，以强化自己在朝中的话语权。与此同时，他还公然和昭宗叫板，先是将昭宗的舅舅王瓌流放岭南，继而又派人凿沉其客船，令其葬身鱼腹，而他这样做的目的无他，就是要震慑一下当今天子：我既然可以拥你为帝，就同样可以废掉你另立一个更听话的皇帝！

暗中积蓄力量的昭宗只能选择隐忍，对安史之乱后宦官势力的甚嚣尘上，他必须稳扎稳打，逐渐分化这个祸国乱政的阵营。很快，这个年轻的皇帝就开始布局了：一方面，他对朝中贤臣施以礼遇，赢得他们的支持；另一方面，他开始在杨复恭的众多义子中寻找可以倒戈的力量。他将杨复恭的得力干将杨守立提拔为相当于宰相的同平章事，并赐其姓李，更名为李顺节。攀上皇帝这个高枝的李顺节对昭宗这番苦心自然心领神会，不仅快速与"义父"实现了切割，而且通过加强对禁军的控制，协助昭宗进一步削弱杨复恭的势力。更让杨复恭感到危机的是，他所精心布局的地方势力也在发生变化，尤其是新崛起的藩镇势力——朱温，更是站在昭宗一方。当昭宗终于对杨复恭发动攻击，将其贬为凤翔监军，这位权倾一时的宦官向年轻的皇帝提出了一个请求，那就是请求留在长安致仕归家，昭宗没有想太多，同意了。

"吾于荆榛中援立寿王，有如此负心门生天子，既得尊位，乃废定策国老。"这是致仕幽居的杨复恭在写给他任兴元节度使的义子杨守亮的信中，吐出的一句郁闷之言。在这位被剥夺了权力的阉宦眼中，天子不过是他培养扶植起来的"门生"，而这个"门生"在得到尊位之后，就废了他这位"定策国老"，实属"负心"之举。他不甘心就此离开政治舞台，在家中与众义子密谋叛乱，结果阴谋败露，李顺节率禁军前往镇压，杨复恭等人仓皇逃遁，在途经华州时被其宿敌韩建擒获，最终被押赴长安，斩首示众。

然而，除去杨复恭的唐昭宗并不轻松，日渐强大的新藩镇势力几乎让他政令不出长安城。他曾想毕其功于一役，压制强藩，结果却事与愿违，不仅连遭败绩，而且引发了更大的政治危机。这个手无强兵的皇帝在藩镇势力眼中早已毫无威信可言，他们相互攻伐，意在"挟天子以令诸侯"，可怜昭宗有如一个被四方势力争夺的傀儡，数度出走长安，远离帝都。就在中央政权一点点萎缩的同时，作为一支从黄巢起义之中迅速崛起的新藩镇势力，朱温却一路攻伐，所向披靡。他先是消灭了在蔡州称孤道寡的秦宗权，继而又击败时溥，控制了黄淮，拿下了河北，到光化元年（898），又发兵攻打盘踞太原的李克用，尽管太原没有攻破，但河东的大部分地区已经纳入朱温的囊中。当这个曾经是黄巢军中的普通一卒历经二十年的南征北战，成为残唐乱世的最大军阀，他的目光开始投向一队奔向长安的车驾。在这队车驾之中，已经被藩镇撕扯得有气无力的唐昭宗，在历经劫波之后，正重返处处是颓台废井的帝都。

回到长安的昭宗心情已经郁闷到了极点，再也没有了即位之初的凌云之志，取而代之的，是终日的长吁短叹和无比消沉的心绪。他"忽忽不乐，多纵酒，喜怒不常"，酩酊大醉之中，小宦官和宫女常常成为他发泄的对象，不是被打就是被杀。彼时，尽管杨复恭已除，但宦官这个附着于大唐肌体上的毒瘤却随时可以疯长。当朝中与朱温过从甚密的崔胤胁迫昭宗任命其为宰相，直接动摇了宦官势力，当接掌神策军中尉的宦官刘季述意识到皇帝的滥杀对自己而言，既是危险，又是机会，他决定铤而走险，酝酿一场大的阴谋。

光化三年（900）十一月，刘季述趁昭宗酒醉，率领一众宦官来了一次逼宫，昭宗被强令交出传国玉玺，和他的何皇后及十几个贴身内侍一起被软禁在了少阳院。可怜堂堂九五之尊，在这群阉宦面前已经全无尊严，少阳院被关门落锁，锁眼以锡汁封死，昭宗每天只能从一个小洞接受饭食。不知就里的太子李裕则被他们拥立成为一个大唐历史上没有帝号的皇帝。身处动荡的残唐，皇帝，已然成为一个呼来唤去的傀儡，随意取舍的工具。

但政变成功的宦官们显然需要更大的靠山，他们担心李克用、李茂贞和韩建等各路藩镇诸侯兴师问罪，遂转投彼时势力最大的朱温。几乎与此同时，宰相崔胤也给朱温发来密信，请求发兵长安，除阉平乱。就在朱温犹豫不决之时，其帐下谋士李振的一句"王室有难，霸者之资"一下子点醒了这位乱世军阀，他终于决意出手了！当然，城府深厚的朱温并不想这么快就成为众矢之的，他把屠刀交给了他的朝中"内应"崔胤，而这崔胤也颇有些手段，和左神策军指挥使孙德昭联手，在政变发生仅一个月后，便设计除掉了宦官刘季述等人。当被软禁在天井之中悲歌哀呼的唐昭宗终于重登大宝，不禁涕泗横流，他没有怪罪儿子李裕，他有更紧急的事情要做，他要改个新的年号。光化四年（901）四月，对这个充满悲情色彩的唐末皇帝意味非凡，就在这一年，他改元"天复"，他觉得，皇位的失而复得正是天意，他还不至于成为一个亡国之君。

然而，昭宗很快就发现自己的复国图强之志，不过是一场杳不可及的梦。就在复位后不久，宦官韩全诲得知宰相崔胤想借朱温的力量诛杀宦官，遂联合陇右节度使李茂贞，再次挟持昭宗到了凤翔。朱温顺势占领了长安，并穷追不舍，率兵将凤翔围得如铁桶一般。天复三年（903）正月，已经靠吃人肉度日的李茂贞实在没法再守下去了，便将韩全诲等二十多名宦官悉数斩杀，将他们的首级送给城外的朱温，同时将昭宗也交给了朱温。每天靠喝一碗薄粥维持的昭宗见到前来"救驾"的朱温，并没有一丝兴奋，他知道，自己不过是一个活着的"礼物"，而他的这一次被"转手"，实际面对的，将是一个更大的梦魇。

事实正是如此。和所有曾经挟持过昭宗的军阀相比，朱温的残酷和独断无人能及。

他先是与崔胤一起，罢免了宦官担任的所有职务，将各藩的宦官监军悉数召回，接着便驱赶着这八百余名宦官至内侍省全部杀死，一时间，"哀号之声闻于路"，仅"留单弱数十人，备宫中洒扫"。由此，祸乱中晚唐的宦官势力被彻底斩草除根，延续百年的南衙北司之争偃旗息鼓。

在铲除宦官集团之后，朱温对朝中大臣的清洗随即开始。他以"从贼"之名，贬谪流放了数十位朝官，将自己的亲信党羽安插其中。与此同时，朱温对自己的"盟友"崔胤也毫不手软，先是喝令昭宗罢免了崔胤的宰相之职，尔后又率兵杀进了崔府，将崔胤乱刀砍死。"引狼入室"的崔胤怎么也不会想到，在长安的腥风血雨之中，他竟会是最后一个倒在血泊中的人。

最无望的其实是昭宗。他已经完全沦为一个摆设，没有任何话语权。当朱温为了彻底打碎昭宗心中的"皇帝"概念，强令其随他前往洛阳，昭宗除了暗自流泪，已不能有丝毫反驳。熊熊大火再次在长安燃烧起来，这座大唐国祚的肇兴之地，在经历了晚唐数次兵火之后，迎来了史上最惨烈的浩劫。朱温拆毁了长安城中所有的宫殿民舍，将能用的木材全部投入渭河，顺水流至洛阳建造宫室，带不走的则放火焚烧。一时间，这座经历过贞观盛世、开元盛世的当时世界上最繁华的帝都，"连甍号哭，月余不息"，治史的司马光走笔至此不禁长叹一声："长安自此遂丘墟矣！"这声叹息，历经千年，仍透着一个史家对王朝末日的悲叹与哀伤。

唐昭宗在随朱温来到洛阳之后，其境遇可想而知。他的二百余个少年侍从，一夜之间全部被朱温勒死，而代之以相同数量的侍从。起初昭宗还没有察觉，过了很久才惊觉自己的周围已全是朱温的耳目，无奈之下，只能借酒浇愁。

> 只解劈牛兼劈树，不能诛恶与诛凶。
>
> ——李晔《咏雷》

这两句收录在《全唐诗》的残句，据说是昭宗在洛阳宫中向着头顶的雷霆发出的一声苍凉的质问。当手无寸铁、周围布满耳目的昭宗已经无力回天，他只能祈求上苍的惊雷，劈死朱温这个"窃国大盗"。然而，这注定只能是个荒诞的玩笑，早已耐不住性子的朱温，最后还是向可怜的昭宗劈去了致命的一刀。天祐元年（904）八月十一日深夜，睡梦中的昭宗被闯进来的军士乱刀剁死，年仅三十七岁的他再也没能看到大唐的日出。

"自古亡国，未必皆愚庸暴虐之君也。其祸乱之来有渐积，及其大势已去，适丁斯时，故虽有智勇，有不能为者矣，可谓真不幸也，昭宗是已。"主修两《唐书》的欧阳修对这位亡国之君报以深深的同情。但历史从来只有结果，没有如果。随着历史车轮的不断前行，这个曾经威服四方的帝国，这个曾经诞育过无数诗人的王朝，这个曾经创造过璀璨光华的时代，已经敲响了暮鼓，奏起了挽歌。

天祐四年（907）四月十八日，在将三十余名大臣投入黄河，制造出惨绝人寰的"白马之祸"后，朱温假惺惺地接受了傀儡小皇帝昭宣帝的"禅让"，震耳的号角向着八个方向一齐吹响，黄袍加身的朱温，摇身一变，已然由当年黄巢军中一小校变成大梁国的开国之君。就在朱温即位的第二年，年仅十七岁的大唐末代皇帝昭宣帝李柷被鸩杀，没有逃过生命的劫数。

由最初的傲然定鼎，到中期的四海升平，再到后期的风流云散，三百年大唐王朝，从此成为风中的历史。一个泱泱大国，在默默走进史书的同时，五代十国纷乱杂沓的马蹄，已经腾踏起滚滚黄尘，从地平线缓缓地升起……

跋：穿越唐朝，坐望喧嚣

写完最后一个字，不是如释重负，而是依依不舍。

以唐诗为载体，切入历史的深处，自上大学起，就是我比较喜欢的言说方式，而萌生以唐诗观照唐史的想法，却是源于四年前的秋天，在唐诗和唐史中逡巡日久，便有了让这两条线交叉的冲动。我当时给自己的写作定了一个基本的计划：共分三卷，第一卷《帝王和帝国事》，侧重以唐诗审视唐史，第二卷《诗人和人间世》，侧重唐代诗人的命运辗转，第三卷《众生和烟火气》，侧重唐人的风俗流变。这是一个逼自己系统学习的工程，也注定是一个旷日持久的工程，四年前当我写下《去唐朝》这部三卷本的第一个字，我已披挂征衣，勇往直前。

事实证明，这是一次痛并快乐着的征程。当我走进卷帙浩繁的诗歌和卷帙浩繁的史料，我感受到的是爬梳文字的艰辛，体味到的是力图超越的不易，但更多的，是享受穿越历史的欢愉。近三百年的大唐历史，从来就没有言说的边界，每个人的视角不同，决定了这锅"冷饭"可以常炒常新，而我在不断掘进的过程中，也总在收获着惊喜，收获着一个穿越者的快乐。以唐诗为翼，我的航程里，是近三百年的繁华与喧嚣：武德、贞观、神龙、开元、天宝、永贞、元和、会昌……这些夹带着风雷的年号，让我视野里的大唐王朝充满了高山深谷，也总能见到大河奔流；走近陈子昂、骆宾王、李白、王维、韩愈、白居易、李贺、李商隐这些星光粲然的名字，我看到他们的意气风发，"仰天大笑出门去，我辈岂是蓬蒿人"，也看到他们的家国情怀，"孰知不向边庭苦，纵死犹闻侠骨香"；坐望唐人的生活，我更感受到这群活跃在公元七世纪至九世纪之间的人的生活情趣和审美追求，他们用心地烹制着人间至味，开朗地融入盛世欢歌，诗意地栖居行止，虔诚地拥抱精神之乡……

这样的飞行，让我眼花缭乱，也让我兴奋不已。唐诗为我编织的片片羽翼，助力我在大唐三百年这个横切面中可以自由地锁定历史、政治、文化、艺术、经济、军事、民俗等诸多坐标。在这些耀眼的唐代坐标上，我常常会坐望良久，感受王朝的律动，谛听市井的喧嚣。唐史的迭宕壮魄、气势如虹，唐人的刚健奋扬、开放包容，常令我按捺不住创作的冲动，挫入笔端，化作深沉的歌吟。我相信，李白的醉卧长安是可以理解的，长安是大唐王朝最光鲜的符号，唐人的喜怒哀乐、唐史的风云变幻，都在这个符号下弥散、放大；我也相信，高适的击剑醋歌是只属于唐人的，生逢奔放豪纵的时代，势必诞生奔放豪纵的诗人；我更相信，王维的长河落日不仅是状写边塞的风光，更是抒写唐人的生命状态和精神皈依……是的，沉浸于唐人的这种喧嚣，我已不想抽离，不愿抽离。

感谢家人给我的持续热力，让我每天都像个精神饱满的攀登者；感谢黄佳梦先生的鼎力相助，让我不舍昼夜，快马加鞭；感谢余慧敏女士的蕙质兰心，让我孜孜不倦，务求甚解。最后，我还要感谢拜根兴教授的严谨校阅，慨然作序，让我的前行多了一份自信和底气。

"星垂平野阔，月涌大江流。"唐诗开阔的意境总是在导引着人们走上不断求索的道路，我相信，此作完成，不是自己研习唐诗的终点，而是一个全新的起点，全新的征途！

常　华

2021年7月7日